经济应用文写作

裴培 主编

本书编委会

主　编　裴　培
副主编　盛荣娟　孙亚萍　焦　鑫
编　委　张雷红　李玉娜　彭明坤
　　　　　武　琼　张凤艳

前言
preface

　　应用文写作课是高职院校提升职业核心能力的重要课程之一。本课程的教学目标是使学生掌握应用文写作基础知识和应用文常识，了解并熟悉若干主要文体的写作格式、写作要求。要以能力培养为核心，以提高学生职业综合素质和就业竞争力为目标，为学生的全面发展和可持续发展奠定基础。教材是实现教学目标的重要工具，因此，课程教材要紧跟教学改革的步伐，真正达到适合专业培养目标和学生的实际需要。

　　本教材的编写遵循三项原则：

　　1. 整体性原则。本教材充分考虑了公共课与专业课之间的关系，公共课程是专业课程的基础，要为专业服务；教材在内容、目标和要求等方面形成一个完整的系统；本教材还将写作技能、基础知识、案例分析、知识拓展等内容和目标相互结合、相互渗透、相互支持，并有机地结合；加强综合技能的训练，处理好知识、技能与语言运用的关系。

　　2. 基础性原则。本教材以服务学生专业为宗旨，帮助学生打好职场写作的基础，形成良好的学习习惯和自主学习能力，为学生今后的就业、升学和终身学习创造条件。

　　3. 科学性原则。教材的编写符合客观规律，教材内容和教学安排体现循序渐进的原则，充分体现高职学生认识特点和职业发展的需要；教材内容和材料的取舍与安排，贴近学生生活、贴近行业企业、贴近职业岗位，强调学习本课程的过程和目的是：解决工作、生活的实际问题，为行业专业服务。

　　本教材的特点在于：

　　1. 体系结构新颖性。本书根据高职学生学习应用文写作的特点、规律和实际情况，科学合理地编排项目和任务内容。编写组成员充分吸收了以往高职高专应用文写作课程教材的优点，以知识通俗化、应用化为基础，侧重将财经商贸类专业应用文文种写入教材。

　　2. 内容突出应用性。本教材加入了与学生专业联系紧密的案例，使学生学习的内容与实际工作岗位、生活实际联系紧密，内容新颖，适应学生学习的需要。

　　3. 教材从实用与适用的角度出发，在基本理论讲清的同时，大量引入企业的实际写作案例，做到学生通过学习就可以去进行工作实践，力争体现当前高职高专教学改革方针。

  4.教材选择格式规范的写作案例、难易适度的课后习题及章后综合练习题，增加和锻炼学生解决实际问题的能力。

  本教材由裴培任主编，盛荣娟、孙亚萍、焦鑫任副主编，张雷红、李玉娜、彭明坤、武琼、张凤艳任编委。具体编写分工如下：裴培负责编写项目二中任务三、任务四及项目四、项目六；盛荣娟负责编写项目综述及项目二中的任务一和任务二；孙亚萍负责编写项目一中的任务一至任务四及项目二中的任务五至任务七；焦鑫负责编写项目五；武琼负责编写项目三中的任务四至任务六；张雷红负责编写项目三中的任务一和任务二；李玉娜负责编写项目二中的任务五至任务七；彭明坤负责编写项目三中的任务三和任务七；潍坊亿泰商业运营管理有限公司运营经理张凤艳女士负责为项目三、项目四提供部分行业企业的实际案例材料支持。

  本书在编写过程中，借鉴和参考了有关专家学者的论著和教材，引用了部分报刊、网页的文章作为例文，但因教材编写体例的要求，恕不能一一注明。在此，特向原编著者表示敬意和谢忱。

  由于编者学识能力有限，加之时间短促，书中不妥之处在所难免，敬请同行、专家和读者朋友批评指正。

编者
2015 年 1 月

目 录
CONTENTS

经济应用文概述 1
    任务一　感知——经济应用文的基础知识 1
    任务二　体会——经济应用文的主旨与材料 6
    任务三　领悟——经济应用文的结构 10
    任务四　拓展——经济应用文的表达方式和语言 16

项目一　日常事务 29
    任务一　条据 29
    任务二　专用书信 37
    任务三　海报　启事 58
    任务四　计划 67
    任务五　总结 74
    任务六　简报 84
    任务七　新闻稿 95

项目二　公务往来 108
    任务一　认识公文 108
    任务二　通知 124
    任务三　通报 134
    任务四　报告 143
    任务五　请示 152
    任务六　函 163
    任务七　会议纪要 171

项目三　经济活动 181
    任务一　市场调查报告 181
    任务二　经济活动分析报告 189
    任务三　合同 198

　　任务四　可行性研究报告……………………………………………209
　　任务五　广告文案………………………………………………………220
　　任务六　导游词…………………………………………………………228
　　任务七　招标书　投标书………………………………………………237

项目四　策　划…………………………………………………………247
　　任务一　项目策划书……………………………………………………247
　　任务二　活动策划书……………………………………………………254
　　任务三　营销策划书……………………………………………………261

项目五　职场必备………………………………………………………270
　　任务一　求职信与个人简历……………………………………………270
　　任务二　讲话稿…………………………………………………………283
　　任务三　述职报告………………………………………………………289
　　任务四　竞聘辞…………………………………………………………296

项目六　科　研…………………………………………………………304
　　任务一　实习报告………………………………………………………304
　　任务二　实验报告………………………………………………………310
　　任务三　毕业论文………………………………………………………316

附录　党政机关公文格式样式图……………………………………326

经济应用文概述

任务一 感知——经济应用文的基础知识

 学习目标

【知识目标】

学习经济应用文的基础知识,了解经济应用文的概念、分类、特点等,明确经济应用文在社会实践中的重要作用。

【能力目标】

能够对经济应用文进行准确的分类,能够把握经济应用文体的特点。

 殷鉴不远—典型案例1

只因错了一个字

潍坊市民王女士在高新区某售楼处签订了一份《房屋销售认购书》,并按其规定交纳了 5000 元 "定金"。后因特殊原因无力购房。售楼处却不退还她交的定金,理由是,根据《中华人民共和国合同法》第 115 条规定:"当事人可以依照《中华人民共和国担保法》约定一方向对方给付定金作为债权的担保。债务人履行债务后,定金应当抵作价款或者收回。给付定金的一方不履行约定的债务的,无权要求返还定金;收受定金的一方不履行约定的债务的,应当双倍返还定金。"现实生活中 "订金" 一词在法律上是不具有担保合同履行作用的,一般仅表示一种预先支付的价款,不存在违约责任的赔偿问题。王女士误把自交的 "定金" 与 "订金" 等同起来,仅一字一差,便损失了 5000 元。当法院判决下来后,王女士后悔得捶胸顿足。

 **殷鉴不远——典型案例 2**

只因少了一个字

　　山东省临沂市某管理处(甲方)同一个体户赵×(乙方)于 2006 年 9 月 15 日签订了一份合同。合同第一条规定：甲方将一幢临街楼房租给乙方，租期 5 年，租金第 1 年交 113000 元，后 4 年交 130000 元。合同签订后乙方将第一年的租金一次交清。2011 年初，甲方找到乙方后说：房屋出租合同中后 4 年租金 130000 元这句话中少了一个"年"字，应改为后 4 年年交 130000 元。乙方坚决不同意加"年"字。2011 年 6 月 5 日甲方将乙方告上法庭。临沂市某区人民法院一审判决甲方胜诉。乙方不服此判决，于 2011 年 9 月 22 日向临沂市中级人民法院上诉。中级人民法院于 2011 年 12 月作出终审判决，因甲方未在法定期限一年内提起诉讼请求撤销或变更合同，其撤销和变更权已失效，故本院不支持被上诉人要求按每年支付 130000 元租金的请求。这样，甲方因在合同中少了一个字而使 39 万元付之东流。

 **殷鉴不远——典型案例 3**

只因地名写多一个字，业主竟然"落户无门"

　　买了二手房，办房产证时只因工作人员在地址"宝岗大道"后多写了一个"路"字，无意的画蛇添足让业主张先生无法落户、孩子无法就近上学，甚至还要面临更多的麻烦。代理交易的某地产中介工作人员诉苦称，房产交易中心的同类失误不止一例，既给购房业主带来麻烦，又让中介公司诚信度大打折扣。

地址错误，业主难办迁户

　　广州市某区某地产中介的工作人员在代客户办理房产证时，发现房产交易中心将"宝岗大道"写成了"宝岗大道路"，令购房业主张先生无法办理户口迁移手续，甚至孩子就近入学也因此遭遇难题。

　　张先生拿到房产证后，在办户口迁移手续时遭到派出所的拒绝，警方的理由是"房产证地址错误，广州市没有叫'宝岗大道路'的路"。业主张先生告诉记者，他原本是要让孩子在新房所在地就近读小学的，没想到买了房子却因一字之多惹出麻烦，既无法将原来就在市区的户口迁到新址，也不能给小孩办理就近上学的手续。张先生还称，因为房产证上的地址被认为是错误的，他担心以后该房子会发生重卖或其他麻烦。

更正要经市房管局批准

　　记者就此事采访了该区房管局，有关工作人员告诉记者，可以申请更改房产证地址，然后再办理户口迁移等手续。

地产中介的张经理反映,最近办理的位于宝岗大道的三处房产,都出现了同样的错误。据区房管局有关人员称,该局只能办理宅基证的名称更改,对于商品房、房改房等房产证的更改没有办理的权限,必须由业主或者代理机构向市房管局提出申请更改。

而地产中介的张经理向记者透露,他已经向负责办证的该市房地产交易中心提出更改申请,对方却要求提供房产证原件。而客户张先生在购房付款时采取了银行按揭方式,房产证被抵押在银行里拿不出来,因此给更改房产证增加了难度。

规范用语,严格使用标准地名

某市地名委员会办公室王主任接受采访时指出,很多地市在推广标准地名,对地方使用的要求是"一个字不能多,一个字不能少,一个字不能错"。王主任告诉记者,在一些格式合同或其他格式文件中,常常在填写地址的地方标出"＿＿路＿＿巷＿＿号"等,这里的"路"指的是广义上的路,可以在"路"前边空格上填写"宝岗大道",但单独注明地址时就不能写成"宝岗大道路"。

王主任呼吁,无论单位或个人,在使用地名时都要严格按照规范使用标准地名,以免造成地名混乱甚至引起意外麻烦。

以上的典型案例,都是不重视写作的准确、规范,而给当事人造成了巨大的困扰,有的是经济上的,其代价可以说是"一字千金"、"一字万金";有的是家庭、学业上的,当事人可以说是身心俱疲。他山之石,可以攻玉;同样,殷鉴不远,我们应避免因写作的差错而付出痛苦的代价。

 ## 名家之言

曹丕:"文章经国之大业,不朽之盛事。"

三国时的曹丕在《典论》中说:"文章经国之大业,不朽之盛事",把文章的功用提高到了治理国家的高度。

约翰·奈斯比特(John Nasibitt):"我们比以往更需要具备基本的读写技巧。"

美国著名预测学家约翰·奈斯比特在《大趋势》中指出:"由工业社会向信息社会的过渡中,有三件最重要的事应该记住",其中一件就是"我们比以往更需要具备基本的读写技巧。"

苏步青:"学好语文是天经地义的事情。以为实现四个现代化只要数理化,轻视语文显然是不对的。"

文学造诣颇高的著名数学大师苏步青说:"语文学得好,有较高的阅读写作水平,就有助于学好其他学科,有助于知识的增长和思想的开展。反之,如果语文学得不好,数、理、化等其他学科也就学不好,常常是一知半解。就是其他学科学得很好,你要写实验报告,写科研论文,没有一定的语文表达能力也不行。"

叶圣陶："大学毕业生，不一定要能写小说、诗歌，但一定要会写应用文。"

叶圣陶告诫学生："工作中、学习中、生活中经常需要写作，所以写作是非学不可的……大学毕业生，不一定要能写小说、诗歌，但一定要会写应用文。"

 **理论要点**

一、经济应用文的概念、特点和分类

（一）经济应用文的概念

应用文是指人们在处理公、私事务和沟通信息时常用的，而且具有固定格式的文体。

经济应用文是应用文的一个分支，是指人们在处理经济事务、反映经济活动、研究经济问题、沟通经济信息时所使用的应用文。

（二）经济应用文的特点

1. 实用性

实用性是经济应用文最大的、最本质的特点，因为经济应用文是在实际应用中产生和发展的，也是在实际应用中生存和发展的。经济应用文是现代经济管理的实用工具，其实用性表现在反映经济情况、沟通经济信息、传达经济决策、组织生产、规划经营、引导消费、总结和交流经济工作经验以及研究经济理论等方面。经济应用文的实用价值体现在两个方面：一是经济效益，为社会创造财富；二是社会效益，为精神文明建设作贡献。

经济应用文的这一特点在与文学作品的对比中显得尤其明显：应用文是为解决实际问题而写，是有事而发，无事不发，目的明确，对象具体。文学作品则不同，文学作品以审美为宗旨，关注的是人的精神与灵魂，内容上重创新，形式上不拘一格，多数作品都是超越功利性和实用性的。

2. 真实性

经济实用文写作必须讲究事实确凿可信，统计数据准确无误，实事求是地反映问题。应用文反映情况，不允许像文学创作那样进行虚构；也不能主观想象、夸大其词，否则就会歪曲事实真相，误导对方，给社会带来不良影响。

3. 规范性

经济应用文的写作提倡定格、定式、定型。这些格式，有的是长期以来约定俗成、相沿成习的；有的是由国家有关部门统一制定的，如经济诉讼文书、合同书、招标投标书、商函等，它们都有各自的基本格式。这些基本格式已经相对稳定，并正在趋向于统一化、规范化、通用化、标准化。撰写经济文书必须符合各个文种统一的规范模式，做到名称一致、结构完整、语词规范，保证文稿使用的有效性。但对于有些文体来说，例如消息、总结、调查报告等，则不能过分拘泥，允许有所创新。

当然，应用文的格式也不是一成不变的，随着社会经济生活的发展，人们的生活习惯

和思想观念会发生变化,应用文写作格式也会随之变化,以适应社会发展的要求。

4. 时效性

由于应用文是为解决实际问题而写的,所以它的时间性很强。一旦出现问题,就必须及时反映,否则拖延时间就会给生活、工作或生产带来影响。尤其是当今社会中市场竞争激烈,信息不对称现象屡屡发生,企业随时有被淘汰的危险。而信息反应及时,就会给企业带来机会,产生效益。相对而言,文学作品的写作时间性不强,如《红楼梦》写了十年之久,欧阳修的《醉翁亭记》写好后又搁置了数月才发表,而应用文则不能这样。

5. 平实性

由于应用文注重实用,所以它的语言也讲究务实,即语言要简洁、明白、准确、规范,以便理解执行,尚简约不尚冗长,尚朴实不尚浮华,不能像文学创作那样讲究生动、形象、含蓄、朦胧。平实是应用文写作的基本风格。

6. 专业性

经济应用文具有独特的专业性:一是从文章内容上看,经济文书写作主要是反映、分析和解决经济工作中的实际问题,专业范围十分明确具体,往往融合了经济学的原理和方法,需要运用本行业的专业知识来叙述各种业务问题;二是从表达形式上看,经济文书写作需要运用大量的数据、图表和术语来阐明观点、说明问题,这就对作者提出了特殊的专业要求,不懂经济的人难以全面承担写作任务;三是从读者对象上看,除经济新闻、经济广告等具有广泛的群众性外,大部分经济文书写作都有明确的专业读者对象,可见,经济应用文是为解决特定问题而写作的。

(三)经济应用文的分类

经济应用文书种类繁多,由于标准不同,分类结果也不尽相同。本书综合考虑经济应用文书的实用性和服务性的特点,根据经济应用文体在现实生活中使用的频率,选择了日常事务文书、常用公务文书、经济专业文书、策划文书、职业文书、科技文书七方面内容,包含33个文种的基础知识及写法要求。

二、经济应用文的作用

在我国,经济应用文书写作是一门既古老又年轻的学科。它历史悠久,源远流长。伴随着经济行为的日益增多,经济文书写作的观念也在更新,社会对经济文书写作能力的需求普遍提高。目前,我国经济文书的种类大幅度增加,其适用范围之广、涉及领域之多、使用频率之高,证明了它的社会价值,显示了它的生命力。

经济文书具有很强的社会功用,其作用主要表现在以下几方面。

(一)沟通联系作用

经济应用文是加强上下联系的纽带,也是与各有关方面联系的有效工具。例如,上下级间的上情下达、下情上报,各单位之间的信息交流、经验交流,都离不开经济应用文书。

（二）管理辅助作用

经济应用文应用于单位事务活动的各个环节，是企事业经营管理重要的、基本的手段，这是经济应用文最直接和最显著的作用。在日常经济活动中，加强管理是提高经济工作质量和效率的根本途径。经济管理的许多措施，需要通过文字的形式去发布、贯彻、执行。从现代管理角度看，经济应用文已成为管理链条中不可或缺的部分，是实现经济目的的重要手段。在商品经济日益发达的趋势下，经济应用文写作已经成为经济管理的重要组成部分，它的优劣程度必然影响整个经济管理的水平和质量。

（三）凭证和资料作用

经济文书反映经济活动的情况和本单位、本部门的各种业务活动，记载各个时期经济活动的变化和发展以及工作经验、工作教训、工作成果等，为本单位、本部门积累信息资料，也可作为有关部门研究问题时的参考。

有些经济文书还能起到凭证和依据的作用。如经济合同、商函、公证材料等，一旦出现问题、纠纷，依靠这些凭证，可通过法律追究对方责任，维护自身利益。而有些经济文书，如上级下达的文件、党和政府颁布的法规、有关方面的规章制度，本单位的会议记录、备忘录、制度条例等，都可作为开展工作和检查工作的依据。另外，经过对这些文书逐年整理归档，可以系统地为本单位、本部门积累信息资料和数据，以便为今后开展工作、研究问题作参考。

任务二　体会——经济应用文的主旨与材料

学习目标

【知识目标】

了解主旨要求与材料种类，明确主旨与材料的关系。

【能力目标】

能够选择典型材料表达鲜明主旨。

一、经济应用文的主旨

经典论述

陆机《文赋》："立片言以居要，乃一篇之警策。虽众辞之有条，必待兹而效绩。"
刘勰《文心雕龙·征圣》："简言以达旨。"《文心雕龙·物色》："一言穷理。"

萧统《文选·序》:"以意为宗,不能以文为本。"
李渔《闲情偶寄》:"古人作文一篇,定有一篇之主脑。"
王夫之《船山遗书》:"意犹帅之,无帅之兵,谓之乌合。"

主旨又称主题、题旨、立意、主脑等,是指通过文章的具体材料所表达的基本观点,是文章的中心思想。

(一)主旨的作用

主旨的作用主要表现在以下两个方面。

1. 统领作用

主旨是文章的核心,是文章的统帅和灵魂,是写作构思时首先要考虑的问题。材料的选择取舍,结构的布局安排,语言的运用,都要服从中心思想及主旨表达的要求。

2. 价值作用

主旨是衡量一篇文章价值的主要标准,它决定着文章的价值和质量。文章有好的主题、材料、技巧才有价值;文章有深刻的主题,才有感人的力量。如果主旨不好,材料再典型、结构再完善、语言再符合应用文书的要求,也不可能是好文章。

写作前先确定主旨,材料取舍、结构安排、方法运用、语言调遣就有了依据,写起来才能够从容成篇。如果主旨未定,就匆忙动笔,则难免词不达意,甚至无法成篇。

(二)对主旨的要求

对主旨的要求主要有以下三点。

1. 正确

正确就是能够揭示事物的本质意义,实事求是,符合客观事实。经济应用文的主旨必须符合国家的法律、法规,符合党和国家的路线、方针、政策,正确反映经济发展的规律。

2. 鲜明

应用文书的主旨不能像文学作品的主题那样含蓄隐晦,而必须清楚、明白,赞成什么、提倡什么、反对什么、禁止什么,要十分明确,毫不含糊,绝不能模棱两可,似是而非。

主题鲜明,对于经济应用文来说尤其重要。应用文写作的直接目的,就是为了做好实际工作。处理实际工作的指导思想、具体办法,都应该明确无误,不留歧义,尤其像经济合同这样的经济应用文,更来不得半点含糊。

3. 集中

大部分应用文书都要求内容单一,主旨集中。要尽量避免多中心、多主题,不要试图在一篇文章中表达许多意图。只有主旨集中,才能避免行文关系的紊乱和职责不明,事项才便于处理,规定才便于执行,才能提高行文的效率。

为了做到集中,在构思和撰稿时就要控制思路,"目标始终如一,方寸一丝不乱",不能下笔千言,离题万里。有些内容比较复杂的文章,如会议报告、工作总结、会议纪要、调查报告等文种,在构思时,就要统观全局,在更高层次上确立主旨,做到中心明确、突出。

（三）如何显示主旨

显示主旨可以从以下几个方面入手。

1. 标题点旨

用标题概括点明主旨。标题点旨的形式，要求概括事由或概括主旨的文字要严密、准确。

2. 开门见山

在经济应用文中，常使用主旨句，开门见山，交代行文目的。主旨句以介词结构"为了……"为特征，通知、通报、通告、报告、意见以及规章文书等常用此方法。

3. 片言居要

在文章内容的转换处揭示主旨，同时起到承上启下的过渡作用，如在分析问题到解决问题的过渡之处揭示主旨等。

4. 呼应显旨

在正文的开头和结尾前后呼应，以突出主旨。这种写法多是开头提出与主旨相关的问题，篇末与其呼应。

5. 篇末点旨

在应用文书正文的结尾点明写作主旨。

二、经济应用文的材料

 **经典论述**

杜甫《奉赠韦左丞丈二十二韵》："读书破万卷，下笔如有神。"
陆游《老学庵笔记》卷三："巧妇难为无米之炊。"

材料与主旨的关系，就像盖房子的想法和建筑材料之间的关系：没有想法，不可能盖好房子；没有建筑材料，也不可能盖起房子。写文章首先要解决"写什么"，即写作内容的问题，而"内容"的核心就是材料。所谓"材料"，就是作者为了某一写作目的从生活中搜集、摄取并写入文章中的一系列事实或论据。

积累了众多写作材料，并不等于写成了文章。这很像盖房子，光有一大堆水泥、砖瓦、木材等还不行，它们必须为一定的目的，按一定的设计，有步骤地加工组合起来才能成为房子。这里的"目的"最为重要，它是建筑设计、施工的指导。主旨就是我们"建筑"文章的"目的"。人们写文章总是有目的的，无论是写人叙事还是立论说理，都是为了表达自己对现实人生的感悟和对社会问题的看法，也就是文章的主旨：它是作者通过全篇内容所表达出来的中心思想或基本意见，也就是整篇文章情感思想的基本走向。

文章的材料和主旨是密不可分的。没有材料，主旨就没有了表达的依据，正所谓"巧妇难为无米之炊"，也就没有了文章；没有主旨，只有一大堆材料，这样的东西便是没有"统帅"的一批乌合之众,依然不能成为文章。

(一)选择材料的标准

材料的选择有以下几个标准。

1. 围绕主旨选材

材料要为表达主旨服务,材料不能不加选择地使用,不能"捡到篮子里都是菜"。写进应用文书里的材料,必须有针对性,能紧扣主旨。与主旨无关的材料,再生动也不能选用,否则将形成材料与主旨"两张皮"的现象。

2. 材料必须真实、准确

经济应用文所采用的材料必须真实、准确,才能反映事物的真相,否则将会得出虚假的结论,给企业造成损失和不良影响。因此,写进应用文书里的材料必须核实,做到准确无误,不能道听途说,不能偏听偏信。有时还需要注意局部真实和整体真实之间的关系。

3. 材料必须典型

典型材料能够揭示事物的本质,能够起到以少胜多的作用,从而使文章言简意赅,增强文章的说服力和感染力。因此,经济应用文的写作必须选择能够反映事物的共性和特性、能够揭示事物的本质和规律的典型材料。

4. 材料要新颖

新颖是指写进应用文书里的材料,一定要有时代感。要选择那些能够表现客观事物的发展变化趋势,反映客观事物的最新面貌的新事物、新情况、新思想,从而引起人们的共鸣,给读者以思想上的启示。

(二)材料与观点的组织形式

材料与观点的组织形式如下。

1. 先列材料,后亮观点

先介绍事实,说明论据,然后归纳出观点,推导出结论。这种安排由事到理,水到渠成,说服力强。叙事性应用文书或文中叙事性较强的段落,常采用这种形式。

2. 先亮观点,后列材料

这种形式,常用段旨句先概括亮出观点或问题,然后列举事例,陈述观点。这种写法,观点鲜明,头绪清楚,先声夺人,引人注目。大量应用文书采用这种形式安排材料。

3. 边列材料,边亮观点

这是一种夹叙夹议的方式。这种方式的优点是既摆事实,又讲道理,行文层层深入,使人便于理解。在应用文书中,叙事说理较强的文种或段落常采用这种写作形式。

任务三　领悟——经济应用文的结构

学习目标

【知识目标】

了解应用文体的结构特点与类型,掌握应用文的结构要求。

【能力目标】

能够结合文体选择恰当的结构类型。

经典论述

李渔《闲情偶寄·词曲部·结构》:"至于结构二字……工师之建宅亦然。基址初平,间架未立,先筹何处建厅,何方开户,栋需何木,梁用何材,必俟成局了然,始可挥斤运斧。"

结构是指为表现文章内容所做的对材料的组织和安排,也就是过去所说的"布局"、"谋篇"。

写文章不是将搜集来的材料杂乱无章地堆在一起,而是要认真安排:怎样开头结尾,如何过渡照应,如何安排段落层次,等等,都要仔细考虑。如果说主旨是文章的灵魂,材料是文章的血肉,那么结构就是文章的骨架。

结构是一种排列组合的艺术,也是作者思路的表现。思路是作者的思想脉络,是作者认识所反映的客观事物的顺序和过程。作者在对事物观察、理解和认识的过程中,逐渐形成对事物的某种感受、认识和评价,并将其中包含的思想内容进行整理,使其符合并能体现客观事物的内在规律,这就是思路。谋篇布局,就是作者思路的具体化。

结构不仅在形式上要和谐统一,给人以美感,而且要表现出文章的整体与部分、部分与部分、部分本身的联系和变化。所以,写文章时要寻求一个好的结构方式,就不能只是在写作技巧上花样翻新,而是要正确反映客观事物的发展规律和内在联系,要服务于主题表现的需要,要适应文种的特点和表达的需要。只有这样,才能将材料组织成有机的整体,才能真正做到谋篇布局。

一、应用文书结构的基本内容

 **经典论述**

陶宗仪《南村辍耕录》:"凤头、猪肚、豹尾。"

乔梦符说:"作乐府亦有法,曰:凤头、猪肚、豹尾六字是也。"陶宗仪对此解释说是"大概起要美丽,中要浩荡,结要响亮。尤贵在首尾贯穿,意思清新。"

谢榛《四溟诗话》:"起句当如爆竹,骤响易彻;结句当如撞钟,清音有余。"

高尔基《我怎样写作》:"最难的是开头,也就是第一句。就像在音乐中一样,第一句可以给整篇作品定一个调子,通常要费很长时间去寻找它。"

俗语说:"好的开始是成功的一半。"

(一)开头

开头为全篇定下基调,也是文章给读者的第一印象。它对全篇内容起着引领作用,也体现着作者的写作动因和意图。应用文的开头并不固定,常用的开头方式有如下几种。

1. 目的、根据式的开头

这种开头方式是将行文的目的或发文的依据放在文章的开头部分写出来。在一些公文、规章制度、计划及专业文书中常用这种开头方式。如"为了加强我市职业高中教研活动,努力提高教师的业务水平,经研究,决定召开××市职业高中专业课示范课活动,现将有关事项通知如下:",这是目的式的开头;再如"根据省教育厅教备函〔2007〕32号文件精神,决定在全区进行中小学教育技术装备综合统计工作,现就有关事项通知如下:",这是根据式的开头。

2. 概述式的开头

概述式的开头是指将全文的主要内容在开头部分简要介绍出来。概述式的开头,在经济新闻、总结、调查报告、经济活动分析中经常用到。如"2012年,在处党委的正确领导和各职能部门支持下,我所以'三个代表'重要思想为指导,大力推进和谐社会建设,全所干部职工同心同德,开拓创新,扎实工作,两个文明协调发展,以实现工程安全运行为前提,认真开展汛前检查工作,落实安全责任制,以加强组织建设为保障,大力开展'保持共产党员先进性教育'活动,以发展水利经济、发挥工程效益为中心,着力提升服务水平,创建文明航道,克服不利因素,促进水利经济发展。对照年初工作目标,积极开展各项工作,圆满完成'党员先进性教育'活动及汛期检查工作,为全年各项工作目标的完成奠定了坚实的基础。今年我所共青团被团委评为'青年文明号',电教室被县组织部评为'五星级'党员电教室等光荣称号。现将具体情况总结如下:"。文章先概述总体情况,再分述各方面情况。

3. 情况原因式的开头

开头部分交代行文的缘由,或对文章内容的背景、基本情况作简要的介绍。如"今年以来,各地、各有关部门认真贯彻执行国家粮食购销政策,克服粮食调销不畅,资金、仓容严重不足的困难,坚持按保护价敞开收购,粮食收购进度快于往年。截至11月底,全省共收购粮食54亿千克,比上年同期多购11.8亿千克。但是,由于多方面的原因,粮食企业亏损十分严重。11月22日,国务院办公厅对我省粮食企业亏损情况进行了通报,明确指出了粮食企业亏损的严重性,对指导我省粮食工作和粮食企业开展扭亏增盈具有重要的意义。为了做好当前粮食工作,现将有关问题通知如下:"这段开头先是简要介绍基本情况,然后开始下达通知事项。在一些请示、报告中常采用这种形式的开头。

4. 规定式的开头

这种开头常用于有具体规定格式写法的一些文体中。如"经济合同"、"章程"、"条例"、"法规"等文种的开头部分常用这种方式。

以上四种开头方式较为常用。在实际运用中,还有"评论式"、"建议式"、"直叙式"等开头方式,尤其讲话稿、经济新闻,开头的方式更是多种多样,具体选用哪一种为好,要根据全文内容表达的需要、结构安排的需要来决定。

(二)结尾

文章结束即为结尾,古人称为"收笔"。结尾和开头一样,在文章中具有重要的作用。好的结尾能让人加深印象,更加明确全文的观点和思想。从形式上说,有了结尾,文章才会完美。经济应用文中的结尾方式也是多种多样的,常用的有如下几种。

1. 总结式结尾

在结尾部分对全文作总结,以概括总的观点,再一次点明主题,明确文章的中心思想。常用于"总结"、"调查报告"、"经济论文"及一些经济分析文章中。使用这种写法,能使主题突出,给读者以深刻印象。这种写法也称为"卒章显志"。

2. 希望、鼓励式结尾

在结尾部分提出希望,展望未来,指出今后的努力方向,鼓舞斗志。常用于"计划"、"总结"、"报告"等文章中。这种结尾多用排比句式,以增强文章的感染力。

3. 自然收束式结尾

这种结尾是指文章主要内容写完后,事尽言止,无需再画蛇添足,狗尾续貂,可以顺其自然,自然收结。常用于"通告"、"通知"、"决定"等简短的文章中。

4. 规定式结尾

这种结尾常用于一些有具体规定格式写法的文体中,如"经济合同"、"经济纠纷起诉状"、"章程"、"条例"等。这些文章的结尾写法较为固定、规范,不得随意更换其他内容。

文无定法。以上介绍的种种开头、结尾的写法,要根据具体情况灵活选用,不必拘泥于某一种固定的形式。

二、层次和段落

所谓层次,是指文章内容的表现次序体现文章内容相互间的逻辑关系,体现着人们认识事物的顺序性。因此,层次也叫"部分"、"大段"、"意义段"、"结构段"。层次与文章线索有着密不可分的紧密联系,层次依照线索串联,线索依靠层次体现。文章所反映的客观事物往往头绪纷繁,各种矛盾盘根错节地纠缠在一起。层次的任务,就是整理出线索,分清主要矛盾和次要矛盾,在纷繁中求条理。

层次的划分是有其客观依据的,有时按照事物发展的时间来安排层次,有时根据事物的空间来安排层次,有时按照事物的功能和特征的主次来安排层次,有时按照文章的逻辑关系来安排层次。如写"请示",首先"请示"的缘由是一个层次,其次"请示"中要求上级给予解决问题的部分又是一个层次,最后是结束语。具体如何安排层次,应根据不同种类的应用文的内容来决定。

无论采用哪种方式安排层次,都要遵循这样几个基本原则:一是要合乎事物发生、发展和结束的自然过程,合乎人们思维的发展过程和阐述问题的逻辑顺序;二是要考虑到各种文章体裁的特点;三是要体现出层次与内容之间和各层次之间有机的内在联系。

所谓段落是指文章中的一个个自然段,它是文章中最小的可以独立的意义单位,是文章思想内容在表达时因转折、强调、间歇等情况造成的文字上的停顿,具有换行另起的明显标志。一般来说,层次小于篇章,大于自然段。有时一个层次就是一个自然段,也有的文章因其简短,全篇只有一个自然段,如各种条据、启事、简单的通知等。

段落的作用,主要是逻辑地表现笔者思维进程的每一个间歇、转折,清晰地反映文章的层次。而间歇和转折,目的是为了形成停顿,给读者留出思索的时间和空间。段落分明,能够逻辑地表现文章的层次,使文章眉目清楚,有行有止,便于读者阅读、理解。有些特殊段落,还能起某种强调作用,达到突出重点、加深印象、传递特定情感的目的。

划分段落时,一要注意内容的单一,即一个段落要重点讲清楚一个意思,不要贪多务得,造成内容芜杂、重点不突出、条理也不分明;二要注意内容的完整,即一个意思要在一个段落里表述完整,给人以完整的印象,不要顾此失彼,造成思绪紊乱,使读者不得要领;三要注意段落之间内容的连贯,各个段落之间的内容要有逻辑上的内在联系,要体现出下一段是上一段意思的必然发展,每个段落都要成为文章有机的组成部分;四要注意形式上的匀称、和谐、优美,各个段落在文章中的比例应基本相当,不要划分得过宽或过于零碎,应长短相谐,粗细相间,给人以形式美。层次与段落,既有联系,又有区别。层次主要反映的是文章内容的表现次序,段落则代表着作者思路的一个较小的步骤。层次着重于思想内容的划分,是段落的内涵;段落则侧重于文字的表达,是层次的外在形式。

三、过渡和照应

过渡和照应是使文章前后连贯、脉络畅通的重要手段。要把各段文字和各层意思衔接得浑然一体,就必须巧妙地安排过渡和照应。

1. 过渡

过渡是两个渡口之间摆渡的小船,是连接两岸的桥梁,是两个城市间的公路路标。

所谓过渡是指层次或段落之间的衔接与转换。过渡犹如桥梁,在文章中起着承上启下、穿针引线的作用,它使文章结构严谨,上下文内容贯通一气,引导读者思路顺利前行,

而不至于发生阻隔和脱节。

并非所有文章都要使用过渡,有些文章上下文之间本来就存在着递进、衔接关系,不需要过渡。也有的文章需要加上过渡性的语句,衔接才自然。不仅当思想内容出现由一层意思转入另一层意思时、论述问题由总述到分述或由分述到总述时需要过渡,而且当表现手法、表达方式转换时,如行文中由叙述转为议论或者由议论转为叙述以及倒叙与顺叙、顺叙与插叙想转接的地方,都要使用过渡。

过渡常用的方法有以下三种。

(1)使用关联词、转折词之类的过渡词语,如"为此"、"据此"、"故此"、"鉴此"、"鉴于此"、"综上所述"、"总而言之"、"总之"等。

(2)使用过渡句,即在上一部分的结尾或下一部分的开端安排一个过渡性的句子,如"现将调查结果综述如下"、"现将有关事项通知如下"、"特作如下安排"等。

(3)用过渡段,即安排一个使上下两部分连接或转折的过渡性的段落。

过渡段就是用一段文字表现文章的时间、地点、场景、情节、论题等方面的转换,起到调节和联系作用,使文章脉络清楚、结构完整。它常由两部分组成,承前部分收束上文,启下部分开拓下文。如应用文体中的一句"我们既取得了很多成绩,也存在不少问题",上承"成绩",下启"问题"。又如《伟大的友谊》中的"恩格斯不仅仅在生活上热忱地帮助马克思,更重要的是他们在共产主义事业上,互相关怀,互相帮助,亲密合作"也是一个简短的过渡段,"恩格斯不仅仅在生活上热忱地帮助马克思"是承接第二段,"更重要的是他们在共产主义事业上,互相关怀,互相帮助,亲密合作"起启下的作用。

具体运用哪种过渡方法,要视文章需要而定。但不论运用哪种过渡方法,都要注意自然、恰当,不留痕迹,不能牵强附会,生拼硬凑,勉强过渡。当文章里有不同内容、上下文之间没有必然的内在联系时,不能强行过渡,而应采取分章节或加小标题的方法来区分。还要注意简明,过渡应顺势而下,生动自如,不要节外生枝,作不必要的解释,以免使行文累赘繁琐。

2. 照应

照应是指文章前后内容上的关照、呼应。它能够使文章前面提到的问题,在后面有着落;后面交代的事物,在前面有暗示。使用照应方法,既能够使文章内容前后一致,结构严谨,线索清楚,重点突出,有助于主题的表达;又能够唤起读者的联想、回味,帮助读者准确理解文章主题和把握文章脉络。平时常说"前有交代,后有着落"就是一种照应。在经济应用文中,常用的照应有两种。

(1)首尾照应。

开头和结尾遥相呼应,互为补充,以使文章首尾回合,结构完整,中心突出。如有些"论文"、"总结"、"调查报告"等,开头部分将总的观点、主要工作、主要事实等先作概述,然后在结尾部分再作概括、归纳,既做到前后照应,又可以加深对文章的理解。

(2)正文和标题照应。

行文中屡次照应题目,或者围绕主要问题和论点,多次反复发挥,以加深读者印象,突出表现主题,以行文切题,使文章的中心思想更加鲜明。在一些市场调查报告、市场预测报告、经济论文中,标题中主旨已十分明确,正文就必须紧紧围绕标题展开阐述。如"强化服务体系、完善联产承包制——河南农村调查".这是一则调查报告的标题,正文的内容紧紧与它呼应,围绕农村的服务体系和联产承包制的情况展开论述,而不涉及其他方面的内容,使文章中心更加突出,给人印象更加深刻。

四、应用文书结构的基本类型

经济应用文书的种类很多,内容不同,写法各有特点,其结构类型也因文而异。归纳起来,经济应用文书的结构有以下几种类型。

1. 总分式结构

开头先对全文的内容作简要的概述,然后依次分别对其展开论述。如在写"总结"时,可以先对全年的情况作总括的介绍,然后对各方面生产情况作具体论述。"总分式"还可以分为"先总后分"式、"先分后总"式及先总述再分述最后再总述的"总分总"式。"总分总"式通常适用于篇幅较长,如"调查报告"、"经济活动报告"、"经济论文"等应用文。

2. 并列式结构

文章中几个层次之间的关系是平行的、并列的,这样的结构方式为"并列式结构",也称"横式结构"。如对财务状况进行分析,可以从资产、负债、利润、成本、费用等方面展开具体分析,这几个方面的内容就是并列的关系,这样的结构就是"并列式结构"。

3. 递进式结构

递进式或以时间为顺序,或以现象到本质、从因到果等逻辑关系为顺序逐层深入展开的结构形式,也称"纵式结构"。如开头提出问题,而后剖析研究问题,再找出原因得出结果,最后提出解决问题的办法或建议,就是一种从因到果的递进式。

4. 条款式结构

条款式通常在法规文件、规章制度类文章中使用。它又可以分成章条式、条文式两种。有的文书内容多且杂,也采用分条列项式来写,从而显得清晰、明白,方便阅读,也便于理解,便于执行。

5. 篇段合一式

其又称为"一段式结构",即全篇文章只有一个自然段,一个段落就是一篇完整的文章。这种结构适用于内容少而简单的情况,例如,日常应用文中的便条、单据、介绍信、聘书、启事、海报,公文中的命令、公告、简单的通知、批复、函等,内容单一,不便分开,常采用一段式的写法。

五、应用文书结构的基本要求

1. 结构要有逻辑性

文章是客观事物的真实反映。因此,文章内容的结构形式必须符合客观事物的发展规律。客观事物有其自身的发展规律,文章在反映客观事物时,必须按照事物发展的进程,有层次、有条理地安排结构。结构的逻辑性要与客观事物自身的规律性和人们认识客观事物的自然程序相一致。只有这样做,才能符合人们的认识规律,有利于读者准确理解文章内容。否则,结构杂乱无章、颠三倒四,就会令人难以理解,达不到行文的目的。

2. 结构要为表现主题服务

形式是为表现内容服务的,结构是文章的表现形式,要服从于表现和突出主题的需要。结构为表现主题服务:一是要围绕主题布局,二是要围绕主题剪裁,三是结构的各个环节都要受命于主题。例如,如何安排层次段落、设置过渡照应、谋划开头结尾,都必须以主题的需要为前提,为表现主题服务。

3. 结构要适应不同体裁的特点

按照反映客观事物的方式方法的不同,人们把文章划分为各种不同的题材。各种题材在长期的写作实践中,逐渐形成了自己结构的规律和特点。文章体裁是在特定的交际领域中,通过有目的的选择而产生的表现方式。体裁不同,表现手段和结构形态自然也就不尽相同。

任务四　拓展——经济应用文的表达方式和语言

学习目标

【知识目标】

了解经济应用文的表达类型与特点,理解经济应用文的语言特点与要求。

【能力目标】

能够对文体运用的各种表达方式作出鉴别,能够判断并修改语言运用的各种问题。

经典论述

刘大櫆《论文偶记》:"文贵简,凡文笔老则简,意真则简,辞切则简,理当则简,味淡则简,气蕴则简,品贵则简,神韵而含藏不尽则简,故简为文章尽境。"

沈约:"文章当从三易:易见事,一也;易识字,二也;易读诵,三也。"

一、表达方式

表达方式,即古人所称的"笔法",今人称之为表达手法、表现方法。人们写文章的表达方式通常有五种,即叙述、议论、说明、描写、抒情。由于受应用文书的文体特点和写作目的的制约,应用文书语言的表达方式主要为叙述、议论和说明。

（一）叙述

叙述就是叙说,通篇陈述,介绍、交代人物的经历、言行或事物发展变化过程的表达方法。叙述是文章最基本的表达方式。叙述的六要素包括时间、地点、人物、起因、经过、结果。由于文体不同、内容不同，可以省略某个或者某些要素。

1. 叙述的作用

叙述是应用文书的基本的表达方式，它有三个主要作用：第一，介绍人物的经历和事迹；第二，介绍事件的发生、发展过程；第三，在应用文中陈述事实。它可以作为以叙说情况为主的情况报告、表彰或批评通报、市场调查报告等文种的主要表达方式。交代背景，介绍人物、单位或事件的基本概况、事物发展变化过程以及相互关系，都离不开叙述；为议论（如讲话稿）提供事实依据，也要用到叙述。

2. 叙述的特征

（1）以顺序为主，讲求平铺直叙。它的优点是符合人们的认识习惯，把文章的结构与事件的发展过程自然统一起来，使文章脉络分明，条理清晰，易于人们理解接受。

（2）一般采用概括叙述，极少是具体、详细的叙述。概括叙述长于总的情况的介绍，可以避免冗长的毛病。具体叙述生动感人，在部分应用文如表彰通报、消息写作时可以采用。

大部分应用文书对叙述的要求是：概括准，粗线条。只注重对事件的整体勾画，不要求细节的具体、内容的详尽。只叙述与表达主旨、说明问题有直接关联的部分，或者只是综合地、概括地叙述若干人或事的共同点。

（3）常与其他表达方式结合运用。如夹叙夹议、论理、说明等。

3. 叙述的类型

（1）顺叙，是指根据人物经历或事件发生、发展的自然时序进行的叙述。

（2）倒叙，是指把事件的结局或事件中最突出的片断提到前面来叙述，然后再以顺叙的方式进行的叙述。

（3）插叙，是指在叙述主要事件的过程中，因为需要，暂时中断叙述主线，插入与中心事件有关的内容的叙述。

4. 叙述的人称

人称是指作者叙述的观察点、立足点。选用第一人称的叙述是主观性叙述，能给读者真实、亲切的感受；选用第三人称的叙述是客观性叙述，可不受时空和是否亲身经历限制，因而叙述面较广较自由；使用第二人称叙述，有直接对话的亲临感，让读者感到像面对面在交流。

应用文的写作对人称的使用有特定的要求。如撰写总结、拟定计划，必须采用第一人称，写市场调查报告则主要是用第三人称。而有些文种的写作，三种人称还需同时使用，如涉及第三单位的来函、去函、情况通报，第一、二、三人称常同时出现。

（二）议论

议论是作者对某件事情或某个问题进行分析、推理、评论，表明自己的立场、观点、意见的一种表达方式，也就是讲道理的方式。议论主要运用概念、判断、推理、证明等逻辑思维手段，阐明客观事理，揭示事物的本质特征。

1. 应用文中议论的作用与特征

议论是某些应用文书不可缺少的重要表达方式,通报、意见、决定等文种对人或事作出评价、判断,阐明处理某些公务活动或社会事务的立场观点、政策原则、决策主张,都离不开议论。应用文中的议论以正面议论为主,并多与其他表达方式结合使用,如夹叙夹议。

2. 议论的要素

完整的议论由论点、论据、论证三要素构成。

(1)论点,也叫观点,就是作者对问题的看法、主张、见解、态度,通常以判断的形式表现出来。按照论点在文章中的地位、作用,可以分为中心论点和分论点。

(2)论据,即是用以证明论点的材料,论据有事实论据和理论论据。

(3)论证,即是运用论据证明论点的过程和方法。论证有两种方式:一是立论,即用论据直接或间接证明论点的方式;二是驳论,即用论据反驳对方观点或驳斥对方论据的方式。在论证过程中,这两种方式常综合运用,共同完成对论点的证明。

上述三要素中,论点是统帅和灵魂,论据是基础,论证方式是联系论点和论据的纽带和桥梁。论点提出"要证明什么",论据回答"用什么证明",论证解决"怎样证明"。

3. 应用文书常用的论证方法

(1)归纳法,也叫例证法,就是用若干个特殊的个别性前提推出一般性的、规律性的结论的方法。人们常用典型事例、事实来证明论点,也就是通常所说的"摆事实"。

归纳法的优点在于例证丰富,说理通俗,易于掌握。归纳法局部使用效果较好,如果通篇都用,往往会给人造成"观点加例子"的现象,失于肤浅。

(2)演绎法,也叫引证法,就是由一般性的前提推出个别的、特殊的结论的方法。也就是通常所说的用大道理推出小道理的方法。引证法,即是引用名人名言、格言、谚语、科学的定义、公理、党和政府的文件来证明论点的论证方法。需要注意的是,引用不能断章取义,更不能随意增删、妄加修改。若是引用原文,语句、标点都要绝对正确。

(3)类比法,也叫喻证法,就是根据两个或者两类对象在一些属性上相同,推出它们在其他属性上也相同,从而得出结论的方法。它通过打比方、讲道理来证明论点。优点是利用人们比较熟悉的、具体的事物,来论证人们生疏的、抽象的事物,说理灵活,深入浅出。但应该注意的是,利用类比法推出的结论不一定是真的,因此,它只能作为一种辅助性的论证方法。

(4)对比法,是将性质相反或有差异的两种或几种事物作比较,作出论断,证明论点的论证方法。有比较才有鉴别,这种方法可使论点更加鲜明突出,文章更有说服力。

(5)因果法,是分析事物的前因后果,并以此证明论点的方法。可由因及果,也可由果溯因。

(6)归谬法,是将错误的观点进行合乎逻辑的推理,引出荒谬的结论,从而证明该观点错误的证明方法。

以上方法各有长短。演绎法推理严谨,但偏于抽象;归纳法证明面广,但不易周延;类比法生动活泼,但难以尽理。因此,在实际写作中应该把各种方法结合使用,取长补短,以达到更好的说理的目的。

（三）说明

说明，是用简洁明白的语言，解说客观事物和阐释抽象事理的表达方式。它可以用于介绍人物经历、状况；解说事物的形状、质地、特征、构造、功能及其发展变化；表述事理的本质、规律、因由、关系；介绍背景材料；作诠释性的注解，等等。在"说明书"中，说明是主要的表达方式。在其他应用文书中也常常要用到说明的方法。

1. 说明的作用

以说明的方式来介绍背景材料和环境，可以为叙述做好铺垫作用。总结、简报、调查报告、工作报告对某些基本情况的介绍，表彰、处分决定或通报对有关人员或单位的介绍等，常用说明这种表达方式。条例、规定、制度、公约等法规、规章和管理规章文书、介绍信、证明信等专用书信以及启事、经济合同、广告等，也常用说明的表达方式。

用说明方式来介绍背景，交代情况，可以为议论提供必要的依据。

2. 说明的特点

说明的特点，主要表现为它的知识性、说明性和科学性。所谓知识性，就是介绍各方面的知识。它通过对事物、事理的说明，使读者了解有关的知识，增长读者的见识，提高读者认识事物的能力。所谓说明性，是指用介绍述说的表现方法，条分缕析地阐述事物的内在联系，是根据事物或事理本身所具有的条理性来对其内容进行解释。所谓科学性，是指所说明的内容要能够准确地反映客观事物的实际及其规律性；说明的态度必须科学、冷静、客观，作者个人的兴趣、爱好、主观倾向，都不能带到说明的内容中。

在应用文书的实际写作过程中，经常是多种说明方式同时并用。另外，应用文书的说明常与议论、叙述结合使用。

3. 常用的说明方法

常用的说明方法有介绍说明、描述说明、定义说明、分类说明、举例说明、比较说明、诠释说明、分解说明及数字、图表、表格说明，等等。

（1）介绍说明，就是对事物作概括扼要的介绍叙说，这是说明文字中最为基本、使用范围最广泛的一种方法。为了把世界上纷纭复杂的事物解说明白，在介绍说明时还必须借助其他说明方法，与后者结合起来使用。

（2）描述说明，就是通过对事物的描绘来述说事物。它可以增强说明的形象性，使被说明的事物形象具体，特征鲜明，有声有色，给人以立体感，使读者获得形象的认识。使用描述说明时，要注意务真求实，准确无误，符合科学规律，做到既形象动人，又真实可靠。

（3）定义说明，通常称下定义，就是用简洁而明确的语言，概括地把事物的本质属性揭示出来，讲明事物、事理"是什么"。通常使用的定义方法是科学定义法，即用种差加最邻近的属概念，来说明被定义的事物。定义说明要求揭示事物本质的内涵，所下的定义与被定义事物的外延应是对等的。

（4）分类说明，就是对事物或问题，按同一的标准划分为不同的类别或不同的方面，逐一加以说明的说法。分类说明使读者更易于认识同类或不同类事物之间的联系和区别，

19

把它们的多种关系梳理清楚,使读者可以一目了然。这是说明复杂事物经常运用的方法。进行分类说明时,应注意所使用的分类标准要统一,所分类的对象不仅要同属于一个大的类型,而且要同处一个逻辑层面,内容要能够包举被划分事物的各个小类,以求全面说明该事物。

(5)举例说明,就是列举某种事物、现象中最有代表性的实例,说明该事物、现象的特征的方法。运用这种说明方法时,要注意所选择的事例具有典型性,否则就难以达到变抽象为具体、变复杂为简明的目的。

举例说明通常有典型举例和列举性举例两种。前者能使被说明的事物更为具体、清楚;后者能使被说明事物的范围更清楚。

(6)比较说明,就是利用相同事物、事理之间的异同,或不同事物、事理之间的异同来突出说明被说明对象的方法。采用这种方式,作比的事物同要说明的事物之间有相同点或者类似点,不能毫不相干;用于比较说明的事物之间一定要有可比性,且比较的标准要一致。否则,对客观事物的说明就会出现片面性乃至错误。

(7)诠释说明,就是对被说明的事物进行必要的解释,使读者对该事物的性质、特点等有更为准确、明晰的认识。要了解事物的具体情况,只靠下定义是不够的,还需要对定义作进一步的解释。诠释说明是定义说明的展开,它使定义说明具体化,将定义说明只概括其本质事物的内涵和基本特征展开来进行解说。

(8)数字、图表、表格说明,就是运用精确的数据,或按一定的内在联系列成表格,或画出准确的图表,从量的方面说明事物、事理的本质特征,给读者以直观的认识。其中图表说明具有其他说明方法所没有的直观性。

(9)引用说明,就是引用一些有关的论述、文件资料来说明事物或问题的性状、特点、本质和规律的方法。

除上述的说明方法外,应用文写作还偶尔使用比喻说明、描写说明等。

4.说明的要求

常见的说明要求有以下几个方面。

(1)客观、科学。

说明的目的,在于使读者直接获得某些方面的知识。作者在写作时,应以客观的态度对事物或事理作冷静的介绍和解释,一般不带有强烈的感情色彩。

(2)准确、清楚。

作者在具体说明事物或事理时,语言表达要准确,用词要精当,要精确地运用专门术语和概括性词语,抓住被说明事物的主要特征,解说清楚,使人易于理解。

(3)巧妙、灵活。

要巧妙地运用引用、对照、比喻、比拟等方式方法,增强说明的形象性和生动性。

二、经济应用文语言的要求

语言是应用文书的基本要素。语言的优劣,将直接影响到文章形式的完美与否。为了把文章思想内容表达好,就要注意语言的运用。虽然由于文体、内容、风格的不同文章会表现出不同的语言特色,但总的说来,文章对语言的基本要求还是一致的。

人类的语言分为文学语言和实用语言。文学语言讲究审美,追求意在言外,多使用比喻、夸张等修辞手法。实用语言讲求朴实、明白、晓畅,以求人们能准确理解,有效运用,以最大限度地达到行文效果。应用文书语言的实用性特征是由应用文体的本质所决定的。

(一)准确

准确就是要运用最确切、最恰当的字、词和句子,准确无误地反映客观事物的实际情况,恰如其分地表达作者的认识和理解。语言只有准确才能真实反映客观事物。语言的准确体现在两方面:一是用字用词的准确;二是语句的准确,不犯语法、逻辑错误,不能模棱两可,否则容易被人钻空子。作者在写作时,要认真辨析词义,对词义的范围大小、含义轻重、适用对象、词语的感情色彩、词与词之间的搭配认真考虑。还要注意用词规范,不生造词语,不滥用减缩词语,不用方言土语,做到句子成分完整、语序顺畅。

(二)简洁

简洁就是用最简练的文字,表达尽量多的内容,言之有物,简明扼要,做到句内无余字,篇内无剩语,只有这样,才能提高行文效率。写作者不仅应在认识客观事物上下工夫,对现实事物了解深透,而且应认真练字、练词、练句,在语言的概括精练和文章的删繁就简上精益求精,尽量选用容量大、表现力强的词语,用自然朴实的语言来表情达意,真正做到言简意赅。

(三)朴实

经济应用文语言的朴实是指文章要通俗易懂,朴实无华,如故作艰深,就会令人望而却步,影响行文的效果。应用文中有的文件传达范围较广,读者文化程度不一,文件写得深奥难懂,就会影响文件精神的贯彻执行,达不到行文的目的。

"语言要生动"是大多数文章的要求。经济应用文中的讲话稿、消息等文种应该适当讲求生动,而其他应用文则并不追求生动的效果。

(四)规范

经济应用文语言的规范是指行文必须符合国家有关规定,如标点符号的用法、运用名称应注意的事项、运用时间和数字时应注意的事项、简化字的使用、缩写词语和简称运用时的注意事项以及有些专业文书写作的规定用语,都必须按规定使用,不得各行其是,以免造成混乱,影响办事效率。

三、经济应用文的语言特点

(一)应用文的词法特点

应用文不同于其他语体,具有自身的词法特点。

1. 保留一些文言词语

因为应用文语体要求简明,而文言文是简明且表达内容极为丰富的语言形式,所以,在公文、规章制度、合同等应用文中依然保留一些文言文词语。如:兹、兹有、兹将、接洽、悉、勿、特、者、荷、取、于、而、则、为、依、逾、其、亦、以、尚、未、至、之、示、予、资、业已、即予、予以……现举例如下。

"兹"是"现在"的意思。"兹有"是"现在有"的意思。

例如:(1)兹定于2月12日上午8点30分,在学院多功能厅,召开全院教职工会议。

(2)兹有我院教师陈大兵前往贵厂,联系印刷教材事宜,请接洽。

"悉"是"全部知道"的意思。常常在应用文出现"知悉"、"顷悉"、"收悉"、"阅悉"、"谨悉"、"电悉"等组合词。例如:来信收到,详情知悉(详细情况全部知道),勿念。

"荷"是"承受他人恩惠时所表示的感激行为"。例如:望函告为荷(为荷:感激你们的帮助)。

"业经"是"已经过去"的意思。例如:业经了解,情况基本属实。

"特"是"特地"的意思。例如:根据有关规定,特作如下补充说明。

"逾"是"超过、超越"的意思。例如:逾期不予办理(超过规定的期限则不给办理)。

2. 多用一些单音单纯词

因为单音单纯词符合应用文简明性的要求,所以,在应用文中常常多用一些单音单纯词。举例如下:

"特通知你们"而不用"特地通知你们";"希参照执行"而不用"希望参照执行";"望函告为荷"而不用"希望函告为荷";"接上级通知"而不用"接到上级通知";"据有关规定"而不用"根据有关规定";"请各知照"而不用"请各个人知道后,互相转告"。

3. 简称的运用

通过节缩词语,以达到精练、简短的目的。节缩词语的方法有以下几种。

(1)双变单。即变双音词为单音词。如:

"应该"节缩为"应"或"该";"特地"节缩为"特";"经过"节缩为"经";"决定"节缩为"定"。

(2)缩合式。即抽取出联合词组的词素,重新组合成一个词。如:

"经济贸易"节缩为"经贸";"环境保护"节缩为"环保";"广播电视"节缩为"广电"。

(3)省略式。即省去相同的词素,保留不同的词素。如:

"海内海外"节缩为"海内外";"大型中型小型"节缩为"大中小型";"中档高档"节缩为"中高档"。

(4)概括式。即把几个并列词语中相同的语素抽取出来,然后加上并列词语的项数。如:"海军指战员、陆军指战员、空军指战员"节缩为"三军指战员";"无商标、无生产厂家、无生产日期产品"节缩为"三无产品"。

(5)删除式。即保留词组的主干部分,删除其他部分。如:"《中华人民共和国宪法》"节缩为"《宪法》";"中国民主同盟"节缩为"民盟";"加入世界贸易组织"节缩为

"入世"。

节缩词语、运用简称是为了行文方便、行文简洁,所以,在应用文中除以上几种形式外,还有一些特殊的简称。如:

"中国共产党中央委员会所颁发的2015年第一号文件已经收到并了解了文件的全部内容。"在行文中则简称为"中发〔2015〕1号文件已收悉"。

"生态立市、绿色兴市、工业强市,只有生态、绿色、工业一起抓,才能把我市做大、做特、做强。"在行文中则简称为"三市并举"。

简称的运用不能乱用,必须是众所周知或已出现于前文的基础上,方能运用,否则,就会造成歧义和闹笑话。举例如下。

"中国少年儿童乒乓球基金会"就不能随意简称为"中国少基会",因为它容易与"中国少年儿童基金会"的简称相混淆,造成歧义,令人误解或费解。

如果将"上海重型吊车厂"简称为"上吊厂",将"自贡杀虫剂厂"简称为"自杀厂"就会贻笑大方。

如果将"工程测量"简称为"工测"、将"职业技术学院"简称为"技院"就有与"公厕"、"妓院"同音词相混淆,显得庸俗。

4. 习惯用语的固定性

由于约定俗成,在应用文写作中一些习惯用语就渐渐地固定下来。举例如下。

(1)标题用语。习惯用"关于……",如:《关于学习国家十二·五规划的通知》等。

(2)开端用语。习惯用介词短语,如:"为了……","根据……","按照……","遵照……"等介词短语。

(3)文尾用语(结束语)。习惯用"特此……",如:"特此布告"、"特此通知"、"特此函达"、"特此报告"等。

(4)称谓用语。习惯用"我"、"该"、"本"、"贵"等词语,如"我校"、"该厂"、"本公司"、"贵校"等。

(5)祈请用语。习惯用"请"、"特请"、"恳请"、"希"、"望"等词语。如"请准假"、"特请批示"、"恳请批准"、"望遵照执行"等。

(6)表态用语。习惯用"同意"、"可"、"不可"、"准予"、"不予"、"照此办理"等词语。

(7)敬称用语。习惯用"您"、"先生"、"阁下"、"恭候"、"惠顾"、"承蒙"、"谨启"、"拜托"等词语。

5. 喜用熟语,排斥歇后语

熟语指的是久经沿用定型的短语或成语等。如:成语、惯用语、谚语、格言等熟语。因为熟语形式简洁、结构固定、言简意赅、通俗易懂、生动活泼、雅俗共赏,所以人们在应用文写作中喜用熟语。

歇后语即俏皮话。它由形象的比喻(似谜面)和本意说明(似谜底)两部分组成,是民间俗语的一种,具有诙谐、幽默、含蓄的特点。歇后语的这些特点,正好与应用文"准确、简明、规范、质朴、庄重"的语言特点相驳,因此,在应用文写作中排斥歇后语。

（二）应用文的句法特点

应用文也和其他文体一样，具有自身的句法特点。

省略句的运用。省略是汉语语法中常见的现象，但省略是有条件的，并不是可以随意省略的。必须在一定的语境中，读者心知肚明的情况下，方可省略。否则，就会产生歧义或误解。例如：

"张刚和李强走进房间，一不小心，把主人的热水瓶给踢破了。"

这句话就是因为不该省略却省略了，从而造成歧义。是张刚和李强俩人不小心，一同把主人的热水瓶踢破了呢，还是张刚或是李强不小心，把热水瓶踢破了呢？如果改成"张刚和李强走进房间，张刚一不小心，把主人的热水瓶给踢破了"，将省略的"张刚"补上，语义就明白了，就避免了歧义和误解。

因此，应用文省略句的运用，也应该在特定的语境里，才可以省略一些心知肚明的成分。最为常见的是省略主语和宾语。

（三）应用文的数字表达

经济应用文离不开数字，因为质量往往由数量来表现，没有一定的量，就难以表现一定的质，事物常常由量变到质变，所以，人们在分析事物的质量时，往往要从事物的数量变化开始分析。如：经济类应用文"市场调查报告"、"经济活动分析报告"、"市场预测报告"、"市场决策方案"等，都离不开数字的分析。可见，数字在应用文写作中具有特殊的地位和作用。

1. 数字的含义

数字即表示数目多少和次序先后的数词。在应用文写作中，对数字的表达不能只依靠数字本身，还得将数字同相关的量词、动词、介词、助词等结合起来使用。在结合使用时，有许多问题值得我们注意。

2. 注意数字的运用

（1）注意数字的增加和减少。

①数字的增加。要注意把净增数和增加后的和数表达准确。

"增加"、"增长"、"上升"、"提高"等动词后面带"了"字或不带"了"字的，则后面表达的数为净增数。如：原有9只面包，"增加10只"和"增加了10只"都表示净增数为10，实际数则为19。

"增加"、"增长"、"上升"、"提高"等动词后面带"到"、"至"或"为"字，则后面表达的数为增加后的和数。如：原有9只面包，"增加到10只"或"增加为10只"，都表示净增数为1，和数则为10。

可见，"增加"等动词后面加"了"和不带"了"，是不包含基数的，只表示净增数；"增加"等动词后面加"到"，是包含基数在内的，指增加后的和数。

②数字的减少。要注意把净减数和减少后的余数表达清楚。

"减少"、"降低"、"下降"等动词后面带"了"字或不带"了"字的，则后面表达的数字为净减数。如：原有10只面包,减少2只或减少了2只,净减数为2,实际数为8。

"减少"、"降低"、"下降"等动词后面带"到"、"至"、"为"字的,则后面表达的数字表示减少后的余数。如：原有10只面包,减少到2只或减少为2只,净减数为8,余数为2。

（2）注意倍数的表达。

倍数只能用来表示增加,不能用来表示减少。

如：原有10只面包,增加到50只,可以说"增加了4倍",而不能说"增加了5倍",因为"增加到"应该包含基数。

如：原有10只面包,增加了50只,可以说"增加了5倍",而不能说"增加到5倍",因为"增加了"指净增数。

增加数较小(不到1倍)时,则用分数或百分数来表示而不用倍数。如：原有面包8只,增加了2只,可以说"增加了四分之一"或"增加25%",而不能说"增加0.25倍"。

表示减少时,不能用倍数,只能用百分数、分数或绝对数。譬如：电视机原价是每台3000元,现每台2000元。不能说"现降价三分之一倍",而只能说"现降价三分之一"或"现降价了33%"或"现降价1000元"。

（3）注意"以上"、"以下"的用法。

"以上"、"以下"附在数字之后起划界的作用。但是在"以上"和"以下"是否包含基数的问题上,常常产生分歧。如："每学期请事假30天以上者,扣发本学期全部效益奖。"这句话是包含请事假30天的人呢,还是不包含呢？往往产生分歧。为了避免分歧,可以采用以下表述方式：

一是在"请事假30天以上"的后面,加括号注明即"（含30天）"。

二是在表述时将基数单独列出。即写成"每学期请事假30天或30天以上者,均扣发本学期全部效益奖"。

三是在全文结束后附注说明："本文所说'以上'和'以下'均包含基数"。

通过以上表述方法,就可以避免分歧了。

（4）注意"二"和"两"的使用。

"二"是序数。表示序数、分数、小数时用"二"不用"两"。如："第二条",不能写成"第两条"；"二分之一",不能写成"两分之一"；"二点四倍"则不能写成"两点四倍"。

"两"为基数。"两"与量词搭配,放在名词前面时,用"两",不用"二"。如："两天时间",不能写成"二天时间"；"两匹马",不能写成"二匹马"；"两条路线",不能写成"二条路线"；"两种模式",不能写成"二种模式"；"两个邻居",不能写成"二个邻居"；由此类推。

 **知识链接**

如何提高经济应用文的写作能力

写作是一种极其复杂的脑力劳动,具有很强的综合性。一篇文章看似不长,但它却是作者生活阅历、观察水平、思想深度、知识素养、逻辑推理、表达技巧等各方面素养的综合反映。同样,要提高经济应用文写作的能力,作者必须坚持不懈地从多方面进行努力。

1. 熟悉各类经济应用文的格式和要求

这是本课程学习的重点。各种经济应用文一般均有特定的体例格式,这些体例格式,有的是千百年来群众经验积累、约定俗成的;有的国家行政机关或有关部门明文统一规定的;有的则是出于行文礼貌,相互尊重。许多应用文在语言表达的要求上差别不大,能否写好的关键在于是否熟悉它的格式;有些应用文的格式大体一致,但在语言表达、感情色彩上有所不同。所有这些,都要在理解内容的基础上掌握它、熟悉它,避免生搬硬套或张冠李戴。

2. 掌握政策,提高理论水平

所谓理论水平,一方面是指政治理论基础,另一方面是指应用文写作理论知识。要写好经济应用文必须认真学习马克思列宁主义、毛泽东思想和邓小平理论,要努力学习前人应用写作的经验,切实掌握各类应用文写作的理论知识,用理论指导应用文的写作,某些种类的应用文反映了党和国家在这一时期的方针政策。要写好经济应用文,首先要掌握党和国家的方针政策,深刻领会中央有关精神,明确方向,才能写出好的经济应用文。

3. 提高文字表达能力

怎样提高自己的文字表达能力呢?首先要努力学习语文基础知识,从文字、词汇、句子、篇章结构,到语法、修辞、逻辑、文体、文化常识以及标点符号的运用,都要认真学习,要注意掌握和积累丰富的词汇、成语,能背诵一定数量的古诗词、名言警句,熟读或背诵古文及现代文中优美的章节。其次,要加强读写实践,重视听说读写练习,特别是写作练习,掌握各种表达方法,熟练运用语文知识、修辞方法和标点符号。陆游在《冬夜读书示子聿》中写道:"纸上得来终觉浅,绝知此事要躬行。"这里强调的"躬行",就是指自己去实践去练习。对练习的情况要认真总结,不断改进。

4. 掌握、积累专业知识

刘勰在《文心雕龙·议对》中说:"郊祀必洞于礼,戎事必练于兵,田谷先晓于农,断讼务精于律。"这段话精辟地阐明了写作与专业知识的关系。经济应用文同专业知识之间有密切的关系。例如,写法律应用文,应具有一定的法律知识;写经济专业应用文,应懂得相应的经济专业知识;写经济学术应用文,应熟悉有关的学术知识,等等。

5. 具有严谨的写作态度

由于经济应用文具有宣传、贯彻执行党和国家的经济方针政策、书面指导以及凭证和依据等作用,写作时要具有高度的负责精神和严谨的写作态度。写作前,要了解情况,明确目的要求;写作中,要字斟句酌;写作后,要反复修改。一字之差,谬以千里。公务文书,关系到国计民生和发文机关的形象;经济法律文书,关系到罪与非罪、量刑轻重;经济专业文书,关系到事业的成败、利润的得失;日常事务类应用文,若写不恰当则有可能闹出笑话等等。所以,在写作中,无论是格式、语气,还是内容、落款,都应一丝不苟、严肃认真地对待。只有这样,才能不断提高自己的写作能力和写作水平。

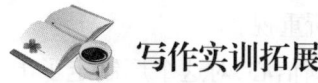

写作实训拓展

一、请分析下列各组词语词义轻重的不同

1. 成绩——成就　　2. 优良——优异　　3. 表扬——表彰
4. 批评——批判　　5. 处分——惩处　　6. 基本——根本

二、请分析下列各组词语词义侧重点的不同

1. 计算——核算　　2. 平衡——均衡　　3. 改善——改进　　4. 修改——修正

三、请分析下列各组词语感情色彩的不同

1. 成果—后果—结果　　2. 运用—借用—挪用　　3. 赞成—同意—附和
4. 争取—牟取—获取　　5. 揭示—揭开—揭发　　6. 鼓劲—鼓气—蛊惑

四、判断下面写法的对与错，错的请指正

1. 二十世纪九十年代　　2. 第 2 产业　　　　　3. 下午一点三十分
4. 5 省 1 市　　　　　 5. 第一百二十五页　　 6. "12·9" 运动
7. 7.8 百件　　　　　　8. -15℃　　　　　　　 9. 16.7 岁
10. 2 个同学　　　　　11. 2 万 5 千里长征　　12. 9-11 事件

五、请对下列材料进行分析，并提炼出相应的分论点

影响工程进展的主要原因，第一，××大学×××学院因缺少资金至今仍未恢复施工。第二，××机场扩建在五月底开工，××公路计划在10月份开工，今年计划新开工建设的 11 个工程项目，大部分仍在做前期准备工作。第三，工程报批报建时间长，征地拆迁难，以地霸工、阻工闹事现象屡禁不止，严重影响了工程进度。

六、请分析下段文字中模糊词语的使用效果

当前土地管理特别是土地调控中出现了一些新动向、新问题，建设用地总量增长过快，低成本工业用地过度扩张，违法违规用地、滥占耕地现象屡禁不止，严把土地"闸门"任务仍然十分艰巨……（《国务院关于加强土地调控有关问题的通知》）。

七、分析下列句子中的毛病，并请改正

1. 错误列支的，务必纠正。今年的要纠正，去年的也不要放过。今后不论超产奖还是什么乱七八糟的这个奖那个奖，统统都得在利润中支付。
2. 紧密地围绕着党的十一届三中全会决定把工作的着重点转移到社会主义现代化建设上来这个中心任务，积极开展工作。
3. 80 年代中期以前，多数新闻单位实行的是全额预算管理。……从八十年代初，北京

首次举行了大规模读者调查后,受众调查逐渐被各级新闻单位所重视。

4. 我厂经过治理整顿,面貌一新,该厂领导班子对未来充满信心,对这个厂制定了十年发展规划。

5. 随着社会的不断进步,科技知识的价值日益显现,人类已进入知识产权的归属和利益的分成,并已开始向科技工作者身上倾斜。

6. 大家对护林员揭发林业局带头偷运木料的问题,普遍感到非常气愤。

7. 通过实施有效的销售措施,我公司各部门都超额完成了任务。公司决定,超额20%以上为一等奖,超额20%以下为二等奖。

8. 某厂只注意抓产量,忽视了抓产品质量,致使去年全厂上缴的利润比上一年度减少了一倍。

八、请将下列加横线的词语改成符合应用文体的庄重词语

地质勘察队<u>所到的地方</u>,非常希望各族人民予以帮助,<u>现在特地</u>发布以上各项规定,<u>切不要轻信谣言</u>,阻碍勘察队的正常工作。

九、请用简洁的语言改写下面这段话

为了加大煤矿安全生产管理,严厉打击煤矿违法生产活动,市政府组织专家研究制定了《关于严厉打击煤矿违法生产的有关规定》。初稿形成后,经过三次征求意见会议,形成了讨论稿。2014年9月6日市政府常务会议讨论一致通过,现印发给各单位。各单位要认真组织学习,领会精神实质,把握操作标准,严格执行,今后不得再出现违反本规定的行为。

十、指出下面书信的错误并改正

建华和新生,你们好!

惊悉你们俩人考上大学,非常高兴,谨向你们致以衷心祝贺!说来惭愧,咱们三人曾同学五年,独我落选。不过,鄙人这次虽然高考不幸,名落孙山,但决不灰心,决心明年再考,即使考不上也不悲观,学府外自学成才的人不是大有人在吗?时至今日,学习计划已具雏形,诸君学习成绩显著,有何经验之谈或锦囊妙计,莫保守,来信告我。

余不赘陈,愿我们在学习的道路上比翼双飞。

此致

敬礼

九月三日

刘浪 于渝

项目一　日常事务

任务一　条据

 **学习目标**

【知识目标】

熟悉条据的理论知识,了解借条和欠条的区别,明确其在社会实践活动中的重要作用。

【能力目标】

能够将理论知识用于实践,根据实际情况,写作各类条据。

一、写作任务

××省职业技术学院发给同学张晨500元补助金,可张晨因事不在,由你替他代领,请写一张代领条。

二、写作任务分析

根据以上材料,作出分析:××省职业技术学院发给该院学生张晨500元补助金,由其他人代领时,就需要选择凭证性条据"代领条"。这个写作任务主要是为了让学生熟悉并掌握凭证性条据的用途、格式与写作要求。要想起草一份合格的凭证性条据,了解凭证性条据的写作规范至关重要。

三、必备知识和工具箱

为了完成这个写作任务,我们必须掌握条据的一些基本知识:条据的概念、条据的种类、条据的结构和写法。

工具一：条据的含义和用途

人们在日常的工作和生活中，往往要写一张条子交给对方（个人或单位）作为凭据。这种做凭据用的条子，就叫做条据。常用的条据有收条、借条、领条、留言条、请假条、欠条等。"条"指便条，"据"指单据。

因为某种原因不能参加某项工作、学习、活动，就必须向老师、领导或单位说明情况，这种便条就是请假条。

在日常生活中，有事情要通知对方或有事托付对方，对方不在，却又没时间等候对方回来，写张字条留给对方，这种便条就是留言条。

托事条是委托他人代办某事所写的一种便条，格式与留言条相似。

收条是收到别人或单位送到的钱物时写给对方的一种凭据性的应用文。收条也称作收据。

借条是接到单位或个人钱物时写给对方备查的一种单据，钱物归还后要收回并作废。

领条是个人或单位向其他人或单位领取钱物时写给对方的单据。

欠条是向个人或单位借了钱或物，只还了其中一部分，还剩下一部分拖欠未还，对拖欠部分所打的条子。还有一种情况是，借了个人或单位的钱和物，事后补写的凭条，也叫欠条。

工具二：条据的特点

条据的特点在于一个"便"字：写起来简便，用起来方便。

工具三：条据的类型

1. 说明性条据

说明性条据，通常指用来传递信息、道明原委的条据。如请假条、留言条、托事条等。其作用主要是向他人解释、说明某一事情，或向他人发出请求。因此说明性条据具有更强的礼仪规范，要求在措词用语甚至使用上都要表现得谦恭、礼貌。

2. 凭证性条据

凭证性条据是交接钱物时用来作为凭证的单据。如领条、借条、收条、欠条等。

工具四：条据的基本结构与写法

1. 说明性条据

称呼：称呼要顶格写，并在后面加上冒号。

正文：正文空两格写在称呼的下面，请假条要把请假的理由及其起止时间用最简洁的文字表述出来，然后加上"请准假"，"请批准"、"特此请假等字样"；留言条要写明何时、何地与何事。托事条要写明何时、何地、以何种方式办何事、怎么办。

署名和日期：署名写上自己的姓名，写在正文下一行的最右边。最后在署名的下一行写上年月日。

2. 凭证性条据

在第一行中间写"收条"、"领条"、"欠条"、"借条"等,表明条据的性质。如果是代收或代领等,则在"收到"或"领到"等的前面加上一个"代"字。

第二行开头写对方(个人或单位)的名字或名称,然后写物件名称、数量或金额,金额后面要写上"整"字,以防添加或涂改。

正文写完后,另起一行,空两格写"此据"两字,也可省略不写。

在条据的右下方写明所在单位的名称和经手人姓名(盖章)及写条据时的年月日。

工具五:凭证性条据的写作要求

(1)对外使用的条据,写对方单位名称要用全称。是物品要写明名称、规格、数量;是金钱要写明金额,必须用大写,以防涂改。数字前不留空白,数字后面要写量词,如"元"、"个""双"、"斤"等。条据中的文字如果确实需要改动,要在涂改处加盖印章,以示负责。

(2)写条据字迹要端正清楚,要用钢笔或毛笔书写。

(3)条据的内容部分与签章署名之间的空白不要留得太大,以防被持据人增添补写其他内容,或将原内容裁去,在空白处重新添加内容。

(4)写条据时,如果小数点位置不准确,数字前头有空格,或大写、小写不相符,都容易被持据人添加数字或修改,甚至由此而引发民事纠纷。

(5)内容要表述清楚。有的条据将"买"写成"卖","收"写成"付","借给"写成"借"等等,都极易颠倒是非。还款还物时,对方若称一时找不到借条,应该让其写一张收据留存,这样才不至于给日后留下隐患。

(6)要写明制定日期。不写明日期的条据,一旦发生了纠纷,事实真相常常难以查清,对诉讼时效的确定也容易造成困难。日期要用汉字小写,并写全年、月、日。

知识链接

借条和欠条的区别

借条和欠条都属凭证文字,是为了证明日常事务性往来的真实情况、物资交流的真实数目等,在日常生活中较为常见。两者虽然有相似之处但是仍有本质不同。借条主要是因借贷而产生,欠条则可能是因买卖、租赁、利息等产生。借条证明借款关系,欠条证明欠款关系。借款肯定是欠款,但欠款不一定是借款。对于还没有还款期限的借条,出借人可随时向借款人申请还款,借条的效力最长可达20年;欠条若没有约定履行期限,权利人应当在欠条出具之日起两年内向人民法院主张权利。

 例文评析

【例文1】

请假条

李老师：

  我因要去参加2013年元旦晚会的大合唱彩排，今天下午的班队活动不能参加，特此请假。

  此致

敬礼

学生杨辉
2013年11月10日

  例文简评：这是一则请假条，是条据中便条的一种，把请假的原因和时间说明得很清楚，格式规范，内容清楚明了。

【例文2】

请假条

宋老师：

  我感冒发烧，故今天不能来上学，特向你请假一天，9月27日返校，请准假。

  此致

敬礼

学生张扬
2013年9月25日

  例文简评：这个请假条写得简洁明了。头行正中写明了便条的名称，下行顶格写明请假对象，便于主管人审批。写明了请假理由，提供了批假依据，写明了具体请假起止期限；"特此请假"强调了请假要求，"此致敬礼"表现了学生的礼貌，最后写明了请假人姓名、时间，格式较为规范。

【例文3】

留言条

张明：

　　今天下午我来找你还上次借你的书，你不在家，现把书放在隔壁王奶奶家。特留言告知。

　　此致

敬礼

李亮
2013年5月22日

　　例文简评：这是一则留言条，交代清楚了留言的原因和须告知对方的事情，用语规范，格式准确。

【例文4】

托事条

王东：

　　我有急事回家了，请你帮我把英语复习资料还给张童，谢谢。

　　此致

敬礼

李梦
2013年5月6日

　　例文简评：这是一则托事条，用简洁的语言交代清楚了托付对方的事情，语气谦恭，用语礼貌。

【例文5】

收条

　　今收到××省职业技术学院发给我的奖学金人民币叁仟元整。此据。

经手人：基础部六班杨阳
二〇一三年二月二日

　　例文简评：这是一则收条，是条据的一种。内容短小精悍而又清楚明白，将从何处领取、领取什么、数目多少、经办人、领取的时间等均交代得十分清楚。

【例文6】

代收条

今代为收到刘晓红同学还给张琼老师的网球拍壹副,完好无损。此据。

经手人:历史系一班李群(代)
二〇一三年十一月一日

例文简评:这是一则代收条,格式和写法与收条相似,所不同的是一定要注明"代"字来表明收条的性质。还要注意涉及物的交接时也要注意数目的写法,要用数字大写。

【例文7】

借条

今向省歌舞团借到男女演出服装共捌套,三天后(十一月四日)归还。此据。

经手人:省艺术学校张全灵
二〇一三年十一月一日

例文简评:这是一则借条,格式和写法与收条相似,因为借条是借到单位或个人钱物时写给对方备查的一种单据,具有凭证的性质,因此对方单位、所借钱物数量、钱物归还时间一定要交代清楚。这则借条用语准确,在细节上(如物品数目用大写)也较规范。

【例文8】

今借到

财务处人民币伍仟元整,作带领学生参加沙盘大赛之用。八月六号归还。
此据。

经手人:××技术学院工商系李爱兵
二〇一三年一月一日

例文简评:这个借条"今借到"三个字独占一行,表示此单据的性质;写清了借什么、借多少;而数字用大写起到防止涂改的作用;借公家钱物时一般还要写明用途,便于管理人员作出相应的财务安排;"此据"独成一行起强调其证据作用。落款写经手人姓名以明确责任。

【例文9】

领条

今领到××学校教材科《新编应用文写作》伍拾本。此据。

经手人:××学院科学人文系赵二妮
二〇一三年三月一日

例文简评：这是一则领条,领条是个人或单位向其他人或单位领取钱物时写给对方的单据。从哪里领取、领取的东西和数量文中都写明了。此领条意思清楚,所领物品之数字用大写,符合领条格式。

【例文 10】

代领条

今代领到学院发给计算机系软件技术班肖梦同学的奖学金人民币壹仟元整。此据。

经手人:计算机系软件技术班李纳(代)
二〇一三年三月一日

例文简评：这则代领条格式和写法与领条相似,所不同的是要标明"代"字来说明领条的性质。这则领条涉及钱款,把钱款来源、替谁领取的、钱款数额讲得清楚明白。

【例文 11】

欠条

原借到水利技术学院会计系李力文同志人民币陆仟元整,已还了叁仟元,尚欠叁仟元整,二〇一三年三月一日一次性还清钱款。此据。

经手人:基础部李晨
二〇一三年一月一日

例文简评：这是一则欠条,正文中包含了欠款金额、还款时间、借款人的亲笔签字、立欠条时间。内容全面,格式也较规范。

四、写作实训

完成前述写作任务。要求:

(1)条据的种类选择适当,标题写作符合规范。
(2)符合条据的相关写作要求。
(3)材料取舍恰当,主题突出,逻辑清晰,文通字顺。

五、检查与完善

(1)学生结合前述写作规范,自我检查或相互检查。
(2)教师选择学生例文进行点评。
(3)修改、完善前述写作任务。
(4)总结自己完成写作任务的得失。

经济应用文写作

 写作实训拓展

（一）写作题。

（1）假设你因身体不适不能上学，需向班主任请假一天，请写一张请假条。

（2）你因事外出希望同学王佳替你归还在图书馆所借图书《钢铁是怎样炼成的》，而王佳恰好不在，请你写一则托事条。

（3）假设你借了同学杨乐1000元钱，请写一张借条。

（4）甲方张晓娟收到乙方刘林的房屋租金和押金共9200元，押金是2000元。租金每月1200元，共六个月。房屋从2013年1月1日开始租用，租期一年，半年交租金一次。收款日期：2012年12月31日。请代甲方给乙方出具一张收条。

（二）请对照条据写作格式要求，说明下面条据写的是否正确，把不合乎条据规范的地方改正过来。

1.

领条

今领到课本60本，作业本200本。

经手人：李阳

2.

借条

今借到老李现金900元，到期还清。

经手人：王刚
即日

3.

请假条

中科精密仪器有限公司行政部：

因我要参加研究生考试培训班，特向公司请假一个星期，回校参加培训。特此请假。
此致

中科精密仪器有限公司
珊子
2013年9月28日

4.

代收条

今收到

王晓丽同志交给叶子的人民币叁仟元整(￥3000.00)。

代收款人：珊子

2013 年 1 月 2 日

5.

留言条

杨处长：

司令部办公室来电话,请你明天上午到司令部会议室参加会议,请你准备好材料,按时到会。

陈××留

××月××日××时

6.

借条

因经营缺少周转资金,特向XXX借款人民币现金3000元整,按时一次性偿还3000元借款加利息。借款利息为：5%(年利率),特立此据为凭。

借款人：××（亲笔签名并按手印）

任务二　专用书信

介绍信　证明信　申请书

 ## 学习目标

【知识目标】

熟悉介绍信、证明信、申请书的理论知识,明确其在社会实践活动中的重要作用。

【能力目标】

能够将理论知识用于实践,根据实际情况,写作各类专用书信。

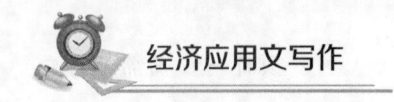

一、写作任务

××大学会计学院2013级陈明和王晓两位同学要到某公司实习,请你以学院会计学院的名义用信纸为他们出具一份介绍信。

二、写作任务分析

根据以上材料,作出分析:会计学院为2013级陈明和王晓两位学生开具到某公司实习的介绍信,这个写作任务主要是为了让学生熟悉并掌握介绍信的用途、格式与写作要求。要想起草一份合格的介绍信,了解专用书信的写作规范至关重要。

三、必备知识和工具箱

为了完成这个写作任务,我们必须掌握专用书信的一些基本知识。

（一）介绍信

工具一:介绍信的含义和用途

介绍信是机关团体、企事业单位派人到其他单位联系工作、了解情况或参加各种社会活动时用的函件。介绍信是用来介绍联系接洽事宜的一种应用文体,它具有介绍、证明的双重作用。介绍信,可以使对方了解来人的身份和目的,以便得到对方的信任和支持。

工具二:介绍信的类型

1. 手写式介绍信

手写式介绍信是一种较常见的介绍信,一般采用公文信纸书写或书写在机关、团体、单位自制的信笺上,最后只要加盖公章即可。这是一种比较便捷的介绍信方式。

2. 印刷式介绍信

这是一种正式的介绍信,铅印成文,内容格式等已事先印刷出来,使用者只需填写姓名,单位等有关信息,另加盖公章即可。

印刷式介绍信又可以细分为两种:一种为有存根的介绍信,一种为不带存根的介绍信。

带存根的介绍信通常一式两联,存根联由开介绍信一方留档备查,正式联由被介绍人随身携带。统一制作的介绍信使用时简单方便,只需填写个别内容,可以提高工作效率,是公用介绍信使用较多的一种。

不带存根的介绍信内容格式同带存根的介绍信在正文的印制上无甚差别,也是随用随填,只是未留存根而已。

工具三:介绍信的格式

1. 手写式介绍信的写法

（1）标题。

在第一行正中用稍大字体写"介绍信"三个字。

（2）称谓。

第二行顶格书写收件单位或个人名称。

（3）正文。

以"兹有"或"现有"等词语开头，要写明持信人的姓名、身份、人数（数字大写）、接洽事项和要求。有时还需写明持信者年龄、政治面貌等。用"请接洽"、"请协助"等词语结尾，最后于文尾写上"此致敬礼"等祝颂语。

（4）署名和日期。

在右下方署名，在署名下面开出介绍信的时间，并加盖公章。

2. 印刷式介绍信的写法

不带存根的印刷式介绍信印刷的内容、格式同手写式介绍信大体一样，这里主要介绍带存根的介绍信。带存根的印刷式介绍信一般由存根联、正式联和间缝三部分组成。

（1）存根部分。

存根部分的第一行正中写有"介绍信"三个字，字体要大；紧接"介绍信"的字后，用括号注明"存根"两个字。

第二行：在右下方写有"××字×号"字样。如是市教委的介绍信就写"市教字×号"；如是县政府商业局的介绍信可写"县商字×号"。"×号"是介绍信的顺序编号。

正文要另起一行写介绍信的内容，具体由以下几项构成：被介绍对象的姓名、人数及相关的身份内容介绍，还要写明前往何处何单位；具体说明办理什么事情，有什么要求等。

结尾只注明成文日期即可，不必署名，因为存根仅供本单位在必要时查考而已。

（2）介绍信的间缝部分。

存根部分同正文部分之间有一条虚线，虚线上即有"××字第××号"字样。这里可照存根第二行"××字×号"的内容填写。要求数字要大写，如"壹佰叁拾肆号"，字体要大些，便于从虚线处截开后，字迹在存根联和正文联各有一半。同时，应在虚线正中加盖公章。

（3）正式联部分。

第一行正中写有"介绍信"字样，字体较大。

第二行在右下方有"××字××号"字样，内容照存根联填写。

①称谓：称谓要顶格写，写明所联系的单位或个人的称呼或姓名。

②正文：正文应另起一行，空两格起再写介绍信的具体内容。内容同存根内容一样，主要写明持介绍信者的姓名、人数、要接洽的具体事项、要求等。

③结尾：写明祝愿或敬意的话，一般要写些诸如"请接洽"、"请指教"、"请协助"等类的话，后边还要写"此致敬礼"，最后要注明该介绍信的有效期限。

④署名：在右下方要署上本单位的名称全名，并加盖公章，同时另起一行署成文日期。

这类介绍信写好后，也应装入公文信封内。信封的写法同普通信封相同。

工具四：介绍信的写作要求

介绍信作为一种身份凭证，写作时需注意以下几点：

（1）要如实填写被介绍人的情况，如姓名、身份、职务等。

（2）接洽的事项要写的简明扼要。

（3）本体和存根的内容要一致。

（4）涉及人数和有效天数要使用大写。

（5）字迹需规范工整，不能随意涂改。

（二）证明信

工具一：证明信的含义

证明信是以机关、团体、个人的名义凭确凿的证据，证明某人身份、经历或者有关事件的真实情况的专用书信。

工具二：证明信的特点

1. 凭证的特点

证明信的作用贵在证明，是持有者用以证明自己身份、经历或某事真实性的一种凭证，所以证明信的第一个特点就是它凭证的作用。

2. 书信体的格式特点

证明信是一种专用书信。尽管证明信有好几种形式，但它的写法同书信的写法基本一致，大部分采用书信体的格式。

工具三：证明信的类型

证明信可分为组织证明信和个人证明信，前者又可分为普通书写证明信和印刷证明信。在这里重点介绍个人证明信的写法。

工具四：证明信的结构和写法

一般都由标题、称呼、正文、署名和日期等构成。

1. 标题

证明信的标题通常由以下两种方式构成：

（1）单独以文种名作为标题。

一般就是在第一行中间冠以"证明信"、"证明"字样。

（2）由文种名和事由共同构成。

一般也是写在第一行中间。如"关于×××同志××情况（或问题）的证明"。

2. 称呼

要在第二行顶格写上受文单位名称或受文个人的姓名称呼，然后加冒号。

有些供有关人员外出活动证明身份的证明信因没有固定的受文者，开头可以不写受文者称呼，而是在正文前用公文引导词"兹"引起正文内容。

3.正文

正文要在称呼写完后另起一行,空两格书写。要针对对方所要求的要点写,要你证明什么问题就证明什么问题,其他无关的不写。如证明的是某人的历史问题,则应写清人名、何时、何地及所经历的事情;若要证明某一事件,则要写清参与者的姓名、身份及其此事件的地位、作用和事件本身的前因后果。也就是要写清人物、事件的本来面目。

正文写完后,要另起一行,空两格写上"特此证明"四个字。也可直接在正文结尾处写出。

4.落款

即署名和写明成文日期。要在正文的右下方写上证明单位或个人的姓名称呼,成文日期写在署名下另起一行,然后由证明单位或证明人加盖公章或签名、盖私章,否则证明信将是无效的。

工具五:证明信的写作要求

(1)证明信有时是作为结论的根据,因此,写证明信时,态度要严肃认真,实事求是,言之有据。对被证明的人或事,须有清楚的了解才可以书写。

(2)证明信的语言要十分准确,一是一,二是二,不得有半点夸饰;要果断明白,不能模棱两可,含糊其辞。不能用铅笔、红色笔写。如有涂改,必须在涂改处加盖公章。

(3)任何类型的证明信件都要盖章。要留有存根,以备查考。证明信邮寄时,应予登记,并用挂号邮寄,以免遗失。

(三)申请书

申请书的用途非常广泛,在个人要求入队参军、入党入团时要递交申请书,在向上级说明情况或需要上级解决问题时要递交申请书,在要求进修、调动工作时也要递交申请书。因此,学习写好申请书对于人们的生活会有帮助,学会写作申请书也是学会了一种本领。

工具一:申请书的概念

申请书是个人向单位、组织或单位向组织、领导说明情况、提出请求时使用的事务性文书。

工具二:申请书的分类

申请书的适用范围相当广,种类也很多。

按作者分类,可分为个人申请书和单位、集体公务申请书。

按用途分可分为:

(1)政治思想方面的申请。一般指加入某些进步的党派团体的政治申请,如申请加入中国共产主义青年团、中国共产党、少先队、工会、部队等。

(2)工作学习方面的申请、日常生活方面的申请。日常生活中,我们常常会遇到一些问题,需要个人申请才可以被组织、集体、单位考虑、照顾或者给予解决,诸如申请福利性

住宅、结婚、个人开业或家庭困难补助等。

（3）单位解决问题方面的申请。下级单位、集体需要解决某个问题而向上级部门或组织提出申请,如解决单位困难职工的经费、申请技术鉴定、公安部门申请伤残鉴定等。

工具三：申请书的特点

（1）请求性。"申请"的意思是申诉自己的理由有所请求,申请书是一种请求给予满足的事务文书,所以请求性是申请书的根本特点。

（2）一文一事。申请书要求一文一事,这样显得态度更加诚恳。

（3）下对上的行文方式。申请书是个人向组织、下级向上级提出的请求,这是由申请书的性质决定的,所以申请书在语言的使用上一定要符合这种下对上的行文标准。

工具四：申请书的写作格式

申请书的写作格式包括标题、受文单位、正文、结尾、落款。

1. 标题

标题有两种写法：一是直接写"申请书"；二是在"申请书"前加上事项,如《入党申请书》《关于2013～2014学年第二学期普通话水平测试的申请》等,运用最广泛的一般是第二种。

2. 受文单位

标题下一行顶格写明接受申请书的单位、组织或有关领导。

3. 正文

正文部分是申请书的主体。首先提出申请事项,提出申请事项需要达到的目的；其次说明理由。

4. 结尾

结尾主要是礼貌性、恳切性语言。通常惯用语有"特此申请"、"恳请领导帮助解决"、"希望领导研究批准"等,也可以"此致敬礼"等礼貌用语结束。

5. 落款

个人申请要写清申请者姓名,单位申请写明单位名称并加盖公章,任何申请均要注明日期。

工具五：申请书的写作注意事项

（1）申请的事项要具体清楚,涉及的数据要准确无误。

（2）理由讲究实事求是、充分合理,不能虚夸和杜撰,要符合实际情况,否则难以得到批准。

（3）语言简洁、准确,态度诚恳、朴实。

 **例文评析**

【例文1】

介绍信

××公司：

 兹介绍我公司陈斌、谢灵同志贰人（系我公司员工），前往贵处联系业务，请接洽。
 此致
敬礼

××公司（盖章）
二〇一三年七月六日

（限叁天有效）

例文简评：这封介绍信格式规范，内容简明扼要，用语得体，是一封较好的介绍信。

【例文2】

介绍信（存根）

××字××号

李子星等叁人，前往济南市长隆汽车公司联系学生实习事宜。
二〇一三年五月一日

················ ××字××号 ················（盖章）················

介绍信

××字××号

××公司：

 兹介绍李子星等叁名同志前往贵公司联系学生实习事宜，请接洽。
 此致
敬礼

××市职业技术学院（盖章）
二〇一三年五月一日

（限贰天有效）

例文简评：这封介绍信从形式上与上例不同，属于印刷式介绍信。开具时需按印刷好的格式和项目填写有关内容。它分为存根和对外使用两部分组成。从内容上看，增加了

字号这一项目。

【例文 3】

证明信

××公司团委：

贵公司李跃同志系我院 2013 届软件技术专业毕业生。该生 2012 年 10 月被评为校级三好学生。

特此证明

××大学学生处（公章）
二〇一三年十月三日

例文简评：这是一份毕业生有关情况的证明。所证明内容简洁明了，突出了毕业生的毕业学校、时间、所学专业及受奖励情况等。

【例文 4】

证明信

××市教育局：

常坤同志系我院教师，于 2006 年 6 月山东大学中文系毕业后来我校工作，讲师职称。该同志来我院工作以来，工作努力，成绩突出，2007 年被评为先进工作者，未受过任何处分。

特此证明

××职业技术学院（公章）
二〇一三年五月十日

例文简评：这是一份教师有关情况的证明，证明了其毕业院校、专业、工作单位、职称、工作表现及奖惩情况等，表述客观肯定，清楚可靠，具有证明效力。

【例文 5】

加入互联网协会的申请

××市互联网协会：

我们公司愿意加入××市互联网协会，希望能成为其中的一员。××市互联网协会能很好地协助行业与政府主管部门的交流与沟通，宣传贯彻国家政策法规，提高我市互联网技术的应用水平和服务质量。在借鉴别人经验的基础上，××市互联网协会组织了一批实力相对较强、信誉较好、服务水平高的本土网络公司，共同组成了一个具有本土特色的网络行业的民间管理组织，为我市互联网事业的发展，为协会成员单位公司之间的相互学习、相互交流、共同提高、共同发展，尽快建立了一个理想的平台。协会对于我市互联网的发展、行业的规范、行业市场的管理、网络广告、网站的建设管理等都将起到很重要的作用。

我公司是一个有着近10年发展经历的公司。公司现有员工30多人,主要从事网站建设、网站设计、网站维护、网络推广、软硬件销售等业务。公司注重信誉、推广品牌,为全市近500家企业设计、制作、推广网站,在同行业中享有较高的声誉。为了服务协会、规范市场,我公司愿意加入市联网协会。

我公司加入互联网协会后,面对新的形势和任务,决心和广大会员单位一起,积极探索,大胆创新,在协会的正确引导和帮助下、在各界的大力支持下,努力开创协会工作的新局面,为促进我市互联网行业的健康发展,促进我市经济和社会发展繁荣,作出我公司应有的贡献。

此致
敬礼

××市紫光网络科技有限公司
××年××月××日

例文简评:这是一份加入互联网协会的申请书,由标题、受文单位、正文、落款组成。标题由事项及文种构成,受文单位单列为开篇语,顶格写明了接受申请书的单位。正文由开头、主体、结尾三部分构成,开头说明事项,主体说明完成事项的理由,事项写得清楚、简洁,理由写得客观、充分。结尾运用了恳切而又表明态度的礼貌用语。落款写明申请人的姓名及日期。全文内容具体,写作规范。

四、写作实训

完成前述写作任务。要求:
(1)专用书信的种类选择适当,标题写作符合规范。
(2)符合书信的相关写作要求。
(3)材料取舍恰当,主题突出,逻辑清晰,文通字顺。

五、检查与完善

(1)学生结合前述写作规范,自我检查或相互检查。
(2)教师选择学生例文进行点评。
(3)修改、完善前述写作任务。
(4)总结自己完成写作任务的得失。

 **写作实训拓展**

(一)请找出下面介绍信、证明信中的错误并改正。

1.

介绍信

第七届全国残运会组委会：

  现介绍我校初一（1）班刘凌等三名同学到你处参加残运会采访工作，请给予接洽。

  此致

敬礼

新华中学生学生会（盖章）

2013 年 5 月 10 号

2.

介绍信

前进中学春草文学社：

  今介绍我校山泉文学社社员前往贵处联系合办专刊《春天的旋律》有关事宜。请务必接待。

  此致

敬礼

光明中学（公章）

（有效期叁天）

3.

证明信

腾飞汽车修理厂：

  你厂刘兴亮同志曾在我厂做过汽车修理工，特此证明。

  此致

敬礼

正光汽车修理厂

2013 年 6 月 8 日

  (二)××技术学院的 07 级同学王小明因毕业证遗失回校补办，假设你是学院相关负责人，请你为他出具一封证明信。

  (三)××技术学院计算机系 06 级学生李刚在校表现良好，一直担任班干部，他要到当地公司应聘，需要一封证明信证明其领导和组织能力，假设你是相关领导，请为他出具一封介绍信。

  (四)请对照写作要求，指出下列申请书出现的问题，并改正错误。

1.

入伍申请书

  我志愿献身国防事业，服从上级领导的安排，全心全意为人民服务，忠于职守，努力工作。参军是我从小的志向，并且一直持续到今天，热情有增无减。我的行为得到了父母的赞许和大力支持，他们都鼓励我去实现报国之志。首先，当兵是一种义务，也是每一个合法公民应尽的职责，更是一种义不容辞的责任。其次，我们伟大的祖国在世界上还被很多敌对分子所仇视，还需要我们英勇顽强的子弟兵去捍卫祖国的每一寸土地，每一片天空，每一片海洋，不让它遭到敌人的侵害，维护人民生活的幸福安康。来到绿色军营，是对自己的意志的磨炼，能培养出自己坚忍不拔的精神，是人生的一笔宝贵财富。

  我志愿到军营基层艰苦环境工作，利用自己的文化和一颗全心全意为人民服务的赤诚之心，将所学的知识及在军营里所学的知识和自己的特长，与其他战友通力合作，坚定不移地实现自己确立的报国之志，在艰苦的环境中接受磨炼，求真务实，脚踏实地地努力工作。

  假如这次因为特殊原因未能如愿以偿地参军，那我不会气馁，不会自暴自弃，会继续到校上课，学好文化知识，争取下次征兵之际努力实现自己的报国之志。

  此致

敬礼

杨××
2013年4月10日

2.

申请书

公司领导：

  我在业务员工作岗位上已经工作3年。

  4年来，我深深感谢公司全体同仁对我的关心、栽培和爱护，我只能用优异的工作业绩来回报公司对我的信任。我深知，业务是一个公司的灵魂，公司业务关系到公司的存亡，因此我在公司业务方面不敢有怠慢之心。我家离公司较远，业务员工作非常辛苦，每天起早摸黑，早出晚归，但是我无怨无悔，因为我知道我的职责和能力在于此。

  现在，父母年岁已高，无人照顾，丈夫在外地打工，幼小的孩子也得不到应有的照料，给工作和生活都带来了诸多困难。所以，我恳切要求公司考虑我改做内务。

  请求领导考虑到我的实际困难，同意我的申请。在将来的工作当中，我决不辜负领导对我的信任和期望，我必将恪守纪律、勤勉努力、认真学习、与时俱进，兢兢业业做好每一件事，扎扎实实完成好领导交办的工作。

  谢谢！

报告人：肖××
2013年10月22日

慰问信 感谢信 表扬信

 学习目标

【知识目标】

熟悉慰问信、感谢信、表扬信的理论知识,明确其在社会实践活动中的重要作用。

【能力目标】

能够将理论知识用于实践,根据实际情况,写作各类专用书信。

一、写作任务

下面是一封慰问信,请对照写作格式要求,指出它存在的问题。

春节慰问信

家长同志们:

在我国人民的传统节日春节即将到来之际,我们全连官兵向各位家长同志们致以亲切的慰问。

过去的一年,我们连队,在上级机关和各级首长的领导帮助下,圆满地完成了各项工作任务,连队建设又迈上了新的台阶。这些成绩的取得与全连官兵的共同努力是分不开的,当然,也包含着每位家长同志的支持和贡献。为此,我们再一次向家长同志表示诚挚的感谢,也希望你们继续支持、关心我们连队的建设,为把您的儿子培养成才共同努力。

最后,祝家长同志们身心健康,家庭和睦,春节愉快。

××部队步兵第七连党支部
××年××月××日

二、写作任务分析

根据以上材料,作出分析:写慰问信,是向人表达安慰、关切、问候之意,比如,向那些有特殊贡献或遇到意外不幸的人表示慰问,写一封慰问信。写慰问信要根据不同的对象、不同的情况,表达真挚的、自然的慰问之情,只要能够真正打动人心、达到慰问人的目的就行。这个写作任务主要是为了让学生熟悉并掌握慰问信的用途、格式与写作要求。要想起草一份合格的慰问信,了解慰问信的写作规范至关重要。

三、必备知识和工具箱

为了完成这个写作任务,我们必须掌握专用书信的一些基本知识。

（一）慰问信

工具一：慰问信的含义

慰问信是以组织或个人的名义，向有关单位或个人表示慰藉、问候、致意的专用书信。慰问信是一种带有礼仪性质的专用书信。

工具二：慰问信的类型

根据慰问内容的不同，慰问信可以分为三种类型：

（1）表彰慰问。这是对作出贡献的集体或个人的慰问。如慰问在抗震救灾、保卫国家和人民生命财产安全等重大斗争中作出卓越贡献的人民解放军、公安武警战士，并表彰其英勇行为和先进事迹。

（2）遇灾慰问。如慰问由于某种原因（自然灾害、事故伤亡等）而遭受重大损失的人民群众，对其表示同情并安抚，鼓励他们战胜困难、重建家园。对亲友伤病慰问也属于这种情况。

（3）节日慰问。如教师节来临之际，写信向教育工作者表示节日的问候和祝贺。

工具三：慰问信的写作格式

慰问信的写作应根据时间、事件和对象而有所不同，写法不能千篇一律。

一般来说，慰问信通常由标题、称呼、正文、结尾、落款五部分构成。

1. 标题

第一行正中书写标题，慰问信的标题通常由以下三种方式构成：

第一，单独由文种名称构成，如《慰问信》。

第二，由慰问对象和文种名共同组成，如《给抗洪部队的慰问信》。

第三，由慰问双方和文种名共同组成，如《朱德致抗美援朝将士的慰问信》。

2. 称呼

第二行顶格写上受文者的单位、个人名称。称呼应注意表示尊敬。

3. 正文

正文要另起一行，空两格写慰问的内容。慰问的正文一般由发文目的、慰问缘由或慰问事项等几部分构成。

（1）发文目的。该部分要开宗明义，用简要文字陈述目前形势，写明慰问的背景和原因，并写清楚发此信的目的是代表何人向何集体或何人表示慰问，以提起下文。如《中共杭州市委慰问驻杭部队军烈及转业军人》的开头：

"值此20××年新春佳节即将到来之际，中共杭州市委、市人大常委会、市人民政府、市政协代表全人民，真诚地向你们及亲属表示亲切的慰问，并致以崇高的敬意。"

（2）慰问缘由或慰问事项。本部分主要是叙述事实。要概括地叙述对方的先进思想、先进事迹，或战胜困难、舍己为人、不怕牺牲的可贵品德和高尚风格；或者简要叙述对方所遭受的困难和损失，以示发信方对此关切的程度，然后向对方表示慰问和学习，要表现出

发信方的钦佩或同情之情。

4. 结尾

结尾通常是结合形势与任务提出殷勤的希望,表示共同的愿望与决心,如"让我们携手并进,为……而奋斗","……困难是暂时的,最后胜利一定属于我们"等。接着写鼓励或祝福的话,如"祝你们取得更大的成绩","祝节日快乐"等。

5. 落款

慰问信的落款要署上发文单位或发文个人的名称,并在署名右下方署上成文日期。

工具四:慰问信的写作要求

(1)对象要明确。根据不同的对象确定慰问内容和重点。

(2)感情要真挚。应以高度的热情赞颂或慰勉对方,使人受到鼓舞。

(3)语言要亲切。慰问信的主旨是向对方表达慰问,语言要精练、朴实、亲切、诚恳。可适当运用抒情的表达方式,忌用公式化、概念化的词语,也不宜用刻板的公文语言。

(二)感谢信

工具一:感谢信的概念

感谢信是向帮助、关心和支持过自己的集体或个人表示感谢的专用书信,有感谢和表扬双重意思。它广泛应用于个人与个人之间、组织与组织之间。写感谢信既要表达出真切的谢意,又要起到表扬先进、弘扬正气的作用。

在社会生活中,单位或个人之间常常互相帮助、互相支援,由此涌现出许多好人好事。受援的一方为了答谢对方,往往给对方写感谢信,以表谢意。影响较大、事迹突出的感谢信还可同时送交报刊、电台等媒体进行宣传。

感谢信是一种带有礼仪性质的专用书信,用于商务活动中的许多非协议的合同中。一方受惠于另一方,应及时地表达谢忱,使对方在付出劳动后得到心理上的收益,它是一种必不可少的公关手段。感谢信是文明的使者。从文体来说,它属于应用文体。在日常生活和工作中,得到他人的帮助和支持,可用这种文体"感谢"。它与表扬信有许多相似之处,所不同的是感谢信虽然也有表扬的意思,但是重点在感谢。

工具二:感谢信的种类

感谢信依据不同的标准可以有不同的分类。

1. 按感谢对象的特点来分

(1)写给集体的感谢信。这类感谢信的写作缘由,一般是个人处于困境时,得到了集体的帮助,并在集体的关心和支持下,自己最终克服了困难,渡过了难关,摆脱了困境,所以要用感谢信的方式表达自己的感激之情。

(2)写给个人的感谢信。这类感谢信,可以是个人,可以是单位,也可以是集体为了感谢某个人曾经给予的帮助或照顾而写的。

2. 按感谢信的存在形式来分

（1）公开张贴的感谢信。这种感谢信可在报刊上刊登、电台广播或电视台播报,是一种公开宣传的感谢信。

（2）寄给单位、集体或个人的感谢信,这种感谢信直接寄给单位、集体或个人。

工具三：感谢信的主要特点

（1）感谢对象要确指。感谢信都有确切的感谢对象,以便让大家都清楚是在感谢谁。

（2）表述事实要具体。感谢别人是有具体的事由的,否则就会显得抽象空洞。

（3）感谢色彩要鲜明。感动和致谢的色彩强烈鲜明,言语里充满感激之情。

工具四：感谢信的写作格式

感谢信和慰问信一样,通常由标题、称呼、正文、结尾、落款五部分构成。

1. 标题

第一行正中写标题。感谢信的标题构成与慰问信相同,可由文种名称或感谢对象和文种名组成或由感谢双方和文种名组成。如《感谢信》、《致××的感谢信》、《××街道致××剧院的感谢信》等。

2. 称呼

第二行顶格写被感谢的机关、单位、团体或个人的名称或名字,并在个人姓名后面附上"同志"等称呼,然后再加上冒号。

3. 正文

感谢信的正文从称呼下面一行空两格开始写,要求写上感谢的内容和感谢的心情。应分段写出以下几个方面：

（1）感谢的理由。概括叙述感谢的理由,表达谢意。

（2）对方的事迹。具体叙述对方的先进事迹,叙述时务必交代清楚人物、事件以及事件发生的时间、地点、原因和结果,尤其重点叙述关键时刻对方给予的关心和支持。

（3）提示意义。在叙述事实的基础上指出对方的支持和帮助,说明对整个事件的重要性以及对方体现出的可贵精神,同时表示向对方学习的态度和决心。

4. 结尾

感谢信结束时写表示敬意的话、感谢的话。如"此致敬礼"、"致以最诚挚的敬礼"等。

5. 落款

署上写信的单位名称或个人姓名,并且署上成文日期。前者在上,后者在下。

工具五：感谢信的写作要求

内容要真实,评誉要恰当。感谢信的内容必须真实,确有其事,不可夸大溢美。感谢信以感谢为主,兼有表扬,所以表达谢意时要真诚,评誉对方时要恰当,不能过于拔高,以免给人一种失真的印象。

用语要适度,叙事要精练。感谢信的内容以主要事迹为主,要详略得当,篇幅不能太长,所谓话不在多,点到为止。感谢信的用语要求是精练、简洁,遣词造句要把握好一个度,

不可过分雕饰,否则会给人一种虚伪的感觉。

 **知识链接**

写感谢信的注意事项

(1)叙述对方对自己或本单位的帮助,一定要把人物、时间、地点、原因、结果以及事件经过叙述清楚,便于组织了解和群众学习。

(2)心中要洋溢着感激之情。在叙述事实的过程中,除了要突出对方的好思想和表示谢意外,还要始终饱含着感情。这感情要真挚、热烈,使所有看到感谢信的人都受到感染。

(3)写表示感谢的话要得体,既要符合被感谢者的身份,也要符合感谢者的身份。

(4)感谢信以说明事实为主,切勿不着边际地大发议论。

(三)表扬信

工具一:表扬信的概念

表扬信是一种建设精神文明的有效工具。在我们的生活中,总有一些在工作、道德、责任等方面表现非常突出的人物和事件涌现,任何一个集体和个人,都有责任将这样的人物和事迹宣扬出去,让人们为之感动,并以他们为榜样,加强自身修养,从而提高全社会的精神文明水准。可以说,这就是表扬信的基本功能。

表扬信是用于表彰个人或集体的先进事迹和规范行为的书信。它是一种带有礼仪性质的专用书信,可以由某单位、团体制发,也可以以个人的名义发出。

工具二:表扬信的分类

表扬信按其所使用的范围可以分为内部表扬信和外部表扬信两种类型。

(1)内部表扬信。就是对本单位工作勤恳、认真负责、成绩突出的个人或者某一感人的事迹提出表扬。这样的表扬信、表扬者和被表扬者都在一个单位,彼此熟知,因此就少一些陌生和客气,多一些真诚和亲近,在本单位容易引起共鸣,自有其感人的力量。当然这样的表扬信不能太多。

(2)外部表扬信。就是来自单位以外的表扬信。多数情况下,表扬者与被表扬者事先并不相识,但由于被表扬对象的某一事迹所感动,表扬者特意撰写表扬信寄送被表扬者的单位,宣传被表扬者的事迹。这样的表扬信显得更为郑重,引起的反响更为强烈,也更为多见。

工具三:表扬信的特点

(1)真实性。表扬信的真实性主要体现在两个方面:一是叙事的真实。具体来说,就是时间、地点、人物、事件、原因、结果等要素都与实际发生的事实相吻合。二是评价的真实。一是一,二是二,不夸大,不拔高,评价准确恰当。

（2）及时性。表扬信的制作和发布要迅速及时。所表扬的事迹要么是新近发生的，要么是新近发现的，总之要新鲜。表扬信要及时把好人好事宣扬出来，在特定范围内产生的效果与新闻报道是类似的。

（3）宣传性。表扬信是对精神文明现象的宣传和表彰。它不仅是对当事人事迹的一种肯定，更是对广大民众的一种积极影响，所以表扬信是公之于众的。这样表彰所产生的效果，就是使精神文明蔚为风气。

工具四：表扬信的写作格式

表扬信的写作格式与慰问信、感谢信基本相同，由以下五部分构成。

1. 标题

表扬信的标题一般只用"表扬信"三个字即可，有事也可采用另外的写法，如以"××同学见义勇为的先进事迹"作标题，这样可以取得引人注目的效果。

2. 称呼

外部表扬信一般都是寄送给被表扬者单位的，所以称呼要写被表扬者的单位名称。如果需要，也可以寄给被表扬者本人，那样称呼也就写成了"×× 先生"、"×× 同学"等模式。

3. 正文

表扬信的正文一般要求写出下列内容：

（1）交代表扬理由。介绍被表扬者的先进事迹，可具体写一个感人的事件，也可以综合书写平时的先进表现。这部分采用叙述的写法。

（2）指出行为的意义。在叙事的基础上进行评价、议论、赞颂被表扬者所作所为的道德意义，如指出这种行为属于哪种好思想、好风尚、好品德。这部分采用议论的写法。

4. 结尾

表明态度或提出希望。表明态度就是表扬者一方表示如何向被表扬者学习，提出希望就是期待被表扬者单位的其他人员向被表扬者学习。

5. 落款

在正文之后右下方签署表扬者的单位名称或个人姓名，再另起一行写明日期。

工具五：表扬信的写作要求

（1）对象要明确。写清表扬的是什么人或事，突出受表扬的人或事所蕴涵的现实教育意义，并且要注意和当前形势的需要结合起来。

（2）评价要恰当。表扬的事迹要准确，评价要恰如其分，以免产生副作用。

（3）语言要亲切。表扬信要写得热情洋溢，语气恳切，切忌溢美编造。

经济应用文写作

知识链接

感谢信与表扬信的区别

（1）书写作者不同。感谢信一般由当事者或当事者的所在单位以及亲属来写；而表扬信是凡了解情况的人都能写。

（2）写作重点不同。感谢信以感谢为主；而表扬信重在对事件的意义的表扬，起到倡导好风气、引导精神文明的作用

（3）结尾不同。感谢信结尾重在表达感谢之情。而表扬信结尾的写法有两种：如果是写给受表扬者本人的，就写值得学习、深受感动等方面的内容；如果是写给受表扬者的所在单位或领导的，就可以提出建议，请他们在一定范围内宣传受表扬者的好作风和模范事迹。

例文评析

【例文1】

2013年教师节慰问信

全国广大教师们：

第二十九个教师节到来之际，我正在遥远的乌兹别克斯坦进行国事访问。首先，我代表党中央、国务院，向全国1400万教师，致以诚挚的问候和崇高的敬意！祝大家节日快乐！

长期以来，我国广大教师认真贯彻党的教育方针，默默耕耘、无私奉献，用爱心、知识、智慧点亮学生心灵，培养了一批又一批优秀人才，为我国教育事业发展、为国家发展和民族振兴作出了突出贡献。

百年大计，教育为本。教师是立教之本、兴教之源，承担着让每个孩子健康成长、办好人民满意教育的重任。希望全国广大教师牢固树立中国特色社会主义理想信念，带头践行社会主义核心价值观，自觉增强立德树人、教书育人的荣誉感和责任感，学为人师，行为世范，做学生健康成长的指导者和引路人；牢固树立终身学习理念，加强学习，拓宽视野，更新知识，不断提高业务能力和教育教学质量，努力成为业务精湛、学生喜爱的高素质教师；牢固树立改革创新意识，踊跃投身教育创新实践，为发展具有中国特色、世界水平的现代教育作出贡献。

各级党委和政府要把加强教师队伍建设作为教育事业发展最重要的基础工作来抓，提升教师素质，改善教师待遇，关心教师健康，维护教师权益，充分信任、紧紧依靠广大教师，支持优秀人才长期从教、终身从教。

全社会要大力弘扬尊师重教的良好风尚，使教师成为最受社会尊重的职业。
祝全国广大教师身体健康、工作顺利、生活幸福！

习近平

2013年9月9日

例文简评：这是一篇教师节慰问信，由标题、称呼、正文、结尾、落款五部分组成。标题由事由及文种构成，正文由发文目的、慰问缘由构成，结尾再次祝教师节愉快，落款署上发文人名和日期。

【例文2】

感谢信

《大学生》杂志社：

请贵刊转告全国所有关心我的大学生、解放军战士、工人、教师及各界朋友，我的病情经几家医院治疗和各界的关心，目前已得到控制，现在正在家休养。如不出意外，下学期开学即可返校学习了。

顽疾缠身，是人生中的不幸，我遭此一难，几乎摧毁了我和我的家庭。由于《大学生》杂志的呼吁，一封封来自远方的关心、一张张几乎周折转来的药方，使我那不情愿跳动的心，又恢复了正常的节奏；几乎凝滞的血，又沸腾了。一双双援助的手，一颗颗充满爱的心，指明了我生活的路，温暖了我一家几乎冷却的心。

可敬的阿姨、叔叔、各位同学们，我和你们天各一方，相见无期，你们却把你们微薄的收入，甚至把你们的助学金、生活费，或者卖几个字画的钱寄给了我。而你们当中甚至本人就有残疾，没有经济收入，却要用你们宝贵的血来挽救我……近来我的脑海中经常出现你们的身影：有年迈的老人，有可爱的军人，有可敬的老师，还有很多我不相识的人……我无法具体描述你们的形象，但你们的高尚品格、助人为乐的精神将永远存于我心中，永存于我家乡父老的心中……

唯一遗憾的是我不能面见答谢各位。在此请接受用你们的爱心挽救的人的深深谢意，愿你们的爱的春风暖遍祖国，充满世界。

为了不辜负你们的一片爱心和良好祝愿，我将继续我的学业，继续我的事业，争取取得优异的成绩，献给关心我的远方的各位朋友。

愿我们的心永远相随。

贺××

××××年××月××日

例文简评：这封感谢信是贺××同学为感谢《大学生》杂志为其呼吁捐款治病而写的，信中表达了他对广大热心朋友的深深谢意。信中先向关心自己的社会各界朋友报告病情，后写在杂志社的呼吁下，自己受到了来自社会各界的救助。然后用较大的篇幅抒写自己的感激之情，表示今后一定要努力学习，用优异的成绩回报社会。无论内容还是结构，都符合感谢信的一般写法。语言朴实,措辞中肯,字里行间洋溢着感激之情。

【例文3】

表扬信

××××学院:

在开展全民文明礼貌月活动中,你校的师生员工,不仅从自己做起,从本校做起,搞好了清洁卫生,注意了文明礼貌,而且多次利用双休日走上街头清理垃圾,维持交通秩序,开展法律咨询与宣传,义务为群众做好事,为建设精神文明做出了可喜的成绩。在此,市政府特授予你校精神文明先进集体的光荣称号。

希望你校师生,发扬优良作风,再接再厉,为取得更大的成绩而努力!

××市人民政府
××××年×月×日

例文简评:本文标题直接点明文种,称呼写被表扬的单位名称,正文部分具体写明所表扬的事件,事件的起因、经过、结果等,真实具体,同时交代表扬的理由,指出行为的意义。结尾则恰如其分地评价表扬对象的先进事迹,提出希望。最后是署名和日期。这封表扬信格式规范,语言精练。

四、写作实训

完成前述写作任务。要求:

(1)专用书信的种类选择适当,标题写作符合规范。
(2)符合专用书信的相关写作要求。
(3)材料取舍恰当,主题突出,逻辑清晰,文通字顺。

五、检查与完善

(1)学生结合前述写作规范,自我检查或相互检查。
(2)教师选择学生例文进行点评。
(3)修改、完善前述写作任务。
(4)总结自己完成写作任务的得失。

 **写作实训拓展**

1.请指出并改正这封慰问信存在的问题。

20××年致女教师的三八节慰问信

亲爱的女同胞们:

冰融了,雪化了,眼绿了,心暖了。在盎然的春意之中,迎来了属于你们朴素而又曼妙的节日。在这里,请允许我们借鸟儿春天的歌喉送上一声声美丽的祝福,请允许我们采枝头的花朵编织一个个美丽的花篮,表达我们真诚的谢意。感谢你们,你们的劳动为我们带来财富,你们的智慧为我们带来希望,你们的风华为我们带来美丽。祝福你们有幸福的人生,祝福你们有美满的家庭,祝福你们天天有美丽的心情。

在波澜壮阔的民族解放、国家独立事业中,上演了多少巾帼不让须眉的话剧。在文化艺术、教书育人的园地里,演绎了多少不懈的求索。女性的风采,女性的睿智,女性的美德在这里集合。你们在教书育人的岗位上,能负责,敢担当,放异彩。爱心无私奉献给学生,智慧全部奉献给事业。你们使一张张讲台变成学习的强大磁场,你们使一册册书卷焕发出无穷的魔力,你们引领一个个学子从成功不断走向成功。

工作是辛苦的,更是美丽的,我们衷心祝愿女同胞们健康、美丽、快乐!

2. 请指出并改正这封感谢信存在的问题。

感谢信

××××电缆有限公司××××年××月××日在南京举行隆重开业典礼,此间收到全国各地许多同行、用户以及外国公司的贺电、贺函和贺礼。上级机关及全国各地单位的领导,世界各地的贵宾,国内最著名的电缆线路专家等亲临参加庆典,寄予我公司极大的希望,谨此一并感谢,并愿一如既往与各方加强联系,进行更广泛、更友好的合作。

××××电缆有限公司

董事长:××

总经理:×××

××××年××月××日

3. 请指出这封表扬信存在的问题,并进行修改。

表扬信

尊敬的校领导:

您好!首先我为贵校能培养出优良品德的孩子而致敬!

本人母亲×××于××××年××月××日丢失手机一部,贵校5年纪3班有位名叫××的小女孩捡到手机并与我母亲取得了联系,将手机还给我。

本人的感激之情无法言表,所以请校领导在公开场合表扬××,以示鼓励。

此致

敬礼

×××

4. 请你以学生会名义向长期帮助班上残疾人同学的李小妹同学写一封表扬信,号召全校同学向她学习。

5. 班上张龙同学在汶川地震后从自己微薄的生活费中毫不犹豫地拿出500元捐给受

灾群众,请你以班委会的名义给他写一封表扬信。

6.新风小区附近的新风职院二年级101班学生在班委会的组织和带领下,经常到小区参加社区服务活动,如打扫环境卫生、帮助孤寡老人买米买菜等,受到小区居民的高度赞扬。请你以新风小区居民委员会的名义,给新风职院写一封感谢信。

7.在开展"手拉手、献爱心"活动中,吕梁中学初二(1)班的同学收到汾河学院二年级(2)班全体同学寄来的图书和文具。请你代吕梁中学初二(1)班给汾河学院二年级(2)班的同学写一封感谢信。

8.青海玉树县2010年4月14日凌晨7时49分发生两次地震,最高震级7.1级,地震震中位于县城附近。请你以中国青年志愿者协会的名义向青海抗震救灾志愿者写一封慰问信。

任务三　海报　启事

学习目标

【知识目标】

熟悉海报、启事的理论知识,明确其在社会实践活动中的重要作用。

【能力目标】

能够将理论知识用于实践,根据实际情况,写作各类海报、启事。

一、写作任务

小舟2月26日上午乘坐一辆红色夏利出租车,从东门到西门,不慎将笔记本电脑遗忘在出租车上,匆忙之中,小舟既没有向司机索要发票,也没有记住车牌号码。请代小舟写一则寻物启事。

二、写作任务分析

根据材料,要想找到笔记本电脑,需要张贴在公共场所或者刊登在报纸、刊物上,要写明启事的原因、情况、目的与要求等。这个写作任务主要是为了让学生熟悉并掌握启事的用途、格式与写作要求。

三、必备知识和工具箱

(一)海报

工具一:海报的含义和用途

海报这一名称,最早起源于上海。旧时,上海的人通常把职业性的戏剧演出称为"海",

而把从事职业性戏剧的演出称之为"下海"。也许是因为这个关系的缘故,作为剧目演出信息的具有宣传性、招徕顾客性质的张贴物,人们便把它叫做"海报"。

"海报"一词演变到现在,成为人们极为常见的一种招贴形式,多用于电影、戏剧、比赛、文艺演出等活动。海报是向公众宣传、介绍文化娱乐和文艺体育等活动消息的应用文体。海报可以向广大群众报道或介绍有关戏剧、电影、体育比赛、文艺演出、报告会等消息的招贴,有的海报还加以美术设计。因为它同广告一样,具有向群众介绍某一物体、事件的特性,在放映或演出场所、街头广以张贴。而加以美术设计的海报,又是电影、戏剧、体育宣传画的一种,极有吸引力,又具有美感。

工具二:海报的特点

1. 广告宣传性

海报希望社会各界的参与,它是广告的一种。有的海报加以美术的设计,以吸引更多的人加入活动。海报可以在媒体上刊登、播放,但大部分是张贴于人们易于见到的地方。其广告性色彩极其浓厚。

2. 商业性

海报是为某项活动作的前期广告和宣传,其目的是让人们参与其中。演出类海报占海报中的大部分,而演出类广告又往往着眼于商业性目的。当然,学术报告类的海报一般是不具有商业性的。

工具三:海报的类型

(1)按内容分,有电影海报、文艺晚会杂技体育比赛等海报、学术报告类海报、个性海报(个人设计制作)等几类。

(2)按形式分,有文字、图像、图文结合、声音、视频等几类。

工具四:海报的结构和写法

海报一般由标题、正文和落款三部分组成。

1. 标题

海报的标题写法较多,大体可以有以下一些形式:

其一,单独由文种名构成。即在第一行中间写上"海报"字样。

其二,直接由活动的内容承担题目。如"舞讯"、"影讯"、"球讯"等。

其三,可以是一些描述性的文字。如"×××再显风采"、"××寺旧事重提"。

2. 正文

海报的正文要求写清楚以下一些内容:

第一,活动的目的和意义。

第二,活动的主要项目、时间、地点等。

第三,参加的具体方法及一些必要的注意事项等。

海报的正文与广告用语相似,必须有很强的吸引力,所以语言可以有一定的形象性和鼓动性,并可配以一定的图案或象征性图画。

3. 落款

落款署上主办单位的名称及海报的发文日期。若在正文中已写有举办单位和时间,落款可略之。

工具五: 海报的写作要求

(1)海报一定要具体真实地写明活动的地点、时间及主要内容。文中可以用些鼓动性的词语,但不可夸大其事。

(2)海报文字要求简洁明了,篇幅要短小精悍。

(3)海报的版式可以做些艺术性的处理,以吸引观众。

(二)启事

工具一: 启事的含义和用途

启事是指将自己的要求,向公众说明事实或希望协办的一种短文,通常张贴在公共场所或者刊登在报纸、刊物上。机关、团体、企事业单位和个人都可以使用。

启事的特点:

具有公开性、广泛性、实用性、随意性的特点。

工具二: 启事的类型

按其内容,启事可分为不同类型的多种启事,主要有:寻物启事、招领启事、招聘启事、挂失启事、征集启事、征婚启事、庆典启事、招生启事等。

工具三: 启事的结构和写法

启事的种类较多,写法也不尽相同,但大体包括以下几项。

1. 标题

即写明启事的名称,这主要由启事的内容决定,如内容是征文,则名称写明"征文启事"。名称字体应大于正文字体,居中书写。有时仅写"启事"二字,有时加上"重要"字样。

2. 正文

启事的具体内容,即要向大家说明的情况。要写明启事的原因、情况、目的与要求等。不同内容的启事,具体要求也不尽相同。正文结尾处写上"此启"、"特此启事"等结束语。

3. 落款

在正文右下方注明启事人的单位名称和姓名,再另起一行写明发启事的年月日,附上联系地址和联系方式。

工具四: 启事的写作要求

1. 标题应明确

寻找走失的人,就写"寻人启事";寻找遗失的东西,就写"寻物启事";有些声明性的启事,标题还要写"关于××的启事"。

2. 内容要简而明

启事要求写得简洁明了。无论是登报、广播、电视或张贴,启事都必须写得十分简明。有的启事三言两语,有的启事用单行单句排列内容,竭力做到一目了然。

3. 署名

团体企事业单位的启事一般要署名,个体的启事大多不署名。

 **知识链接**

启示和启事的区别

启事的本意是公开陈述事实。"启",即叙说、陈述之意;"事"即事情。目前有的人把"启事"写成"启示"。"事"和"示"读音相同,但意思不同。"启示",是启发指示,是有所领悟的意思。启事大都张贴在公共场所或在报纸、广播电视上刊登播放。它是协助集体、单位或个人处理日常事务、沟通信息、解决某种问题的应用性文体。

 **例文评析**

【例文1】

××图书馆主办音乐会讲座

特邀星海音乐学院李××副教授赴美访问前主讲演奏。

钢琴伴奏:陈×,徐××

演奏曲目:《椰林迎春》、《丰收渔歌》、《思乡曲》、《江河水》、《海峡情思》等。

讲座形式:以演奏为主,辅以讲解,届时有《曲目简介》发送。

时间:×年5月1日晚8时

地点:广州图书馆3楼报告厅

入场办法:×月×日起在本馆门口售书处售票,每票1元。凭票入场。

例文简评:这则讲座海报,文字简洁明了,篇幅短小精悍,交代清楚了活动时间地点和活动内容方式。整则海报用词简洁,绝无冗长造作之言,使读者能在最短的时间内了解讲座的有用信息。

【例文2】

书法展览

为了培养同学们的书法兴趣,我校特举办全校师生员工书法展览,欢迎大家参观指导。

展览时间:5月6日

展览地点：教学楼东 406
举办单位：院书法协会

院书法协会
二〇一三年三月五日

例文简评：这是一则展览海报，语言简洁，内容简明扼要，时间、地点和展览内容令人一目了然。

【例文 3】

职业规划讲座

在市场经济中，社会竞争日趋激烈，"预则立，不预则废"，生涯规划显得十分重要，其前提是正确认识自我。因此，客观上要求大学生在高考之前就应当制定符合自身实际情况的职业生涯规划，选择满足社会发展需要和自己有兴趣的专业，上大学以后还要重新认识自我，调整自己的职业生涯规划，并积极做好知识、技能、思想、心理诸方面的准备，努力实施生涯规划。想了解这方面的内容吗？来听我们的讲座吧。

报告题目：就业指导暨职业生涯规划
报 告 人：曹丽霞　高级工程师
主办单位：济南校区学生工作处
时　　间：10 月 22 日（周三）下午 4：00
地　　点：图书馆报告厅

曹丽霞，女、汉族，工商管理专业硕士研究生。大学期间研修汽车与拖拉机专业，毕业初从事设备制造、设计、研发等工作，后一直在鲁能人力资源发展中心从事人力资源管理、开发、培训、人才招聘、绩效考核等工作。现为鲁能人力资源管理与开发专业高级工程师。

山东科技大学济南校区学生工作处
二〇一三年十月二十一日

例文简评：这是一则讲座海报，由标题、正文和落款三部分组成，标题直接点明活动内容，正文部分从大学生最关心的问题入手，引起大学生对讲座专题的重视和思考，鼓动他们来听讲座，介绍清楚了讲座主题、主讲人及相关信息、时间、地点和举办单位。语言富有鼓动性和吸引力。

【例文4】

从形而上到形而下
——关于当前社会重大事件的哲学思考

中国改革开放三十多年来,国内外重大事件层出不穷,北京奥运会、汶川大地震、三鹿奶粉事件、山西矿难、国际金融危机……有喜有悲,有天灾有人祸,哲学专家们如何解读这些事件?让我们聆听国内著名西方哲学专家的对话。

主题:从形而上到形而下——关于当前社会重大事件的哲学思考

主持:庞学铨　浙江大学哲学教授

主讲:俞吾金　复旦大学哲学教授
　　　韩水法　北京大学哲学教授
　　　陈家琪　同济大学哲学教授

时间:10月31日(周五)晚上6:30—8:30

地点:紫金港校区国际会议中心138室

承办:浙江大学社会科学研究院
　　　浙江大学外国哲学研究所
　　　浙江大学人文学院哲学系

例文简评: 这是一则学术讲座海报,由标题、正文两部分组成。标题醒目直接揭示讲座主题,正文部分从当前的社会热点问题入手,具有很强的吸引力,语言富有鼓动性,能激发听众参与活动的兴趣和热情,篇幅短小,简洁明快,落款包含在了正文中。

【例文5】

寻物启事

本人不慎于元月二十五日乘七路公共汽车时,将部队复员证、驾驶证、复员介绍信遗失。有拾到者请与××厂机修车间×××联系,必有重谢。

联系电话:×××

此启

启事人:××
二〇一三年二月一日

例文简评: 这是一则寻物启事。寻物启事是寻找失物的启事,因此要写明丢失物的名称、外观、规格、数量、品牌等,同时要写明丢失的原因、时间和具体地点,交代清楚拾物者送还的具体方式,或注明发文者的详细地址、联络方式等。另外,寻物启事是求人协助寻找的,故除文中写些表谢意的话外,还可以写明给予拾到者必要的酬金之类的话。

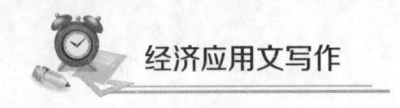

【例文6】

招领启事

我校职工拾到钱包一个,内有人民币若干,请失主来我校保卫科认领。

联系电话:×××××××

地址:××区××路×号

此启

××市××学校
二〇一三年十月三日

例文简评: 这是一则招领启事。招领启事是请人认领失物的启事。它一般只写明拾到失物的名称、时间、地点及拾到者的联系方式,不能详细介绍失物的特征、规格、数量、丢失时间、地点等,目的是失主认领时可核对信息。

【例文7】

××××出版社人事招聘

中国××××出版社及其副牌××音像出版社,是一家具有40多年历史的中央级出版社、国家表彰的首批15家"全国优秀出版社"之一,由于业务迅速发展的需要,决定进一步面向社会公开招聘编辑和其他人才。

1. 基本条件:①具有大学本科及其以上学历;②45岁以下,条件突出者可适当放宽;③具备必要的计算机知识(Windows,Office,因特网),通过大学英语四级考试;④有北京市常住户口者优先,中共党员优先,有编辑经验者优先。其他条件见各岗位说明。

2. 岗位说明:专职策划编辑:水利水电专业10名,电力电气3名,计算机5名,地理旅游、经济管理、中文各10名,研究生毕业和管理能力突出者优先;专职加工编辑10名:专业不限,但水利电力、中文、英语专业优先,欢迎退休副高以上专家加盟;兼职策划或加工编辑若干名:专业和年龄不限,欢迎退休副高以上专家加盟。

一旦录用,将按照国家规定给予相关工资待遇及福利待遇。

出版社地址:××市××大道××街××号

联系电话:×××××××

网址:×××××××

联系人:王老师、李老师

中国××出版社人事处
二〇一三年八月三日

例文简评: 这是一则招聘启事,由标题、正文和落款三部分组成。标题由招聘的单位名称和文种构成,正文部分以简明的文字介绍了招聘方的情况:业务、工作范围及地理位置等;提出了对招聘对象的具体要求:工作性质、业务类型以及招募人员的年龄、性别、文化程度、工作经历、技术特长等;提供了招募人员受聘后的待遇;交代清楚了联系方式。

【例文8】

深圳市宝安福永×××潮州特色砂锅粥招聘启事

深圳市宝安福永×××潮州特色砂锅粥店是本市的一家大型餐饮公司,本店因扩大经营需招聘员工××名。

1. 条件:18~45岁,能熟悉厨房业务者优先录用(或一般帮手),身体健康。
2. 工资待遇:试用期一个月500元,试用期满800~1800元(包食宿)(可议)。
3. 招聘办法:可电话联系或相约面谈。
4. 招用工试用期满订立劳动合同、办理社会保险。
5. 招聘联系人:×××、×××
6. 联系电话:0755-××××××××　手机:×××××××××××
7. 详细地址:深圳市宝安福永××村××大街门牌××号

二〇一三年六月三日

例文简评:这是一则招工启事,由标题、正文和落款三部分组成。标题由单位名称和文种构成;正文写明了招工原因、条件(包括年龄、性别、身体状况等要求)、招收办法、工资待遇、报名方式、联系方式等,内容较全备,便于应聘者了解相关资料。由于标题中出现单位全称,所以落款可以省略。

【例文9】

征文启事

为了进一步繁荣校园文化,丰富大学生活,活跃文学创作,发掘写作人才,充分展示我校素质教育成果,展现广大同学良好的精神风貌,蝶湖文学社特举办第六届"蝶湖杯"征文活动,诚望广大文学爱好者踊跃参加,积极投稿。

主题(任选):①水;②守望心灵;③如果可以重来。

(注:体裁不限,内容积极向上,力求创新,字数1500字以内,诗歌30行左右)

投稿方式:

①投校报投稿箱(一教一楼、图书馆一楼、三食堂前)。

②每栋有定点收稿负责人(详见公寓宣传栏)。

③周六、日将在学生三食堂现场征稿(凡来稿请注明"征文"字样和联系方式)。

④截稿日期:2013年5月20日。

优秀征文评审:

①初审由蝶社编辑部进行。

②复审邀校报编辑和老师参加,力求公平公正。

优秀征文奖励：
①获奖作者将获得由校团委颁发的荣誉证书和奖品。
②作品将在校报上刊登。
③在蝶社文学论坛上择优采用。
联系方式：赵亚文 17#210   8313445/8840612
　　　　　张立君 2#118　　8311418/8840748

蝶湖文学社
二〇一三年八月三日

例文简评：征文启事是报纸、杂志编辑部、文化教育事业单位、企业等部门为了纪念重大节日、重要活动、重要事件，或者为了繁荣文艺创作向社会征稿时所使用的一种启事。这则征文启事由标题、正文、落款三部分组成。标题《征文启事》为常见写法，正文包括征文的目的和意义、征文的体裁和内容、评选办法、征文截止日期、注意事项等内容，落款表明了发文单位和时间。

四、写作实训

完成前述写作任务。要求：
（1）标题写作符合规范。
（2）符合启事的相关写作要求。
（3）材料取舍恰当，主题突出，逻辑清晰，文通字顺。

五、检查与完善

（1）学生结合前述写作规范，自我检查或相互检查。
（2）教师选择学生例文进行点评。
（3）修改、完善前述写作任务。
（4）总结自己完成写作任务的得失。

 **写作实训拓展**

1. 请以学生会文体部的名义为一场篮球友谊赛写一份海报，内容如下：
（1）参加者：美国北地中学校队和我校校队。
（2）地点：水泥球场。
（3）时间：2013 年 11 月 20 日（星期日）下午 4 点。
（4）组织者：我院学生会文体部。
（5）海报发出时间：2013 年 11 月 14 日。

2. 请以学校的文体活动为内容拟写一份海报，并进行美术设计，尽量体现其艺术性。

3. 假定你是"二十一世纪培训中心"负责人的秘书。培训中心主任让你起草一则招聘教师的启事，其要点如下：

（1）本中心是由《中国日报》主办的单位,是一所一流的学校。
（2）我中心为希望提高英语交际能力的成年人和国际公司职员提供教学服务。
（3）我们需要有英语作为第二语言教学经验的教师加盟。

录用者待遇从优,并给予国内旅游费用。这真是天赐良机！有意者请给我们打电话或发传真,将您的情况告知 Lucy Liu 和 Christine Wang。

地址：北京市朝阳区慧新东街 15 号《中国日报》大楼 4 层二十一世纪培训中心
邮编：100029
电话：010-64927842 010-64924488 转 3402
传真(Fax)：64927844

4. 假设你不慎于元月一号在学校五号教学楼三楼丢失诺基亚红色手机一部,请就此写作一则寻物启事。

5. 假设你在学校食堂捡到钱包一个,内有人民币及证件若干,请拟写一则招领启事。

6. 下面是一份寻人启事,请对照写作格式要求,指出它存在的问题。

辛俊,男,江苏梧州市人。1989 年 8 月 22 日出生,身高 1.65～1.70 米。体型偏胖,体重 70 公斤左右。皮肤较白,右眉下角与下巴处各有一颗小痣。江苏泰州口音,会说普通话,性格内向。现离家出走。此人爱好网络,目前极有可能在江苏某网吧。现家人非常焦急,四处寻找,感谢各位朋友留心此人,如有发现请与家人联系。

联系人：王秀英
地址：××××××××××

任务四 计划

 **学习目标**

【知识目标】

熟悉计划的理论知识,明确其在社会实践活动中的重要作用。

【能力目标】

能够将理论知识用于实践,根据实际情况,写作各类计划。

一、写作任务

根据下列材料,拟写一计划。

某局机关团委拟举办"五四"青年节庆祝活动,届时将举行多种纪念活动,包括篮球比赛、读书报告会、文艺联欢会、电影专场、青年书画展等。请拟一个表格式活动安排表,计划名称、计划表及说明均要求具体明确,有关内容如时间、地点、负责人等可虚拟。

二、写作任务分析

根据以上材料,作出分析:某局机关团委要举办"五四"青年节庆祝活动,就要有具体的活动安排表和执行步骤,这时选择"计划"就是最恰当的文种了。这个写作任务主要是为了让学生熟悉并掌握计划的用途、格式与写作要求。要想起草一份合格的计划,了解计划文体的写作规范至关重要。

三、必备知识和工具箱

为了完成这个写作任务,我们必须掌握计划的一些基本知识:计划的概念、计划的种类、计划的结构和写法。

工具一:计划的含义及作用

计划是党政机关、社会团体、企事业单位和个人,为了实现某项目标和完成某项任务而事先做的安排和打算。

常见的安排、打算、规划、设想、要点、方案等都属于计划,只是由于内容和成熟程度不同而选用了不同的名称。

其实,无论是单位还是个人,无论办什么事情,事先都应有个打算和安排。有了计划,工作就有了明确的目标和具体的步骤,就可以协调大家的行动,增强工作的主动性,减少盲目性,使工作有条不紊地进行。同时,计划本身又是对工作进度和质量的考核标准,对大家有较强的约束和督促作用。所以,计划对工作既有指导作用,又有推动作用。

工具二:计划的特点

1. 预见性

这是计划最明显的特点之一。计划不是对已经形成的事实和状况的描述,而是在行动之前对行动的任务、目标、方法、措施所作出的预见性确认。但这种预想不是盲目的、空想的,而是以上级部门的规定和指示为指导,以本单位的实际条件为基础,以过去的成绩和问题为依据,对今后的发展趋势作出科学预测之后作出的。

2. 针对性

计划,一是根据党和国家的方针政策、上级部门的工作安排和指示精神而定,二是针对本单位的工作任务、主客观条件和相应能力而定。总之,从实际出发制订出来的计划,才是有意义、有价值的计划。

3. 可行性

可行性是和预见性、针对性紧密联系在一起的,预见准确、针对性强的计划,在现实中才真正可行。如果目标定得过高、措施无力实施,这个计划就是空中楼阁;反过来说,目标定得过低,措施方法都没有创见性,虽然很容易实现,但并不能因而取得有价值的成就,那也算不上有可行性。

4. 约束性

计划一经通过、批准或认定,在其所指向的范围内就具有了约束作用。在这一范围内,无论是集体还是个人都必须按计划的内容开展工作和活动,不得违背和拖延。

工具三:计划的类型

按照不同的分类标准,计划可分为多种类型。

按其所指向的工作、活动的领域,可分为工作计划、学习计划、生产计划、教学计划、销售计划、采购计划、分配计划、财务计划等。

按适用范围的大小不同,可分为国家计划、地区计划、单位计划、班组计划等。

按适用时间的长短不同,可分为长期计划、中期计划、短期计划三类,具体还可以称为十年计划、五年计划、年度计划、季度计划、月份计划等。

按涉及面大小的不同,可分为综合性计划、专题性计划。

工具四:计划的结构和写法

计划的格式常见的有条款式、表格式,也有兼备这两种格式的。

纯表格式的计划较为简单,让人一目了然。但它往往缺少步骤、措施等具体的说明,所以一般只用于销售之类的工作计划。

条款式计划一般包括三个部分。

1. 标题

它一般包含三个要素:制订计划的单位名称、计划适用的期限、计划的种类名称。如"万达公司 2006 年工作计划",即是一个"完整式"标题。也有省略时限(时限不明显或临时的单项工作)的标题。有时还可以写成"公文式"标题。所制订的计划如还需要讨论定稿或上级批准,就应在标题的后面或下面用圆括号括上,加注"草稿"或"初稿"或"讨论稿"等字样。

2. 正文

它一般包括两方面的内容。

一是前言。

这一部分回答"为什么"的问题。通常内容包括对基本情况的分析,或对计划的概括说明,或说明依据什么方针、政策以及上级的什么指示精神,在什么条件下制订这个计划,完成这个计划的必要性、可能性以及要达到什么目的等。

二是计划事项。

第一是目标,即回答"做什么"的问题。可以是总体目标,也可以是具体任务或指标。目标的制定对计划的撰写乃至计划的实施至关重要,目标过高或过低都不合适。这就需要深入调查研究,广泛征求意见和充分论证,慎重确定目标。

第二是措施,即回答"怎样做"的问题。包括组织分工、进程安排、物质保证、方式方法等。组织分工可说明领导机构。进程安排,主要是对目标实现分步走的问题,一般要安排若干阶段。进程安排是计划事项的重要内容,也是一项重要措施之一。物质保证,包括实施计划的人力、财力、物力配备多少、如何配备等。方式方法是完成计划的具体手段,一般写得比较简要。

第三是要求，即回答"做得怎样"、"如何做完"的问题。主要是质量、数量、时间上的要求。质量上，要达到什么标准、什么水平、什么程度；数量上，要达到什么指标；时间上，什么时候完成该项工作，等等。能否多快好省，就要在"要求"这一项里加以具体设计。

工具五：计划写作的注意事项

第一，要有正确的指导思想。

第二，要有明确的任务和目标，从实际出发，实事求是。

第三，方法、措施、步骤和时间等应具体可行。

第四，要有一定的灵活性。

 **知识链接**

安排、打算、规划、设想、意见、方案、要点、预案的区别

与计划相关的文件很多，它们都具有为完成预定事务而在事前作出打算和安排的意思，但在预期事务的范围、期限、预案的详略等方面有所区别。一般来说，安排、打算常用于时间较短、内容具体，并偏重于工作步骤和方法的计划；规划是各级领导机关为实现总体目标，根据战略方针对某个地区或某项事业等作出长远战略部署的带有全局性的计划；设想是初步的，富有创新性，供参考的粗线条计划；意见是政策性和原则性较强，内容较完整的计划；方案则是对某项工作从目的、要求、方法到具体步骤都作出较为全面的部署与安排，一般要求周密，专业性强；要点是对一定时期内的全局工作或中心工作所做的简要安排；预案是为应对某种突发性的紧急重大事件或情况而事先制定的处置办法。

 **例文评析**

【例文1】

××职院浅草文学社2013年第一学期活动计划

文学社创办一年来，由于得到多方面的支持和全体成员的共同努力，已初步形成了一个指导有力、组织严密、活动有序、成员团结的课外文学社团，得到了广大师生的肯定。文学社成员活动积极、兴趣浓厚，为它的发展打下了良好的基础。

新的学期开始了，学校对进一步提高课外兴趣小组活动的层次和水平提出了新的要求。为此，我们结合文学社的实际情况，特制订下列工作计划：

一、活动的目的和要求

文学社的各项活动都必须围绕文学社"培养兴趣、吸取知识、开阔视野、交流心声、发挥才能"的宗旨，多趣味、多中心、多形式地展开。要求全体成员同心同德、积极认真、

敢于创造,争取各项活动都出成果。

二、具体活动安排

1. 学期初,由指导教师组织大家学习学校关于进一步提高课外兴趣小组活动的层次和水平的新要求,学习兄弟学校文学社的经验,明确本学期文学社活动的目的和要求,做到人人心中有数。

2. 开设文学专题讲座,由文学社指导教师主讲,每两周一次,共十次。

3. 继续办好社刊,仍坚持每月出一期。克服以往社刊主题不明、文体单调的缺点,本学期分别围绕"爱祖国"、"师生情"、"我的乐园"等主题,认真选稿、组稿,仔细改稿、校对,进一步提高社刊质量。这项工作由社刊主编许××同学负责。

4. 9月份为了庆祝教师节,以"我爱教师"为主题,要求每个文学社成员为教师做一件好事。这项活动由副社长李××同学负责。

5. 10月中旬组织文学社成员看一场电影,观后进行一次影评比赛。聘请学校有关教师组成评委会,评出一等奖一名、二等奖三名、三等奖九名,并给予一定奖励。这项活动由社长李××同学负责。

6. 11月以"我的一日"为题,进行一次作文比赛,经指导教师评改后,将其中优秀的作品推荐给报刊,争取发表。

7. 12月为学校元旦文艺汇演排演文艺节目2~3个。这项活动由副社长黄×同学负责。

8. 2014年1月开展评选优秀文学社成员活动(评比条件和具体办法另行文)。

二〇一三年九月三日

例文简评:该文是条款式计划,结构完整、内容具体。先简要地点明制订本计划的根据,接着分条列项地写明本计划在期限内应完成的任务和达到的目标以及具体的要求、方法与步骤。

【例文2】

个人学习计划

为了响应党中央打造"学习型社会"的要求,也为了不断更新自己的知识层次,满足教育、教学的需要,与时俱进,努力提高自己的综合素质,更好地服务学生、服务教学、服务社会,做先进文化的传播者,社会道德的引领者,特制订学习计划如下。

一、学习目标

两年内自学完中文本科课程和教育理论、学校管理等内容。

二、学习时间

1. 周一至周五,每天晚上7:30—9:00。

2. 周六、周日,学习六个小时。

3. 寒、暑假,每天上午学习3~4个小时。

4. 每周利用"中央电大在线网"、"自考网"等网络资源,上网学习2个小时。

5. 每天用半小时到一小时的时间阅读当天报纸、杂志,了解国内外的重大新闻、政策形势,提高自己的政策理论水平。

三、学习内容

1. 政治理论。系统学习马列主义、毛泽东思想、邓小平理论和"三个代表"重要思想及其一系列重要论述,深刻领会其精神实质,用先进的理论指导教育工作实践。

2. 专业知识。《中国古代文学专题》《中国现当代文学专题》《美学专题》《英语》、《现代教育思想》《外国文学专题》,等等。

3. 法律知识。系统学习《教育法》、《教师法》、《未成年人保护法》、《义务教育法》等法律、法规知识,提高自己的法制意识,依法治校。

四、学习形式

自学为主,函授为辅,遇到疑难问题上网查资料、讨论。

五、学习进度

1.2012年9月至2013年元月,学习《诗经与楚辞》、《唐诗宋词》、《现代教育思想》、《语言学概论》。

2.2013年2月至2013年8月,学习《开放英语》、《外国文学专题》、《美学专题》《语法研究》。

六、学习措施

1. 每周坚持上网学习2个小时以上,及时解决学习中遇到的困难。

2. 制订学习时间表,张贴在办公室和家中,让同事和家人见证、监督自己的学习。

3. 利用周六、周日到××电大听课。

4. 定期完成电大布置的作业。

5. 每年保证1000～2000元的学习资金。

七、学习原则

1. 循序渐进,持之以恒,不能"三天打鱼,两天晒网"。

2. 统筹兼顾,科学安排。处理好学习与工作的关系,做到学习与工作有机统一,努力使学习工作化、工作学习化。

3. 融会贯通,学以致用。通过不断学习业务知识来提高干部的业务水平,通过不断实践来丰富工作经验,把知识和经验的积累升华为思维模式的更新,进而转化为工作创新的源泉和动力。通过学习,有效解决在组织工作中存在的问题,真正使思想有明显提高,作风有明显转变,工作有明显推进。

4. 学习和实践相结合。用学习来提高实践能力,用实践来验证学习效果。

×××

二〇一二年十月三日

例文简评:该文是一则个人学习计划,结构完整、内容具体。从该例文中可以看出,计划的写法可以灵活多样,具有很强的参考价值。

【例文3】

×× 路果品批发市场五月份营销计划

储仓位	品种	进货量（吨）	销售总额（万元）	人均利润（万元）	人力安排（人）
1号	苹果	150	90	3.0	3
2号	香蕉	180	72	2.5	3
3号	橙子	70	22	1.5	2
4号	葡萄	50	40	1.8	2
5号	枇杷	30	30	3.0	2
6号	西瓜	100	40	2.3	4

例文简评：该文是表格式计划,简洁明了,一般适用于销售类计划。

四、写作实训

完成前述写作任务。要求：

（1）标题写作符合规范。

（2）符合计划的相关写作要求。

（3）材料取舍恰当,主题突出,逻辑清晰,文通字顺。

五、检查与完善

（1）学生结合前述写作规范,自我检查或相互检查。

（2）教师选择学生例文进行点评。

（3）修改、完善前述写作任务。

（4）总结自己完成写作任务的得失。

写作实训拓展

（一）辨析下列说法正确与否,并简要地说明理由。

1. 计划要充分发挥群众的积极性和创造性,要有预想的奋斗目标。因此,指标任务要定得高些,以体现计划的先进性。

2. 计划通过后,要经常检查督促,严格执行,要维护计划的严肃性,不能变动。

（二）分析下面所列计划的不当之处,并进行点评。

班级文体活动计划

为了丰富同学们的课余生活,寓教育于计划文艺、体育活动中,我班制订下列文体活动计划：

1. 积极迎接校第九届田径运动会,要求同学们积极报名,认真锻炼。
2. 组织乒乓球比赛一次。
3. 开展好冬季象征性长跑活动。
4. 认真组织,搞一次类似"击鼓传花"的游戏。
5. 适时组织一次野餐。
6. 要积极排演文艺节目,迎接每年一次的元旦文艺汇演。

（三）分析如下计划存在什么问题,如何修改。

四季度工作计划

今年工作十分繁忙,尤其是第四季度的工作。为把工作搞好,作下列计划：
1. 抽出时间认真学习有关基建改革的文件。
2. 深入了解工作量完成情况和资金支用情况,为审查好年终决算打基础。
3. 了解建设单位明年的安排和完成情况,以便作好明年信贷工作计划。
4. 认真地与建设单位对清基建计划,避免超计划支出。

（四）根据下列材料,拟写计划。

小叶从小就是文学爱好者,进入大学以后,很快就成为学院风雨同舟文学社的社员。自参加文学社以来,在老师和同学的帮助下,她的写作水平不断提高。为了能够使自己的写作水平提高得更快,她打算利用课余时间,系统地阅读一些文学作品,多做读书笔记;除每天坚持练笔外,还向院刊及校刊投稿。请你根据计划写作格式和要求,代她制订一份读书计划。

任务五　总结

 学习目标

【知识目标】

了解总结的基本知识,掌握总结的格式和写作方法,明确掌握这一文体的重要意义。

【能力目标】

能够对实践进行理论思考,找出实践的正误得失,根据实际情况,能写作各类常用总结。

一、写作任务

又一个学年过去了,在这个学期的学习过程中,同学们肯定有不少收获,比以前有了

更大的进步,请对这个学年的学习过程进行总结。

二、写作任务分析

根据以上任务,作出分析:这是一个个人的学习总结,从学习心得的角度入手,既要探讨经验,也要吸取教训,明确对未来学习生活的指导作用。这个写作任务主要是为了让学生熟悉并掌握总结的用途、格式与写作要求。要想起草一份合格的总结,就必须了解总结这类文体的基本知识。

三、必备知识和工具箱

为了完成这个写作任务,我们必须掌握总结的一些基本知识:总结的含义、特点、类型以及基本结构和写法。

工具一:总结的含义和特点

(一)总结的含义

总结是单位、部门或个人对前一段时间所做的实践活动进行全面系统的回顾、分析、研究和评价,从中找出成绩、问题、经验和教训,揭示出规律性的东西,从而指导以后工作的一种事务性文书。

总结是对实践的认识,总结的过程是由感性认识上升到理性认识的过程。总结应对实践进行全面、深刻的概括。

总结的目的就是为今后的工作理清思路,指明方向,找出对策,使今后的工作少走弯路,提高工作和生活的质量。

(二)总结的特点

第一,实践性。总结首先要回顾实践或工作的全过程。自身实践的事实,尤其是典型事例和确凿数据,是一篇总结得出正确结论的基础。

第二,经验性。总结旨在把实践中的成功经验归纳出来,把教训总结出来。

第三,理论性。总结是通过对大量的材料进行分析、研究,从中找出正反两方面的经验,得出规律性的东西,实现从感性认识到理性认识的飞越,用理论来指导以后的工作。

工具二:总结的类型

根据不同的分类标准,可将总结分为不同的类别。

按范围分,有地区总结、行业总结、部门总结、单位总结、班组总结、个人总结等。

按性质分,有经验总结、成绩总结、问题总结等。

按时间分,有月份总结、季度总结、半年总结、年度总结、一年以上的阶段总结等。

按内容分,有综合总结、专题总结。

综合总结是单位或个人在一定时间内各方面工作的全面总结,它内容广泛,涉及面宽,要求展现全面的工作,但又要突出重点,点面结合。

专题总结是单位或个人仅就某项工作或某一方面的工作所进行的专门总结,它内容比较集中、针对性强,多用于典型经验总结。

工具三：总结的基本结构与写法

（一）总结的基本结构

总结结构分为标题、正文、落款。

1. 标题

总结的标题有两种形式。

一是公文式标题,由单位名称、时间、主要内容、文种组成,如《××市财政局2007年工作总结》、《××厂2008年上半年工作总结》。有的总结标题中不出现单位名称,如《创先争优活动总结》、《1999年教学工作总结》。有的总结标题只是内容的概括,并不标明"总结"字样,但一看内容就知道是总结,如《一年来的谈判及前途》、《走活三步棋,选好一把手》等。

二是双标题形式。正标题点明文章的主旨或重心,副标题具体说明文章的内容和文种,如《构建农民进入市场的新机制——运城麦棉产区发展农村经济的实践与总结》、《加强医德修养树立医疗新风——南方医院惠侨科精神文明建设的经验》。

2. 正文

和其他应用文体一样,总结的正文也分为开头、主体、结尾三部分,各部分均有其特定内容。

（1）开头。

总结的开头主要用来概述基本情况。包括单位名称、工作性质、主要任务、时代背景、指导思想以及总结的目的、主要内容提示等。开头部分,要注意简明扼要,文字不可过多。

（2）主体。

这是总结的主要部分,内容包括成绩和做法、经验和教训、今后打算等方面。这部分篇幅大、内容多,要特别注意层次分明、条理清楚。

主体部分常见的结构形态有三种。

第一,纵式结构。就是按照事物或实践活动的过程安排内容。写作时,把总结所包括的时间划分为几个阶段,按时间顺序分别叙述每个阶段的成绩、做法、经验、体会。这种写法的好处是使事物发展或社会活动的全过程清楚明白。

第二,横式结构。按事实性质和规律的不同分门别类地依次展开内容,使各层之间呈现相互并列的态势。这种写法的优点是各层次的内容鲜明集中。

第三,纵横式结构。安排内容时,即考虑到时间的先后顺序,体现事物的发展过程,又注意内容的逻辑联系,从几个方面总结出经验教训。这种写法,多数是先采用纵式结构,写事物发展的各个阶段的情况或问题,然后用横式结构总结经验或教训。

主体部分的外部形式,有贯通式、小标题式、序数式三种情况。

贯通式适用于篇幅短小、内容单纯的总结。它像一篇短文,全文之中不用外部标志来显示层次。

小标题式将主体部分分为若干层次,每层加一个概括核心内容的小标题,重心突出,条理清楚。

序数式也将主体分为若干层次,各层用"一、二、三……"的序号排列,层次一目了然。

(3)结尾。

结尾是正文的收束,应在总结经验教训的基础上,提出今后的方向、任务和措施,表明决心,展望前景。这段内容要与开头相照应,篇幅不应过长。有些总结在主体部分已将这些内容表达过了,就不必再写结尾。

工具四:总结的写作要求

(一)要坚持实事求是原则

实事求是、一切从实际出发,这是总结写作的基本原则,但在总结写作实践中,违反这一原则的情况却屡见不鲜。有人认为"三分工作七分吹",在总结中夸大成绩,隐瞒缺点,报喜不报忧。这种弄虚作假、浮夸邀功的坏作风,对单位、对国家、对事业、对个人都没有任何益处,必须坚决防止。

(二)要注意共性、把握个性

总结很容易写得千篇一律、缺乏个性。当然,总结不是文学作品,无需刻意追求个性特色,但千部一腔的文章是不会有独到价值的,因而也是不受人欢迎的。要写出个性,总结就要有独到的发现、独到的体会、新鲜的角度、新颖的材料。

(三)要详略得当,突出重点

有人写总结总想把一切成绩都写进去,不肯舍弃所有的正面材料,结果文章写得臃肿拖沓,没有重点,不能给人留下深刻印象。总结的选材不能求全贪多、主次不分,要根据实际情况和总结的目的,把那些既能显示本单位、本地区特点,又有一定普遍性的材料作为重点选用,写得详细、具体。而一般性的材料则要略写或舍弃。

 例文评析

【例文1】

《市场营销导论》学习总结

经过两个多月的学习,我对市场营销有了一个初步的了解,也改变了一些错误的想法,但是仍然存在着很大的问题——诸如应该如何应用之类,期待着以后进一步的学习来逐步解决,今天我先就自己的学习做一个总结,或许会有所益处!

首先,我端正了自己的学习态度。虽然我是第一志愿报进来的,但一开始对这专业并不了解,只是因为觉得它是文理交叉的学科才力排众异填报它的,由于在一所理

工类学校读书，我们这类专业难免有点前途无望的感觉，这是一个不容否认的事实，所以有时和那些老乡交谈时，总有一种挥之不去的自卑感，尽管自己的爱好和长处就在这里，却难免力不从心地感到失落。但是现在我知道了市场营销的价值，也看到了它的潜力所在，对它开始有了无限的憧憬和希望——随着中国市场经济的不断发展，社会生产力的不断提高，必将出现一个商品供过于求的时代，那时公司面临的不再是生产不出足够的商品，而是不能将它们很好地卖出去，此时市场营销就大有用武之地了！美国就是一个很好的例子，商品经济越发达，对营销人员的需求就越大，营销工作者的重要性就显得更加突出，我也就找到自己学的这专业的意义之所在了！知道了自己学习专业的意义对我来说很重要，它给了我坚持下去的勇气，或许这将是两个多月中我最大的收获！

  市场营销的光明的发展前途给了我学习的兴趣，但到底什么才是市场营销呢？我觉得首先要从本质上来认识它——它是一种哲学，一种教人对现有资源进行最有效配置的哲学，也就是说如何使已有的东西实现它最大的价值！市场就是一个让人们互通有无的场所，让我们能够用自己多余的东西去换自己缺少的东西，实现互利互惠，既避免了资源的浪费，也容易实现专业化生产，从而提高劳动生产率，创造出更多的社会财富！而市场营销就是研究如何实现资源的优化配置，将已有的东西再次创造出价值来！什么是营销？营销就是实现互利互惠，就是创造顾客价值并且有利益地去满足。它不同于推销，推销只是一种不成功的营销，它学的是技术而非思想！可以说营销是一种战略而推销只能勉强算作一种战术，营销可以得到长远的发展，因为它是建立在共赢的基础之上的，而推销只是一种短期的获利手段，是不能长久的，故而说"小赢靠智，大赢靠德"，这是一个营销工作者必须牢记的，专业知识永远只能处于辅助地位！陈嘉庚先生说得好："只能让自己一个人获利的生意不能做，那只能把生意做断做绝。"或许这才是营销的精髓所在！

  营销的主要目的就是帮助公司卖出产品，帮助公司获得更多的利益！那么怎样才能实现这个目的呢？这就牵涉营销的方式问题了。海尔公司首席执行官张瑞敏有一句名言——"营销就是先开市场，后开工厂"，这话特别有见地，因为它道出了营销的一个根本运作方式：市场—工厂，确实如此，一个企业要发展，就首先得对市场进行调查，从中去寻找商机，再根据企业自己的实际情况，去选择出最有利于获得成功的方面去具体操作，集中企业的优势力量一心一意地去生产最适合自己的产品，并且将它进行专业化生产，树立起自己的品牌，从而在激烈的竞争中获得胜利！一个企业应该学会把自己的资源得到最充分的利用，使效益实现最大化！而其中一个关键的环节就是市场调查，而市场调查是营销的第一步，它帮助企业找准自己的发展方向，就好比船舵，它是决定着一个企业最终的发展程度的，意义十分重大，作为一个将来的营销工作者，就应该有敏锐的洞察力，及时迅速地把握到社会需求的变化，抓住商机，帮助企业制定决策，实现跨越式发展！如当时日本的柯达公司，敏锐地把握住市场需求，率先研制出数码相机，一举击败竞争对手，成为了一个颇为成功的大公司！不能不说有营销人员的功劳！

　　营销无处不在，范围无穷广大。湖南电视台成功营销出了一系列优秀的电视节目，如《超级女声》之类，获得了极大的成功，这是娱乐文化营销；美国总统奥巴马选举时手下有一大批智囊出谋划策，帮助他赢得了竞选，其实就是人物营销；北京奥运会让我国人们欢欣鼓舞，并获得了巨大的经济利益和社会利益，其实就是事件营销；此外，张贤亮在宁夏营销荒凉，冯小刚在电影《甲方乙方》中营销体验；纽约在世界上营销说自己是一个大苹果；而像我们日常生活中见到的化妆品及服装一类的东西就更多了！总而言之，营销无处不在，我们要学会去社会中发掘出那些潜在的市场，因为市场也无处不在——市场与营销是不可分割的有机整体，市场就是人们能够且愿意支付的需要，我们的任务就是发现并且有利益地去满足它！

　　什么东西最好吃？合口味的东西最好吃！那么什么东西合口味呢？这就牵涉一个具体情况具体对待的哲学问题了！湖南人爱吃辣椒，江浙人爱吃甜食；南方人爱吃大米，北方人爱吃面食。这就是地域造成的生活习惯的差异，我们在进行营销时必须得考虑这些问题，否则吃闭门羹是常有的事！试想，你跑到非洲去卖电热毯，跑到南极洲去卖冰棒，那不是自讨没趣吗？或许你会说曾经就有那么一个人卖给和尚一大批桃木梳，那不也成功了吗？其实这并不能否认我的观点，那卖出的桃木梳最终可给了和尚梳头用？没有！实际上，那推销员换了一种思路，那就是在香客们身上寻找突破口，他成功是因为他的敏锐洞察力，把握住了那些别人看不到的潜在商机，实现了"曲线救国战略"，而非真正把桃木梳卖给了和尚！我们作为一个营销工作者，绝对不能投机取巧，而要以一种踏实的态度去做好自己的工作！只有根据特定的人的特定需要采取特定的方法才是真正明智的选择，削足适履的方法不可取，这就是为什么要先开市场后开工厂的原因所在！我们首先要知道顾客的需要是什么，然后再有利益有选择地去满足他们的需要，而不是凭借自己的主观意愿去生产人们并不需要的商品，再想方设法把它给推销出去，那是自掘坟墓！基于这个原因，营销必须贯穿于产品生产前后到卖出到售后服务的整个过程之中，确保买卖双方都能获得实质性的利益，那些挨家挨户挑着担子搞推销的人是不能保证其质量的，自然也就得不到长远的发展！而真正成功的企业就不同了，它们的成功是建立在共赢的基础上的，让顾客真正觉得物有所值，自觉地成为你的长久顾客！全球最大的零售业公司沃尔玛就是一个最佳例子，它以"天天低价"为自己的竞争口号，为普通百姓创造实惠的同时也使自己成了世界企业五百强之首，不能不值得我们深思！

　　营销要注意市场细分，把那宏观的杂乱的市场分成若干部分，再在其中选择出最适合自己企业的产品进行专业化生产，"弱水三千，我只取一瓢"，这也是一种智慧！一个企业的力量终究是有限的，必须学会把好钢用到刀刃上，集中精力干好一件事，"广则不专"说的就是这个道理。有多少企业由于资金过于分散，耐不住诱惑遍地开花地乱干，发现今天什么赚钱就生产什么，猴子掰苞谷似的忙活，最终一无所获！而另外一些明智的企业恰恰相反，如美国的宝洁公司一心一意干日化，十分成功地占领了该领域的很大份额,赚取了丰厚的利润。单就洗发水来说,它就针对不同人群的不同需要研发了多种品牌,如飘柔、潘婷、润妍等,自然也就能够从竞争中脱颖而出了,而对于那些不注意市场细分的企业来说,它们即使有意愿研发新产品也只能心有余而力不足了,最终被淘汰出局!

总之,营销是一门实用科学,它能指导我们管理好企业,使它能在竞争中发展壮大而非被淘汰,这就是我的一点学习体会!

×××

2014 年 2 月 8 日

例文简评:这是一则由大学生写作的个人课程学习总结。开篇首先分析了自己的学习态度,明确了学习过程中的长处和不足,接着介绍了学习这门课程的意义和目的,内容翔实、客观,举了各种实例,深入探讨了学习心得和体会。全文结构完整、规范,回顾全面,分析深刻。

【例文 2】

2013 年银行出纳年终个人总结

××年在全行员工忙碌紧张的工作中又临近岁尾。年终是最繁忙的时候,同时也是我们心里最踏实的时候。因为回首这一年的工作,我作为会计出纳部的一名员工有了自己的收获,没有碌碌无为、荒度时间。

转眼间又将跨过一个年度之坎,为了总结经验,发扬成绩,克服不足,现将今年的工作做如下简要回顾和总结。

今年我在财务部从事出纳工作,主要负责现金收付、票据印章管理、开具发票和银行间的结算业务。刚刚开始工作时我简单地认为出纳工作很简单,不过是点点钞票、填填支票、跑跑银行等事务性工作,但是当我真正投入工作,我才知道我对出纳工作的认识和了解是错误的。出纳工作不仅责任重大,而且有不少学问和技术问题,需要理论与实践相结合才能掌握.在平时的工作中我能严格遵守财务规章制度,严格执行现金管理和结算制度,做到日清月结,定期向会计核对现金与账目,发现现金金额不符,做到及时汇报、及时处理,根据会计提供的凭证及时发放工资和其他应发放的经费,坚持财务手续,严格审核有关原始单据,不符要求的一律不付款,严格保管有关印章、空白支票、空白收据和库存现金的完整及安全,及时掌握银行存款余额,不签发空头支票和远期支票,月末关账后盘点现金流量及银行存款明细,并认真装订当月原始凭证,每月及时传递银行原始单据和各收付单据,配合会计做好各项账务处理及各地市资金下拨款,专款专用,严格控制银行账户的使用。

以上是我今年工作的一些体会和认识,也是我在工作中将理论转化为实践的一个过程,在以后的工作中我将加强学习,掌握财务各项政策法规和业务知识,不断提高自己的业务水平,加强财务安全意识,维护个人安全和公司的利益不受到损失,做好自己的本职工作,和公司全体员工共同发展。新的一年意味着新的起点、新的机遇、新的挑战,我决心再接再厉,更上一层楼。回顾一年的工作,自己感到仍有不少不足之处:

1. 只是满足自身任务的完成,工作开拓不够大胆等。
2. 业务素质提高不快,对新的业务知识学得不透。
3. 本职工作与其他同行相比还有差距,创新意识不强。

以上是我在××年的工作总结,向全行领导及员工作以汇报。这一年中的所有成绩都只代表过去,所有教训和不足我都牢记在心,努力改进。工作是日复一日的,看似反复枯燥,但我相信"点点滴滴,造就不凡"。有今天的积累,就有明天的辉煌。

例文简评:这是一篇个人的工作总结,主要从完成的基本工作、体会认识及不足之处等方面进行了总结,循序渐进,内容完整。

【例文3】

售后服务是企业的命根子
——万宝技术服务中心 2013 年工作总结

2013 年,万宝集团技术服务中心全体员工和分布在全国各地维修网点的员工在一起,根据何总经理关于"售后服务是企业的命根子"的指示精神,坚持"拥有万宝电器,享受一流服务"的宗旨和"一切为了使用户满意"的标准,发扬"同心多奉献,合力创一流"的企业精神,大力开展优质服务活动,扎扎实实地做好各项工作,实现了 2013 年的总体目标。全年维修合格率 99.8%,比去年上升了 30.3%;维修返修率 0.2%,比去年下降 30.13%;用户来信处理率 100%,全年未出现重大的维修质量投诉,赢得了用户和社会各界的好评,促进了万宝系列产品的销售,促进了万宝售后服务工作向服务质量标准化、服务网络体系化、服务管理规范化、服务方式多样化、服务经营一体化的方向发展。2013 年被评为全国优质服务企业。

回顾一年来,我们主要做了以下几项工作。

一、优化网点建设,加强网点管理

1. 开展网点升级达标活动。
2. 开展网点调研考察。
3. 合理调整网点布局,扩大维修服务的覆盖面。
4. 开展用户抽查,优化网点结构。

二、调整售后服务策略,适应市场和用户需要

1. 增加服务项目,扩展服务范围。
2. 转换服务形式,提高服务水平。
3. 开拓服务经营一体化道路,增强自身实力。

三、提高员工素质,深化优质服务

(略)

经济应用文写作

四、开展"万宝电器百日维修服务质量无投诉"活动

（略）

2014年是万宝事业发展的关键一年，也是实现集团中期发展规划的决定性一年。我中心必须进一步贯彻落实何总关于"售后服务是企业的命根子"和唐总关于"服务先于销售"的指示精神，坚持"一切为了使用户满意"的最高标准，把售后服务工作作为首要任务，为维护万宝信誉作出更大贡献。

例文简评：这是企业售后服务的综合性总结。标题采用正副标题，正题揭示文章的中心内容，副题标示了单位、时间、事由和文种。正文由前言、主体、结尾三部分组成。前言部分概述了基本情况，交代了总结所涉及的时限、单位、背景、工作任务、完成情况，并引用数据概述了成就，用语精练，字里行间洋溢着信心和决心。然后，用"回顾"一句过渡转入主体部分。主体部分四大项列举了一年来的主要工作，内容按逻辑顺序排列，围绕着"命根子"这个中心，充分证明了总结中所提出的各个观点。最后以展望作结，充满了信心，反映了企业的精神面貌。全文层次分明，观点与材料统一。

四、写作实训

完成前述写作任务。要求：

（1）总结的内容要全面，应在总结成绩的同时，找出存在的问题。

（2）态度要实事求是，真实可靠。

（3）找出规律，从而把工作推向前进。

五、检查与完善

（1）学生结合例文，完成写作任务，自我检查或相互检查。

（2）教师选择学生例文进行点评。

（3）学生修改、完善前述写作任务。

（4）总结自己完成写作任务的得失。

 **写作实训拓展**

（一）思考题。

1. 试述总结的含义。

2. 总结可分为哪些种类？常见的总结结构有哪几种？

3. 试述写总结常见的毛病。

（二）分析这份总结的不当之处，并进行修改。

2012～2013学年的个人总结

炎日当空，天上无一丝云彩，火辣辣的太阳简直叫人不敢出门，空中没有一点风，只有知了在树上不停地叫着，好像在说："放假啦，放假啦"。又一学年过去了，我应该利用暑假对这一学年的学习情况做一些总结,以迎接新学年。

在这一学年里,我学习了成本会计、管理会计、审计原理、计算机运用、外贸会计、英语、应用文写作、体育、职业道德、概率论等课。其中成本会计82分,管理会计86分,审计原理77分,经济法89分,计算机运用90分,外贸会计90分,英语72分,应用文写作68分,体育是中,职业道德是优,概率论是中。总的来说,成绩是可以的,在班上属中等水平。其中计算机运用和外贸会计成绩好些,而英语、概率论和应用文写作差些。下学期,我要继续努力,争取取得更好的成绩,最好都在80分以上,这样就可以获得奖学金,减轻家庭的经济负担,更可以在择业时增加自己的实力。

财会班 ××

(三)阅读下面这篇总结,按文后要求回答问题。

放手发展多种经营　努力增加农民收入

近年来,××县委、县政府在稳定发展粮棉油生产的同时,把突出发展多种经营作为增加农民收入的突破口,充分利用现有土地资源,依托近程优势,建设具有地方特色的城郊经济,显示出"服务城市,富裕农村"的战略效应。××××年,全县人均纯收入达到1107元,比上年增加310元,增长38.9%,成为全县农村人均纯收入增幅最高的县。我县的主要做法是:

(1)积极引导,鼓励发展。(略)

(2)因地制宜,发扬优势。(略)

(3)综合利用,立体种养。全县广泛运用食物链、生物链和产业链的理论,在种、养、加工方面创造出多种立体开发模式。根据植物相生、伴生、互生与序生规律,在林果基地间作套种粮、油、药、茶、瓜等,实行以短养长,取得最佳效果。全县××××年多种经营间作套种13万亩,亩平均收入500元,有的高达1000元。全县推广用农副产品加工的下脚料喂猪养禽,用畜禽粪便养鱼,最后用塘泥肥田,综合利用,极大地促进了畜牧业的发展。××××年全县生猪出栏达到35.5万头,家禽出笼741万只,鲜蛋产量1.93万吨,分别比上年增长11%、40.3%、14.8%。

(4)大力发展乡镇企业和个体、私营经济。(略)

××县人民政府
××××年元月

问题:

1. 本文标题属＿＿＿＿＿＿式标题,其作用是＿＿＿＿＿＿。

2. 开头采用＿＿＿＿＿＿等方式。

  A. 概述情况　　　　　　B. 提出结论

  C. 提出内容　　　　　　D. 做出设问　　　　　　E. 运用比较

3. 全文采用了_____结构形式。
   A. 分部式   B. 阶段式
   C. 总分条例式   D. 贯通式

4. 主体部分主要写了_____。
   A. 做法、成绩与经验   B. 问题与教训
   C. 设想与努力方向   D. 以上三个方面

5. 本文显示主旨采用了_____的方法。
   A. 呼应显旨   B. 开宗托旨
   C. 篇末点旨   D. 转换揭旨

6. 本文主旨是_____
_____。

7. 本文安排材料主要采用了_____方法。
   A. 先亮观点、后举材料   B. 先举材料、后亮观点
   C. 边举材料、边亮观点   D. 既摆事实、又讲道理

8. 本文主体部分各条文都有_____句,其作用是_____。

9. 本文采用了_____等表达方式。

10. 本文大量采用了_____等说明方法。

（四）写作题。

结合实际,写一份个人学习某门课程的总结。

任务六　简报

 学习目标

【知识目标】

了解简报的含义、特点和作用,掌握简报的格式及分类。

【能力目标】

熟悉简报的写作要求,能够根据需要写作简报。

一、写作任务

请以××省财政厅的名义,将下列材料组织起来,写成一份简报,供省办公厅所编发的《财政简报》刊用。要求:设计报头、版面、报尾;编发日期、期刊数自拟;结构合理,条理清楚。材料如下:

××××年××月××日,省财政厅对全省农林特产税纳税大检查,进行了部

署。检查的重点是××××年度发生的偷漏税和征收人员违反法纪的问题。性质严重的问题,可追溯到××××年以前。检查的内容：纳税单位和个人偷漏税款；征收单位(含代征单位)执行税收政策情况,包括税目开征是否全面,有否降低计税规格和税率以及擅自减免税的问题；征收人员违反法纪问题,包括有否挪用、贪污和私分税款、营私舞弊、以权谋私等。大检查时间,自查阶段从××月开始,××月结束。重点检查阶段从明年××月初至××月初。

二、写作任务分析

根据以上材料,作出分析：简报是传递某方面信息的简短的内部小报,既具有一般报纸新闻性的特点,又有自身的特点。这个写作任务主要是为了让学生熟悉并掌握简报的格式与写作要求。要想起草一份合格的简报,必须掌握简报的写作规范。

三、必备知识和工具箱

为了完成这个写作任务,我们必须掌握简报的一些基本知识：简报的含义、简报的特点、简报的种类、简报的结构和写法。

工具一：简报的含义和作用

（一）简报的含义

简报是党政机关、人民团体、企事业单位内部用于汇报工作、反映问题、沟通情况、指导工作、交流经验、传递信息的一种简短的有一定新闻性质的文书材料。

（二）简报的作用

（1）便于领导机关掌握情况、指导工作按照实际情况来决定工作方针,这是一切领导者所应有的工作方法。领导机关通过简报掌握了下面各种情况和问题,他们就会"情况明、决心大、方法对",并通过本级的简报,通报上面情况,传达有关指示,介绍典型经验,起到上通下联、推动工作的作用。

（2）向上汇报工作。下级机关编写简报的目的之一是向上级机关汇报工作、反映情况、提供信息,使上级机关了解其工作情况、存在的问题、创造的经验、涌现的典型,以便根据实际情况采取措施,有问题的给予帮助解决,有经验、典型的给予表彰推广。

（3）促进单位之间的交流。简报除了上送下发外,还可送发兄弟单位和相关单位。通过简报单位之间可以交换情况、互通信息、交流经验、取长补短。

工具二：简报的特点

简报的特点：快、新、简。
简报常作为机关内部的刊物,或会议期间的临时不定期刊物发行于内部。

工具三：简报的种类

（1）工作情况简报。主要用于反映工作中的动态和一般工作进展情况。

（2）会议简报。在某会议召开期间,为交流代表观点、反映会议动态而缩写的简报。

（3）专题简报。在一段时期中为配合某项重要工作而专门编发的简报。

工具四：简报的基本结构与写法

简报的格式总体上可以分为报头、报体、报尾三部分组成。如图1-1所示。

（一）报头

简报一般都有固定的报头,包括简报的名称、期号、编发单位和发行日期。有的还有密级和份号。一般占首页1/3的上方版面,用间隔红线与报体隔开。

1. 简报名称

其印在简报第一页上方的正中处,为了醒目起见,字号易大,尽可能用套红印刷。

2. 期号

位置在简报名称的正下方,一般按年度依次排列期号,有的还可以标出累计的总期号。属于"增刊"的期号,要单独编排,不能与"正刊"期号混编。

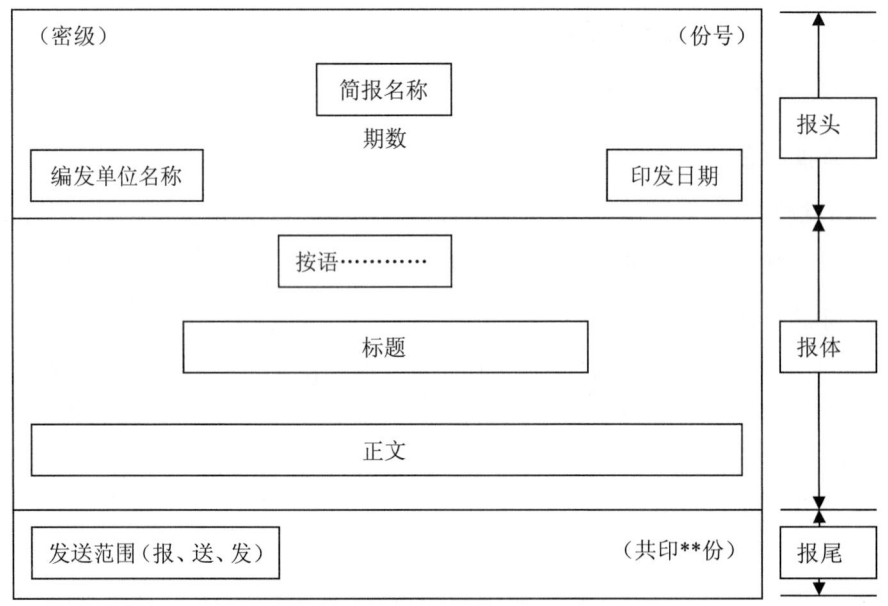

图1-1　简报的格式

3. 编发单位

应标明全称,位置在期号的左下方。

4. 发行日期

以领导签发日期为准,应标明具体的年、月、日,位置在期号的右下方。

5. 密级

位于报头左侧上方位置,标志密级并加"★",如"机密★""秘密★"或"内部刊物"；保密时限在标识后写上,如"1年"或"4个月"之类。

6. 份号

印在报头右侧上方位置。

（二）报体

简报报体一般由标题、前言、正文、结尾四部分组成。有时根据需要加上编者按语。

1. 标题

简报正文的标题要求确切、简短、醒目，让人一看就知道简报所写的是什么内容。简报正文标题在报头横线之下居中书写，如果需要，也可以使用副标题。使用两个标题时，正标题是虚题，用以概括全文的思想意义或者内容要点；副标题是实题，用以交代单位及事件，对正标题起补充说明的作用。

2. 前言

简报的开头同新闻的导语相似，它要用简短的文字对简报内容先做概括的交代，上来就要写明时间、人物、事件、结果等，给人一个明确的印象。开头的写法一般有以下两种：总括式，即在开头用概括的叙述介绍出简报的主要内容。这种写法多用于工作简报和会议简报。另一种是总结式，即在开头先对要介绍的事物作出结论，指出其意义、作用或者价值，然后再作必要的解释或者说明，这种写法多用于经验简报。

简报正文的开头，贵在单刀直入，简明扼要，在写作中要力避"戴大帽子"、"绕大弯子"的不良做法。

3. 正文

主体是简报的中心部位，它要承接开头，将前面的内容具体化，用典型事实或可靠数据来充实简报内容。若主体部分所涉及的材料多，在写作时要注意合理地划分层次，一般来说，主体层次的划分常有以下几种：

第一种是以时间先后为序，把材料按照事件由发生、发展到结局的过程，逐层予以安排。这种写法多用于典型事件及一次性全面报道某一会议的简报，其优点是时序清楚、一目了然。

第二种是按事物之间的逻辑关系，从材料的主从、因果、递进等关系入手，安排层次。这种写法的优点是便于揭示、表现事物的内在本质，突出主要内容和思想意蕴。应注意的是，采用此法要对事物的本质和材料之间的关系有深入透彻的认识。特别是在材料较多的情况下，如何取舍、安排各层内容要注意是在认真分析材料逻辑关系的基础上进行。

第三种是将全部材料按并列的关系，一一予以列举。一些侧重于情况反映或情况交流的简报，多采用这种写法。这种写法的优点是作者处理材料的灵活性较强，在安排层次时可以既不受时间先后的限制，又不受事物逻辑关系的约束。但是，在写作中亦应注意中心明确、层次清楚，各部分内容都为一个主题服务。

4. 结尾

简报的结尾多是对所述内容作一概括的小结，与开头形成呼应，起到强调重点、突出主题并使结构更加紧凑的作用。在写作中如何安排结尾内容，或者是否要结尾，要根据简报内容表达的需要而定。如果简报内容较多，篇幅较长，读者不易把握，就应在结尾概括

一下;如果简报内容单一,篇幅较短,且在主体部位已把话讲完,就不必另写结尾。

5. 按语

内容重要的简报,在正文之前,往往要加写按语。按语是用来表明编者的主张和意图的,也叫"编者按"。它是编者根据简报的主办指导思想和编辑意图,针对简报内容所写的评论或说明,其位置放在标题的上方或下方均可。"编者按"三字用黑体,后跟冒号,接着就是按语的内容。

常见的按语写法有三种:一是说明性按语,二是提示性按语,三是评价性按语。起草按语应注意:一要对整体工作有较深的了解,能够把握全局;二要准确体现简报宗旨;三要做到用语准确、简洁、得体。

6. 报尾

报尾在正文结尾之下,与正文结尾用一道横线隔开。在报尾上要写明印数、发送对象,在发送对象名称之前,要分别冠以"报送"(对上级)、"转送"(对同级)、"分发"(对下级)字样。

工具五:简报的写作要求

(一)选材要准

简报不能有事就报,它要注意从党的中心工作和单位阶段工作的需要出发,在众多的事件中选取那些最有指导意义或必须引起重视的经验、情况和问题,予以全面的、实事求是的报道。那种拣起芝麻丢掉西瓜,或者只看表象忽视本质,误把芝麻当西瓜的做法,是必须避免的。

(二)速度要快

简报也是一种"报",它有新闻性。这就要求简报的编写应该求快。对于工作中、会议中出现的新动向、新经验、新问题,编写者要及时地予以捕捉,并用最快的速度予以报道。否则,就失去了新闻性、时效性,简报就会降低指导意义,甚至完全失去应有的作用。

(三)文字要简

简报的一个"简"字,代表了简报的基本特征。为了体现这一特征,作者在编写简报时要首先注意选材精当,不求面面俱到;其次,要求文字简洁,对事物作概括的反映。一篇简报最好是千把字,至多不超过两千字。篇幅过长、文字过繁的做法,是不适于简报的编写的。

 例文评析

【例文1】

抓改革深化　促征管质量

（第 × 期）

××市地税局办公室编　　　　　　　　　　　　2014年×月×日

　　8月10日至11日，全市地税系统深化农村税收征管改革暨单项税收管理办法经验交流会议在××召开，会议介绍交流了××分局深化农村税收征管改革的经验和各地单项税收管理办法，实地学习考察了××分局改革成果，讨论研究了进一步深化全市农村税收征管改革、加强农村分局征管基础建设的具体工作措施。参加会议的有市局领导，各县（市）局、市直各分局局长及征管科长，省局征管处××处长到会作了重要讲话，市局局长作了总结讲话，××副局长作了会议主题报告。省局××处长充分肯定了××地税系统征管工作是成绩：一是征管改革步伐坚实；二是征管基础工作积极主动；三是个体税收管理严密规范；四是普通发票管理基础牢固。他特别强调，当前加强税收征管，关键要做好四个方面工作：一是"收"，就是要坚持以组织收入为中心，努力完成好收入任务。二是"改"，就是要坚持改革方向，彻底转换征管模式，完善内部工作规程，加强税源户籍管理，真正实现由"管户"向"管事"的转变。三是"管"，就是要强化日常管理，堵塞税收漏洞，提高征管质量。四是"查"，就是要发挥稽查作用，打击涉税犯罪，推进依法治税。

　　会议系统总结了××分局深化农村税收征管改革的经验，认为"××经验"有"五大特色"：一是有高度敏锐的改革意识，二是有切实可行的征管模式，三是有健全规范的运行机制，四是有简明严格的考核措施，五是有持之以恒的务实作风。其综合成效表现为"四个统一"：局容局貌与干部精神面貌的统一，干部队伍整体素质的统一，征管改革单项效果与全局工作综合效果的统一，精神文明建设与物质文明建设的统一。"××经验"有三点"可贵之处"：贵在坚持，贵在平实，贵在创新。

　　会议对当前全市农村税收征管工作中的模式转换、系列划分及岗位职责落实、税务行政执法、单项税收控管和责任制挂钩考核等重点问题进行了客观分析，指出推进农村税收征管改革的关键在于深化认识，统一思想，整体联动，把握机遇，狠抓落实：一要调查摸底，制定切实可行的方案，分类排队，统筹安排，精心组织，稳步推进；二要加强领导，把深化农村税收征管改革作为今年的一件大事来抓；三要整体推进，注重"三个结合"，即深化农村税收征管改革同开展征管基础规范管理达标定级活动相结合，同实施税务行政执法"两制"相结合，同研究制定单项税收管理办法相结合；四要严格考核，主要是抓好改革进程的阶段考核、改革内容落实情况的考核和工作责任制

考核,确保深化改革的各项目标顺利实现。

市局××局长在会议总结讲话中要求以推广"××经验"为契机,进一步深化全市农村税收征管改革,着重做到四点:一是统一思想,形成改革共识。要解决好精神状态问题、改革思路问题、管理意识问题。二是加强领导,明确改革目标。各级地税局要把深化农村税收征管改革摆上重要议事日程,从"一把手"到班子成员都要重视、支持农村税收征管改革,切实加强对改革的组织、指导、指挥、协调,保证改革有条不紊,不断深化。到年底,全市所有农村分局的征管模式都必须参照××分局的模式,全面转换到位。三是完善措施,促进改革落实。部署要周密,考核要从严,典型要推广,重点要突出。四是搞好协调,营造改革合力。要做到目标同向,工作同步,行动一致,合力攻坚,形成齐抓共管的工作局面,保证改革政令畅通,改革任务落实。

报:省局领导及有关处(室)、市委、市政府
送:市局领导、市直有关单位
发:各县市地税局、市直各分局,本局各科室　　　　　　　共印××份

例文简评: 这是一篇会议简报,导语文字简明,事实清楚(何时、何地、何人、何事、为何、如何),主体部分观点鲜明、层次清晰、逻辑性强、衔接紧密,结尾简要小结。本文内容具体,格式规范。

【例文2】

<h2 style="text-align:center">××大学"三讲"教育简报</h2>

(第×期)

××大学"三讲"教育领导小组办公室编　　　　　　　　　　2013年×月×日

编者按: 在县级以上党政领导班子、领导干部中深入开展以"讲学习、讲政治、讲正气"为主要内容的党性党风教育,是中央和省委进一步落实党的十五大精神,推动深入学习邓小平理论、加强领导班子建设、提高领导干部素质的一项重要举措。我校被省委确定为全省"三讲"教育试点单位之一,承担了重要的责任。为了切实搞好我校的"三讲"教育,宣传"三讲"教育的重大意义、指导思想和具体做法,交流经验,我们特编辑了《××大学"三讲"教育简报》。《简报》将及时报道我校"三讲"教育的工作情况。

欢迎各部门、各单位惠赐稿件,并对我们的工作提出宝贵的意见。党委开展调研活动,征集对学校工作的意见和建议。

2013年×月×日,学校党委召开由中层领导干部、专家学者、优秀中青年教师和离退休职工代表参加的调研会,全面征集对学校党政工作和班子成员的意见和建议。到会代表共77人,收回调研表74份。参加调研的同志以对学校工作高度负责的精神,

结合学校的工作实际和个人的切身感受,对学校近年来取得的积极进展和党政班子的工作给予了充分肯定,同时也对学校工作中存在的问题提出了许多中肯的、建设性的意见和建议。这些意见和建议为学校领导班子查找自身存在的突出问题,并通过"三讲"教育切实予以解决,提供了重要的基础和依据。

查摆突出问题,研究"三讲"教育方案

××××年×月×日和×日,党委书记×××同志两次主持召开党政联席会议。会议认真听取了关于"三讲"教育调研情况的汇报。

班子成员结合学校的工作实际,根据省委关于开展"三讲"教育试点工作的要求,全面分析了广大群众对学校党政工作的意见和建议,实事求是地查明了工作中存在的突出问题和不足。特别是针对伙食处存放私宰肉问题,班子成员进行了深刻的检查和反省。大家认为,这一事件暴露了我校管理工作中存在的突出问题,是不讲政治、不讲纪律的表现。这一事件给我们的教训是十分深刻的。班子成员一致表示,一定要从这一事件中汲取教训,举一反三,全面检查工作中的问题和不足。经过认真讨论,大家一致认为,在"三讲"教育中,校级领导班子要解决的突出问题是:理论学习不深入;深入改革的意识不强;坚持民主集中制不力;工作作风欠扎实;管理落后等。班子成员表示,一定要从自己做起,以办好××大学的政治责任心和解决突出问题的决心,把这次"三讲"教育搞好。

学校领导对"三讲"教育方案进行了认真的研究,就开展"三讲"教育的意义、指导思想、目标要求、基本原则、方法步骤和组织领导工作等内容进行了深入的探讨,对工作方案草案进行了许多补充和修改,为在全校开展"三讲"教育提出了重要的指导性意见。

化学化工学院加大改革力度,勇于开拓创新

化学化工学院党政领导班子利用"三讲"教育好时机,总结过去的经验,查找存在的问题,提出了推进学院改革发展的整改措施,尤其是在增强改革意识、加大改革力度方面,勇于开拓创新,着实下了一番工夫。

第一,在教学改革方面,该院准备通过对个别专业的有关课程和教学内容进行调整,使课程体系优化重组,力求务实创新,打破原有专业界限,在调研基础上,对毕业班学生在开设必修课之余开设选修课,加大素质教育的力度;同时,改革现有考试制度和补考制度,参照化学基地班试行动态学籍管理制度和不及格重修制度;对专职教师本着以自愿为原则,以发挥个人作用为目的,将进行教学、科研分流编制;对基础课实行课程组长负责制,课程负责制,质量承包,资金承包;对科研人员进行规范管理,放宽搞活,完善科研分配制度;准备成立工程研究生指导小组,由经验丰富的老师任组长,帮助工科教师指导研究生,提高科研能力;加强工科教学,采取"请进来、送出去"的办法培养中青年骨干教师,加强师资队伍建设的步伐;同时还对研究生的课程门

类、课程体系、实验研究、论文答辩等工作做了有关规定。

第二，在科研改革方面，他们首先考虑成立了学院科研工作领导小组，加强对科研工作的领导、协调和管理；集中力量开展大项目研究，力求在高新技术开发上有所突破，在应用项目上注重高科技、高含量、高效益，力争申报发明奖、科技进步奖；继续支持和鼓励重点学科的研究工作；继续出台鼓励政策，鼓励产学研一体化，使科研成果尽快转化为实际生产力，为经济建设服务；同时，强化项目立项登记制度，积极向社会介绍推广。

第三，在管理工作改革方面，他们结合实际，以建章立制、规范管理为着眼点，在深入调查研究的基础上，已先后出台并实施了多项管理制度，如《教室管理办法》《实验室使用和仪器设备管理规定》《大学生行为规范奖惩考评办法》《学生宿舍测评规定》等，另外关于《加强学院教学管理意见》《加强学院科研工作意见》和《关于后勤改革的过渡办法》即将出台。这些办法与措施的出台和实施将对学院的发展起到很好的促进作用。

计算机系抓突出问题，加紧制订青年教师培养计划

计算机系党政领导班子通过"三讲"教育，结合实际，查找不足。他们从班子自身建设入手，强化改革意识，明确改革思路，针对缺少拔尖学术带头人并在某种程度上已制约学科发展这一最为突出的问题，加紧制订青年教师培养计划。

他们着眼于计算机系的整体发展与21世纪对人才培养的需要，在政治思想、职业道德、教学科研水平诸方面，拟定了青年教师培养计划和要求。提出把正确处理好教师队伍整体素质提高与教师个性发展的关系，作为最大限度发挥教师队伍积极性的前提；把创建教学、科研发展的土壤和环境作为队伍建设与稳定的根本保障；把树立良好的领导班子集体形象作为保证教师队伍建设健康发展的重要因素；同时加大投资力度，关心教师生活等。在对青年教师的培养计划与要求中，他们还进行了一些量化的指标和考核，如政治理论学习的要求，教书育人、与学生交心谈心的具体要求，青年教师入党的有关要求，对青年教师有关开设基础课、专业课、选修课的门类及相应等级水平考试等方面也做了必要的要求。为保证该培养计划的实施与落实，计算机系将成立负责青年教师培养规划的检查和考核小组，建立青年教师政治、业务档案，培养情况与年终考核、晋级晋升挂钩，对认真完成培养计划的优秀教师，系里将有计划地选送到重点院校和科研单位访问、进修或出国学习，并择优列入学科带头人的后备力量。

他们从实际出发，重点加强青年教师"三支队伍"的培养：在本世纪末，要选拔一批青年同志走向领导岗位挑起重任；要扶植一批青年同志站稳讲台，成为教学的中坚力量；要培养一批青年同志脱颖而出，成为在学术界具有一定影响的学术骨干。为此，他们积极进行鼓励和引导：一是加强基础研究，鼓励教师参加国际、国内学术交流，力争在国内外学术界占有一席之地；二是提高教师外语水平，适应高科技国际化的发展；三是加强道德修养，提高综合素质；四是要正确处理好红与专的关系、个人发展与

整体发展的关系、教学与科研科技开发的关系。

报：中共河南省委"三讲"教育领导小组办公室
送：中共河南省委高校工作委员会、省直有关单位、校领导
发：各党总支、直属党支部、党委各部门　　　　　　　　共印××份

例文简评：这是一篇反映专题工作情况的简报。编者按介绍了活动开展的背景。正文从四个方面介绍了工作内容。文章观点和材料紧密结合，选取的事例较具典型性。文章结构完整，语言简练。

【例文3】

××学校语言文字工作简报
（第×期）

××大学语言文字培训测试站编　　　　　　　　　　　　2014年×月×日

在学校领导和信息技术教学部、后勤管理处、人事财务处、学生管理处等部门的大力支持下，我校测试站经过精心准备、积极协调，于2010年4月18日顺利进行了普通话机辅测试。

一、测前培训

为了更有针对性地对学生进行普通话学习指导和测前培训，我校语言文字培训测试站组织部分测试员利用去年寒假的时间集体编写自编教材《普通话水平应试指南》，并发放给本学期需要测试的班级。测前，测试员老师利用课余时间对参加测试的12级全体学生、13级大专班部分学生分班进行了培训，为测试的顺利进行打下了良好的基础。

二、测前准备

工作人员在测前一个月进行测前准备：核对考生信息，报名，打印和发放准考证、准备考号和抽签卡；并于测前一天严格按照测试要求在干训机房对22台测试机器（2台备用）预装了考试机系统，为每台机器安装了耳机，并一一试音，打印粘贴试卷，明确工作人员分工与职责，布置了候测室和备测室，为测试做了充分的准备。

三、测试顺利进行

4月18日在干训教室进行了本学期的测试。报名660人，实际参加测试647人，一级乙等4人；合格599人，其中二级甲等208人，二级乙等391人；合格率为93.2%。目前正积极与语测中心联系打印证书。

此次测试人数、年级层次较多，有在校生也有校外实习生，所以此次考试从报名到测试格外复杂，测试当天工作人员放弃了午饭的休息时间，从上午8:00一直工作到下午17:00，最终，在大家的共同努力下，成功地完成了本次测试。

例文简评：这是一则工作情况简报。此工作简报简洁明了,内容层次清晰,格式规范,具有较强的借鉴意义。

四、写作实训

完成前述写作任务。要求：

（1）抓住关键问题,给予具体的反映。

（2）选材真实、新颖,迅速及时。

（3）突出一个"简"字。

五、检查与完善

（1）学生结合相关例文,自我检查。

（2）教师选择学生例文进行点评,指出存在的问题。

（3）修改、完善前述写作任务。

（4）总结自己完成写作任务的得失。

写作实训拓展

（一）简答题。

1. 简报的格式总体上可以分为哪几个部分？

2. 简报的主体部分写作时应注意什么？

（二）分析下面简报的按语部分,并回答问题。

"按：12月7日,国务院清理'三角债'领导小组开会决定,为了继续搞好'四个结合',整顿好社会信用秩序,防止前清后欠,全国清理'三角债'工作明年还要继续进行,各地区、各部门也要抓好这方面的工作。现将我们对今年全国的清欠工作的初步总结印发给你们,希望各地区、各部门抓紧进行总结,并提出下一阶段清理'三角债'工作的安排意见。"

1. 这是什么类型的按语？

2. 分析其层次。

3. 哪一层说明编发简报的目的和背景？

（三）写作题。

以报道学校师生的先进事迹为内容,写一份情况简报。要求标题简洁,材料典型,层次清晰,语言简练。

任务七 新闻稿

 学习目标

【知识目标】

熟悉新闻稿的结构要素,了解新闻稿的分类,把握各种新闻类型的特点,明确掌握这一文体的重要作用。

【能力目标】

能够将理论知识用于实践,根据实际情况需要,完成各类新闻稿的写作。

一、写作任务

根据以下文字材料,写一篇报道先进事迹的新闻稿。

为了救35名车上的乘客,2014年高考前夕,柳艳兵和易政勇两名高三学生在"高考和救人"的人生选择面前,选择了冒着生命危险夺下歹徒手中的菜刀,自己却身负重伤,错过了高考时间。"冲上去夺刀时,你就不怕吗?有没有想过自己的安危?"记者问。柳艳兵说:"他砍伤了我和其他几个人,如果没有人冲上去夺下他的刀,会有更多的乘客被砍伤,所以我就冲上去了。"

"他不顾自己的安危,不顾自己被砍了两刀,毅然冲上去夺刀救人,到医院后还让医生先救别人,艳兵就是这么勇敢、这么坚强。"柳艳兵的母亲易会林心疼地对记者说。她从儿子的病床旁拿出一件血衣,这件T恤衫原本是白色的,被鲜血染成了红褐色,T恤衫的右肩部位被砍开了一道两寸多长的口子。

宜春市委常委、市委政法委书记,宜春市副市长、市公安局局长和袁州区有关领导一同前往医院,看望了柳艳兵、易政勇等受伤人员,并送去了慰问金。市委书记说:"作为一名即将参加高考的学生,能在紧张的复习迎考关头,扑向歹徒夺刀救人,这种英勇精神可嘉,值得学习!"

二、写作任务分析

根据以上材料作出分析:材料中两位学生的义举感动了中国人,是应大力宣传的英勇事迹,具有重要的新闻价值,这个写作任务可以让学生熟悉并掌握新闻稿的格式与写作要求。只有掌握了新闻稿的写作规范,才能完成一份合格的新闻稿。

三、必备知识和工具箱

为了完成这个写作任务,我们必须掌握新闻稿的一些基本知识:新闻稿的概念、特点、种类、结构和写法。

工具一:新闻稿的概念和特点

(一)新闻稿的概念

新闻稿是一份文稿,相当于新闻,由公司、机构、政府或学校等单位发送给新闻传媒的通信文件,用以公布有新闻价值的消息。通常会用上官方网页、电子邮件、传真、书信(电脑打印)形式分发予报纸、杂志、电台、电视台(电视网络)、通讯社的编辑,亦有专业公司提供分发的商业新闻稿。

(二)新闻稿的特点

尽管新闻类型有多种,但它们都有共同的基本特点主要是:真实性、时效性、准确性、简明性。

新闻稿的特点:

(1)立场:观点鲜明。
(2)内容:真实具体。
(3)反应:迅速及时。
(4)语言:简洁准确。

工具二:新闻稿的种类

新闻稿这一概念有狭义和广义之分。狭义的单指消息;广义的指消息、通讯、特写、评论、专访等。

(一)消息

其主要是用概括的叙述方式、比较简明扼要的文字,迅速及时地报道国内外新近发生的、有价值的、群众最关心的事实。消息又分为动态消息、典型消息、综合消息、述评消息。

(二)通讯

通讯是一种比消息更详细和生动地报道客观事实或典型人物的新闻体裁,它以叙述和描写为主,兼用议论、抒情以及修辞等表达方式,及时报道现实生活中有影响的人物、事件、工作经验和地方风情等。

(三)新闻特写

新闻特写是新闻体裁中富有表现力的重要体裁,以描写为主要手法,"再现"新闻事件、新闻人物"一瞬间"的形象化报道。它抓住新闻事件、新闻人物的某些重要场面或者具有特殊意义的一两个片段,用描写手法给予集中的、突出的刻画,将富有特征的真人真事"放大"和"再现"在读者面前,给人们留下深刻、鲜明的印象,使人们感受到如临其境、如见其人、如闻其声。

(四)新闻专访

新闻专访是记者事先选定采访对象,对特定的人物、文体、事件和风物进行专题性现场访问之后所写的报道,是集新闻性、思想性、知识性和趣味性于一体的一种可读性很强的新闻体裁。

(五)新闻评论

新闻评论是一种对最新发生的新闻提出一定看法和意见的文章,是就当前具有普遍意义的新闻事件和重大问题发表议论、讲道理,有着鲜明的针对性和指导性的一种政论文体,是新闻媒介中各种形式评论的总称。

工具三:新闻稿的基本要素、结构和基本格式

(一)新闻稿的基本要素:"五个W"和"一个H"

"五个W":Who(何人)、What(何事)、When(何时)、Where(何地)、Why(何故)。
"一个H":How(如何)。

(二)新闻的结构

其包括标题、导语、主体、结语和背景五部分。前三者是主要部分,后两者是辅助部分。

1. 标题:高度概括,抓人眼球

新闻稿的标题有三个方面的作用。一是导受。即可吸引受众注意,引导受众获取自己喜爱和需要的信息,使读者在最短的时间里获取所需的信息。随着生活节奏的加快,"标题受众"越来越多。二是导向。标题往往要选择事实,揭示和评价事实,自然寓有记者(或媒体)的态度和观点。版面中,对标题的设置(如字号、字体、位置等)往往也寓有立场和态度。三是美化和序化。作为版面元素之一,消息标题可使版面美化,亦可使版面内容井然有序。

新闻的标题分为引题、主题、副题三部分,具体写作时,并非同时出现。一般要进行组合:

例如:市场经济发展推动政府机构改革　　(引题)
　　　"海化"兼并两个昔日"婆婆"　　　(主题)
　　　一次盘活20多亿元资金　　　　　　(副题)
例如:既要金山银山　也要碧水蓝天　　　(主题)
　　　四川关停1600多家"十五小"企业　(副题)

2. 导语:用来提示消息的重要事实,使读者一目了然

导语常采用以下几种写法:

(1)叙述式。简明扼要地写出主要事实、经验,或对全篇事实材料进行综合概括,揭示主要内容。如:某某公司在某地建立新厂房,为该市带来了500个新的岗位和2.05亿的

年收入。

（2）提问式。把消息中要解决的问题或要介绍的经验、做法以提问的形式提出,可以引起读者兴趣,吸引读者寻找答案。如:"为何当地看鸟者要放下望远镜,拿起抗议牌呢?"

（3）描写式。对富有特色的事实或有意义的一个侧面,用简练的笔墨进行形象描绘,给读者以鲜明的印象。如:"以鲜花、哈达簇拥国徽为先导的17个游行方队和10辆显示西藏30年科技、经济成果的彩车,从主席台前缓缓通过。游行队伍中,来自西藏各地的农牧民打起鼓,弹起六弦琴,跳起各种热情奔放的民间舞蹈。1000多名挥舞手中花束的中学生和手持彩色气球的西藏各族青年,高喊着'团结进步,再创辉煌'、'扎西德勒'等口号从主席台前走过。当广场上放飞了数以千计的彩色气球和信鸽时,整个广场掌声雷动,把庆祝西藏自治区成立30周年大会的气氛推向高潮。"

（4）评论式。对所报道的事实先作出评论性结论,然后再用具体事实来阐明。如:"导弹要上天,人才是关键。为把有限科技力量攥成拳头,我军战略导弹部队今天组成了首批40名导弹技术专家方阵,这支队伍将在第二炮兵现代化建设中发挥特殊作用。"

（5）引用式。引用式导语要求:一是严格引用直接引语,不能改变说话者原意;二是所用引语应尽量挑选"掷地有声"的"点睛"之语,能起到一语胜千言的作用;三是引语要是容易理解的短句,句式不能太复杂。

3. 主体

主体随导语之后,是消息的主干,是集中叙述事件、阐发问题和表明观点的中心部分,是全篇新闻的关键所在。

（1）主干突出。消息的主体是主干,典型材料要用在主干上。要去头绪,减枝蔓,与主题无关的要舍弃,次要材料要简略。

（2）内容充实。回答导语中提出的问题,其内容必须具体、充实,这样才有说服力。导语提出什么问题,主体就要回答什么问题,这样才能紧扣中心,突出重点。

（3）结构严谨,层次分明。要恰当地划分段落,有条不紊地展开叙述,安排层次有以下几种顺序:一是时间顺序,按事情的发生、发展、结束的先后顺序安排层次;二是逻辑顺序,就是根据事物的内在联系来安排层次;三是时间顺序和逻辑顺序相结合,这样写严密而有条理,活泼而不紊乱。

4. 结语

其一般指消息的最后一句或一段话,是消息的结尾,它依内容的需要,可有可无。消息的结尾方式有小结式、评论式、希望式等。有的消息,事实写完,文章就止住了,结尾就在事实之中。

5. 背景

其是事物的历史状况或存在的环境、条件,是消息的从属部分,常插在主体部分,也插在导语或结语之中。背景材料一般有三类:一是对比材料,即对事物进行前后、正反的比较对照,以突出事件的重要性;二是说明性材料,即介绍政治背景、地理位置、历史演变、生产面貌、物质条件等;三是诠释性材料,即人物生平的说明、专业术语的介绍、历史典故的解释等,以帮助读者理解消息的内容。

（三）新闻稿的基本格式：倒金字塔式

新闻稿的基本格式是源于美国新闻界的"倒金字塔"式,这种格式由于迎合了受众的接受心理而得到了普遍的模仿,现在中国的很多都市报所使用的都是这种格式。

新闻稿的基本格式（除了标题）是：先在导语中写一个新闻事件中最有新闻价值的部分（新闻价值通俗来讲就是新闻中那些最突出、最新奇、最能吸引受众的部分）,比如一场球赛刚刚结束,观众、读者、听众们最想知道的是结果或者是某个球员的发挥情况,就先从这里写起。

其次,在报道主体中按照事件各个要素的重要程度,依次递减写下来,最后面的是最不重要的。同时注意,一个段落只写一个事件要素,不能一段到底。

因为这种格式不符合事件发展的基本时间顺序,所以在写作时要尽量从受众的角度出发来构思,按受众对事件重要程度的认识来安排事件要素,因而需要长期的实践经验和宏观的对于受众的认识。

工具四：新闻稿的写作要求

（一）坚持真实性

新闻真实性的具体要求：

（1）新闻真实性要求构成新闻的基本要素都要确凿无误。也就是说,新闻事实中的时间、地点、人物、事件、因果等都必须真实、准确。

（2）新闻真实性还要求新闻所反映的事实的环境条件、过程、细节和人物的语言甚至动作都必须真实。任何一种用来修饰和渲染素材的虚构在新闻写作中都是要不得的,那是对新闻真实性的忽视或者说轻视。

（3）新闻作品中引用的各种资料,如数字、史料、背景材料等也必须确切无误。总之,新闻以求真标明自己的价值,就是要坚决杜绝新闻失实现象的发生。这就要求我们不要为了追求生动感人,凭主观想象增加许多不真实的细节,更不要进行主观的"合理预言",夸大其词,胡编乱造。

（二）坚持时新性

时新性是时间性与新鲜性的合称。新闻写作不但要讲究时间性,还要给人以新鲜感。新闻姓"新",时间性是新闻的本质特征之一。记者采访必须雷厉风行,随时处于待机状态,争取在"第一时间"赶到现场。在写作上则要坚持新鲜性：内容新（角度新、主题新）,形式新（把最重要的信息放在新闻的最前面、寻找"最近点"）。

（三）坚持简明性

简明是一切题材的新闻作品的最显著的特征。简练也是最高级的写作技巧,对记者来说,更是语言文字方面的最基本的基本功。具体地说,简明性包含两层意思：一是要求

通俗明了。这是新闻作品写作上的一个主要特征和主要要求。要达到这个要求,就要消除生僻艰深的字句,控制句子长度。二是要求简洁凝练。这是比"短"更高一个层次的要求。

如何把新闻写短?①直截了当,开门见山陈述事实;②空话少说;③一事一报;④语言准确、简练;⑤善于删改;等等。

(四)坚持灵活性

如何把新闻写活:一是运用蒙太奇手法,把最重要、最精彩的内容放在最前面。二是运用断裂式行文,多分段。即择取事实点面结合,跳跃式行文;段落简短,叙事简洁,讲究思想的递进和丰富;讲究逻辑衔接,省去铺垫过渡;等等。三是要多写视觉新闻。

 例文评析

【例文1】

寒假实践宣讲会顺利举行

12月17日晚19:00,机电系寒假实践宣讲会在五教5104举行。此次宣讲会向全系同学介绍了寒假实践的基本要求,解答了同学们的疑问,明确了寒假实践的意义。

系主任梁曦东老师首先在会上致词。他从两方面启发同学们正确认识实践:怎么样看待自己,社会实践究竟要干什么。清华的学子作为国家的栋梁,得到社会的极大关注,但是本身存在浮躁、动手能力差等不足,所以我们必须要填补差距。他强调大学生活不仅仅是几门课,了解社会是我们大学生活的另一重要目标。同时,梁老师建议我们选择有实际意义并且能都切实实行的实践项目。最后,他指出分析问题的起因现状以及发展趋势,探讨解决之道,熟悉了解社会是我们实践的最终目的。

随后,去年寒假实践优秀个人、暑期实践校金奖支队队长向同学们介绍了如何选题,如何管理支队等问题。系团委实践副书记林虹又提出了一些寒假实践的具体要求并回答了同学们的相关问题。

此次宣讲会使机电系的同学对寒假实践的目的、方法有了一定了解,揭开了机电系寒假实践的序幕。

例文简评:这是一则校园的活动新闻稿。开篇首先介绍了此次活动的基本要素(何时、何地、何事),接下来详述了活动的具体内容,最后阐明了此次活动的意义,标题简明,内容精练,要素齐全。

【例文2】

个税改革大思路:适当减税为改革让出空间

我国个人收入所得税经历了一个逐步发展和完善的过程。1980年,第五届全国人

大三次会议通过的《中华人民共和国个人所得税法》是新中国第一部个人所得税法，当时个税纳税主体主要是在华外籍人士以及少数高收入者；1986年1月，国务院发布《中华人民共和国城乡个体工商业户所得税暂行条例》，对他们的收入进行税收调节；同年9月，《中华人民共和国个人收入调节税暂行条例》规定对本国公民征收个人收入调节税。1993年，八届全国人大四次会议通过了《关于修改〈中华人民共和国个人所得税法〉的决定》，将主要对外籍人员征收的个税、对中国居民征收的调节税和对个体工商户征收的所得税统一和规范起来。后来，储蓄存款利息所得税经历了一个恢复、调减和取消的过程；年终奖计税办法也作了调整。国人比较注意的是工资薪金的起征点从1980年的800元提高到2006年的1600元，2008年提高到2000元，2011年又提高到3500元，税率也有所微调。这样，经过30多年的发展，我国个税形成的制度格局是分类所得税制，个人所得（收入）分为11类，即工资、薪金所得，个体工商户的生产、经营所得，对企业、事业单位的承包经营、承租经营所得，劳务报酬所得，稿酬所得，特许权使用费所得，利息、股息和红利所得，财产租赁所得，财产转让所得，偶然所得，国务院财政部门确定征税的其他所得。

我国个税制度虽然有了很大进步，但从目前的情况来看，仍然存在以下一些问题：

1. 税率结构不合理，难以抽肥补瘦

现在对11类所得分别规定了三种税率：一是适用于工资薪金所得、幅度为3%～45%的七级超额累进税率；二是适用于个体工商户的生产经营所得和对企事业的承包承租所得、幅度为5%～35%的五级超额累进税率；三是适用于以上所得之外的其他所得的20%的比例税。这就造成收入相同税却不同的怪现象：同样是10万元收入，影星、歌星只缴20%的比例税；而企业高管却面对高达45%的超额累进税率。有时甚至是勤劳所得缴的税高于非勤劳所得，不利于鼓励勤劳致富。目前在全国的个税总额中有60%～70%是工资、薪金所得税，也就是说，主要由工薪收入者负担，个税几乎成了工薪阶层所得税，百万富翁、千万富翁、亿万富翁缴税并不多，个税"抽肥"的作用不大。

2. 忽视家庭负担

只考虑单个人的收入水平和纳税能力，不管个人的婚姻状况、家庭成员的数目和结构，给每个纳税人一个全国统一的起征点，这种"一刀切"的制度安排没有把纳税人的赡养负担考虑在内，不能充分体现量能负担的原则。

3. 按月缴税

个人的收入和生活费用季节性波动很大，按月计税的制度弊病很多：有的月份是生产旺季，雇员加班加点，挣得多了但缴税也增加了；有的月份企业停产，雇员没有收入，但以前缴的税又退不回来。按月缴税使得一些低收入者也缴了不该缴的税。

4. "自动稳定器"失灵

在现代社会里，所得税（特别是个税）一般都占有很大的比重。例如，美国个税占税收总额的一半左右，这样的税收格局通过超额累进税率的安排能对国民收入起着一种自动稳定的功能：当经济繁荣的时候，收入的提高使人们进入比较高的纳税档次，而经济萧条时正好相反。我国个税在税种之中一直是个小税，近年来稳定在总税收的6%～7%，占GDP的1%左右，这样的小税难以起到"自动稳定器"的大作用。

税改走上了"独木桥"

近年来，除了起征点以外，个税改革几乎没有其他动作，也就是说，税改走上了"独木桥"，两三年提高起征点一次，每次的幅度都很大。例如，2011年一下子提高了75%。现在老百姓又不满意了，宗庆后先生主张提高到一万元，有的人甚至主张提到两万元、三万元。沿着这样的路子走下去，起征点越来越高，缴税的人越来越少，路越走越窄，最后肯定走不下去。

我们不应该一条路走到黑，应当对个税制度进行全面的改革。现在大多数人主张实行分类和综合所得相结合的制度。我认为，分类综合结合制把两种制度混在一起，是一种过渡的办法，但计税复杂繁琐，将来还是要向综合制转变。

从世界范围来看，综合制是个税的主流模式，现在已经没有多少国家实行分类综合结合制了。所以，在个税改革大方向已经明确的情况下，也可不必经过中间阶段，直接从目前按月计征的分类制改革为按年计征的综合制，把上述11类收入按年统统汇集起来，合并计税。

改革的总体思路

家庭是社会的基本细胞。我国社会主要是以家庭为单元生活和经济核算的，所以，应该以家庭作为基本单位来计算和征收个税。下面结合几个税务概念来谈谈个税改革的总体思路。

1. 家庭成员

可以把在公安局派出所登记的同一个户口簿上的人员作为纳税的家庭成员，包括孩子、夫妻、老人。

2. 税号

公民不论大人、小孩，每人给一个伴随一生的纳税号码，用作纳税申报和生计免税额确定。

3. 源泉扣缴

企业、机关、事业单位在支付工资、薪金和其他报酬的时候代扣代缴个税，并在年末将本财政年度内的工资、薪金和其他报酬以及代扣税金书面通知雇员以便后者进行纳税申报。

4. 家庭毛收入

以家庭为单位将每个家庭成员的当年收入都汇总起来，这些收入不仅包括工资、薪金、奖金、津贴、补贴、劳务报酬、稿费、特许权使用费，还包括财产租赁所得、财产转让所得、利息、股息、红利、偶然所得和其他所得。总之，将税法规定要纳税的全部收入都汇集起来作为家庭毛收入。

5. 生计免税额

每个家庭成员都给一个生计免税额；免税额的确定以平均每人的基本生活费用为限，目前可以参照城镇居民最低生活保障水平；免税额与税号绑定，每人一年只能用一次。

6. 成本费用扣除额

还要扣除与取得收入直接有关的一些成本和费用，如房屋租金收入与房屋维修费用、卖房收入与购房所花的费用，等等。这部分成本和费用计算比较复杂，建议实行标准扣除法，按税法规定的统一标准来扣除。

7. 特殊扣除额

现阶段主要是个人缴纳的基本养老保险费、基本医疗保险费、失业保险费和住房公积金等。

8. 应纳税收入

家庭毛收入 - 生计免税额 × 家庭成员人数 - 成本费用扣除额 - 特殊扣除额 = 家庭应纳税收入

最后，根据应纳税收入再按照税表规定的档次和税率来计算出应纳税额。此应纳税额同雇主通知的代扣税金比较以后向税务局进行申报，多退少补。这样，一年一度的家庭纳税申报工作即告完成。

建立该制度的同时还要嵌入一个自动调整机制。可借鉴国外经验，生计免税额、税档和税率同物价水平挂钩，以消除通货膨胀的影响。

这样税改的一个前提条件是减税。现在税收的总体负担已经很重，必须适当减税才能为个税改革让出空间。减税的重点在于间接税，比如增值税。当然，个税的税率偏高，还有减税的空间。十八大和十八届三中全会都提出要加快财税体制改革，在这方面，老百姓最关心的是个税改革。所以，个税改革应该有一个清晰的时间表和路线图。

例文简评：这是一篇时政新闻评论。对当前社会热议的税改问题进行评论，标题直接表明主题；导语部分承接标题引出索要评论的问题；正文中引用了相关的数字以及国家的政策规定对事实进行分析；结尾部分表明主题，提出改革建议措施。全文既有理论与政策性，又符合新闻的写作规范。

【例文 3】

时代需要最可爱的人
——记著名作家魏巍同李国安会见

一双书写英雄的手和一双紧握钻杆的手紧紧地握在了一起。28 日下午，76 岁的老作家魏巍在他的寓所会见了北京军区给水工程团"模范团长"李国安。

老作家握着李国安的手高兴地说："你的事迹我都看了，很感人。你是改革开放年代的英雄。在市场经济的大潮中,有人向钱看,有人说空话,你是无私奉献,为老百姓办实事,扎着'钢围腰',一步一个脚印,走的是新的万里长征。我们的时代需要你这样最可爱的人。"

"老首长,我从小就读了您的文章《谁是最可爱的人》,是在志愿军爱国主义和革命英雄主义的精神熏陶下成长起来的。每当我在工作中遇到困难的时候,就想起了老前辈,想起了舍生忘死的志愿军英雄。"李国安崇敬地对魏老说。

看着挂满军功章的李国安,魏老若有所思。一会儿,他感慨地说:"6年前,我的一个老朋友也坐在你这个位置,他叫李玉安,是'活烈士',是战争年代的英雄;你叫李国安,是和平时期的英雄。你们都是英雄,是两个时代的英雄。你们都在实践我军的宗旨,都是最可爱的人。"李国安说:"谢谢老前辈的鼓励,我要牢记全心全意为人民服务的宗旨,谦虚谨慎,为人民办更多的实事,为人民再立新功。"

离别时,魏老将自己撰写的《地球的红飘带》一书和一幅亲笔题词交给李国安,上面写着:"李国安同志:你是和平建设年代最可爱的人。"

例文简评:这是一则新闻特写。这篇新闻生动再现了两个代表不同时代精神的人会面的感人场景,语言生动,描绘具体,使人身临其境,突出了这次会面的深刻意义。

四、写作实训

完成前述写作任务。要求:

(1)新闻稿的种类选择适当。

(2)符合新闻稿写作要求。新闻稿件因其作用的特殊性,除了要求具备一般文章的要求外,还有自身的特殊要求。具体说来,新闻稿件要求有四个字:真、快、短、活。

(3)注意新闻语言的专业性和书面化,做到字斟句酌,避免出现常识性错误。

五、检查与完善

(1)学生结合前述写作规范,完成新闻稿的写作。

(2)教师针对学生例文进行点评。

(3)修改、完善前述写作任务。

(4)总结自己完成写作任务的得失。

写作实训拓展

(一)举例说明新闻稿的时效性特点。

(二)什么是"倒金字塔结构"?试结合例文,说明采用这种结构的作用。

(三)指出下面两篇新闻稿存在的问题,并作修改。

1.

19日晚看云南台"昆明好人"颁奖

"凝聚好人的力量"今年继续,云南电视台都市频道年度大型活动"2009红云红河昆明好人"19日晚8点,为昆明"十大好人"代表颁奖。届时,读者朋友可在电视上看见一个背着邮包进演播室的薄发荣,他从农民到邮递员邮包一背就是43年;可以听见为汶川地震灾区捐款100万的邱钟英老人,面对别人对他巨额捐款的质疑发出的响亮口号:"清者自清、浊者自浊";可以听到去年家乐福挟持人质事件中,参与生死急救的美丽护士朱一丹,宣布她要结婚的喜讯……

这是都市频道第四次评选"昆明好人",这一次他们突破了昆明的地限,将更多昆明之外的好人聚集到我们眼前。

李家梁子村老、青、少三代代表,50多年来,和村里的51户人家轮流照顾一名叫李弯春的孤残老人。这个偏远的小山村,位于宣威市杨柳乡境内,村里人年均收入500元。几年前,一条简易公路修进了李家梁子村,路没修通之前,这里几乎过着与世隔绝的生活。村里有个不成文的规定,李弯春老人去到哪家,在那几天当中,那家人都要将伙食提高一个档次。老人没有牙,只能吃些软的东西,每到赡养老人那几天,村民们便会把饭煮得比平时更软些。村民们说,李弯春老人今年虽然80岁了,可还像个小孩子一样,吃完饭后他便会在村里四处走走,哪里人多他便到哪里凑凑热闹。说起童年时的生活,村民李正广记忆犹新。他说,当年赡养李弯春老人的那辈人,现在也年近古稀,可是他们却将赡养老人的任务当作家训,代代相传。原本,老人要出席颁奖晚会的,却在6月1日这天安然离世了。

今年已经78岁高龄的老人杨靖华,一位从医43年的老医生,因为未能实现建立一所平价医院的梦想,闲不下来的他,从2006年开始用义诊的方式为低保户免费看病。杨医生说:"我不能算是个好人,只能算是个有良心的医生。"当天,我们将看到更多的好人,听到更多的感人的故事……

2.

市民关心的公交车问题

现在,市民的素质在提高。乘坐公交车时,有序地上下车;给老人、儿童、孕妇、残疾人让座等已经成为一种习惯,但公交车司机的素质却让人堪忧。

10月8日下午,一辆9路车和一辆红色大众私家车在五四西路口转向的时候,车不慎碰撞到一起,张女士作为当事人向记者反映:当时公交车司机立马推车门下车和私家车司机理论去了,却把我们关在了车里,大概过了七八分钟,下一辆9路车来时,司机才回来开门,并让我们下车坐下一辆车。在下车的过程中因为有些乘客下得慢了,司机还爆粗口,谩骂乘客下车慢,而且在去乘坐下一辆9路车时,又掏了一次钱。张女士说:"他们的失误却让我们来承担,不仅耽误了大家上班上学的时间,而且还让我们

多掏了车费,很不公平。"

像这样因为司机自身的原因造成的失误却让乘客多掏车费的还不止一例。孙女士有一次在乘坐公交车时,车行到中途,突然停车,并让乘客都下车,另外去坐车。司机解释说:车没气了,要加天然气。还有的是因为车在半路坏了,而司机连解释都没有就让下车了。

而正在实习的张同学,向记者说了这样一个情况:在中午14:10左右,24路公交车上人很多,大多是湟川二分校上学的学生。司机本应该在经过海湖路市场、海湖路、水校三站后到达湟川二分校,但实际上,司机却绕过了这三站直接去了湟川二分校。张同学说:"我第一次坐24路,不了解情况,我本应该在水校下车,但司机根本'不去'这一站,直接去了湟川二分校。为了上班不迟到,我不得不打车去上班。"而对此司机给出的理由是:海湖路堵车了!张同学说:"说堵车了,我也认了,但有一次我坐车,经过海湖路时,明明没有堵车,但是看到24路车直直地去了湟川二分校,这分明是偷懒嘛!"

对此,记者也专门观察了一下24路公交车,发现一般只是在下午14:10左右那趟车是不按正常线路走的。记者乘坐这趟24路公交车时,也确实如张同学说的那样,司机会让在海湖路下车的乘客提前下车,然后直奔湟川二分校。

有的公交车司机因为车上的乘客太多,在本应该停的站却不停,而那些该下车的乘客却下不了车,被迫在下一站下车。

还有的因为人少也有状况。十一期间,去旅游的李女士要去西宁西站坐火车,李女士反映:当时车上人挺少,大多都是在终点站火车西站下车,一路上,公交车速度飞快,李女士说:"拐弯时差点把我甩出去,司机是把公交车当飞机开呢。"

其实在乘坐公交车时能遇到各种奇怪的事情,有一个乘客反映:"我下车时,不小心脚被卡在门缝里,最后还是车上的乘客帮我把脚拉出来的,司机根本没管这事儿。"

针对这些状况,大多乘客的感受就是:司机服务不到位,没有责任意识。

乘客在面对这些情况时大多选择了默默忍受。权利是自己的,作为乘客在必要时应该维护自己的合法权益。而作为公交车的"掌权人",司机也应反省一下自己,多一些忍让,少一些急躁;应该提高自身素质,注意服务意识、责任意识;应该以人为本、服务群众,道路安全责任重于泰山,勿让公交车变成马路杀手。

(四)写作题。

1.阅读下面的新闻材料,然后为这则新闻拟写标题和导语,标题包括正题和副题。

长沙五七一二飞机工业有限公司是中国航空工业集团公司所属航空修理维修企业,公司现在职工住房1669户,许多职工目前仍居住在20世纪六七十年代建设的平房、简易房和筒子楼里,部分职工一家三代还拥挤在二三十平方米的房屋内。这些住房大多数破损严重,既不通风又不采光。

长沙市国有工矿棚户区改造目前进展如何?推进过程中有何困难?带着这份牵挂,省委常委、市委书记×××昨日再次来到工矿棚户区察民情、听民需。上午,市委书记一行来到长沙五七一二飞机工业有限公司了解这里的棚户区改造。当了解到住户周顺平一家三口住在21平方米的筒子楼里,其住房低矮、黑暗、潮湿,卫生间还在百米开外时,市委书记眉头紧锁。

在听取了公司负责人和天心区及相关市直部门的汇报后,市委书记指出,抓好国有工矿企业棚户改造是一件大事,我们任何时候都不能忘记企业职工承受的改革阵痛,不能漠视企业职工现实的生活困难,不能辜负企业职工急迫的期待目光,一定要带着感情,带着责任,带着使命把国有工矿企业棚户改造这件事情作为惠民工程切实抓好,莫让阵痛变成长痛,要把口惠变成实惠,谨防好事变成空事。

2. 根据下列材料写成一篇不少于500字的消息,要求格式规范,用语准确。

全球生态形势在持续恶化之中。由于煤、天然气和石油的过度使用,人类现在消耗自然资源的速度已超出地球资源再生能力的20%。在1970~2000年间,全球陆地、海洋生物物种数量下降了30%,淡水生物物种下降了50%。由世界自然基金会和联合国环境规划署共同完成的报告《2004地球生态报告》10月21日在瑞士格兰德正式发布。世界自然基金会总干事克劳德·马丁说:"除非各国政府立即恢复对自然资源的消耗与再生能力之间的平衡,否则我们将无法偿还这些生态债务。"

"生态足迹"(ecological footprint)是一个高度综合的复杂指标,用以记录一个区域或国家的人口衣食住行、产生废弃物的数量与这一地区陆地和水域生态系统生产或吸收这些资源的能力之间的关系。"生态足迹"这一指标使各国占用全球生态资源的份额"有账可查"。在"大脚黑名单"上,阿联酋以高水平的物质生活和近乎疯狂的石油开采"荣登榜首",人均生态足迹9.9公顷,是全球平均水平(2.2公顷)的4.5倍;美国、科威特紧随其后,人均生态足迹9.5公顷,位居第二。贫困的阿富汗以人均生态足迹0.3公顷位居最后。

中国排名第75位,人均生态足迹1.5公顷,低于全球平均水平。由于人口庞大、分布失衡,中国人均生态承载能力仅为0.8公顷,生态赤字0.7公顷,高于全球生态赤字(0.4公顷)水平。

报告显示,美国、日本、德国、英国、意大利、法国、韩国、西班牙和印度,都是生态赤字很大的国家,而巴西、加拿大、俄罗斯、新西兰等地广人稀的国家在"生态盈余榜"上名列前茅。专家们指出:"西方人正在以难以持续的极端水平消耗全球资源——北美人均资源消耗水平不仅是欧洲人的两倍,甚至是亚洲或非洲人的7倍。如果全球居民都达到美国居民的生活水平,人类将需要5个地球。"

报告的作者们批评说:"那些生态赤字较大国家的资源消耗量远远超出了本国资源的承受能力,结果不仅加剧了全球环境恶化,还通过原材料进口等国际贸易方式,将这种生态危机转嫁于其他国家或地区。"他们宣称,报告会对"谁应该负更多全球生态责任"这一国际间争论不休的话题提供答案。报告认为,"在目前,使政府和公众转向可再生能源、推广节能的技术、建筑和交通系统至关重要。"

项目二 公务往来

任务一 认识公文

 学习目标

【知识目标】

熟悉公务文书的有关理论知识,明确公务文书在社会实践活动中的重要意义和作用。

【能力目标】

能够掌握公文的结构要素和格式要求,并根据不同背景的写作需要,选择合适的公文文种,能够把握公文的格式。

一、写作任务

根据公文写作基本知识,修改下面的公文。

××省新闻出版局严厉打击非法出版物的通告

目前,我市出现了大量盗版盗印的非法出版物,这类出版物内容粗俗不堪,充满了色情、凶杀和迷信色彩,败坏社会风气,直接危害到青少年的身心健康,严重影响了社会主义精神文明的建设,已成为犯罪活动的祸根。经我局研究决定,在全市范围内开展一场严厉打击非法出版物的专项行动。现将有关事项通告如下:

一、(略)

二、(略)

三、(略)

四、(略)

××省新闻出版局
2014 年 4 月 23 日

抄送：××××　××××　×××××　×××

印发时间：2014 年 4 月 23 日　　　　　　　　　　　　新闻出版局办公室印制

二、写作任务分析

这个写作任务主要是强化学生对公文格式的理解和掌握，涉及运用文种是否合适、结构是否完整、文题是否相符、格式是否准确等方面的写作知识，学生必须全面掌握公文写作的结构与格式要求，才能够完成此写作任务。

三、必备知识和工具箱

公务文书，简称公文。它是党政机关、社会团体、企业单位在开展公务活动时所形成和使用的、具有法定效力和规范体式的书面材料，是贯彻落实上级机关有关政策法规、重要精神、依法行政和实施行政管理职能的重要工具。

党政公文原是相对独立的两个系统，各自规定有不同的处理办法，各行其是。2012 年 4 月 16 日，中共中央办公厅、国务院办公厅联合印发了《党政机关公文处理工作条例》，明确规定，党政机关统一实行新的公文处理工作条例，党政之间的公文障碍将不复存在。经过整合的党政公文，统一了文种、格式和公文处理过程中的规则、拟制、办理和管理，使党政公文更为科学规范和简明。其他事业单位、社会团体和公司企业的公文处理，可参照党政机关公文处理工作条例执行。同时停止实行自 1996 年 5 月实施的《中国共产党机关公文处理条例》和自 2001 年 1 月执行的《国家行政机关公文处理办法》。

工具一：公务文书的特点

（一）政治性

公文是党政机关和其他单位团体进行行政管理的重要工具。公文服务于政治并反映政治的需要，其内容与党和国家的政治、政策具有密切的联系。公文的政治性体现在它反映和传达党和国家的方针、政策，根据有关法律法规发布行政法规，制定社会政治经济发展的相关行政措施，表明制发机关的立场、观点和意志，促进社会文明进步与和谐发展。也体现在行政管理过程中，依法执政，贯彻落实党和国家的方针政策，代表党和人民群众的根本利益，保证各种方针政策的实施。

（二）权威性

公文是党政机关和其他单位团体发挥行政管理职能的重要手段，代表制发机关的意志和权威，具有领导和指挥的作用。公文的权威性由党政机关职能与权力的法定性所决定。党政机关是根据党章、宪法或有关组织法依法成立的机构，并赋予其在法定范围内履行职能。党政机关可以根据职能范围制定和发布公文，实施行政管理措施。公文一经发

布生效,即在法定的时空内对受文对象的思想和行为发挥规范约束、组织协调、监督控制作用,以保证制发机关的意图得到贯彻落实。

(三)时效性

时效性就是时限性。党政机关团体公文是针对现实社会政治经济文化的发展状况而制发,或是传达贯彻党和国家的方针政策,或是有针对性地实施管理措施,解决相关社会问题,因而有明显的时间限制。公文拟就并下达后,即开始生效,一旦工作结束或问题解决,公文就自动失去时效。公文的时效有长有短,短则数周数月,长或一年数年。公文完成使命后,失去了现实效力,转而成为历史档案文件,以备后人查阅研究使用。

(四)规范性

公文的行文格式和行文规则有严格的要求,不能自行其是,随意改动。《党政机关公文处理工作条例》对公文的种类、名称、体式、行文规则和处理程序有明确的规定。《党政机关公文格式》对公文用纸的纸型、版心规格、公文要素、区域划分、结构位置、字体字号也有具体要求。任何单位和个人都应当严格遵守《条例》与《格式》的规定,按要求实行,以维护公文的严肃性和权威性。保证公文写作和处理的程式化、科学化,使公文能准确迅速地传达制发机关的意图,充分发挥公文的作用。

工具二:公务文书的种类

根据《党政机关公文处理工作条例》规定,新的公文处理条例于2012年7月1日起施行。《党政机关公文处理工作条例》总则、公文种类、公文格式、行文规则、公文拟制、公文办理、公文管理、附则,共8章42条,明确规定公文的种类有:决议、决定、命令(令)、公报、公告、通告、意见、通知、通报、报告、请示、批复、议案、函、纪要15种。

(一)决议

决议适用于会议讨论通过的重大决策事项。

(二)决定

决定用于对重要事项作出决策和部署、奖惩有关单位和人员、变更或者撤销下级机关不适当的决定事项。决定的使用范围较广,包括各级机关、团体和单位。

(三)命令(令)

命令(令)是国家领导机关及其领导人所颁布的强制性公文。适用于依照有关法律公布行政法规和规章,宣布施行重大强制性行政措施,嘉奖有关单位及人员。命令(令)是一种高规格的文种,具有特殊的权威性和强制性,其使用者限于国家领导机关。

(四)公报

公报适用于公布重要决定或者重大事项。

（五）公告

公告主要用于向国内外宣布重要事项或者法定事项的周知性公文。具有公开性与庄重性的特点，一般只有国家领导机关或经授权的机关才能制发。

（六）通告

通告是专门发布周知性和使令性内容的公文。适用于在一定范围内公布应当遵守或者周知的事项。一般机关单位、社会团体均可使用。

（七）意见

意见是一种表达工作要求和意图的指导性、建议性公文，适用于对重要问题提出见解和处理办法。

（八）通知

通知是向特定的受文对象告知有关事项的知照性公文。适用于发布、传达要求下级机关执行和有关单位周知或者执行的事项，批转、转发公文。

（九）通报

通报是一种具有表彰和惩戒作用的晓谕性公文。适用于表彰先进、批评错误、传达重要精神、告知重要情况。

（十）报告

报告是一种向特定受文对象汇报情况的陈述性公文。适用于向上级机关汇报工作、反映情况，回复上级机关的询问。

（十一）请示

请示是一种向特定受文对象请求有关事项的祈请性公文。适用于向上级机关请求指示、批准。

（十二）批复

批复是一种针对请示事项而作的批示性公文，适用于答复下级机关的请示事项。

（十三）议案

议案适用于各级人民政府按照法律程序向同级人民代表大会或人民代表大会常务委员会提请审议的事项。

（十四）函

函是一种向特定受文对象商询请答的多向性公文。适用于不相隶属机关之间商洽工作、询问和答复问题、请求批准和答复审批事项。

（十五）纪要

纪要是记载会议情况的纪实性公文,适用于记载会议主要情况和议定事项。

这 15 种公文,从不同的角度进行分类,可形成不同的类别。

（1）根据行文方向不同,公文分为：上行文、下行文、平行文三种。

上行文是下级机关向上级机关呈报的公文。如请示、报告等。

下行文是上级机关向下级机关送发的公文。如决议、决定、命令(令)、公报、公告、通告、通知、通报、批复、意见、纪要等。

平行文是平级机关或不相隶属机关之间联系工作、商洽事宜而来往的公文。如函等。

有的公文在行文方向上具有灵活性和特殊性。如通知是下行文,但有时也用于平行文；函是平行文,也可用于上行或下行发文。但这种灵活性并不影响该公文的基本属性。公告是用于向国内外发布重要事项或法定事项带有全方位的特殊性质；意见可用于上行文、下行文、平行文；议案是各级政府向同级人民代表大会或人民代表大会常务委员会提请审议事项,因机关性质不同,不存在上下隶属关系,所以,行文方向也不可硬性划定。公文出现交叉现象只是工作的需要,不影响公文的分类。

（2）根据公文涉及秘密程度的不同,可分为涉密公文和普通公文两种。涉密公文又可分为绝密、机密、秘密三个等级,涉密公文在传阅范围、保密期限、办理程序等方面有相应的严格要求。普通公文是指不涉密的公文,阅办要求要宽泛一些。

（3）根据公文送达和办理时限要求的不同,可分为：紧急公文和常规公文两种。紧急公文还可分为特急和加急两个等级；电报分为特提、特急、加急和平急四个等级。不同的时限要求,有不同的处理措施,就是要特事特办,急事急办。常规公文是指按正常办文时间和程序处理的公文。

工具三：公务文书的格式

《党政机关公文格式》把公文各要素分为版头、主体、版记三个部分,每个部分的书写都有明确规定。《党政机关公文处理工作条例》第九条规定,公文的基本构成要素有：份号、密级和保密期限、紧急程度、发文机关标志、发文字号、签发人、标题、主送机关、正文、附件说明、发文机关署名、成文日期、印章、附注、抄送机关、印发机关和印发日期、页码等(如图 2-1)。

（一）版头部分

版头,俗称文头,是公文首页红色分隔线以上的部分。主要构成要素有：公文份号、密级和保密期限、紧急程度、发文机关

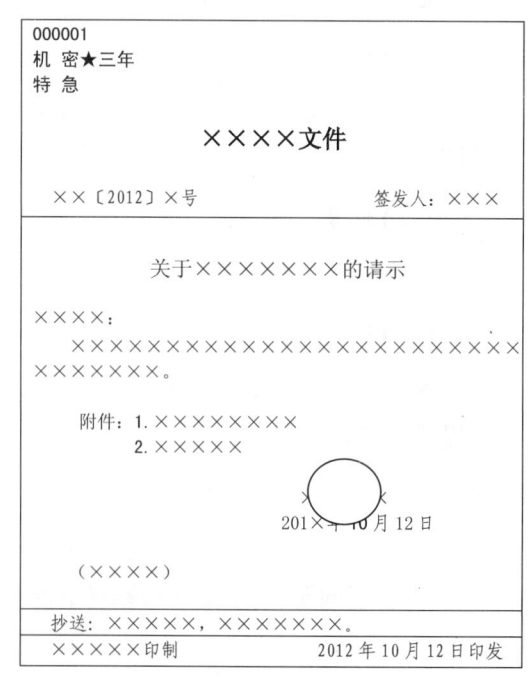

图 2-1　公务文书的格式

标志、发文字号、签发人等。

1. 公文份号

公文份号是指同一公文印数中的某份公文的序号。每份文件按顺序编一个序号，一般用6位3号阿拉伯数字，顶格书写在版心左上角第一行。多用于密级较高的公文，这便于文件的核对或回收时核查销毁。如"000016"，表示此份公文是总印数中的第16份。

2. 密级和保密期限

我国现行公文的密级分为绝密、机密、秘密三个等级。如公文内容涉及秘密，应按涉密程度加以区分和标注。密级一般用3号黑体字，顶格编排在版心左上角第二行，两字之间空一字；如需同时标识密级和保密期限，密级与保密期限之间用"★"隔开，如"绝密★5年"

3. 紧急程度

公文标明紧急程度是指对公文办理的时限要求，以确保公文得到及时处理。标识紧急程度，用3号黑体字，顶格书写在版心左上角，两字之间空1字。如需同时标注份号、密级和保密期限、紧急程度，按照份号、密级和保密期限、紧急程度的顺序自上而下分行排列。

4. 发文机关标识

发文机关标识就是公文制发单位的名称，也叫文件名称。由发文机关全称或规范化简称后加"文件"两字组成，如"国务院文件"、"××省人民政府文件"；也可以使用发文机关全称或者规范化简称。如"××省人民政府"、"××省教育厅"。发文机关标志居中排布，上边缘至版心上边缘为35mm，推荐使用小标宋体字，颜色为红色，以醒目、美观、庄重为原则，但应小于22mm×15mm。

联合行文时，发文机关标志可并用联合发文机关名称，也可单独用主办机关名称。如需同时标注联署发文机关名称，一般应当将主办机关名称排列在前；如有"文件"二字，应当置于发文机关名称右侧，以联署发文机关名称为准上下居中排布。字体使用小标宋体字，用红色标识。如联合行文机关过多，则必须保证公文首页要有正文内容。

5. 发文字号

发文字号就是文件代号，简称文号，由发文机关代字、年份和发文顺序号三部分组成。联合行文时，使用主办机关的发文字号。机关代字是发文机关的代称，年份是发文的年度，发文顺序号是文件的顺序号。如"中办发〔2012〕14号"。在发文机关标志下空2行，用3号仿宋体字，居中排布；年份、序号是用阿拉伯数字书写；年份应标全称，用六角括号"〔〕"括入；序号不编虚位（即1不编为01），不加"第"字，在阿拉伯数字后加"号"字。上行文的发文字号居左空一字编排，与最后一个签发人姓名处在同一行。

6. 签发人

签发人是指核准公文文稿并同意发文的单位主要领导人的签名，上行文应当标注签发人姓名。签发人姓名与文号平行排列于右侧，文号居左空1字书写，签发人姓名居右空1字书写。"签发人"三字用3号仿宋体字，后标全角冒号，并用3号楷体字标注签发人姓

名。如有多个签发人,签发人姓名按照发文机关的排列顺序从左到右、自上而下依次均匀编排,一般每行排两个姓名,回行时与上一行第一个签发人姓名对齐。

7. 版头中的分隔线

发文字号之下 4mm 处印一条与版心等宽的红色分隔线。

（二）主体部分

主体是公文的核心部分,一般由公文标题、主送机关、公文正文、附件说明、发文机关署名、印章、成文日期、附注等要素组成。

1. 公文标题

公文标题是公文主要内容的高度概括。《党政机关公文处理工作条例》规定:"公文标题由发文机关名称、事由和文种组成。"这是完整的公文标题所不能或缺的三个组成部分。如"《中共中央办公厅国务院办公厅关于印发＜党政机关公文处理工作条例＞的通知》(中办发〔2012〕14号)"。标题中"中共中央办公厅国务院办公厅"是发文机关名称,"关于印发＜党政机关公文处理工作条例＞"是公文的主要事由,由介词"关于"引出,准确、简要地概括公文的主要内容。"通知"是文种。

公文标题一般用 2 号小标宋体字,编排与红色分隔线下空两行位置,分一行或者多行居中排布;回行时,要做到词意完整,排列对称,长短适宜,间距恰当,标题排列应当使用梯形或菱形。

2. 主送机关

主送机关是指公文的主要受理机关,其名称应使用全称、规范化简称或者同类型机关统称。上行文和非普发性的下行文主送机关只写一个,不能多头主送和越级主送,也不能送领导者个人。普发性的下行文主送机关可写多个,可用统称。书写时按机关的级别、性质和惯例排列,中间用顿号或逗号分隔。如:"各省、自治区、直辖市党委和人民政府,中央和国家机关各部委,解放军各总部、各大单位,各人民团体:"。

主送机关标注在标题下空 1 行,居左侧顶格以仿宋体字书写,回行时仍顶格;在最后一个主送机关名称后标全角冒号。如主送机关名称过多而使公文首页不能显示正文时,应将主送机关名称移至版记。如需把主送机关移至版记,除将"抄送"二字改为"主送"外,编排方法同抄送机关,既有主送机关又有抄送机关时,应当将主送机关置于抄送机关之上一行,之间不加分隔线。

3. 公文正文

公文正文是公文的主体部分,用来表述公文的内容。正文的逻辑结构一般由发文缘由、事项、结尾三部分组成。编排在主送机关名称下一行,每个自然段左空两字,回行顶格。数字、年份不能回行。文种结构层次序数依次可以用"一、""（一）""1.""（1）"标注;一般第一层用黑体字、第二层用楷体字、第三层和第四层用仿宋体字标注。

发文缘由以简明扼要的语言开宗明义,陈述发文的原因、依据、目的或概述情况,表明工作意图。常用"依据"、"为了"、"遵照"、"鉴于"等引述词提起话语。

事项是公文的主要内容,具体阐述工作的意义、贯彻的措施和预期的效果;把上级意图、方法要求、行动步骤等条分缕析,让受文者尽快领会、掌握、落实。

公文结尾是对全文内容的收束。不同文种有不同的结束用语,或提出希望要求,或表明愿望态度,或使用惯用语,如"以上请示妥否,请批示"、"特此报告"、"特此通知"、"特此批复"、"专此函达",等等。

4. 附件说明

附件是指随正文附送的说明、解释、补充或图片表格等材料,是公文的重要组成部分,与正文有同等法定效力。公文附件在正文下空一行左空两字编排"附件"两字,后标全角冒号和附件名称。如有多个附件,使用阿拉伯数字标注附件顺序号,如"附件:1.××××2.××××",附件名称后不加标点符号。附件名称较长需回行时,应当与上一行附件名称的首字对齐。

附件与正文一起装订,并在附件左上角第1行顶格标识"附件"。有序号时标识附件序号,附件序号和名称前后要一致。如转发的文件、随文发布的行政法规和规章,其名称在正文中已有交代,则在正文之下不必加附件说明,文中也不用标识"附件"。

5. 发文机关署名

在正文(或附件说明)下空一行右空两字编排发文机关署名,署名要署发文机关全称或者规范化简称。联合行文时,应当先编排主办机关署名,其余发文机关署名依次向下编排。

6. 成文时间

成文时间就是公文的生效日期,一般以领导人签发日期为准,联合行文以最后签发机关领导人的签发日期为准,会议通过的决议、决定等以会议通过时间为准,法规性文件以批准之日起为准。成文日期要标全年、月、日,应用阿拉伯数字书写,如"2013年3月15日",不能略写。月日不编虚位(即1不编为01)。成文时间标注在发文机关署名下方,一般右空四字编排。

7. 公文印章

印章,亦称公章,是公文生效的权威标志。公文中有发文机关署名的,应当加盖印章,并与署名机关相符。有特定发文机关标志的普发性公文和电报可以不加盖印章。盖印章时,要使印章端正、居中下压发文机关署名和成文日期,使发文机关署名和成文日期居印章中心偏下位置,印章顶端应当上距正文(或附件说明)一行之内。

单一机关行文时,在正文(或附件说明)下空一行右空两字编排发文机关署名,在发文机关署名下一行编排成文日期,首字比发文机关署名首字右移两字,如成文日期长于发文机关署名,应当使成文日期右空两字编排,并相应增加发文机关署名右空字数。

联合行文时,一般将发文机关署名按照发文机关顺序整齐排列在相应位置,并将印章一一对应、端正、居中下压发文机关署名,最后一个印章端正、居中下压发文机关署名和成文日期,印章之间排列整齐、互不相交或相切,每排印章两端不得超出版心,首排印章顶端应当上距正文(或附件说明)一行之内。当公文排版后,剩空处不能容下印章位置时,应以

调整行距、字距来解决。

如是加盖签发人签名章的公文,单一机关制发的公文加盖签发人签名章,在正文(或附件说明)下空两行右空四字加盖签发人签名章,签名章左空两字标注签发人职务,以签名章为准上下居中排布。在签发人签名章下空一行右空四字编排成文日期。联合行文时,应当先编排主办机关签发人职务、签名章,其余机关签发人职务、签名章依次向下编排,与主办机关签发人职务、签名章上下对齐;每行只编排一个机关的签发人职务、签名章;签发人职务应当标注全称。

签名章一般用红色。

8. 附注

附注是用以说明在正文中不便说的其他事项。如公文的传阅范围对象或形式、某些专用名词术语的注释、请示件的联系人姓名和联系电话等。附注标识用仿宋字,居左空两字以圆括号标注在成文时间下一行。

9. 附件

应当另面编排,并在版记之前,与公文正文一起装订。"附件"二字及附件顺序号用3号黑体字顶格编排在版心左上角第一行。附件标题居中编排在版心第三行。附件顺序号和附件标题应当与附件说明的表述一致。附件格式要求同正文。

如附件与正文不能一起装订,应当在附件左上角第一行顶格编排公文的发文字号并在其后标注"附件"二字及附件顺序号。

(三)版记部分

版记是对公文印发情况加以说明的部分,包括抄送机关、印发机关、印发时间、页码等要素。标识在公文的最后一页后半部分。

1. 版记中的分隔线

版记中的分隔线与版心等宽,首条分隔线和末条分隔线用粗线(推荐高度为0.35mm),中间的分隔线用细线(推荐高度为0.25mm)。首条分隔线位于版记中第一个要素之上,末条分隔线与公文最后一面的版心下边缘重合。

2. 抄送机关

抄送机关是指除主送机关外需要执行或者知晓公文内容的其他机关。抄送对象根据工作需要或公文内容定。抄送机关名称用全称或规范化简称,同类型机关可用统称。

如有抄送机关,一般用4号仿宋体字,在印发机关和印发日期之上一行、左右各空一字编排。"抄送"二字后加全角冒号和抄送机关名称,回行时与冒号后的首字对齐,最后一个抄送机关名称后标句号。

3. 印发机关和印发时间

印发机关是指公文的送印机关,一般由公文制发机关的办公厅(室)或秘书部门送印。印发时间是指公文送印的日期。印发机关和印发日期一般用4号仿宋体字,编排在末条分隔线之上,印发机关左空一字,印发日期右空一字,用阿拉伯数字将年、月、日标全,年份应标全称,月、日不编虚位(即1不编为01),后加"印发"二字。

版记中如有其他要素,应当将其与印发机关和印发日期用一条细分隔线隔开。

4.页码

一般用4号半角宋体阿拉伯数字,编排在公文版心下边缘之下,数字左右各放一条一字线;一字线上距版心下边缘7mm。单页码居右空一字,双页码居左空一字。公文的版记页前有空白页的,空白页和版记页均不编排页码。公文的附件与正文一起装订时,页码应当连续编排。

工具四:撰写公文的要求

在草拟公文前,首先要确定公文的文种。公文文种应当根据行文目的、发文机关的职权、发文机关与主送机关之间的行文关系来确定。公文内容必须符合国家的法律、法规及有关政策、规定,做到观点明确,情况真实,结构严谨,条理清晰,用语规范。

1.公文的结构

一篇公文采用什么样的结构形式,要根据文种和公文的主旨、内容来确定。文种不同,用途各异,结构形式也随之变化。即使是同一文种,也会因内容的不同而使正文结构发生变化。尽管如此,公文的结构还是有规律可循的。例如,一篇公文的结构,一般分三大部分,即开头部分、主体部分和结尾部分。

(1)开头部分。

公文开头部分,总的要求是开门见山,直陈其事,不要迂回曲折,拐弯抹角。通常使用的方法有以下几种。

①原因式。一般用"由于"、"鉴于"等开头,直述发文原因,可概述某项工作,也可简述存在的问题。要抓住实质,删繁就简,以便迅速转入正文。

②目的式。通常要用介词"为了"、"为"等开头,说明制发公文的目的。陈述目的意义,一定要高度概括,切忌拖沓冗长、套话、空话连篇。

③根据式。通常用介词"根据"、"依据"、"遵照"等开头,写出发文的依据。一般的依据是国家的某项政策、上级的指示、领导意图、会议决定等。写作时,要准确精练,紧扣主旨。

④引用式。适用于回复性公文,一般开头就引用对方来文的标题和文号,如"你行《关于××××××××的请示》(×银发〔2013〕16号)收悉,经研究,现答复如下"。也有的用"现将"开头,直接切入主体,如"现将《××××××××》印发给你们……"。

开头部分可以用一句话,也可以用一段话;在开头部分的末尾,通常用公文惯用的承启语连接主体部分,如:"现将有关事项通知如下"、"现将情况报告如下"、"特制定本办法等。"

(2)主体部分。

公文主体的布局一般有三种方式。

①纵式结构。各层次之间是层层深入的递进关系。可以按事物发生发展的过程依次

撰写,也可以按时间顺序撰写。"递进"的关键在于符合事物发展的客观规律和认识规律。

②横式结构。正文主体各部分之间是并列关系时,可采用横式结构。写作时,每个并列的部分,在围绕一个主旨的原则下,保持意思的相对完整,分量大体相当。横向并列式布局,要求结构严谨,过渡自然,浑然一体。

③撮要式结构。当公文正文内容较为复杂时,可在每部分内容之前,加上能概括该部分内容的段旨句或小标题,有时还可加上数字标明序号。

结构层次序数：第一层成为"一",第二层为"（一）",第三层为"1",第四层为"（1）"。

（3）结尾部分。

公文的结尾通常有以下几种形式：

①以公文的惯用语结尾。如"特此函达"、"特此公告"、"特此通知"。

②提出希望或要求。如："如无不当,请批转……贯彻执行"、"当否,请批示"、"以上各项,希遵照执行"。

③发出号召。"通报"、"嘉奖令"、"决定"等公文,往往用一段激励或号召的话作结尾。

在安排公文结构时,要以完整、正确的表达公文内容为目的,做到内容和形式统一,不要生搬硬套,削足适履。

2. 公文的语言

正确运用公文语言,做到用语精准、简洁、明了,要注意其表达的特殊性。公文语言的特点主要表现在以下几个方面。

（1）介词、副词使用频率很高。

介词不仅在公文标题中作为事由部分的起领词语,而且在正文中也被大量采用。介词结构的使用可以从目的、范围、对象、依据、方式等方面对被表述的对象、内容进行修饰,使表达更加明确、严密、完整。如表对象、范围："将"、"对"、"对于"、"关于"；表目的、手段："为"、"为了"、"按照"；表依据、方式："根据"、"依据"、"遵照"、"在"；等等。

例句："遵照国务院的指示,并根据我省实际,现对……做如下安排。"

副词,尤其是表程度、范围的副词,在公文中的使用频率也很高。如："凡"、"凡是"、"一切"、"都"、"一律"、"特"、"特此"等。

例句："凡购买上述专项控制商品的,都必须报经社会集体购买力管理机关审批,到指定的商店购买,未经批准的,一律不得购买。"

（2）联合结构出现频率高。

在公文写作中经常使用联合词组充当句子中的各种成分,甚至在一句话中连续使用几个联合词组。

例句："各地区、各部门、各单位一律不得违反规定,在平时或中秋、国庆、元旦、春节等节日不准以任何借口、任何形式滥发奖金、补贴、津贴。"

例句："保护、发展和合理利用野生动物、野生植物资源。"

联合结构的运用可以减少句子中的许多重复成分,使公文内容的表达更为明确、全面和简练。但在文中运用联合结构时,要特别注意以下几点：联合词组的各项词性必须一致,而且结构相近;各项概念级别一致,严格区分种概念和属概念,各项概念的外延不得重复、交叉;联合词组内的词序应按一定的逻辑顺序排列。

(3)无主句、祈使句使用频率高。

无主句在颁布法令、法规、规章、制度的公文中运用十分广泛。

例句:"禁止猎捕、杀害国家重点保护野生动物。"

这一句是国家法律条文,是人们行为的规范,任何一个公民、任何一级政府都有遵守和执行的义务,因此不需要也无法补出主语。无主句的运用既能明确表意,能使文字表达简洁,符合公文语言的要求。

祈使句在指挥类的命令、决定、通报、通知、请示、求批函等文种中使用较多。它主要用来明确地告诉人们可以做什么、不准做什么、请求做什么等。祈使句常用"必须"、"应该"、"禁止"、"不准"、"不得"、"请"等词语,来表达规定性、指示性和请求性。

例句:"要建立严格的会议审批制度,一切会议都不准住高级旅游宾馆,不准举行宴会,不准用烟酒招待,不准发纪念品和土特产品。"

例句:"以上意见如无不妥,请批转××××共同贯彻执行。"

工具五:公务文书处理程序

(一)公文处理原则

《党政机关公文处理工作条例》规定,公文处理应该做到:及时、准确、安全。

1. 及时

公文是为贯彻党和国家的方针政策、开展公务活动而服务的,延误时间,就会降低行政效率,甚至造成经济损失。因此,无论是公文的拟制、发送、传阅、落实,还是归档、整理、立卷等,都必须要及时,不拖拉,不积压。

2. 准确

公文处理要做到准确理解党和国家的方针政策和法律法规;准确领会和反映领导的意图;准确使用文种、发送传阅范围;语言表达方式、内容和形式也要准确。

3. 安全

公文处理要严格执行国家保密规定,确保国家秘密安全,要设立专门机构或人员处理公文。自动化办公设备要有加密装置,绝密文件不能用计算机或传真机传递。文件要按规定进行核查、立卷、归档或集中销毁。

(二)公文拟制

公文的拟制包括公文的起草、审核、签发等重要环节。拟稿时,稿本的第一页应使用专用发文稿纸,如图2-2所示,正文部分写不下时可写在另外的稿纸上。拟稿的其他环节都要按表中栏目的要求填写,以示对发文负责。

1. 起草

起草就是写作公文初稿。这是公文制发的关键环节,决定着公文的质量。文秘人员

×××××发文稿纸		
密级：	缓急：	
签发（由承办单位负责人签署核准意见及姓名与日期）	核稿（由多个单位联合发文时，各有关单位负责人签署核准意见及姓名与日期）	
主送：		
抄送：		
发文字号：	成文日期：	
拟稿单位：	拟稿：	核稿：
印刷：	校对：	份数：
附件：		
标题：		
（正文）		

图 2-2　发文稿纸的格式

起草公文时应当做到：

（1）符合国家法律法规和党的路线方针政策，完整、准确体现发文机关意图，并同现行有关公文相衔接。

（2）一切从实际出发，分析问题实事求是，所提政策措施和办法切实可行。

（3）内容简洁，主题突出，观点鲜明，结构严谨，表述准确，文字精练。

（4）文种正确，格式规范。

（5）深入调查研究，充分进行论证，广泛听取意见。

（6）公文涉及其他地区或者部门职权范围内的事项，起草单位必须征求相关地区或者部门意见，力求达成一致。

（7）机关负责人应当主持、指导重要公文起草工作。

公文撰拟完成后，填写发文稿纸，附在文稿之前，然后送有关部门领导审核。

2. 审核

公文在送交部门领导签发前，应由办公厅（室）核稿人员专门审核。审核的重点是：

（1）行文理由是否充分，行文依据是否准确。

（2）内容是否符合国家法律法规和党的路线方针政策；是否完整准确体现发文机关意图；是否同现行有关公文相衔接；所提政策措施和办法是否切实可行。

（3）涉及有关地区或者部门职权范围内的事项是否经过充分协商并达成一致意见。

（4）文种是否正确，格式是否规范；人名、地名、时间、数字、段落顺序、引文等是否准确；文字、数字、计量单位和标点符号等用法是否规范。

（5）其他内容是否符合公文起草的有关要求。

需要发文机关审议的重要公文文稿，审议前由发文机关办公厅（室）进行初核。

总之，审核要严肃认真，谨慎把关，反复斟酌，适度处理，以确保公文质量，严把公文出口关。

3.签发

签发是指主要领导对审核拟发的公文文稿最后核准。公文应当经本机关负责人审批签发。重要公文和上行文由机关主要负责人签发。党委、政府的办公厅(室)根据党委、政府授权制发的公文,由受权机关主要负责人签发或者按照有关规定签发。签发人签发公文,应当签署意见、姓名和完整日期;圈阅或者签名的,视为同意。联合发文由主办部门拟稿,协商一致后,所有联署机关的负责人进行会签。

(三)公文办理程序

根据《党政机关公文处理工作条例》规定,公文办理包括:收文办理、发文办理和整理归档等三个环节。

1.收文办理

收文办理的主要程序是:

(1)签收。对收到的公文应当逐件清点,核对无误后签字或者盖章,并注明签收时间。

(2)登记。对公文的主要信息和办理情况应当详细记载。

(3)初审。对收到的公文应当进行初审。初审的重点是:是否应当由本机关办理,是否符合行文规则,文种、格式是否符合要求,涉及其他地区或者部门职权范围内的事项是否已经协商、会签,是否符合公文起草的其他要求。经初审不符合规定的公文,应当及时退回来文单位并说明理由。

(4)承办。阅知性公文应当根据公文内容、要求和工作需要确定范围后分送。批办性公文应当提出拟办意见报本机关负责人批示或者转有关部门办理;需要两个以上部门办理的,应当明确主办部门。紧急公文应当明确办理时限。承办部门对交办的公文应当及时办理,有明确办理时限要求的应当在规定时限内办理完毕。

(5)传阅。根据领导批示和工作需要将公文及时送传阅对象阅知或者批示。办理公文传阅应当随时掌握公文去向,不得漏传、误传、延误。

(6)催办。及时了解掌握公文的办理进展情况,督促承办部门按期办结。紧急公文或者重要公文应当由专人负责催办。

(7)答复。公文的办理结果应当及时答复来文单位,并根据需要告知相关单位。

2.发文办理

发文办理的主要程序是:

(1)复核。已经由发文机关负责人签批的公文,印发前应当对公文的审批手续、内容、文种、格式等进行复核;需作实质性修改的,应当报原签批人复审。

(2)登记。对复核后的公文,应当确定发文字号、分送范围和印制份数并详细记载。

(3)印制。公文印制必须确保质量和时效。涉密公文应当在符合保密要求的场所印制。

(4)核发。公文印制完毕,应该对公文的文字、格式和印刷质量进行检查后分发。

例文评析

【例文1】

山东省教育招生考试院
山东省军区政治部文件
山东省公安厅政治部

鲁招考〔2014〕61号

关于做好2014年军队院校招收普通高中毕业生
和普通高等学校招收国防生工作的通知

各市招生(考试)办公室(院、中心),各警备区、军分区政治部,各市公安局政治部,军队各有关院校招生办公室,各有关普通高等学校招生办公室,各有关驻普通高等学校后备军官选拔培训工作办公室:

根据教育部、总政治部《关于做好2014年军队院校招收普通高中毕业生工作的通知》(政干〔2014〕167号)、《关于做好2014年招收国防生工作的通知》(政干〔2014〕168号)以及总政治部《中国人民解放军院校招生工作条例》、《军队院校招收普通高中毕业生工作实施细则》精神,结合我省招生工作实际,现就做好报考军队院校(以下简称军校)和普通高等学校(以下简称高校)国防生考生政治考核、面试、体检和录取工作的有关问题通知如下:

一、招生计划(略)

二、考生基本条件(略)

三、政治考核(略)

四、面试、体检(略)

五、录取(略)

附件:1.2014年军队院校招收普通高中毕业生计划
     2.2014年普通高等学校招收国防生计划
     3.略
     4.略
     5.略

山东省教育　　　　山东省军区　　　　山东省公安厅
招生考试院(公章)　　政治部(公章)　　　政治部(公章)

2014年6月9日

（此件发至县级招生委员会办公室、人民武装部、公安局）

抄送：教育部高校学生司，总政治部干部部，济南军区政治部干部部。

山东省教育招生考试院办公室印制　　　　　　　2014年6月9日印发

例文简评：本文属于一则联合普发性公文，发文机关标识、发文字号、标题、主送机关、正文、附件、署名、时间、公章、成文日期、附注、抄送机关、印制单位和印发时间，结构完整，语言规范，格式正确，层次分明。

【例文2】

浙江省国土资源厅文件

浙土资函〔2005〕69号

关于原则同意调整乐清市矿产资源规划的批复

乐清市人民政府：

你市《关于要求局部调整乐清市矿产资源规划的函》（乐政函〔2005〕2号）收悉。经研究，现批复如下：

一、为满足重点建设工程特别是滩涂围垦工程和标准海塘建设工程项目的需要，原则同意你市对《乐清市矿产资源规划》中禁采区的调整方案。

二、此方案在《乐清市矿产资源规划》修编时，需再作科学、全面、详细论证，以满足你市经济建设和社会可持续发展需求。

三、在原禁采区调整为限采区的范围内，只允许设置2-3个用于重点工程建设的石料矿山，新设矿山时间限定在2年以内。矿山选址及开采规模要经过科学论证，严格按开发利用方案进行开采，尽可能减少对生态环境的破坏，同时及时做好复垦还绿工作。

四、采矿权设置，要严格按规定程序报批，并有偿出让。

浙江省国土资源厅（公章）

××××年×月×日

抄送：温州市人民政府，国土资源局，乐清市国土资源局。

浙江省国土资源厅办公室　　　　　　　　　　2005年×月×日印发

例文简评：本文属于典型的下行文，版头、主体、版记一应俱全，体现公文的严肃、规

范、鲜明的形式之美；就其表达来看，又体现了准确、简明、庄重、得体的语言之美。

四、写作实训

完成前述写作任务。要求：公文的种类选择恰当，结构完整，格式正确。

五、检查与完善

（1）学生结合前述知识学习与写作练习，自我检查或相互检查。
（2）教师选择学生例文进行点评。
（3）修改、完善前述写作任务。
（4）对自己完成写作任务的情况进行学习总结。

 **写作实训拓展**

根据行政公文的规范格式要求指出并修改下面公文中的错误。

```
001
                    上海市人民政府文件

（13）沪府发第 51 号              签发人：杨×

            上海市人民政府关于印发《上海市××××实施办法》的通知
各区、县人民政府，市政府各委、办、局：
    《上海市×××××实施办法》已经市政府第 26 次常务会议讨论同意，
现印发给你们，请按照执行。
    附件：如文


                                        13 年 12 月 10 日


主题词：印发 办法 通知

二零一三年×月×日印发，  上海市人民政府办公厅印。

（共印 300 份）
```

任务二　通知

 学习目标

【知识目标】

学习通知的理论知识，明确该种公文在社会实践中的重要意义和作用。

【能力目标】

通过"通知"的写作任务训练,把理论知识转化为写作该文种的技能,掌握写作要领,并能熟练自如地进行材料写作。

一、写作任务

根据以下材料,起草一份公文:

××省为了贯彻全国农村经济工作会议精神,总结、交流2013年农村经济工作的情况和经验,部署2014年农村经济工作任务,讨论修改农村经济工作管理办法和农业系统反腐倡廉的有关规定,推动全省农业的发展,省委省政府决定:于2014年2月12日在××市召开全省农村经济工作会议。参加人员为各地(市)、县(市)委书记、行署专员、县(市)长,各地市、州、县农业局长,省直厅局有关单位负责人。参加人员于2月11日到××市留芳宾馆报到,会期5天。与会单位对2013年深化农村改革、科技兴农、严肃党纪、端正党风、纠正行业不正之风等方面有哪些经验,请写成书面材料带到会上交流。

二、写作任务分析

这个写作任务主要是为了让学生熟悉并掌握通知的用途、格式与写作要求。学生要起草一份合格的通知,了解通知的种类、特点、结构和写法就至关重要。

三、必备知识工具箱

工具一:通知的概念与种类

通知适用于批转下级机关公文、转发上级机关和不相隶属机关公文、传达要求下级机关办理和需要有关单位周知或执行事项、任免人员的公文。它主要是下行文,也可作平行文。

根据其作用,可分为下面几类通知:

(1)批转和转发性通知,用于"批转"或"转发"公文的通知。

①批转性通知,上级机关批转下级机关文件,要求有关单位执行或参照执行而使用的通知。这种通知是上级机关处理下级机关的公文,因此关键在于"批",也就是要对所转发机关的文件作出"同意"、"原则同意"、"很好"或"很重要"等批示,并要求有关单位"遵照执行"、"研究执行"或"参照执行"。

有的批转通知,不仅作出"同意"等批示要求有关单位执行,还借批转的机会在通知中作指示、提要求或作政策性规定。

②转发性通知,将上级机关或不相隶属机关的文件转发给下级机关的通知。这种通知是下级机关转发上级机关或不相隶属机关的文件,因而转发机关无权对其作"同意"或"很重要"等批示,但是在转发通知中,可以要求下级机关执行或参考,也可以结合本机关、本系统的实际情况作具体要求、指示或补充规定。

另外,领导机关办公厅(室)经常代领导机关处理下级机关的公文,但不用"批转",而用"转发",因为它们之间是不相隶属关系。

(2)印发性通知,指将本机关有关规章、会议文件和领导讲话等发给下级机关的通知。其特点在于"发"字,它是向下级机关下发本机关的文件。

(3)部署性通知,即传达要求下级机关办理事项的通知。主要用于向下级机关部署工作、交代任务、办理事项、处理问题和安排活动等。

(4)知照性通知,指传达需要有关单位和人员周知或执行事项的通知。如通知会议、知照设置或撤销机构、启用印章、迁址办公、更换作息时间以及停电停水等。

(5)任免性通知,用于任免和聘用干部的通知。在机关或系统内部,任免和聘用干部,一般用通知传达给有关部门和群众,也可用通知告知某具体人员。

(6)会议性通知,用于要召开比较重要的会议时,一般都要提前通知所属有关单位,这就是会议通知。这种通知要求写得明确具体,交代清楚会议名称、主持单位、会议内容、起止时间、参加人员、会议地点、报到地点、携带材料以及其他有关事宜。如果这些事项交代不清,丢三落四,就可能影响会议的按时召开和正常进行。

工具二:通知的结构与写法

通知一般由标题、主送机关、正文和落款四部分构成。

1. 标题

通知的标题由发文机关名称、事由和文种三个要素构成。它传递的信息是谁发的公文、主要内容是什么、用什么文种。如《国务院办公厅关于开展行政法规规章清理工作的通知》,其中"国务院办公厅"是发文机关名称;"关于开展行政法规规章清理工作"是通知事由,由动宾词组构成,语言简洁,概括准确;"通知"是文种。

对多层批转和转发的公文,可省去中间的桥梁单位,标题重复出现的"关于"、"通知"等字词应删去,使题意表达更为简明。

2. 主送机关

主送机关在标题之下空一行居左顶格书写,主送机关应写全称或规范化简称,如有多个主送机关排列,要用标点分开。如"各省、自治区、直辖市人民政府,国务院各部委、各直属机构;"人民政府与国务院职能部门是不同性质的机构,两者之间用逗号,而不能用顿号。

3. 正文

通知类别不同,正文写法不尽相同。

批转通知正文写法:首先对被转公文进行批示,然后交代转发,再提出执行要求,或作指示,或作政策性的规定。

转发通知正文写法:首先指明转发文件的目的、依据,然后交代转发,再向下级提出要求或做出具体执行规定。

印发通知正文写法与转发通知大体相同。

部署通知正文写法:首先写部署工作、任务的依据、目的、意义等,再写对具体工作、任务的部署,最后对受文单位提出希望或执行要求。

知照通知正文写法:先写缘由、依据,再写知照事项,最后用"特此通知"结尾。

任免通知正文写法:较简单,首先写明任免原因、依据,再写清被任免人员的姓名、职务等,结尾用"特此通知"就行了。

4. 落款

与常规公文落款要求相同。

工具三:通知写作的要求

1. 通知事项要清楚明确

通知事项是要求知晓和贯彻实施的具体内容,写作时要注意层次分明,重点突出,具体明确,使受文者知道要做什么、怎样做。不要空泛,以免影响上级意图的落实。

2. 通知语言要平实准确

通知的语言要平实朴素,陈述事项严谨准确,不能使用有歧义的语言,以免出现理解的偏差而贻误工作。

 **例文评析**

【例文1】

国务院文件

国发〔2012〕37号

国务院关于批转交通运输部等部门重大节假日
免收小型客车通行费实施方案的通知

各省、自治区、直辖市人民政府,国务院各部委、各直属机构:

国务院同意交通运输部、发展改革委、财政部、监察部、国务院纠风办制定的《重大节假日免收小型客车通行费实施方案》,现转发给你们,请认真贯彻执行。

国务院(印章)
2012年7月24日

国务院办公厅　　　　　　　　　　　　　　　　　　2012年7月24日印发

例文简评:本批转性通知简洁明了,开门见山,直接把所批转的公文标题写清楚,并说明该文已得到国务院的同意,现转发有关部门贯彻执行。通知正文篇段合一,所批转的公

文正文附后。

【例文2】

国务院办公厅文件

国办发〔2012〕53号

国务院办公厅转发教育部等部门关于进一步
加强学校体育工作若干意见的通知

各省、自治区、直辖市人民政府,国务院各部委、各直属机构:

  教育部、发展改革委、财政部、体育总局《关于进一步加强学校体育工作的若干意见》已经国务院同意,现转发给你们,请认真贯彻执行。

国务院办公厅(印章)
2012年10月22日

国务院办公厅秘书局   2012年10月22日印发

  例文简评:本转发性通知结构简明,开篇就直接把所转发文件的名称、文件制发单位名称写清楚,并要求受文单位认真贯彻执行,态度坚定明朗。在结构上篇段合一,在一段中写清所印发的文件名称和执行要求即可。语言庄重简练,体现了发文机关的权威性。

【例文3】

国务院办公厅文件

国办函〔2012〕147号

国务院办公厅关于印发国家环境保护
"十二五"规划重点工作部门分工方案的通知

国务院有关部门:

  《〈国家环境保护"十二五"规划〉重点工作部门分工方案》(以下简称《分工方案》)已经国务院同意,现印发给你们。各部门要认真贯彻落实《国务院关于印发国家环境保护"十二五"规划的通知》(国发〔2011〕42号)精神,把环境保护摆在更加重要的位置,加强领导,明确责任,各司其职,抓出成效。要按照《分工方案》的要求,对涉及本部门的工作进一步细化分解,制定具体措施,认真抓好落实。对工作分工中涉及多个部门的工作,部门间要密切协作,牵头部门要加强协调,及时跟踪进展情况。环境保护部要积极发挥主体作用,认真做好统筹协调,会同有关部门开展督促检查,把推进国家环境保护工作的各项政策措施落到实处。各省(区、市)人民政府要落实地方责任,做好与有关部门的衔接沟通,抓好工作落实。

国务院办公厅(印章)

2012 年 8 月 21 日

国务院办公厅　　　　　　　　　　　　　　　　2012 年 8 月 21 日印发

例文简评:本印发性通知开头以简洁的文字,先表明印发的文件已经得到国务院的同意,并要求各省(区、市)人民政府认真贯彻执行,加强领导,明确责任,各司其职,抓出成效,把推进国家环境保护工作的各项政策措施落到实处。语言平实准确,层次分明。

【例文 4】

国务院办公厅文件

国办发〔2012〕45 号

国务院办公厅关于成立
国务院教育督导委员会的通知

各省、自治区、直辖市人民政府,国务院各部委、各直属机构:

　　为贯彻落实《国家中长期教育改革和发展规划纲要(2010-2020 年)》,进一步健全我国教育督导体制,国务院决定成立国务院教育督导委员会。现将有关事项通知如下:

　　一、主要职责

　　研究制定国家教育督导的重大方针、政策;审议国家教育督导总体规划和重大事项;统筹指导全国教育督导工作;聘任国家督学;发布国家教育督导报告。

　　二、组成人员

　　主　　任:刘延东　国务委员
　　副主任:袁贵仁　教育部部长
　　　　　　江小涓　国务院副秘书长
　　委　　员:朱之鑫　发展改革委副主任
　　　　　　刘利民　教育部副部长
　　　　　　陈小娅　科技部副部长
　　　　　　黄　明　公安部副部长
　　　　　　王　伟　监察部副部长
　　　　　　张少春　财政部副部长
　　　　　　王晓初　人力资源社会保障部副部长
　　　　　　郭允冲　住房城乡建设部副部长
　　　　　　刘　谦　卫生部副部长

侯　凯　审计署副审计长

国务院教育督导委员会办公室设在教育部,承担委员会日常工作。委员会成员因工作变动等需要调整的,由所在单位向办公室提出,报委员会主任批准。

国务院办公厅(公章)
2012 年 8 月 26 日

国务院办公厅　　　　　　　　　　　　　　　　　　　2012 年 8 月 26 日印发

例文简评:本知照性通知先写明为贯彻落实《国家中长期教育改革和发展规划纲要(2010～2020 年)》,进一步健全我国教育督导体制,国务院决定成立国务院教育督导委员会及国务院教育督导委员会的主要职责。最后公布国务院教育督导委员会的组成人员,以使受文单位知晓。知照性通知结构简明,语言简明扼要。

【例文 5】

潍坊市人民政府关于任××、袁××同志职务任免的通知

各县市区人民政府,市属各开发区管委会,市政府各部门、各直属机构,各重点企业,各高等院校:

市人民政府决定,聘任:

任××同志为潍坊市财政局基层财政管理处主任。

聘任职务聘期三年。

免去:

袁××同志潍坊市农产品质量检测中心主任职务。

潍坊市人民政府(公章)
2013 年 9 月 23 日

例文简评:本人事任免性通知体现了本类通知结构简单篇幅短小的特点。先写明任免依据,再公布人员名单及职务的任命或免除。直陈其事,要言不烦。

【例文6】

中共国资委党委办公室文件

国资党办发〔2012〕67号

国资委党委关于召开第二届中央企业思想政治
工作表彰大会暨中央企业党建思想政治
工作研究会第三次会员大会的通知

各中央企业：

经研究，定于2012年9月12日召开第二届中央企业思想政治工作表彰大会暨中央企业党建思想政治工作研究会第三次会员大会。现将有关事项通知如下：

一、会议时间及地点

时间：9月12日9：00～12：00

地点：北京远望楼宾馆（地址：北京市海淀区北三环中路57号）

二、会议内容

1. 表彰第二届中央企业思想政治工作先进单位和优秀个人。

2. 审议中央企业党建政研会第二届理事会工作报告和财经工作报告，选举产生第三届理事会理事、常务理事及领导机构人员。

3. 表彰中央企业党建政研会2009～2010年度优秀研究成果和优秀组织奖单位。

三、参会人员

1. 中央企业党建思想政治工作研究会第三届理事会理事候选人或分管党建思想政治工作的负责同志1人。

2. 非理事会员单位负责同志1人。

3. 各中央企业党群或宣传部门负责人1人。

4. 部门获奖代表（另行通知）。

四、其他事项

1. 本次会议原则不安排住宿，不收取费用；京外代表如需安排住宿请在参会回执（见附件1）中注明。请各中央企业于9月3日前将参会回执报国资委党委宣传部。

2. 请参会代表于9月12日8：30前在一层大堂报到。

3. 请自制车证（见附件2）。

联系人：国资委宣传工作局陈××、沈××

联系电话：010—6319××××、631933××（传真）

附件：

1. 参会回执

2. 车证

国资委党委办公室（印章）
2012 年 8 月 24 日

国资委党委办公室　　　　　　　　　　　　　　　2012 年 8 月 24 日印发

例文简评：本会议通知，第一层就开门见山说明开会的时间和会议主题，接着用一个过渡句过渡到下文。第二层次写清会议的时间、会议内容、参加人员和有关事项等，使公文受理人员清楚明白。全文语言简洁，庄重得体。

四、写作实训

完成前述写作任务。要求：公文的种类选择恰当，语言得体，结构完整，格式正确。

五、检查与完善

（1）学生结合前述知识的学习进行写作练习，自我检查或相互检查。

（2）教师选择学生例文进行点评。

（3）修改、完善前述写作任务。

（4）对个人完成的写作任务情况进行总结。

写作实训拓展

（一）判断题。

1. 通知的行文方向具有多向性。　　　　　　　　　　　　　　　　　　（　　）

2. 在批转和转发公文时，对标题中多次出现的"关于"和"通知"应要整合，使标题更为简洁明了。　　　　　　　　　　　　　　　　　　　　　　　　　　　　（　　）

3. 通知也适用于对下级机关请示文的批复。　　　　　　　　　　　　　（　　）

4. 主送机关第一行写不完要回行时，应与第一行的冒号对齐。　　　　　（　　）

5. 通知的附件要居左顶格书写。　　　　　　　　　　　　　　　　　　（　　）

（二）评改下列通知的标题。

1. 国务院转发国家医药局关于进一步治理整顿医药市场意见的通知。

2. 国务院办公厅批转关于国家旅游管理局进一步清理整顿旅行社意见的通知。

3. ××镇人民政府关于印发××县人民政府〔2013〕6 号文件的通知。

4. ××市工商管理局转发工商分局《关于建立安全岗位责任制经验总结》的通知。

5. 国家旅游管理局关于批转国务院《旅行社管理暂行条例》的通知。

6. 转发省劳动厅，人事厅，财政厅，省总工会"关于转发劳动部，人事部，财政部，全国总工会《关于补发离退休人员生活补贴费》的通知"的通知。

7. 关于庆祝教师节开展游园活动的通知。
8. 关于人事局做好2013年职称评聘工作的通知。

(三)指出下列通知存在的问题,并进行修改。

1.

××县卫生局会议通知

全县各食品加工业：

根据上级要求,对全县食品加工业的卫生状况进行一次大检查,我们拟召开食品加工业负责人会议,现将有关事项通知如下：

一、会议时间：2012年12月中旬在花都宾馆报到,会期三天。

二、与会人员：全县国有,私营食品加工业及县个体劳协会来一人,不准缺席,否则后果自负。

三、食宿等一切费用完全由个人自理。

××县卫生局

2012年12月6日

2.

××县政府转发县工业局关于当前工业生产的意图的通知

各乡,镇人民政府,县直各单位：

县人民政府同意县工业局《关于当前工业生产的意见》,现印发给你们,请遵照执行。

当前,全国工业园区万紫千红,百花争艳,工业生产形势喜人、逼人。县人民政府希望,工业战线广大职工借这股强劲的东风,像园丁一样,开动脑筋,群策群力,辛勤地耕耘我县的工业园地,努力奋斗,勤俭节约,力争超额完成今年全县工业生产任务,多创利税,把我县工业生产推向一个新的台阶。

××县人民政府

二〇一二年十二月二十七日

(四)根据下面材料,草拟一份通知。

××省人民政府办公厅2013年1月15日,以×政办发〔2013〕3号文向各市人民政府、省直各厅局委办发出通知,要求严格控制外出参观考察,禁止公费旅游。这类活动不仅浪费财政资金,造成经费压力,而且极易滋生享受玩乐的风气,负面影响很不好,群众对此意见很大。为此再作如下通知。近年来,国务院曾多次发出通知,三令五申,要求各地、各部门严格控制外出考察活动,坚决制止以出差、参观、学习为名义去游山玩水的不正之风。但到目前为止,此风尚未刹住。一些地方、部门还有滋生蔓延之势,首先要求全体党员干部自觉抵制各种不正之风。今后凡出现借机游山玩水的现象,首先要追究参与此事的领导干部的责任,情节严重者,按违反党纪论处。再次重申,各市、各省直单位,今后一

般不要专门组织外出参观考察活动。如有特殊需要,必须组织外出参观活动的,需经省人民政府批准。各单位应根据实际需要,作出经费计划,严格控制,不得超标。建立和健全财会审批和报销制度,按制度办事。出差和开会期间,组织就近游览活动,交通、景点门票等费用一律由个人负担。各市、各部门在接到本通知后,要认真进行一次检查。对游山玩水造成严重浪费者,要批评教育,适当处理,并制定相关的具体规定。

任务三 通报

 学习目标

【知识目标】

熟悉通报的理论知识;了解通报和通知的区别;明确通报在社会实践活动中的重要作用。

【能力目标】

能够将理论知识用于实践,根据实际情况,写作各类通报。

一、写作任务

根据以下材料,选择合适的文种,起草一份公文。

2014年2月13日下午1点多钟,××县公安民警刘民正与儿子在儿童公园游玩,忽然从不远处的白龙湖传来呼救声。刘民立刻飞奔到白龙湖畔,原来有一男孩不慎落水。刘民来不及多想,只想到自己是一名人民警察,关键时刻应该挺身而出。他脱掉大衣,跃入水中。二月的北方,湖水冰冷刺骨,但他没有想到个人安危,心中只有一个念头:一定要救起孩子。刘民一次、两次、三次潜入水中,终于把落水儿童救到岸上,孩子得救了,刘民却因冰冻昏迷了三天三夜。经过多方抢救,刘民终于脱离了生命危险。

××县政府奖励了刘民5000元、授予了他"见义勇为先进分子"荣誉称号,并号召广大干部群众向他学习。

二、写作任务分析

根据以上材料,作出分析:某些善行需要倡导、教育,某些不良现象需要警示、禁止,但又没有具体的针对性和规定性,公告、通知、通告都不适用,这种情况就适合选择"通报"这个文种了。要想起草一份合格的通报,了解通报文体的写作规范至关重要。

三、必备知识和工具箱

为了完成这个写作任务,我们必须掌握通报的一些基本知识:通报的含义、通报的特点、通报的种类、通报的结构和写法。

工具一:通报的含义和特点

(一)通报的含义

通报是政府机关、社会团体、企事业单位用来表彰先进、批评错误、传达重要精神或者告知重要情况的公文。

通报的应用较为广泛,它可以用于表扬好人好事,从而弘扬正气、树立新风;也可以用于批评错误,总结教训,告诫人们防止类似问题的发生;还可以用来传达重要精神、通报情况、交流信息,从而指导推动工作的开展。

(二)通报的特点

1. 内容真实

通报所涉及的时间、地点、人物、事件、过程、结果和数据要客观真实,不能随意夸大或缩小。只有真实才能感化人、教育人,才能发挥通报的作用。任何虚构、编造、夸张和渲染都不可取,造假和拔高只会适得其反。

2. 事件典型

通报涉及的好人好事或错误行为应具有一定的代表性和普遍性,这样才能引起人们的重视,起到宣传教育、警示告诫、批评督导的作用,否则很难产生共鸣。

3. 引导教育

通报的教育和引导作用很明确,无论是表彰先进、批评错误,还是情况通报、传达精神,其目的就是要激励先进、树立榜样、弘扬正气、打击邪气、惩罚错误、吸取教训和沟通引导等,包含很强的指导和教育意义。

工具二:通报的种类

根据内容和性质不同,通报一般可分为表彰通报、批评通报和情况通报三种类型。

(一)表彰性通报

主要是用于表彰先进集体和先进个人,宣传先进事迹,树立榜样,推行经验,以激发热情,推动工作的开展。

(二)批评性通报

主要是用于批评处理违反党和国家的政策政令、违反有关规定而造成严重事故或导致重大经济损失、产生不良影响的单位和个人,以惩治违纪者和事故责任人,教育人们引以为戒,防止类似错误或事故再次发生。

（三）情况通报

主要用于上级机关向下级单位传达有关社会政治、经济、文化和治安等方面的重要情况以及上级的工作意图，使上下能统一认识、统一思想，更好地开展工作。

工具三：通报的基本结构与写法

（一）通报的基本结构

通报一般包括标题、主送机关、正文三个部分。

1. 标题

通报的标题一般由发文机关名称、事由和文种三个要素构成，如《国家安全监管总局办公厅关于2012年度烟花爆竹药物安全抽检工作情况的通报》（安监总厅管三〔2013〕30号）"。也可省略发文机关名称，只写事由和文种。

2. 主送机关

通报的主送机关常是发文机关的下属单位。其带有普发性的情况较多，且常用统称，因此要特别注意排列的顺序。通报有时也不写主送机关。

3. 正文

通报的构文程式通常由陈述事实、分析评价、表彰或处理决定、希望或要求等四个部分构成。

（1）陈述事实。

要求以平实简练的语言陈述相关事实，对事情的时间、地点、人物、事件、经过、结果等进行概述。所陈述之事，要真实可信。不能故弄玄虚，凭空想象，也不能渲染夸张，任意抬高或贬低。无论是表彰批评，还是情况通报都应客观真实。

（2）分析评价。

就是由事入理，从感性认识上升到理性认识。对先进人物和事件的评析，要指出其所包含的时代精神和意义，或体现出来的高尚情操和思想境界。评价要中肯得当，使人在精神上受到鼓舞和激励。对错误和事故的评析，要切中要害、鞭辟入里，指出发生错误或事故的原因、性质和危害以及对社会造成的负面影响和损害，使人得到警示和教育。

（3）表彰或处理决定。

就是对先进集体或先进人物进行恰如其分的表彰与奖励，或对错误和事故进行处分和惩罚。表彰与处理决定应明确清楚，定性准确有依据，奖惩合理有规则，能够起到奖励先进、惩罚错误的作用。

（4）希望或要求。

就是针对性地提出希望和要求。表彰通报一般是号召人们向先进集体或先进个人学习，推动各项工作的开展，为社会多作贡献。批评通报则是提醒告诫人们，警惕类似错误和事故的发生，或是重申相关法律法规，提出防范措施和要求。

工具四：通报的写作要求

（一）事例要典型、真实

典型就是具有代表性和普遍性，只有典型才能反映事物的本质，体现出时代的精神面貌，才有通报的意义和价值。反面典型也会有警示的作用。通报的事例要真实可靠，不能夸大缩小，甚至细节也要反复核实，经得起检验和推敲。失真失实的通报，不仅不能起到鼓舞教育作用，反而会造成不良影响，应予以避免。

（二）分析评价要中肯、客观

无论哪一种通报，都要在态度鲜明、分析中肯的基础上，做到评价实事求是、结论公正准确。理论归纳要画龙点睛，使人们的认识得到提高，思想受到教育，从而达到该通报的目的。不能无中生有，乱戴高帽，使评价失去依据。

（三）语言要简洁、庄重

通报应少用或不用描写性语言，做到简洁庄重。这是撰写作为公文的通报必须做到的。表扬性、批评性的通报还应特别注意掌握好用语分寸，要力求文实相符，做到赞颂而不失庄重，批评而不失偏颇，从而达到预期的效果。

知识链接

通知与通报的区别

1. 内容范围不同

两者虽然都有告知的作用，但通知告知的主要是工作的情况以及共同遵守执行的事项；通报则是告知正反面典型，或有关重要的精神或情况。

2. 目的要求不同

通知的目的是告知事项，布置工作，要求受文机关了解要办什么事，该怎样办理，不能怎样办理，有严格的约束力，要求遵照执行；通报的目的主要是或交流、了解情况，或通过正反面的典型去教育人们，宣传先进的思想和事迹，提高人们的认识。

3. 表现方法不同

通知的表现方法主要是叙述，告知人们做什么，怎样做，叙述具体，语言平实；通报的表现方法则常兼用叙述、分析和议论，有较强的感情色彩。

4. 行文时间不同

通知告知的相关事项，一般是在事前行文，而通报告知的是已经发生过了的有关情况，只有在事后才可以行文。

【例文1】

<h1 style="text-align:center">山东省供销合作社联合社
关于对山东鲁棉集团天元仓储有限公司
成功处置重特大火灾险情的通报</h1>

供销基字〔2014〕23号

各市供销合作社、省联社各直属事业单位、各出资企业：

2013年12月11日11时13分许，山东鲁棉集团天元仓储有限公司章丘库北区当班警消人员贾洪超例行巡查到19号库时，闻到19号库内2号垛有棉花燃烧的气味，立即报告给值班班长，值班班长随即启动报警程序。11时15分，安全科、分管安全的副主任依次接警，并立即启动应急预案。11时17分，抢险人员全部到位，立即将库内2号垛棉花转移至库外空闲货场的安全区域，逐包检查，寻找着火点。11时36分，确定了被阴燃的棉包（包号：207924）并转移至货场外作进一步的灭火处置。随后，将该批棉花转移到更远的安全位置，逐包单列，拉开间距，专人盯守，严密监控，并对该批棉花生产企业送储的其他批次的棉花也进行了重点排查和监控。对整个处置过程公司进行了照相取证。经分析认定，此次火险是机打棉包在打包过程中遗留火种经阴燃造成的，生产厂家对此毫无异议。

山东鲁棉集团天元仓储有限公司之所以能够及时发现和处置重特大火灾险情，是因为他们能够遵循安全发展理念，始终把安全生产放在首位，在长期的安全生产工作中，总结创新了符合棉花仓储特点的一套行之有效的管理办法。即："两个强化"、"两个落实"、"三个坚持"、"四个把关"的科学管理方法。"两个强化"是：强化全员安全意识，强化安全教育培训力度。"两个落实"是：落实安全责任制，落实三级值班制度。"三个坚持"是：坚持安全例会不间断，坚持防火预案演练不松懈，坚持隐患排查治理不放松。"四个把关"是：严把设施设备有效运转关、门禁关、现场作业关和安全巡查关。事件发生后，中储棉总公司法律总监和青岛库总经理专程到章丘库作了实地勘察，认为这是一起典型案例，值得在行业内认真总结、加以推广；并安排山东鲁棉集团天元仓储有限公司在1月8日召开的中储棉青岛片区管理工作会议上作了专题经验介绍。对他们的做法省联社给予了充分肯定，决定予以表扬，并给予一定的物质奖励。

希望山东鲁棉集团天元仓储有限公司继续发扬成绩、戒骄戒躁，扎扎实实落实好各项安全防范措施，确保棉花储存安全。希望全省各级供销合作社、各单位要以山东鲁棉集团天元仓储有限公司为榜样，认真学习和借鉴他们科学的安全管理方法，进一步坚持"安全第一、预防为主、综合治理"的方针，牢固树立安全发展理念，落实好安全生产监管责任、企业安全生产主体责任和各项规章制度,加强全员安全教育培训和应急预案演练,不断提高全员安全意识和消防技能,有效遏制和坚决杜绝较大以上安全事故,确保全省供销合作社安全生产形势持续良好稳定,为全省供销合作社改革发展保驾护航。

山东省供销合作社联合社
2014 年 2 月 8 日

例文简评: 这是一则由山东省供销合作社联合社发出的表彰性通报。开篇首先介绍了山东鲁棉集团天元仓储有限公司从发现异常情况到避免重大火灾发生所采取措施的全过程,内容精练、准备、要素齐全。主体部分的分析评价客观中肯,依据充分。全文结构完整、规范,层次分明,条理清晰。

【例文 2】

国务院关于表扬全国"两基"工作先进地区的通报

各省、自治区、直辖市人民政府,国务院各部委、各直属机构:

在党中央、国务院正确领导下,经过各地、各部门和全国人民的共同努力,2011年我国全面实现了九年义务教育,青壮年文盲率下降到 1.08%。这是我国教育改革发展的重大成就。在实施"两基"(基本普及九年义务教育、基本扫除青壮年文盲)巩固提高和"两基"攻坚过程中,各地党委政府认真贯彻落实教育法律法规和方针政策,坚持教育优先发展,突出"两基"重中之重地位,加强组织领导,广泛宣传动员,上下一心,扎实工作,许多地区作出了显著成绩,创造了丰富经验。为表扬先进,激励和动员全社会进一步重视、关心、支持教育事业,推动义务教育工作迈上新的台阶,国务院决定,对北京市顺义区等 80 个"两基"工作先进地区予以通报表扬。

希望受到表扬的先进地区再接再厉,开拓进取,改革创新,把本地区的义务教育提升到一个新水平,开创教育改革发展新局面。各地区要向受到表扬的先进地区学习,坚持以科学发展观统领教育事业全局,坚持把义务教育摆在重中之重的位置,深入贯彻落实《国家中长期教育改革和发展规划纲要(2010~2020年)》,努力办好人民满意的教育,推动教育事业在新的历史起点上科学发展,为全面建设小康社会和中华民族伟大复兴作出新的更大贡献。

附件:全国"两基"工作先进地区名单

国务院(印章)
2012 年 9 月 5 日

例文简评: 本篇表彰性通报第一段概述了 2011 年我国全面实现九年义务教育,青壮年文盲率下降到 1.08%,我国教育改革发展取得重大成就,各地作出了显著成绩,创造了丰富经验,并提出对北京市顺义区等 80 个"两基"工作先进地区予以通报表扬。第二段是提出希望,要求受到表扬的先进地区再接再厉,开拓进取,改革创新,把本地区的义务教育提升到一个新水平,开创教育改革发展新局面。全文语言简练,概括性强,有很好的教育作用。

【例文3】

××省化工总公司党委关于
授予张××"优秀共产党员"荣誉称号的通报

各分公司党委、总公司党委各部门、各直属机构：

张××同志是××分公司所属天宏化工管道维修工人,共产党员。今年5月12日上午8时30分,该厂成品车间后处理工段油气管道突然爆炸起火。正在利用公休日清理夜间施工现场的张××被爆炸气浪猛烈推到,头部、右臂和大腿等多处受伤,鲜血直流,鞋子也被甩出很远。在这危急关头,张××强忍剧痛,迅速爬起来,顾不得穿鞋和查看伤势,踩着玻璃碎片,冲入烈火之中,迅速关闭了喷胶阀门、油气分层罐手阀、蒸汽总阀。接着先后用了十余个干粉灭火器扑救颗粒泵、混胶罐等处的大火,在随后赶来的保安人员的援助下,共同英勇奋战十余分钟,最终将大火全部扑灭,避免了火势的蔓延。

张××同志在身体多处受伤、火势凶猛并随时可能发生更大爆炸的万分危急关头,将个人生死置之度外,果断处理突发事件,为遏制火势蔓延、防止事故扩大、减少国家财产损失作出了突出的贡献。他的行为体现了为保护国家财产和人民利益而置个人生命安危于度外的崇高精神品质,谱写了一曲保持共产党人先进性的正气之歌。

为了表彰张××的英雄行为和崇高的革命精神,总公司党委研究决定：授予张××"优秀共产党员"荣誉称号,将张××奋力灭火的英勇事迹通报全公司,晋升二级工资,并颁发灭火奖励10000元,以资鼓励。

希望各分公司党委、各直属机构组织广大共产党员和干部职工以张××为榜样,落实安全生产责任,努力做好本职工作,为化工行业的改革与发展作出更大的贡献。

××省化工总公司党委(印)
2013年5月20日

例文简评：这是一则对个人授予荣誉的表彰性通报。标题写作规范,正文结构完整,语言表达准确,具有较强的借鉴作用。

【例文4】

××市食品酿造公司关于
××食品厂司机×××私自开车到北戴河游玩的通报

公司所属各单位：

今年8月8日晚,××食品厂司机×××以磨合汽车为借口,擅自驾驶"630"

食品防尘车并带上五人从××分厂去北戴河游玩。10日8点抵达北戴河,至12日夜间12点才返回公司,行程600多公里。

×××的行为,违反组织纪律,错误实属严重。车队负责人在问题发生后未及时向公司汇报,这种做法也是错误的。为了严肃纪律,维护公司利益,同时教育×××本人,经公司研究决定:对司机×××予以通报批评,扣发三个月奖金,并责令其上交全程所用汽油费。

望各单位接此通报后,组织员工们及时学习、讨论,从中吸取教训,把各项工作提高到一个新水平。

××市食品酿造总公司
××××年×月×日

例文简评:这是一则对个人给予处分的批评性通报。标题结构完整,正文首先介绍错误经过,语言简练,表述清晰。接着对错误事实进行评价,进而提出批评决定,最后提出希望。全文结构紧凑、言简意赅,实用性强。

四、写作实训

完成前述写作任务。要求:

(1)通报的种类选择适当,标题写作符合规范。
(2)符合通报的相关写作要求。
(3)材料取舍恰当,主题突出,逻辑清晰,文通字顺。

五、检查与完善

(1)学生结合前述写作规范,自我检查或相互检查。
(2)教师选择学生例文进行点评。
(3)修改、完善前述写作任务。
(4)总结自己完成写作任务的得失。

 **写作实训拓展**

(一)判断题。

1.通报的标题有时可以省去发文机关名称和通报事由,仅仅写文种"通报"两字。(　)
2."通报"是一种平行文。(　)
3.通报对事实进行叙述时,可以渲染夸张,设置悬念,以增强生动性。(　)
4.通报对先进人物的细节描写可以适当的虚构。(　)
5.通报所涉及的数据可以根据存在的问题,并做修改。(　)

(二)指出下面两列通报存在的问题,并作修改。

1.

××县财政局关于对××公司违反财经纪律滥发奖金的通报

××××：

　　近几年，××公司一直经营不善，造成连年亏损。年初由我局和企业局组成的财务检查小组，通过清仓查库与财务检查，发现该公司在生产过程中，浪费严重，财务管理不严，造成公司亏损50万元，责令期限扭亏为盈。

　　该公司去年第四季度共发奖金21.6万元，为该公司标准工资的3倍，超过额定奖金7.8万元。特别严重的是，该公司为了逃避监督，不经批准擅自从银行骗了大量现金来发奖金，这种弄虚作假、骗取奖金的行为，严重违反了财经纪律。现决定扣回超发的奖金，并予通报批评。

××县财政局
2013年3月15日

2.

关于××县民政事业费管理使用问题的通报

　　××县随意挪用、占用和滥用民政事业费的问题，是非常严重的。民政事业费体现了党和国家对广大优抚、救济对象生活疾苦的关怀，任何人挪用、侵占民政事业费，都是党纪国法所不容许的。凡是××县挪用和占用的事业费必须限期如数追回。为了严明党纪国法，对挪用、占用民政事业单位的有关人员，要按党纪政纪严肃处理，并将处理结果报市人民政府。

　　各县区要把××县的问题引以为戒，加强民政事业费的管理，进一步加强民政事业费管理体制的建设，杜绝××县的问题再度发生。

××人民政府
2012年12月25日

（三）写作题。

　　元月上旬以来，××市××医药总店每天派出两名职员推着流动售货车，佩戴××市工商行政管理局最近发给该店的零售营业执照，在市郊人口稠密处销售人参蜂乳精、阿胶、参类、龟苓膏等20种不能用公费报销的高档滋补药物。他们公然违反省卫生厅、省财政厅在2000年12月30日转发的卫生部《关于滋补、营养、饮料等保健类药品不准公费报销的通知》的规定，弄虚作假，给购买者均开具发票，上面写的却是普通中草药或西药。市工商行政管理局发现这一情况后已暂时吊销了他们的营业执照，××市医药总公司也责成××医药总店作出了检讨。请以××市医药总公司的名义拟一份批评性通报，下发所属各分公司和各县医药公司。

任务四　报告

学习目标

【知识目标】

熟悉报告的理论知识,掌握不同种类报告的写作格式和写作技巧。

【能力目标】

能够将理论知识用于实践,根据实际情况,写作各类报告。

一、写作任务

根据以下材料,请以××市商务局的名义向××省商务厅起草一份报告。

××年×月×日上午9点20分,××市第二百货大楼发生重大火灾事故。事故结果未造成人员伤亡,但一幢三层楼房及大部分商品被毁,直接经济损失792万元。事故发生后,市消防队出动15辆消防车经4个小时才扑灭大火。经调查,事故的直接原因是电焊工李明违章作业,电焊火花溅到易燃货品上引起火灾,但也与第二百货公司领导及员工安全思想淡薄、公司安全制度不落实、许多安全隐患长期得不到解决有关。相关部门的处理情况是:市商务局副局长带领有关人员赶到现场调查处理;市人民政府召开紧急防火电话会议;市委、市政府对有关人员视情节轻重,做了相应处理。

二、写作任务分析

上述材料介绍了××市第二百货大楼发生重大火灾事故的时间、地点、损失情况以及事故的原因与处理结果。××市商务局向其上级机关××商务厅就此次重大火灾事故作详细的汇报,因此这篇报告属于呈报性情况报告。

三、必备知识和工具箱

为了完成这个写作任务,我们必须掌握报告的一些基本知识:报告的含义、特点、类型及不同种类报告的结构和写法。

工具一:报告的含义

报告是国家机关、社会团体、企事业单位所使用的汇报性和陈述性公文,适用于向上级领导机关汇报工作、反映情况、回复上级机关的询问。报告属于上行文,是使用频率较高的文种之一。

报告一般只向有隶属关系的上级机关呈送,汇报工作成绩和存在问题,反映有关重要

事情或回答上级机关提出的询问,为上级领导机关制定政策、开展工作提供参考依据。

工具二：报告的特点

1. 广泛性

行政机关、企事业单位、社会团体无论层级高低均可使用,用于下情上达、交流信息和沟通联系。

2. 汇报性

报告主要是汇报工作情况。如怎样贯彻落实上级有关政策和精神、怎样开展工作、取得什么成绩和经验、存在哪些问题或者发生什么重要情况等。

3. 单向性

报告是下级机关向上级汇报本单位的工作情况,让上级了解掌握更多的信息,为科学决策、协调监督提供依据。因此,报告上呈后,上级机关一般不作回复。

4. 陈述性

报告的表达方式是陈述性的,即以叙述和说明为主。然而,它的叙述和说明却必须是概括性的,只要求作粗线条的勾勒,而不能详述事件或工作的过程,更不要求铺排大量的细节,即便运用议论,也多限于夹叙夹议。

工具三：报告的类型

1. 工作报告

工作报告即向上级机关汇报工作的报告。多数工作报告只向上级机关汇报某一阶段工作的进展、成绩、经验、存在问题及打算,汇报上级机关交办事项的结果,汇报对某一指示传达贯彻的情况以及向上级机关报送物件或材料等,并不向上级提出工作建议。工作报告也可以提出工作建议。有的工作报告提出的工作建议只要求上级机关认可(即呈报类建议报告),有的则在提出工作建议的同时还要求上级机关批准转发(批转)给下级机关执行(即呈转类建议报告)。

2. 情况报告

情况报告即向上级机关汇报出现的新情况、新问题,特别是突发事件、特殊情况、意外事故及处理情况的报告。

3. 答复报告

答复报告就是针对上级机关询问的问题作出回复的报告。答复时,先引述上级要询问的问题或文件的标题与文号。然后实事求是地答复,不能避重就轻或是答非所问。

4. 递送报告

递送报告就是向上级机关或部门报送重要文件或物件时随文随物附送的报告。

工具四：报告的结构和写法

1. 标题

一般采用完整式公文标题的写法。如果标题中省略了发文机关,则落款时必须写发文机关名称。

2. 主送机关

一般是发文机关的直属上级机关。如有必要报送其他上级机关,可采用抄报形式。

3. 正文

（1）工作报告的正文围绕主旨展开陈述,内容一般包括基本情况、主要成绩、经验教训、今后意见或提出有关建议等几个部分。不同类型的工作报告,汇报的侧重点会有所不同。如果内容较多,则应分条列项写或分若干部分写,但各条项、各部分之间要有逻辑关系,避免无序交叉。

（2）情况报告的正文应围绕主旨、实事求是地概括叙述事件发生的原因、经过、性质,同时,要写出处理意见、处理情况或处理建议。

（3）答复报告的正文包括答复依据和答复事项两部分内容。答复依据即上级要求回答问题。

一般报告的结尾都有习惯用语。根据报告的不同内容使用不同的习惯用语。提出建议要求上级机关批转给下级机关的工作报告,常以"如无不妥,请批转有关单位执行"等请求式用语作结,其他各类报告常以"特此报告"、"专此报告"、"以上报告,请审示"等用语作结。

（4）递送报告的正文只需要写清报送材料的名称、数量,一般以"请审阅"作结即可。递送报告要加带附件。

工具五：报告的写作要求

（1）注意工作报告和情况报告的区别。工作报告反映的是常规性的工作,内容相对稳定,写法也相对固定,有的工作报告还向上级提出工作建议。而情况报告汇报的是偶发和突发的特殊情况,内容多不确定,写法相对灵活。

（2）经验体会是工作报告写作的难点。经验体会必须是从实际工作中概括出的能指导今后工作的规律性的东西,而不是简单的做法的罗列、拼凑。

（3）写情况报告要及时,以便及时让上级机关掌握情况。

（4）写答复报告要紧紧围绕上级机关提出的问题而回答,不能答非所问、节外生枝。

（5）报告中不能夹带请示事项。

例文评析

【例文 1】

2014 年潍坊市政府工作报告

各位代表：

现在,我代表市政府向大会报告工作,请予审议,并请市政协委员和其他列席会议

的同志提出意见。

一、2013年工作回顾

2013年，在中共潍坊市委的坚强领导下，在市人大及其常委会、市政协及社会各界的监督支持下，市政府与全市人民一道，紧紧围绕"四一三"战略重点和全市统筹发展战略布局，改革创新，开拓进取，扎实工作，圆满完成了市十六届人大二次会议确定的目标任务。

经济持续健康发展。全市实现地区生产总值4420.7亿元，增长10.6%。完成公共财政预算收入383.9亿元，增长15.6%。完成固定资产投资3430亿元，增长19.5%。实现社会消费品零售总额1758.8亿元，增长13.4%。城镇居民人均可支配收入、农民人均纯收入分别达到28386元、13273元，增长10%和12.5%。居民消费价格涨幅控制在1.6%。

（略）

二、2014年政府工作总体要求和目标任务

今年是全面深化改革的第一年，是全面完成"十二五"规划的关键一年。我们既面临一系列挑战，又面临难得的发展机遇。做好今年的工作，既要强化底线思维，有效预防和管控好各种风险；又要强化辩证思维和竞争意识，善于发现和抓住各种发展机遇，坚定自信心，汇聚正能量，满怀豪情地开创全市科学发展的新局面。

今年的政府工作，要认真贯彻落实中央和省委、省政府决策部署，牢牢把握稳中求进、改革创新的核心要求，以提高发展质量和效益为中心，加快转变发展方式，加快转变政府职能，加快转变工作作风，着力推动产业转型，着力激发市场活力，着力保障和改善民生，促进经济持续健康发展和社会和谐稳定，努力实现更高层次新发展，加快建设富裕文明新潍坊。

……

根据以上要求和目标，今年重点做好七个方面工作：

（一）加快推进产业转型，在构建现代产业体系上实现新突破。立足实际，面向未来，以加快建设"四个基地"为目标，推动产业向高端高质高效方向转型发展。（略）

（二）以科技创新为重点，在推动创新发展上实现新突破。实现转型发展，最根本的是要不断提高创新对经济社会发展的贡献度。（略）

（三）全面深化改革，在体制机制创新上实现新突破。全面落实中央、省和市委关于深化改革的决策部署，正确、准确、有序、协调推进各领域改革，以改革为统领，推动经济社会全面协调发展。深化农村改革。基本完成农村土地承包经营权确权登记颁证，加快农村集体资产股份制改造。（略）

（四）深化对外交流合作，在开放发展上实现新突破。创新外贸发展方式。创新办展办会方式，优化出口市场结构、产品结构，新培育10个外贸转型升级示范基地，增设50个海外营销网点，鼓励17个省级出口名牌企业开展国际商标注册、质量标准认证、专利申请，支持有条件的企业创建、并购国际品牌。（略）

（五）加快重点区域开发建设，在统筹区域发展上实现新突破。大力实施"蓝黄"战略。举全市之力突破滨海。突出海洋特色，抓好港口带动，加快建设海洋经济新区和现代工业新城。（略）

（六）以人的城镇化为核心，在加快构建新型城镇化体系上实现新突破。推进城乡建设由扩张型向内涵式发展转型。突出以人为本。（略）

（七）以保障和改善民生为重点，在加强社会建设上实现新突破。继续加大力度改善民生，全市民生支出占公共财政支出的比重达到60%以上。坚持普惠性和重点救助相结合，今年继续办好7个方面25件民生实事（附后）。进一步提升创业就业服务和社会保障水平。（略）

……

三、加强政府自身建设

适应市场化、信息化、国际化的新形势和转型发展的新要求，顺应人民群众的新期待，按照建设"五型"政府的目标，大力加强政府自身建设。

（一）大力加强作风建设。（略）

（二）提高行政效能。（略）

（三）坚持依法行政。（略）

（四）努力提升职业化水平。（略）

（五）坚持廉洁从政。（略）

各位代表，新的一年，新的任务；新的机遇，新的希望。让我们紧密团结在以习近平同志为总书记的党中央周围，在中共潍坊市委的坚强领导下，凝心聚力、开拓进取、创新发展，奋力开创潍坊科学发展、率先发展的新局面！

四、2014年民生实事

1. 促进创业带动就业。（略）

2. 提高社会保障水平。（略）

3. 办好人民满意的教育。（略）

4. 提升健康服务水平。（略）

5. 繁荣发展文化事业。（略）

6. 改善群众生活条件。（略）

7. 加强平安和谐社会建设。（略）

例文简评：这是2014年2月10日在潍坊市第十六届人民代表大会第三次会议上，山东省潍坊市市长向大会所作的政府工作报告（例文有删节），是一份综合性工作报告。报告分为两部分：2013年的回顾和2014年的主要任务。第一部分从取得成就、主要工作、积累的宝贵经验和存在的不足四个方面对过去一年的工作进行了全方位的总结；第二部分提出了2014年的预期目标和目前要重点做好的七个方面的工作和民生实事。全文层次清晰，中心突出，明确具体。

【例文2】

××大学关于落实国家资助经济困难学生政策的情况报告

××省教委计财处：

为贯彻落实省教委和省财政厅转发的教育部、财政部《关于进一步加强高校资助经济困难学生工作的通知》及有关文件精神，我校采取"减、免、补、勤、募"等扶贫解困措施，在为贫困学生排忧解难、帮助贫困学生克服困难、顺利完成学业等方面，做了大量的工作。现将有关情况汇报如下：

一、建立特困生档案，明确扶贫重点。

二、积极筹集资金，加大"减、免、补"的力度。

三、加强对外联系，争取社会资助。

四、扶贫与扶志相结合，加强"自强自立"教育。

五、积极开展勤工助学活动，努力拓宽勤工助学的路子。

通过各种扶贫工作，在上学年我校确保了没有一个学生因经济困难而辍学，也没有一个同学因为交不起学费而不能入学。

本学年，我校共招收统招生4745名，其中扩招生1486名。因招收的新生有427人是贫困生，这给我校的扶助贫困生的工作增加了新的难度。为了确保新生中没有一个学生因经济困难而辍学，我校对2013级新生采取了以下扶贫措施：

一、要求每位新生如实填写家庭经济情况调查表，在入学报到时交学工处，以便我们能准确地掌握学生的家庭经济情况，为新生扶贫工作的开展，掌握了第一手资料。

二、对家庭经济确有困难的新生采取缓交学杂费和暂供学费的办法。

三、想方设法筹措资金，进一步加大对困难学生"减、免、补"的力度。

四、继续做好勤工助学工作。

尽管我校在扶助贫困学生方面做了大量的工作，采取了相应的措施，但仍然有相当一部分贫困生得不到相应的资助。扶助贫困学生的任务还十分艰巨，因此，希望省教委对我校的扶贫解困工作一如既往地给予更多的关心与支持，在分配扶贫基金时适当予以倾斜。

××大学

2013年11月15日

例文简评： 这是一份情况报告。第一部分用简短的几句话，写出该校在贯彻落实上级通知时采取的措施及取得的成绩。第二部分就已取得的成绩，提出今后的扶贫措施，最后提出存在的问题和希望，思路清晰，重点突出。

【例文3】

关于调查处理××县水利系统
40名工人更改年龄、突击退休补员情况的报告

××市人民政府：

　　今年11月14日来函询问我局关于李××等人反映××县水利系统40名工人更改年龄、突击退休补员一事处理的情况，现将调查处理的结果报告如下：

　　20××年10月20日接到李××等人来信后，我局局长李××同志、市劳动服务公司经理王××同志立即赴××县进行调查。查明群众反映的情况属实，该县水利系统从19××年10月5日至15日，办理退休的40名工人全部未到退休年龄。由于本人弄虚作假，所在的25个乡政府未经认真调查即发给改大年龄的证明信，县水利局明知其中有假，却大开绿灯，为他们办了退休手续。这40人中，最少的改大了11个月，最多的改大了18岁。

　　中共××县委、县政府对该事极为重视，并立即采取了果断措施：①暂停办理水利系统的工人退休、子女补员手续；②对已办退休、补员手续的要逐人进行检查，凡不符合政策与有关规定，弄虚作假办了退休、补员手续的坚决纠正；③对参与作假者给予严肃处理。

　　根据××县委、县政府的指示，我局已责成该县水利局将招收的40名子女全部清退；已办退休手续的40名工人全部于19××年12月1日前收回上班工作。并经研究，决定给予具体参与此事的张××同志以警告处分。此事处理的结果已在××县报上公布。

　　特此报告

××市水利局
××××年×月×日

　　例文简评：这是一份答复报告，下级答复上级的询问，因此报告开头交代了缘由并过渡引出下文。主体部分写报告事项：首先明确了经核查，群众反映情况属实；其次报告了处理问题的三条措施和处理结果，要言不烦地回答了上级的询问，针对性极强。结尾用语"特此报告"，简洁得体。

【例文4】

××交通学院
关于呈送2014年学院工作计划的报告

××省教育厅：

　　现报上《××交通学院2014年学院工作计划》一份，请审阅。

附件：××交通学院2014年学院工作计划

××交通学院
2013年12月15日

四、写作实训

完成前述写作任务。要求：
（1）标题写作符合规范。
（2）符合报告的相关写作要求；
（3）材料取舍恰当，主题突出，逻辑清晰，文通字顺。

五、检查与完善

（1）学生结合前述写作规范，自我检查或相互检查。
（2）教师选择学生例文进行点评。
（3）修改、完善前述写作任务。
（4）总结自己完成写作任务的得失。

 **写作实训拓展**

（一）判断题。
1. 呈送上级的报告可以包含请示的事项。　　　　　　　　　　　　（　）
2. 报告的标题可以省略事项，只用"报告"两字。　　　　　　　　　（　）
3. 有问必答，答其所问，针对性强是答复报告的主要特点。　　　　（　）
4. 汇报性是报告最突出的特点。　　　　　　　　　　　　　　　　（　）
5. 报告的主送机关一般要求单一。　　　　　　　　　　　　　　　（　）

（二）指出下面两列通报存在的问题，并作修改。
1.

关于××省××乡××村发生山石崩塌造成严重损失的情况报告

××市长：

今年7月10日下午两点多，××省××乡××村发生山石崩塌，塌下山石9800立方米，造成的损失无法估量。受灾的有十多户、近百人；死亡十余人，受伤九人；倒塌房屋70多间；压死生猪20多头；损失粮食6000多斤。

灾情出现后，县委、县政府高度重视，坚决贯彻以人为本的理念，马上组织抢险救灾工作组赴现场抢险救灾，当即发给受灾群众每人大米7.5千克，面条1.5千克，洗衣粉两包（一千克）以及日常生活用品等19种，并组织民兵应急小分队300多人投入抢险救灾。灾民的吃、穿、住、行已得到初步安排，并计划每人安排两个月的口粮。灾民情绪稳定,我县广大干部、职工发扬"一方有难、八方支援"的精神,共捐献衣物300多件,帐篷16顶,人民币5万多元。这些款物均已及时发到灾民手中。目前,救灾各项工作正在有组织、有秩序地进行中。

××县政府
2013年×月×日

2.

关于××高速公路塌方事故的报告

××市建设委员会:

2013年6月5日,××高速公路××路段发生塌方事故,造成一定的伤亡后果。事故发生前,桥面上分散有二三十名工人,已浇铸了近200立方的混凝土,而且违章施工,按照施工程序应分两次浇筑的混凝土却一次浇铸。估计事故原因是桥面负荷过重。事故发生后,近200名消防队员、工地工人、公安干警赶到现场紧急抢救,抢救时间持续近28小时。据查,该工程承建商是××市市政总公司第一分公司。

特此报告。

××市政工程总公司
2013年6月7日

(三)写作题。

1. 根据总公司来函和有关情况,代××市进出口公司写一份给进出口总公司的答复报告。

总公司10月20日来函:"接M国某客户来电,称合同××号装'山东'轮的×××吨大米发现有虫害。该客户已提出索赔要求。查该批大米系××口岸配装,希即查明大米出仓前熏蒸杀虫及装船后的情况,具报。"

有关情况:

(1)出运前,于5月15日至25日,在仓库内熏蒸杀虫,效果较好。

(2)装船后,又于6月10日进行检查,未发现活虫。

(3)船期因故推迟一个月,于7月17日才起航。

(4)原因分析:7月正值高温、多雨季节,因气候影响和运输延期等造成大米发生虫害。

2. 我院要在2014年12月15日把2014年工作总结上报给山东省供销合作社联合社,请你代拟这份报告。

任务五 请示

 学习目标

【知识目标】

熟悉请示的理论知识,了解请示和报告的区别,明确其在社会实践活动中的重要作用。

【能力目标】

能够将理论知识用于实践,根据实际情况,写作各类公文。

一、写作任务

请根据下列情境拟写一份请示。

长沙天河大酒店为了适应旅游市场的需要,于去年对酒店进行了一次大规模的装修和扩建,原有管理人员和服务人员均无法满足酒店业务发展的需要。因此,需要增加酒店管理人员 3 名、酒店服务人员 20 人。请你以天河大酒店的名义向其所属总公司天河实业公司写一份请示。

二、写作任务分析

根据以上材料,作出分析:增加酒店管理人员 3 名、酒店服务人员 20 人,需要以天河大酒店的名义向其所属总公司天河实业公司发文,希望上级机关同意招聘人员,所以要写清缘由、目的和事项。这个写作任务主要是为了让学生熟悉并掌握请示的用途、格式与写作要求。

三、必备知识和工具箱

为了完成这个写作任务,我们必须掌握请示的一些基本知识:请示的概念、请示的种类、请示的结构和写法。

工具一:请示的含义和用途

请示是适用于向上级机关请求批示、批准的公文。请示是下级机关向上级机关请求对某项工作、问题作出指示,对某项政策界限给予明确,对某事予以审核批准时使用的一种请求性公文,是应用写作实践中的一种常用文体。

工具二:请示的特点

(1)请示事项一般时间性较强。请示的事项一般都是急需明确和解决的,否则会影响正常工作,因此时间性强。

(2)应一事一请示。

(3)一般主送一个机关,不多头主送,如需同时送其他机关,应当用抄送形式,但不得在请示的同时又抄送下级机关。

(4)应按隶属关系逐级请示,一般情况不得越级请示,如确需越级请示,应同时抄报直接主管部门。

工具三:请示的类型

根据请示的不同内容和写作意图分为三类。

1. 请求指示的请示

它用于解决认识问题,如下级机关对有些问题不知怎么处理,需要上级明确指示;有些新问题不知怎么解决,需要上级给予解决问题的政策;对上级的政策、文件不能准确理解,需要上级作出明确的解释说明等,都属此类。

2. 请求批准的请示

它用于解决认可问题,下级对拟办的事项已有了明确的意见,但无权或无力解决,请求上级机关同意或支持、帮助,如请示批准设置机构和增加经费等的请示,都属此类。

3. 请求批转的请示

下级机关就某一涉及面广的事项提出处理意见和办法,需各有关方面协同办理,但按规定又不能指令平级机关或不相隶属部门办理,需上级机关审定后批转执行,这样的请示就属此类。

工具四:请示的结构和写法

请示由标题、主送机关、正文、落款四部分组成,其各部分的格式、内容和写法要求如下。

1. 标题

请示的标题一般有两种构成形式:一种是由发文机关名称、事由和文种构成。如"××县人民政府关于××××××的请示";另一种是由事由和文种构成,如"关于开展春节拥军优属工作的请示"。

2. 主送机关

请示的主送机关是指负责受理和答复该文件的机关。每件请示只能写一个主送机关,不能多头请示。

3. 正文

其结构一般由开头、主体和结语等部分组成。

(1)开头,主要交代请示的缘由。它是请示事项能否成立的前提条件,也是上级机关批复的根据。原因讲得客观、具体,理由讲得合理、充分,上级机关才好及时决断,予以有针对性的批复。

(2)主体,主要说明请求事项。它是向上级机关提出的具体请求,也是陈述缘由的目的所在。这部分内容要单一,只宜请求一件事。另外请示事项要写的具体、明确、条项清楚,以便上级机关给予明确批复。

(3)结语,应另起段,习惯用语一般有"当否,请批示","妥否,请批复","以上请示,请予审批"或"以上请示如无不妥,请批转各地区、各部门研究执行"等。

4. 落款

一般包括署名和成文时间两个项目内容。标题写明发文机关的,这里可不再署名,但需加盖单位公章,成文时间××××年××月××日。

工具五:请示的注意事项

(1)注意文种的使用,不要将请示写成报告或请示报告。

(2)明确行文目的,即请示什么。

(3)审准受文对象,即定准一个主送机关。

(4)注意一事一请示。

(5)一般不越级请示。

(6)不滥用请示,凡在自己职权范围内经过努力能够处理和解决的问题和困难,都应尽力自行解决,不能动辄请示,将矛盾上交。

知识链接

报告与请示的异同

报告和请示最大的相同之处是均属上行文。其区别主要表现在6个方面:

1. 行文时间不同

请示须在事前行文,而报告则事前、事后及事中皆可行文。

2. 行文的目的、作用不同

请示旨在请求上级批准、指示、支持和帮助,需要上级批复,重在呈请。报告旨在向上级汇报工作、反映情况、提出建议、答复上级询问,不需要上级答复,重在呈报。

3. 主送机关数量可以不同

请示只写一个主送机关。在遇到灾情、疫情等紧急情况需要多级领导机关尽快知道时,报告可写多个主送机关。

4. 写法不同

报告内容较杂,容量可大可小,侧重于概括陈述情况、总结经验教训,形式多样,表述灵活,体验报告性。请示则内容单一,一文一事,侧重于讲明原因,陈述理由,表述事项,要求体现请求性,篇幅较小。

5. 结尾用语不同

报告的结束语一般写"特此报告","以上报告,请审阅",或者省略结束惯用语。请示则不能省略结束惯用语,一定要写"以上请示,请批复"一类惯用语。

6. 受文机关处理方式不同

请示属办件,受文机关必须及时批复。报告多数是阅件,除需批转建议报告外,上级机关对其余各类报告不必行文。

申请书和请示的区别

申请书是个人、单位、集体向组织、领导提出的请求,希望上级或组织给予帮助解决问题,使用比较广泛的书信文体。

请示是下级向上级请求对某项工作、问题作出的指示,或对某项政策界给予明确,或对某种事审核批准的一种请求性公文,是应用文写作实践中的一种常用文体。

例文评析

【例文1】

关于《会计人员职权条例》中"总会计师"
是行政职务还是技术职称的请示

财政部:

国务院1978年国发〔1978〕175号通知颁发的《会计人员职权条例》(以下简称《条例》),会计人员技术职称分为总会计师、会计师、助理会计师、会计员四种;其中"总会计师"既是行政职务,又作为技术职称。在执行中,工厂总会计师按该《条例》规定,负责全工厂的财务会计事宜;可是每个工厂,尤其大工厂,授予总会计职称的有四五个,究竟由哪一位负责全厂的财务会计事宜、执行总会计师的职责与权限呢?我们认为宜将行政职务与技术职称分开。总会计师为行政职务,不再作为技术职称;比照最近国务院颁发的《工程技术干部技术职称暂行规定》,将《条例》第五章规定的会计人员职称中的"总会计师"改为"高级会计师"。

以上认识是否妥当,请指示。

××省财政厅(盖章)
××××年×月×日

例文简评:这是一份请求指示的请示,下级机关在执行这个《条例》时,发现其中对"总会计师"职称职权的规定存在不便执行的问题,便向上级机关提出请示,要求迅速指示。请示正文首先陈述请示的缘由,《条例》中"总会计师"职称既做行政职务,又做技术职称不便执行;然后提出自己的认识,总会计师定为行政职务,不再做技术职称,技术职称比照《工程技术干部技术职称暂行规定》中有关规定改为"高级会计师",问题就解决了——即请示事项;最后用惯用语提出请示要求,并结束全文。

【例文2】

关于土地管理分工问题的请示

国务院办公厅:

按照国家土地管理局国土籍字〔1998〕67号文件要求今年完成城镇国有土地使用权申报工作,同时扩大土地登记发证试点的精神,我省国土局提出意见,强烈要求政府发文,开展城镇国有土地使用权申报工作和扩大土地登记发证试点工作。我们在研究协调过程中,先后收到建设部和国家土地管理局的传真电报。建设部元月10日的电报称:"关于我部与国家土地管理局在土地上的分工问题,目前国务院正在协调,在未明确以前,仍维持现状不变,以免造成工作损失。"国家土地管理局6月16日的紧急通知称:"实行全国土地、城乡地政统一管理,成立国家土地管理局,是《土地管理法》和中共中央、国务院〔1997〕7号文件精神","各地对可能出现的个别部门规定要求分管问题,要耐心做好解释工作","这一问题,我们已向国务院作了汇报,相信会很快作出处理。"因而,我们在协调工作中,有关部门意见分歧很大,难于统一。为此,特请国务院对建设部与国家土地管理局在土地管理的分工上作出明确规定,以便遵循办理。

××省人民政府办公厅(章)
××××年7月23日

例文简评: 这是一份请求指示的请示。××省国土局按照国家文件精神开展工作时,遇到建设部与国家土地管理局对同一问题有不同要求,省人民政府无法发文,只好向国务院办公厅请求指示。

【例文3】

关于要求拨款扩建冷库的请示

北京市商贸集团总公司:

由于市场经济的发展,农村投售的鲜蛋随之大量增加。我公司的蛋品冷库不能满足需要。据此,拟请总公司拨款500万元,在车公庄地区再建一个面积为60m×40m、可储存100吨鲜蛋的冷库。如蒙批准,我们将责成一名副经理分管此项工作,请北京建筑第五分公司施工,于今年动工,争取明年下半年投入使用。

当否,请批示。

北京市商贸集团第五分公司
××××年7月7日(章)

例文简评: 这是一份请求批准的请示。由于文件头已标明单位名称,所以标题省去单位名称,采用事由加文种的方式,规范明确。正文部分先陈述请示的理由:"由于市场经济的发展,农村投售的鲜蛋随之大量增加。我公司的蛋品冷库不能满足需要。"接着写明请求事项:"拟请总公司拨款500万元,在车公庄地区再建一个面积为60m×40m,可储存

100吨鲜蛋的冷库。"并提出合理的建议和措施："如蒙批准,我们将责成一名副经理分管此项工作,请北京建筑第五分公司施工,于今年动工,争取明年下半年投入使用。"最后以"当否,请批示"作结。

【例文4】

<h2 style="text-align:center">关于派员赴美国××公司考察的请示</h2>

××石油管理局：

　　目前,我厂承担的年产2万吨石油磺酸盐国家新技术产业化示范工程的前期研究工作已经完成,即将进入工程设计建设阶段。国内尚无该工程所需设备的定型产品,现有技术水平也不能满足工程需要。经多方考察论证,美国××公司作为世界知名公司磺酸盐生产设备的研发和制造商,其产品技术性能处于世界领先水平,可满足该工程设备技术要求。因此,为高水平高标准地完成工程建设,应××公司邀请,我厂拟派××同志等3人于2004年6月赴美国进行技术考察。在外时间20天,出国费用由我厂承担,并在外事局指定银行购汇。

　　妥否,请批示。

　　附件：1. 出国人员基本情况
　　　　　2. 邀请函（中、英文件）

××炼油厂（章）
××××年×月×日

　　例文简评：这是一份请求批准的请示,其结构包括标题、主送机关、正文、发文机关、附件和发文时间。标题显示主旨——派人员出国考察;正文写成一个自然段,但层次清晰,理由充分,事项明确;最后以征求意见的口吻请求上级批示结束,用语得体。该请示主旨明确,层次分明,理由充分,语言表意明了,是一份写得比较规范的请示。

【例文5】

<h2 style="text-align:center">××市××公司
关于××制衣厂改建车库为两层楼房的请示</h2>

××局：

　　我公司所属××制衣厂,于××××年10月开始改建汽车库,工程进展顺利,现已扣完顶板。但由于改建汽车库拆除了共计510平方米的司机、装卸工宿舍和武装部、基建科办公室,致使他们无宿舍居住、无办公室办公。该厂原打算为其另建,但考虑到厂区用地状况紧张,结合工厂长远规划,现决定将原建一层的车库改建为两层的楼房。第一层仍为车库;第二层做宿舍和办公室,面积不变,资金自行解决。我们同

意该厂的意见。

妥否,请批示。

×××× 年 × 月 × 日(章)

例文简评:这是一份代下属单位向上级部门请示的第二次请示,第一次请示改建车库获得批准,并付诸实施,但在实施中又有了新情况、新问题,为反映新情况、解决新问题,再次向上级请示。有人曾把这个请示说成是"先斩后奏",批评其违反"请示程序",其实这是误解,这不是"先斩后奏",完全符合请示必须事前行文的程序。这种请示与第一次请示的写法不同,它的缘由部分首先要主动汇报在第一次请示获得批准,并付诸实施后的情况,以让上级领导了解前一请示事项的执行情况,然后再阐明新情况、新问题,在此基础上再提出请示事项,本文正是这样写的。因是为下级代为请示,又注意表明本公司的意见,故该请示写得较规范。

【例文6】

关于中国公民自费出国旅游管理暂行办法的请示

国务院:

随着对外改革开放的不断扩大,人民生活水平不断提高,近年来,中国公民自费出国旅游不断增加,为适应改革开放形势,加强中国公民自费出国旅游的管理,特制定了《中国公民自费出国旅游管暂行办法》。

以上暂行办法如无不妥,请批转发布执行。

国家旅游局(盖章)

公安部(盖章)

×××× 年 2 月 28 日

例文简评:这是一份请求批转的请示,分三层:一是请示的缘由,二是请求批转的对象,三是请求批转的尾语。

【例文7】

关于派张 ×× 同志赴奥地利等国 进行科学和教育交流考察的请示

×× 省教育厅:

为了适应21世纪高等教育发展的需要,学习和借鉴国外高校先进的后勤管理经验,积极推进我院的后勤社会化改革,我院拟派张 ×× 同志参加由中国科学院组织的赴奥地利等国的科学和教育交流考察。

组团单位:中国科学院国际合作局

组团名称:科技和教育交流考察团

出访国家和地区：芬兰、荷兰、比利时、法国、德国、奥地利、罗马

出访任务：学习考察国外高校的后勤体制、运作模式、组织人事、财务管理，学生宿舍、食堂的管理等

出访人数：该团共14人，分别为外省高校和教育管理部门的负责人；我院是张××，男，党委书记，教授

出访时间：××××年8月15日

在外期限：15天

日程：附后

费用预算：人民币29800元（预算表附后），学校自筹

以上请示，请批复。

附件：1. 日程表
　　　2. 预算表

××职业学院（章）

××××年7月16日

例文简评：这是一份请求批准的请示。请示缘由反映出国的根据、目的，接着写派谁出国、出国干什么等，请示事项分条说明，最后用请示习惯语"以上请示，请批复"作结。

四、写作实训

完成前述写作任务。要求：

（1）请示的种类选择适当，标题写作符合规范。

（2）符合请示的相关写作要求。

（3）材料取舍恰当，主题突出，逻辑清晰，文通字顺。

五、检查与完善

（1）学生结合前述写作规范，自我检查或相互检查。

（2）教师选择学生例文进行点评。

（3）修改、完善前述写作任务。

（4）总结自己完成写作任务的得失。

 **写作实训拓展**

（一）判断题。

1. 缘由是否有理有据是请示事项能否得到上级机关批准的关键。（　　）

2. 凡必须得到上级机关批准和指示后才能办理的公务，都可用"请示"行文。（　　）

3. 请示一般只写一个主送机关和领导。（　　）

4. 请示如需有关上级单位知道，可用抄送形式。（　　）

5. 受双重领导的机关向上级机关请示,应当写明两个主送机关。　　　　(　　)

6. 请示不得下发给下级机关。　　　　　　　　　　　　　　　　　　(　　)

7. 为提高办事效率,同一份请示可请求指示或批示若干事项。　　　　　(　　)

8. 情况紧急可以越级请示。　　　　　　　　　　　　　　　　　　　(　　)

9. 报告和请示都是陈述性公文。　　　　　　　　　　　　　　　　　(　　)

(二)多项选择题。

1. 适合请示的事项有(　　)。

A. 向上级汇报工作情况,请求上级指导

B. 下级无权解决的问题,请求上级机关作出指示

C. 下级无力解决的问题,请求上级机关帮助解决

D. 按规定不能自行处理,应经上级批准的事项

E. 工作中出现的一些涉及面广而下级无法独立解决必须请求上级机关协调和帮助的问题

2. 下列事项中,应该用请示行文的有(　　)。

A. ××县教育局拟行文请求上级拨款修复被台风刮毁的学校

B. ××县政府拟行文向上级汇报本县灾情

C. ××集团公司拟行文请求上级批准引进肉食品加工自动化生产线

D. ××海关拟行文请求上级明确车辆养路费缴纳标准

E. ××市政府拟行文向上级反映农民负担增加的情况

3. "请示"应当(　　)。

A. 一文一事

B. 抄送下级机关

C. 一般只写一个主送机关

D. 不考虑上级机关的审批权限和承受能力

4. 下列标题中正确的有(　　)。

A. ××分公司关于请求批准开发新产品的报告

B. ××县人民政府关于解决我县高寒山区贫困户移民搬迁经费的请示

C. ××县人民政府关于请求将××风景区列为省级自然保护区的请示报告

D. ××公司关于解决生产用地的请示

E. ××省移民办公室关于对移民区域作适当调整的请示

5. 请示的下列结语中,正确的有(　　)。

A. 特此请求,请批复

B. 当否?请批准

C. 可否,请批复

D. 请审批

(三)修改病文。

1.

××公司关于××制衣厂翻建房屋的请示报告

总公司：

　　我公司下属××制衣厂于××××年10月开始翻建汽车库，且已经拆除了司机、装卸工宿舍，武装部办公室，基建科办公室等共计510平方米。因为以上办公用房的拆除，以致汽车无处停放，有关职工无处办公，严重影响正常工作。为缓和厂区占地紧张状况及结合全厂长远规划，故决定一层为汽车库，二层为办公用房。

　　为解决当前办公用房之急需，决定把已拆除的510平方米面积加在汽车库顶层，资金由本公司自行解决。

　　妥否，请批示。

××公司（公章）
××××年十月三十日

2.

关于2010年招生计划的申报

市教育局：

　　教育局文件《关于2010年招生计划的通知》（×发〔2010〕9号）已收到，我们对文件的精神进行了认真学习，大家纷纷表示要落实教委的意见，积极发展高等职业教育，办好社会所需要的各种新型专业。经我校各院系研究，决定2010年申报25个专业，招收本专科学生3000名。特向你们申报招生计划，恳盼批准。

　　附：招生计划表。

××××大学
二〇一〇年四月六日

3.

关于请求允许本公司购买卡车的请示

总公司党委书记：

　　目前，我们出口任务十分繁重，但我公司只有卡车15辆，不能完成上级交给的任务。几年来，在党的对外开放政策的正确指引下，经过全公司的齐心协力，我们的出口任务完成得很好，基本落实了计划。但发展外贸，扩大出口，没有卡车就不能保证出口任务的完成。为此，请求增加五辆卡车，这样还可以安排几名本公司的待业青年工作，顺便请求下达五名就业指标。

　　此致

敬礼！

××××省进出口公司
××××年三月二十五日

4.

关于增拨办税大厅基建经费的请示

××省人民政府,××省长:

  1995年11月,我局派出调查组到广西柳州市国税局学习考察其办税大厅的建设情况。调查组认为办税大厅功能齐全,适应税收征管模式的改革,方便纳税人缴纳税款。为此我局于1996年决定建办税大厅,并得到省人民政府的支持,在×府〔1996〕×号文"关于拨款修建办税大厅的批复"中,拨给我局150万元,此项资金已专款专用。

  但由于建筑材料涨价,原预算资金缺口较大,恳请省人民政府拨给不足部分,否则将影响办税大厅的竣工及我省税收任务的完成。

  特此请示报告。

××省地方税务局(章)
××××年十月十日

5.

关于要求解决学生宿舍拥挤等问题的请示

市人民政府、市教委:

  今年我校由于住校生急剧增加,已有学生宿舍已无法容纳,现在校生基本上是一铺两人住宿,严重影响学生的身心健康。为解决这一困难,我校需再建一栋学生宿舍。另外,我校图书馆也尚未达省"两基"标准,望上级部门给予适当支持。

  特此请示,请回复。

××市第二职中
××××年11月10日

  (四)根据以下材料,以中国××银行××市分行××区办的名义,向市分行写一份请求指示的请示。

  (1)我办联系单位市纺织原料公司3月底长绒棉库存已达××万担,该品种成本较高,主要用于轮胎以及棉帘子的制造。

  (2)目前因受"调整"影响,橡胶行业的轮胎生产减幅较大,按每年耗用×万担计算,现有库存量已可供用3年之久,如果继续进货,库存量势必成倍增加。

  (3)市纺织原料公司今年二季度计划进口的棉花中,4月份到港的有埃及长绒棉××万担,金额××万元,该企业要求我办支持。

  (4)市纺织原料公司要求的这笔贷款不符合银行贷款短期周转的原则,因此,我办拟不予考虑贷款。

  (5)市纺织工业局对减少库存量有所打算,准备搞些新产品,以扩大长绒棉的使用量,但毕竟仍需要有一较长的时间过程。

（五）以××市燃料公司的名义，给市商业局写一份请求批准的请示。

××市燃料公司所属储运科计量室，因业务需要，需请外贸进出口公司进口日制测爆仪和超声波测厚仪各一台，具体规格见订货卡，共需2885美元，资金来源建议在公司外汇留成中扣除，请上级机关市商业局批准。

任务六　函

 学习目标

【知识目标】

熟悉函的理论知识，明确其在社会实践活动中的重要作用。

【能力目标】

能够将理论知识用于实践，根据实际情况，写作各类函件。

一、写作任务

根据以下材料，选择合适的文种，起草一份公文。

××证券公司为提高员工业务素质，拟将15名原来所学专业与现在从事工作不符的大学毕业生送至××大学××学院金融证券专业全脱产进修一年半。请你代该公司拟写一封给××大学的函。

二、写作任务分析

根据以上材料，作出分析：××证券公司将15名原来所学专业与现在从事工作不符的大学毕业生送至××大学××学院金融证券专业全脱产进修一年半，该证券公司与××大学没有隶属关系，所以要选择使用函这一公文文种。这个写作任务主要是为了让学生熟悉并掌握函的用途、格式与写作要求。要想起草一份合格的函件，了解函这一文体的写作规范至关重要。

三、必备知识和工具箱

为了完成这个写作任务，我们必须掌握函的一些基本知识。

工具一：函的含义

函是适用于不相隶属机关相互商洽工作、询问和答复问题，请求批准和答复审批事项的公文。

函作为公文中唯一的一种平行文种，其适用的范围相当广泛。在行文方向上，不仅可以在平行机关之间行文，而且可以在不相隶属的机关之间行文，其中包括上级机关或者下

级机关行文。在适用的内容方面,它除了主要用于不相隶属机关相互商洽工作、询问和答复问题外,也可以向有关主管部门请求批准事项,向上级机关询问具体事项,还可以用于上级机关答复下级机关的询问或请求批准事项以及上级机关催办下级机关有关事宜,如要求下级机关函报报表、材料、统计数字等。此外,函有时还可用于上级机关对某件原发文件作较小的补充或更正。不过这种情况并不多见。

工具二：函的特点

1. 行文方向的多样性

函兼有平行、下行和上行三种走向,以平行为主。

2. 使用范围的广泛性

无论是党政机关,还是企业、事业单位；无论是相互商洽工作,还是询问和答复问题,抑或是向有关主管部门请求批准,都广泛使用函这个文种。

3. 写作的灵活简便性

函的写作方法比较灵活,具体写法相当自由,篇幅都较短小精悍；其制作程序、手续一般较为简易。可以说,函是公文中最轻型的一个文种。

工具三：函的类型

1. 根据适用范围,函大致可以分为六类

（1）商洽函,用于不相隶属机关之间商洽工作、讨论问题的函。

（2）询问函,向受函者提出询问,并要求对方予以答复的函。

（3）答复函,答复来函询问和被上级机关的公文办理部门用来答复"请示"的函。

（4）请批函,请示不相隶属的有关机关或主管部门批准事项的函。

（5）审批函,机关或有关主管部门审批不相隶属单位有关请求批准事项的函。

（6）知照函,告知受函者有关情况的函。

2. 根据行文程序,可分为致函和复函

致函,也叫去函或发函,主要指询问函、请批函、知照函；复函有答复函、审批函；商洽函既可为去函,又可为复函。

工具四：函的结构和写法

由于函的类别较多,从制作格式到内容表述均有一定的灵活机动性。该部分主要介绍规范性公函的结构、内容和写法。

公函由标题、主送机关、正文、落款四部分组成。其各部分的格式、内容和写法要求如下。

1. 标题

公函的标题一般有两种形式。一种是由发文机关名称、事由和文种构成。另一种是由事由和文种构成。

2. 主送机关

即受文并办理来函事项的机关单位,于文首顶格写明全称或者规范化简称,其后用冒号。

3. 正文

其结构一般由开头、主体、结尾、结语等部分组成。

（1）开头。主要说明发函的缘由。一般要求概括交代发函的目的、根据、原因等内容，然后用"现将有关问题说明如下："或"现将有关事项函复如下："等过渡语转入下文。复函的缘由部分，一般首先引叙来文的标题、发文字号，然后再交代根据，以说明发文的缘由。

（2）主体。这是函的核心内容部分，主要说明致函事项。函的事项部分内容单一，一函一事，行文要直陈其事。无论是商洽工作、询问和答复问题，还是向有关主管部门请求批准事项等，都要用简洁得体的语言把需要告诉对方的问题、意见叙写清楚。如果属于复函，还要注意答复事项的针对性和明确性。

（3）结尾。一般用礼貌性语言向对方提出希望。或请对方协助解决某一问题，或请对方及时复函，或请对方提出意见，或请主管部门批准等。

（4）结语。通常应根据函询、函告、函商或函复的事项，选择运用不同的结束语。如"特此函询（商）"、"请即复函"、"特此函告"、"特此函复"等。有的函也可以不用结束语，如属便函，可以像普通信件一样，使用"此致"、"敬礼"。

4. 结尾落款

一般包括署名和成文时间两项内容。

名机关单位名称，写明成文时间年、月、日，并加盖公章。

工具五：函的注意事项

1. 格式规范

函只能用"信函格式"行文。

2. 直陈其事、言简意明

函的行文不能像个人书信那样问候、寒暄，而要开门见山，直陈其事，力戒套话、空话。

3. 用语得体

函是平行文，用语要表现出对对方的诚意和尊重，如一般称对方为"贵×"，与对方商量事情，一定要用商量的口吻，不能强加于人，但又不能不讲分寸用一些过分虚假的谦辞。总之，语言要符合行文关系，既亲切自然，又有分寸感，不亢不卑。

 **知识链接**

公函和私函的区别

1. 就内容而言，公函谈的是公务，而私函一般谈的是个人私事。

2. 就形式而言，公函常用标题揭示内容，而私函则无标题。

3. 就语言使用而言，公函多用书面语，一般不用口语而较多使用诸如"均"、"收悉"、"特此函复"等文言词语和公文专用词语。而私函的文字基本上较为随意,通常使用口语,大多是怎么想就怎么写,直抒胸臆,较少人为的修饰。

"函呈"和"函发"不分而错用文种的表现

一、"函呈"不分而错用文种

公文中的"函"指公函,"呈"代表报告和请示两种上行文。一般来说,函和报告、请示在行文目的和主送对象以及公文内容等方面的区别是很明显的。然而,函、呈不分的问题一直相当普遍,错用文种的表现如下:

1. 不相隶属机关之间商洽工作、询问和答复问题不用函而错用请示或报告。
2. 向无隶属关系的有关主管部门请求批准不用函而滥用请示和报告。
3. 答复上级机关的询问不用报告而误用函。
4. 向上级机关请求指示不用请示而误用函。

二、"函发"不分而错用文种

1. "函发"不分,主要表现在通知和函不分而错用上。通知和函的适用范围以及各自所体现的行文关系本来是很明确的,通知的发文对象一般是自己的下级机关,不相隶属机关之间则用函行文。但在实际工作中却常常出现两者错用的情况。

2. 一些单位出于自己业务工作的需要,把隶属于商洽性的函错用成通知。其中一些业务主管部门往往超越职权范围给不相隶属的单位滥发通知,有的甚至不分上下左右随便向各单位发通知,而且要求对方遵照办理和执行。

3. 上级机关把向下级机关发的指示性或事项性通知错用成函。

 例文评析

【例文1】

中国科学院 ×× 研究所
关于建立全面协作关系的函

×× 大学:

近年来,我所与你校双方在一些科学研究项目上互相支持,取得了一定的成绩,建立了良好的协作基础。为了巩固成果,建议我们双方今后能进一步在学术思想、科学研究、人员培训、仪器设备等方面建立全面的交流协作关系,特提出如下意见。

一、定期就共同关心的学术问题举行所与校之间的学术讨论与学术交流;共同分析国内外同行的项目动态和发展趋势;互相参加对方组织的学术年会及专家讲学活动;互派专家参加对方的学术组织对科研发展方向、任务和学位、学术论文及重大科研成果的评审工作。

二、根据所、校各自的科研发展方向和特点，对双方共同感兴趣的课题进行协作。协作形式和办法视课题性质和双方条件，制定单项协议。

三、根据所、校各自人员配备情况，校方在可能的条件下对所方研究生、科研人员的培训予以帮助，所方为学校学生、研究生的毕业论文提供指导。校、所双方教学科研人员相互承担对方一定的教学科研工作，享受同原单位职称相应的待遇。

四、双方每年进行科研计划交流以便掌握方向，协调分工，避免重复。同时共商协作项目，使双方有所侧重与分工。

五、双方科研教学所需要的高、精、尖仪器设备，在可能的条件下向对方提供利用，并协助做好测试工作。双方的附设工厂车间，相互给予科研和实验的方便。

六、加强图书资料和情报的交流。

以上各项，如蒙同意，建议互派科研主管人员就有关内容进一步磋商，达成协议，以利工作。

特此函达，希研究见复。

中国科学院××研究所
××××年×月×日（章）

例文简评：这是一份商洽函，希望两家建立全面协作关系。开头部分，简洁明确地写明发函的缘由。中间部分写出了商洽的具体事项及要求。结尾用"特此函达，希研究见复"结束。行文具体、明确，商洽内容针对性强。

【例文2】

××五交公司关于商品运输被损索赔的函

××市航运局：

我公司向××省××彩电生产厂家购进一批彩电。厂家销售科将该批彩电交由贵局承运（承运号码2001年3月10日10037号）。该批彩电于3月15日运出，3月20日抵达××市航运码头。在码头提货时，我们发现部分彩电的包装破损，即会同有关人员当场拆包检验，50台彩电被摔坏10台，价值××××元。经核实实系贵局运输途中所致。为挽回我公司的损失，希贵局按有关规定赔偿该批商品的损失，合计人民币××××元。

特此函达，即请查照。

附件：1.××市航运码头管理处证明
　　　2.××彩电厂销售科发货记录单
　　　3.××市××检验所检验报告

××五交公司（章）
××××年×月×日

例文简评：这是一份商洽索赔事宜的函。标题主旨鲜明，正文先简要说明事件经过、损失情况及所负责任,实际上这也是在间接交代发函缘由,然后提出索赔要求和具体金额,最后有针对性地选择"特此函达,即请查照"作结。文章用语准确,事实具体充分,尤其是提供了三份附件,使索赔更有理有据。

【例文3】

山东省体育运动委员会关于询问

举办全省农民运动会有关项目比赛的函

潍坊市体委:

全省农民运动会各项目的比赛,分散在各地举行,拟让你委承办篮球、田径两项目的比赛。能否承办,希于八月五日前答复。

山东省体育运动委员会

××××年×月×日(章)

例文简评:这是一则询问函,正文只有短短的两句话,第一句话将询问的事项写清,第二句话写明答复要求,最后没写结束语。

【例文4】

北京旅游学院关于为潍坊市旅游集团公司

举办管理人员培训班的复函

潍坊市旅游集团公司:

你集团公司××××年××月××日关于举办管理人员培训班的来函已收悉。经研究答复如下:

一、同意为你公司举办管理人员培训班,人数30人,时间一年,脱产学习。开学时间:××××年××月××日。

二、有关学籍管理及实习、收费标准等问题,请参照《北京旅游学院关于举办管理人员脱产培训班的规定》中的有关条款另议。

特此函复

附件:《北京旅游学院关于举办管理人员脱产培训班的规定》

北京旅游学院(章)

××××年××月××日

例文简评:这是一份商洽工作的复函,标题为完全式,开头引述来函作为复函的依据,接下来写明复函的具体意见,最后用结束语作结,并有附件。

【例文5】

国务院办公厅关于湖北省辛亥革命博物馆
湖南省花炮博物馆冠名问题的复函

湖北、湖南省人民政府：

湖北省《省人民政府关于申请设立中国辛亥革命博物馆的请示》（鄂政文〔2002〕46号）和《湖南省人民政府关于建立中国花炮博物馆的请示》（湘政〔2003〕1号）收悉。经商有关部门并报国务院领导同志同意，现函复如下：

拟设立的辛亥革命博物馆、花炮博物馆，请按有关程序报批。博物馆的名称不宜冠"中国"字样。

国务院办公厅（章）
××××年××月××日

例文简评：这是一份审批函。按理下级向上级递送"请示"，上级要用"批复"来答复。但这里的答复机关是上级授权的部门，它与请示机关彼此是不相隶属的平行关系，所以只能用"函"来答复审批事项。不过按新《办法》规定，这种"函"必须在正文中注明答复的意见是经上级同意了的。故本文注明了"报国务院领导同志同意"。在写作上，本文有以下特点：一是回复缘由，依据清楚。二是回复态度明朗，意见具体。三是用语得体。四是行文规范。

【例文6】

关于协助做好电视专题片《百所名高职》摄制工作的函

"国家示范性高等职业院校建设计划"2007年度建设院校：

根据《教育部新闻办公室关于协助做好大型电视专题片＜百所名高职＞拍摄工作的通知》（以下简称《通知精神》），《百所名高职》摄制组拟于六月开始将"国家示范性高等职业院校建设计划"2007年度立项建设院校列入拍摄计划，请有关院校按照《通知》精神，速安排专人与摄制组联系，提供所需相关素材，届时协助做好相关拍摄工作。

附件：教育部新闻办公室关于协助做好大型电视专题片《百所名高职》拍摄工作的通知

教育部高教司高职高专处（公章）
××××年××月××日

例文简评：这是一则教育部高教司高职高专处要求"国家示范性高等职业院校建设计划"2007年度立项建设院校协助做好电视专题片《百所名高职》摄制工作的函。全文由标题、受文单位、正文、附件和落款五部分组成。标题由事由及文种构成，正文部分简单叙述了要求事项，附件部分转发了《教育部新闻办公室关于协助做好大型电视专题片＜百所名高职>拍摄工作的通知》,落款则写明了发文单位和日期。本文写作格式规范,表述简洁,用语得体,且层次分明。

四、写作实训

完成前述写作任务。要求:

(1)函的种类选择适当,标题写作符合规范。

(2)符合函的相关写作要求。

(3)材料取舍恰当,主题突出,逻辑清晰,文通字顺。

五、检查与完善

(1)学生结合前述写作规范,自我检查或相互检查。

(2)教师选择学生例文进行点评。

(3)修改、完善前述写作任务。

(4)总结自己完成写作任务的得失。

写作实训拓展

(一)判断题。

1. 请批函与请示的共同特点是"请求批准"。　　　　　　　　　　(　　)

2. 县教育局向县财政局要求拨建校款项用请示行文。　　　　　　(　　)

3. 便函不是函。　　　　　　　　　　　　　　　　　　　　　　(　　)

4. 函追求短小精悍,因而复函不必引用对方来函的标题及发文字号。(　　)

(二)简答题。

对业务主管机关请求审批事项,何以不能用请示而要用请批函?

(三)病文析改,请写出格式规范、具有函的语体特征的修改稿。

1.

关于要求报价的函

××××茶厂经理:

我们对你厂生产的绿茶很有兴趣,十分想买一批君山毛尖茶。我公司要求不高,只要求该茶叶品质一级,规格为100克一包,望你厂能告诉单价报价和交货日期、结算方式等给我公司。

如果价钱合理,且能给予最好的折扣,我们将做到大批量订货。

致礼!

××××副食品公司
××××年××月××日

2.

关于请××商厦准备经保工作经验材料的函

××市商业局：

　　你局××商厦狠抓安全保卫工作,成绩突出。经市综合治理办公室同意,我局准备于8月中旬召开全市经保工作经验交流会,请××商厦在会上介绍加强内部防范工作的经验。请速通知该单位,与8月中旬将此材料报送我局××处秘书科(现在要求附后)。

　　此致
敬礼

××市公安局
2012年5月8日

3.

函

××大学校长：

　　首先让我们以××电子工业学校的名义,向贵校表示衷心的感谢。感谢你们为我校办学给予的很大帮助。目前我校又面临一个很难解决的问题。

　　事情是这样的：我校开办不久,师资力量很差,决定派××位年轻教师到贵校旁听进修一年。我校与贵校有关部门多次商量,但××位年轻教师进修住宿问题,至今也没有得到解决。提高教学质量的关键是师资。为提高我校教育质量,恳请贵校设法解决我校进修教师的住宿问题。贵校府高庭阔、物实人济,且具宽大为怀、救人之危的美德。以上区区小事,谅贵校不难解决。我们不知贵校还有什么实际困难,如果这些困难我校能帮助解决的话,请尽管提出,我校会竭力去办。再说一句,贵校如能解决我校进修教师的住宿问题,我们以我校领导的名义向贵校领导深深地表示谢意。万望函复。

××电子工业学校(章)
××××年×月×日

任务七　会议纪要

 学习目标

【知识目标】

熟悉会议纪要的理论知识,了解会议纪要和会议记录的区别,明确其在社会实践活动

中的重要作用。

【能力目标】

能够将理论知识用于实践,根据实际情况,写作各类会议纪要。

一、写作任务

将下列会议记录整理成会议纪要。

××学院第×次办公室会议记录

时间:2000年3月4日 上午8:00~11:40

地点:第×会议室

出席人:刘××(院长)、杨××(总务长)、孙××(教务处长)、张××(院长办公室主任)、吴××(院长办公室秘书)及各系部门主要负责人

缺席人:王××、张××(外出开会)

主持人:刘××(院长)

记录:吴××(院长办公室秘书)

一、报告

(一)杨××报告院基本建设进展情况。

(二)主持人传达省人民政府《关于压缩行政经费的通知》(以下简称《通知》)。

二、讨论

我院如何按照省人民政府《通知》的精神抓好行政经费的合理开支,切实做到既勤俭节约,又不影响正常教学、科研等活动的开展。

三、决议

(一)利用两个半天时间(具体时间由各系各单位自己安排,但必须安排在本周内)组织有关人员集中传达学习《通知》精神,提高认识,统一思想。

(二)各系各单位负责人在认真学习的基础上,利用下周政治学习时间向群众传达,宣讲。

(三)各系各单位责成有关人员根据《通知》的压缩指标,重新审查和修改本年度行政经费开支预算,并于两周内报院长办公室。

(四)各系各单位必须严格控制派出参加校外会议及外出学习人员的人数,财务部门更要严格把关。

(五)利用学习和贯彻《通知》精神的机会,对全院师生员工普遍开展一次勤俭节约、艰苦朴素的传统教育。

散会。

主持人(签名)
记录人(签名)

二、写作任务分析

根据以上材料,作出分析:在会议记录中有决议内容,但是会议记录是没有法定效力的,而这时就需要选择"会议纪要"这一文种了。这个写作任务主要是为了让学生熟悉并掌握会议纪要的用途、格式与写作要求。

三、必备知识和工具箱

为了完成这个写作任务,我们必须掌握会议纪要的一些基本知识。

工具一:会议纪要的含义和用途

会议纪要是适用于记载、传达会议情况和议定事项的公文,它是根据会议记录、会议文件及其有关材料整理而成的。

会议纪要的主要作用,具体来说有以下几方面:

(1)对上级机关,起汇报情况的作用。
(2)对下级机关,起指导工作的作用。
(3)对平级机关,起互通情况、交流经验的作用。
(4)对与会单位和人员,可作为汇报和传达会议内容与精神的依据。

工具二:会议纪要的特点

会议纪要主要有三个特点:

1. 纪实性

会议纪要须如实反映会议的内容和议定事项,才能起到传达会议精神、为有关单位提供工作依据和指导开展有关工作的作用。

2. 概要性

会议纪要的内容是对会议内容、会议决议和会议精神等做高度的、全面的、要点式的概括,体现主题思想,使人一目了然,把握精髓。

3. 约束性

会议纪要一经下发,便要求与会单位和有关人员遵守、执行。

工具三:会议纪要的类型

根据会议性质,会议纪要可分为办公会议纪要和专题会议纪要两类。

(1)办公会议纪要,是记载和传达由机关、单位召开的行政办公会议的纪要。它主要用来反映领导机关开会研究问题、部署工作的情况,其作用是为机关、单位工作的开展提供具体的指导和依据。这类会议纪要一般应使用会议纪要的特定格式。

(2)专题会议纪要,是指各种各样的交流会、座谈会、研讨会的纪要。这类纪要,有的起通报会议情况的作用,使有关人员尽快知道会议基本情况和主要精神;有的具有指导作用,其传达的会议精神可对有关方面的工作予以指导。

工具四：会议纪要的结构和写法

会议纪要由标题和正文组成。在结构形式上与其他公文不同的是，它不用写主送机关和落款，成文时间多写在标题下方，也不用盖章。

1. 标题

会议纪要的标题通常由"会议名称+文种"组成，如"第五届现代应用文国际研讨会纪要"。也有的采用正、副标题形式，如"探讨新时期文学的发展——中国当代文学研究会第二次学术讨论会纪要"。行政办公会议纪要还常常把主持召开会议单位的名称也写在标题上，如"××职业学院行政工作纪要"。

2. 正文

会议纪要的正文一般由前言、主体和结尾构成。

前言，一般概括会议基本情况，包括会议名称、目的、内容、时间、地点、规模、参加人员、主要议题和会议成果等。前言不能过长，要简明扼要，让人读后能从总体上了解即可。

主体，是会议纪要的核心部分，一般根据会议的中心议题，按主次、有重点地写出会议的情况和成果，包括对会议工作的评价、对问题的分析、会议议定的事项、作出的决定、提出的要求等。主体的写法有以下三种：

（1）条项式，就是把主体内容包括讲座的问题和议定的事项按主次一条条写作。这种写法条理清晰，内容清楚，一目了然。

（2）概述式，就是把会议的内容或议定的事项进行综合概括，分成若干部分写作。这种写法较普遍，有利于突出重点，分清主次。它一般是把主要的、重点的内容放在前面写，而且尽量写得详细具体，而次要的和一般性的内容放在后面写，往往写得较简略。

（3）摘录式，就是把与会者具有代表性的、独创性的发言要点摘录，按发言顺序或内容性质先后写作。这种写法可尽量保留发言人的谈话风格，避免一般化和千篇一律，比较客观、具体。

3. 结尾

一般写对与会者的希望和要求，也有的会议纪要省写结尾。

工具五：会议纪要的注意事项

1. 掌握会议的全部情况

写会议纪要，首先要弄清会议的目的、任务、内容和形式，掌握会议的所有文件材料，参加会议的全过程，并认真做好记录，特别是要注意阅读会议的主要文件和材料、领导的发言，掌握会议的主要精神。

2. 抓住要点，突出会议主题

会议纪要是会议结果的反映，不能面面俱到、照搬会议记录，而应围绕会议主题，抓住要点、突出重点，简明扼要地反映会议的主要情况和精神。

3. 文字简洁明快

写会议纪要，应根据会议内容确定写法和篇幅，要简明扼要。在语言表达上尽可能简短、通俗,切忌长篇大论,应以叙述为主。在层次、结构安排上,要条理清楚,篇幅一般不宜过长。

4. 切忌写成会议记录

会议纪要与会议记录有密切联系,但也有显著区别。会议纪要的写作要以会议记录为基础和依据来表现会议的主要内容,它只表现会议的概貌和重点。会议记录则是会议全过程的如实记录,它反映会议的原始面貌。另外,会议记录只作为机关单位内部存查使用的文书,不对外公布。会议纪要则在一定范围内公布传达,作为正式行政公文使用。

会议纪要报送上级时,会议主办单位还需另拟一份报送报告与会议纪要一并报上。

 **知识链接**

会议纪要与会议记录的区别

会议纪要与会议记录既有联系,又有区别。会议记录是会议过程的原始记录,是书写会议纪要的基础。会议纪要则要将会议情况、议题、决定等加以系统的整理、分析、提炼,比会议记录更具有条理性和理论性。

二者的本质区别主要有:

第一,从问题性质来看,会议纪要是正式公文文种;而会议记录只是会议情况的记录,只是原始材料,不是正式公文。

第二,从内容上看,会议记录无选择性、提要性,会议上的情况都要一一记录下来;而会议纪要有选择性、提要性,不一定要包容会议的所有内容。

第三,从形成的时间方面看,会议记录是随着会议的进行过程同步产生的,而会议纪要是会议结束后发文的。

 **例文评析**

【例文1】

××××学院行政工作会议纪要

时间:2000年×月×日上午8时

地点:行政楼3号会议室

主持人:张××院长

参加人:……

会议内容:一、审查今年预算执行情况

二、讨论明年编制问题

三、研究办公室与学生宿舍调整问题

四、讨论公文档案管理问题

决定的事项：

（一）关于预算招待开支情况

上半年预算开支基本合理。但某些开支如水电费等，比去年又有增加，值得注意。今后各项开支应按预算制度从严掌握使用。

（二）关于办公用房和学生宿舍调整问题

参加深圳办学的职工，一概不保留办公室。学院办公室作部分调整：学生处仍搬回南楼办公；档案室和机要室分开房间办公，由院长办公室、教务处、政治理论教研室、经济研究所4个单位各调出一间解决。各单位要加强办公室与库房的安全保卫工作。学生宿舍楼按级分配：一年级住东楼，二年级住北楼，三年级住西楼。各楼增改厕所两间供学生使用。

（三）关于明年人员编制问题

明年编制×××人，即按现有学生××××人和明年招收××××名新生，共计××××名学生的规模，教职员工在今年×××名编制的基础上，再增加××人。其中教师××人，工勤人员×人。此外幼儿园今年编制×人（未满员），明年可增加×人。

（四）公文档案管理等问题

要加强公文档案管理工作。各处室要指定一个（无专职则指定一人兼管）负责公文收发和立卷存档工作。公文档案管理制度由院长办公室负责召集各单位指定管理公文人员讨论制定。此外，收发室和传达室合并，移交总务处领导；对去深圳的职工家属，各单位要派人常去看看，协助解决生活上的有关问题；学院建立信箱代号。

例文简评：这是一篇用条项式写的行政会议纪要。标题由主持召开会议的单位名称、会议名称和文种组成。正文由基本情况和会议决定事项构成，实际上即由前言和主体构成。写得条理清晰，简明扼要，符合条项式纪要的写法。

【例文2】

"纤夫"扬正气，《情结》扣人心
——话剧《情结》座谈会纪要

最近，剧协××分会邀请了省、市纪委，文艺界、新闻界的有关领导、专家、记者等40余人，对许××的新作《情结》展开了讨论，现将部分发言摘要如下：

陈××（省剧协副主席）：

由××话剧团演出的多场话剧《情结》在友谊剧场隆重公演，观众反映十分强烈。许××是个很有才华的女作家，她写的戏富有哲理性，搬上舞台有意境、有气势。

黎××（省文联理论处处长）：

崔××是一个崭新的艺术形象，他除了具有为党为公、铁面无私的共性外，还具有独立的个性,冷峻的表面蕴藏着很深很深的对党、对人民的情结,这个偏重于冷色的形象告诉我们,无私无畏一是要有战斗勇气,二是要有奉献精神。崔××虽然同自己的亲人有矛盾、有斗争,给人以不近人情的感觉,但作者巧妙地通过一个"纤夫"的意念把他们的深层意识全部勾连起来了,造成红花绿叶相映衬的结局,满台正气,满台光明。

……

叶××(××市文联副主席):

这个戏之所以不同凡响,是由于许××捕捉了两点:一是捉住了"纤夫"这个形象作为整个戏的灵魂,使其构成主要人物思想品格的精髓;二是以"情结"做戏胆来结构矛盾冲突,来揭示人物深层意识和错综复杂的人际关系。

……

粟××(广州市纪委干部):

……

赵××(省剧协副主席):

……

例文简评:这是一份摘录式会议纪要的部分内容。可以看出,这种写法主要是通过摘录发言人的要言,反映发言人的观点,使人觉得客观、真实。在表达形式上,是先写发言人的姓名,再记其发言。记发言者第一次发言时,在姓名后注明单位、职务。本文采用正、副标题形式。正题表明与会者的观点、看法,副题补充说明座谈的内容,二者相辅相成。正文由前言(或导语)和发言要点构成。文章表达的形式与其内容非常吻合,显示出内容决定形式,形式与内容的高度统一。

【例文3】

中科精密仪器有限责任公司第三次筹备工作会议纪要

(二〇〇九年十一月十二日)

为进一步落实公司下属各部门人选,设计公司发展愿景,2009年11月12日,中科精密仪器有限责任公司第三次筹备工作会议在南湖宾馆召开。这是公司开业前最后一次筹备会议,股东会、董事会、监事会、总经理及公司其他部门负责人参加了此次会议。

会议由副董事长游山主持。

会议回顾了公司筹建的各项工作,肯定了为筹备工作付出了艰辛和努力的代表,在初步酝酿的基础上推选出公司组织机构下属各负责人名单,讨论并加以确定。

会议提出了近期的工作目标:

1. 新年第一天成功举办公司开业典礼。

2. 三月份筹办一期产品展览会,以扩展市场,扩大影响。
3. 加大宣传,提高知名度。
4. 公司生产基地设在岳阳,三年内在长沙、宁波、上海、深圳等地设研发或销售服务机构,力争在瞬息万变的市场中赢得先机。

会议审阅了新年开业典礼开幕词,充分肯定了公司组建的意义和发展愿景。

此次会议明确了公司组建的基本思路,为今后的工作指明了方向。

例文简评:这是秘书叶子为中科精密仪器有限责任公司第三次筹备会议整理出的会议纪要。它由标题、成文日期、正文三部分组成。该文标题属于单式标题,由发文机关、事由和文种构成;成文日期写在标题下(亦可放在征文右下方);正文部分有会议概况、会议事项和尾语。该文文字简洁、格式规范。

四、写作实训

完成前述写作任务。要求:
(1)通报的种类选择适当,标题写作符合规范。
(2)符合通报的相关写作要求。
(3)材料取舍恰当,主题突出,逻辑清晰,文通字顺。

五、检查与完善

(1)学生结合前述写作规范,自我检查或相互检查。
(2)教师选择学生例文进行点评。
(3)修改、完善前述写作任务。
(4)总结自己完成写作任务的得失。

写作实训拓展

(一)修改病文。

×× 市税务局
市场征收工作经验交流大会纪要

××××年5月20日,××市税务局召开了"市场征收工作经验交流大会",××副局长对去年6月1日农贸市场实行征税务以来的工作进行了回顾总结,部署了今后的工作。

××副局长在总结中指出,在各级党政领导重视支持和有关部门的密切配合下,经过广大税务专管员的努力,一年来征收税款×××元,市场物价基本稳定,摊位、品种并未减少,"管而不死"的方针得到了贯彻,在税收工作上取得了不少成绩:

一、运用税收经济杠杆,加强税收管理。在保护合法经营、打击和限制投机违法活动方面发挥了积极的作用。如××区税务分局第×税务所,从宣传着手,提高商贩遵纪守法的观念;从检查着手,促使商贩正确申报;从管理着手,做到十足收齐。

二、初步摸索、积累了一些行之有效的征收管理办法。如××区税务分局与工商局密切配合,思想上统一认识,管理上统一步调,处理上统一行动,通过一年实践,证明这样做有利于加强市场征收工作。

三、在培养、锻炼新生力量方面迈出了可喜的一步。据统计,一年业拒腐蚀的事例共有298起,不少分局摸索、总结出了一些培养干部的经验。××区税务分局第三税务所在大会上介绍了他们"晓之以理,导之以行,抓紧队伍建设"的做法,就是这些经验的代表。

××副局长还号召市场税务专管员向一年来立功受奖的同志学习,拒腐蚀,永不沾。只有思想上筑起一道防线,方能在种种糖弹面前立于不败之地。

最后,××副局长要求各单位进一步加强市场专客员的队伍建设,在政治思想、业务水平、工作经验上都有一个新提高;认真贯彻市委18号文件,密切与其他部门的配合,把整顿市场秩序的工作做好。

(二)下面是一份会议纪要,请对照写作格式要求,指出它存在的问题。

××××年××省对外交流教育教学研究会会议纪要

××××年××月××日,由××省教育厅组织的对外交流教育研究会在××宾馆举行。参加会议的有××省对外交流教育教学研究会的领导及专家,教育厅相关领导及下属的××教育报刊社的研究人员,全省各级职业院校的院长、校长或教师代表。

此次会议是对拟立项课题召开的一次业务研讨会,希望以联合国教科文组织2013年出版的《学会做事》为契机,通过借鉴国际经验,结合我国实际来探讨在职业院校加强价值观教育的问题。

会议开始,××同志就《学会做事》一书所阐述的价值观教育理念、思想以及内容做了详细介绍,并对职业教育中价值观教育的重要性和必要性做了说明。他提出希望借《学会做事》一书的引进,在认真总结我国职业院校相关教学经验的基础上,吸收国际先进经验,通过此次课题研究的推动,探索出适合我们的新的价值观教学模式,为完善有中国特色的职业教育体系作出积极贡献。

随后,副处长××就拟立项课题"职业教育中价值观和态度教育比较研究与实验"的相关情况向大家做了介绍,具体包括三个方面的内容:第一,选题的背景和问题研究意义;第二,研究目标、主要内容;第三,初步的研究思路、方法、技术路线和步骤。

接下来,来自各职业院校的同志进行了研讨发言,大家都对职业教育中价值观教育问题的重要性表示了认可,纷纷表示愿意参加课题的研究。

最后,××副会长做了总结讲话。

(三)指出下文中出现的问题,并进行修改。

关于治理商业贿赂专项工作会议纪要

××职院纪〔2012〕14号

二〇一二年十月,学院五十多名副科级以上干部召开了全院治理商业贿赂专项工作会议。会议先后由学院党委副书记姜××同志、学院纪委书记徐××同志、学院党委书记曾××同志,学院党委副书记、院长喻××同志做重要讲话。

姜书记传达了湖南省委、省教育工委认真开展治理商业贿赂专项工作的指示精神,并结合实际对学院治理商业贿赂专项工作进行了全面系统的部署。

徐书记发言:随着社会主义市场经济体制的建立和逐步完善,政府行政行为不断规范,企业依法经营意识得到加强市场秩序逐步好转。但是,随着市场化进程的加快,市场竞争日趋激烈,商业贿赂在一些行业领域和单位较为严重,高等学院并不一定是一块"净土",目前学院又是高投入大建设的重要时期,治理商业贿赂工作显得尤为重要。全院上下要从政治和全局的高度充分认识商业贿赂的严重性和危害性,增强治理商业贿赂的紧迫感和责任感,把各项工作切实抓紧抓好抓出成效。

曾书记发言:治理商业贿赂工作和反腐败工作,必须进一步克服一部分人头脑中存在的治理商业贿赂与自己无关的思想,嫌办事程序复杂,怕麻烦的思想;必须解决部分单位制度不健全或虽有制度但未严格执行,层层把关不够等现象。

最后,喻院长作总结:治理商业贿赂要把握重点,解决突出问题,要着力解决与师生切身利益密切相关、严重破坏市场秩序的问题。目前治理商业贿赂的重点是:学院基本建设、维修改造、教学仪器设备、教材和各种物资采购,各种考核办证收费,人员调入,各项经济业务的衔接等方面。

大会圆满成功。

××职业技术学院
二〇一二年十月十四日

项目三　经济活动

任务一　市场调查报告

 学习目标

【知识目标】

了解市场调查报告的概念和分类,明确市场调查报告在社会实践活动中的重要作用。

【能力目标】

能够根据市场调查报告的结构和写作要求,调查、收集资料完成市场调查报告的写作。

一、写作任务

作为一名大学生,假如你现在在某品牌饮料公司实习,该公司现考虑将多种饮料在你所在大学的大小超市销售并定期搞校园促销活动,但不知贵校学生饮料消费情况如何。请结合你所在学校的具体情况,运用科学的调查方法,搜集资料,给你的实习公司写一份市场调查报告。

二、写作任务分析

这个写作任务主要是为了让学生结合自己所在校园的具体情况,亲自调查、搜集并整理资料写出市场调查报告。通过这个过程熟练运用市场调查的方法,掌握市场调查报告的结构与写作要求。而要想写出一份真正能为企业提供参考价值的报告,了解市场调查报告的写作规范非常重要。

三、必备知识和工具箱

为了完成这个写作任务,我们需要掌握市场调查报告的一些理论知识:市场调查报告的概念、作用、结构和写作要求等。

工具一：市场调查报告的概念、特点及作用

（一）市场调查报告的概念

市场调查报告是将从市场搜集到的市场营销方面的情报信息，以科学的方法进行整理分析，并作出较为公允的结论，以便为市场营销提供切实可行的决策依据的经济管理应用文。

（二）市场调查报告的特点

市场调查报告与普通调查报告无论从材料的形成还是结构布局方面都存在着明显的共性特征，但它比普通调查报告在内容上更为集中，也更具专门性。

1. 针对性

市场调查的任务是搜集商业情报和市场信息，因此市场调查的目的、对象、调查范围必须明确。

2. 真实性

市场调查报告必须从实际出发，通过对真实材料的客观分析，如实地反映现实情况。真实性是市场调查报告的生命。

3. 时效性

市场调查报告如同新闻写作，必须及时有效地反映现实情况，为决策者抓住有效市场信息，迅速作出判断提供依据。

4. 实践性

市场调查报告写作前期的市场调查是一项离不开实践的工作，调查者需要深入实践搜集具体、全面和时效性强的调查资料。

（三）市场调查报告的作用

市场调查报告主要应用在市场营销领域，被从事和管理市场营销的部门广泛使用。它旨在反映市场营销方面的情报资料，揭示市场商品需求状况以及影响这种需求状况的诸多因素，分析诸因素之间的关系，对市场营销的正确决策具有至关重要的作用。其作用可概括为以下几个方面：

（1）市场调查报告可以反映市场的真实情况，揭露市场营销中的问题，从而引起有关方面的重视，使问题可以得到及时、有效的解决。

（2）市场调查报告能够为主管部门了解市场情况、制定政策提供可靠依据。

（3）市场调查报告是领导部门用来总结工作、推广经验、指导工作的有力工具。

工具二：市场调查报告的种类

市场调查报告主要有三种形式。

1. 综合市场调查报告

综合市场调查报告是围绕产品市场营销的诸多侧面进行调查，全面系统地收集、整理和分析有关商品流通、销售和服务的情报资料，涉及的面比较广，花费的时间也比较长，得出的结论相对比较全面。

2. 专题市场调查报告

专题市场调查报告是围绕一个专门问题或情况进行专项调查,它的调查涉及面相对于综合市场调查报告来说要窄一些,旨在研究具体问题,具有较强的针对性,从而能使调查深入细致,研究透彻深刻。

3. 典型市场调查报告

典型市场调查报告多用于营销活动的起步阶段,借助对典型的研究,从而找出带有普遍性、倾向性的问题,总结成功的经验,发现不完善之处。

工具三：市场调查的方法

1. 观察法

到现场直接观察,记录调查对象的行为和言词等情报,向消费者直接了解购买意向,了解对商品的意见的方法。这种调查法简便易行,但调查范围较小。

2. 询问法

根据事先确定的调查问题,用口头或书面的形式向被调查者询问,以获得有关情报资料的方法。这种调查法要求准备好所要询问的问题或设计好问卷。调查方式有个人访问、开座谈会、电话询问、邮件调查、网络匿名问卷等。口头或书面询问很多时候会通过抽样调查的方式进行。

3. 实验法

这种调查法多以试行销售的方式进行。常见的试销会、展销会、订货会、博览会等都属此类。

4. 资料收集法

资料收集法主要是利用收集的资料来获取有利用价值的各种信息情报的营销策略。这种方法是根据报纸刊物、业务简报、产品介绍、广告、广播电视及网络等传媒形式,广泛收集有关的市场动态、科研成果、商业行情、经济简讯及国家的宏观经济政策等,从中采集和筛选与企业生产经营直接相关的资料、数据、典型事例,经过分析研究,得出结论。

工具四：市场调查报告的结构与写作要求

市场调查报告一般包括标题、前言、主体、结尾四个部分。

（一）标题

市场调查报告的标题,应根据市场调查的内容、范围等来拟定。通常情况下,标题直接揭示市场调查的内容,如《老年市场与银色产业》；还有的标题包括写作市场调查报告的单位、时间和范围,如《西安搪瓷厂关于2013年搪瓷产品在西北五省的销售调查》。

（二）前言

前言又称为引言、导语或开头,它是对市场调查的简单说明,前言是否得体,对整个市场调查报告起着重要的作用。前言主要说明调查的背景、目的、对象、范围,有时还要说明

调查了多长时间,采取了哪些方法,抽样统计有多少,抽样是怎样选择的。前言需写得简明扼要,朴实严谨。

(三)主体

主体是市场调查报告的核心部分,一般包括三个方面的内容。

1. 基本情况介绍

即对调查对象过去和现在的客观情况进行简洁的介绍,如发展历史、市场布局、销售情况等。写作时可以按时间顺序来写,也可根据问题的性质用小标题或提要句的形式进行表述。

2. 分析与预测

对调查、收集得来的材料进行充分分析研究,从而预测市场的发展变化趋势。行文时,为了使文章层次清晰,通常采用小标题的形式,划分为若干小部分来结构全文。

3. 措施与建议

根据调查和预测,提出相应的措施和建议,供领导决策参考。这是全文的落脚点,因此措施与建议要切合实际,具有可行性。

主体部分常见的结构方式有三种。一是按照事物发生、发展的先后顺序来安排材料,即逐点逐条地反映事物的发展演变过程,调查了三个点,报告就分成三部分来写,前后作一些必要的概括。二是按照事物的性质组织材料,并列地从几个方面来表述。三是既考虑事物发展的顺序,又兼顾事物的性质来安排材料。无论采用什么样的结构方式,都必须选取典型事例,做到条理清晰、逻辑严密。

(四)结尾

市场调查报告一般都要用简要说明来收束全文。所谓简要说明,即说明那些在正文里没有谈到而应该附带说明的问题,或是正文里没有涉及但对市场有一定影响的重要情况。要照应前言,高度概括。

工具五:市场调查报告的写作注意事项

(1)资料要充分真实。报告必须建立在充分占有真实资料信息的基础上。

(2)分析处理资料信息的方法要科学。市场调查报告不是资料信息的简单罗列,而是需要认真分析、深入研究,必要时运用数学、经济学的原理和方法进行处理,才能得出正确的结论。

(3)一份市场调查报告以写一个问题为宜,切忌涉及的问题太大、太多,面面俱到。

 **例文评析**

【例文】

<h1 style="text-align:center">大学校园快递市场调查报告</h1>
——以武汉纺织大学外经贸学院为例

《大学校园快递市场调查报告》主要是依据武汉纺织大学外经贸学院校园存在"四通八达"及其他的快递代理点实际运营情况,采取的是"一对一、一对多、多对多、多对一"等形式来开展的问卷调查。大学校园快递代理点是快递公司与高校的完美对接,它既是快递公司向高校延伸业务以扩大新的利润增长点的需要,也是满足高校师生对快递生活的需求,同时也是高校相关专业广大师生进行创新性实践的需要,快递点绩效好坏取决于快递服务,"顾客满意度"与"顾客忠诚度"直接或间接地影响着快递服务行业的发展。

一、大学校园快递市场调研报告设计的要素

(一)调查目的

调查学生对校园快递的使用情况,熟悉快递业务流程,为以后就业与创业奠定基础。

(二)调查方法和形式

本次调查在数据采集方面,以问卷调查法为主,以访谈调查法为辅,并通过简单随机抽样的方法对调查对象进行调查。采取"一对一、一对多、多对多、多对一"等形式进行,然后小组统计汇总,集中讨论形成结论。

(三)调查对象

在校学生和教师。

(四)问卷设计问题与内容

在调查问卷的设计问题上,事实性问题、行为性问题、动机性问题以及态度性问题在我们问卷问题的设计中都有涉及,内容齐全。

(五)抽样方法

采取简单随机抽样,一是询问被调查人使用人数后,再将使用人数进行编号。二是在进行过编号的同学中随机抽取出60个样本。

(六)调查地点

教室、寝室、图书馆、操场和食堂,覆盖整个校园的每个角落。

(七)调查项目

概括两方面,一是师生使用校园快递的情况;二是校园快递的发展状况等。

(八)分析方法

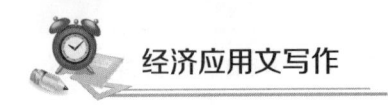

使用圆饼图对各项数据进行统计分析。

二、大学校园快递市场调查问卷分析

本团队采用简单随机抽样法对全校师生进行了调查，共计发放问卷360份，收回问卷360份。其中有效问卷为360份，无效为0份。

我们对收回的问卷认真地进行了汇总统计，分析如下。

（一）使用快递的原因

调查结果显示，选择网上购物的占70%，寄送礼品的占15%，寄发主要信件的占4%，收发包裹的占11%。大部分使用快递的原因都是因为网上购物，由于现在网络发达的原因，寄发信件和寄送礼品等原因造成了相当大的一部分人员缺失。

（二）最常用的校园快递

调查结果显示，选择申通的占30%，选择圆通的占22%，选择中通的占20%，选择韵达的占18%，顺丰占8%，其他占2%。在这几个校园快递公司中，同学多数选择申通快递。

（三）使用快递的频率

调查结果显示，选择频率10次以下的占42%，频率10～30次的占45%，频率30次以上的占13%。一学期使用校园快递的人数还是比较高的，但还有待提高。

（四）校园快递的效率

调查结果显示，选择效率非常高的为0，选择比较高的占35%，选择一般的占48%，选择比较低的占7%，选择非常低的10%。很多校园快递公司讲的都是效率第一，但从数据分析中可以看出，效率缓慢。

（五）校园快递代件收费标准

调查结果显示，选择收费标准偏低的占4%，选择收费标准合理的占75%，选择收费标准偏高的21%。校园快递的收费标准还是很合理的，让大多数同学都能够接受，可以在节假日作出相应的优惠活动。

（六）喜欢接收校园快递的方式

调查结果显示，选择到指定地点接收的占5%，选择送货上门的占76%，选择电话联系定地点的占18%，选择其他的占1%。很多同学都为了方便，想不出门就可以接收快递，其实快递代理点可以适当地调整顾客接收快递的地点，以方便顾客为主，进行安排。

（七）快递服务态度的满意度

调查结果显示，选择服务态度非常满意的占4%，选择比较满意的占38%，选择一般的占50%，选择不满意的占8%，选择非常不满意的为0。快递公司的服务宗旨主要都是为顾客服务，可是有很多为顾客考虑的细节问题都没有实施，或者都没有服务周到，具备服务理念并且真正把理念运用到实践中来的少之又少。

（八）制约快递发展的因素

调查结果显示，选择收费过高的占12%，选择效率低下的占28%，选择安全性低的占 18%,选择服务态度差的占 13%,选择宣传力度不够的占 22%,选择需求人群不够的占 7%。那么在这个问题中,效率低下还是头等问题。在一个快递公司中,效率的高低直接影响顾客的信任度。宣传力度不强,也可能影响一个快递公司的顾客量及收益状况。

(九)校园快递的发展前景

调查结果显示,选择非常好的占 18%,选择比较好的占 45%,选择一般的占 32%,选择不好的占 5%,选择非常不好的为 0。校园快递的发展前景还是非常好的。

当然,在对大学校园快递市场调研时,还存在一些不足之处,体现在:

第一,由于调查对象极为广泛,没有作深入细分,比如:对学生的年级、生源地、专业细分、学生消费开支、教师的不同层次、教师的年龄、教师收入、对外交往交流的偏好等没有严格区分,导致目标消费者对快递消费真实情况还有一定的差距。

第二,调查对象人数过少,只占生源总量的 5%,教师只占 3%,这些不足以代表整个外经贸学院全体师生,而且使用的是简单随机抽样,而无法使用等距随机抽样。

由于以上两个限制条件,导致调研成果具有一定的局限性。

三、结论和建议

通过上述调查报告,我们认为我院师生使用或消费快递产品情况良好,满意度达到 92%,校园快递的发展前景比较好(占 63%)。但当中还是存在很多的问题,为此,我们大学生创新实践团队成员特提出以下几点建议:

1. 在校内,校园快递对同学的宣传力度不强,应该增强校园快递的宣传力度。

2. 在效率方面,有很多同学都认为应该提高效率,物流是靠速度制胜,快递更要突出快。

3. 在服务态度方面,校园快递应该把服务的理念和宗旨运用到实践中来,延伸服务,落实每个细节。

4. 服务师生方面,还要强化合作,利用背靠校园优势和师生熟悉环境特点,开展有偿实习见习,培养锻炼学生就业创业能力。

(资料来源:武汉商业学院学报,2013 年 2 月期,范学谦、严小刚、饶念。略有改动)

例文简评:这篇市场调查报告标题采用了双标题的形式交代了调查对象、调查内容和文种;前言具体说明了调查的背景、调查对象、调查方法和分析统计方法等;主体部分结合调查数据对校园快递的使用原因、使用偏好、使用频率、校园快递的效率、快递服务的满意度和制约快递发展的因素等数据进行分析;最后对校园快递发展前景进行预测,并提出切实可行的建议。

四、写作实训

完成前述写作任务。要求:

(1)选择合适的调查方法,实地调查,搜集资料。

(2)运用科学的统计分析方法分析统计资料。

（3）完成一份合乎规范的市场调查报告。

五、检查与完善

（1）学生结合前述写作规范，自我检查或相互检查。
（2）教师选择学生例文进行点评。
（3）修改、完善前述写作任务。
（4）总结自己完成写作任务的得失。

 **写作实训拓展**

（一）判断题。

1. 真实性是市场调查报告的生命。（　　）
2. 市场调查报告要把调查面放宽，才能更全面地掌握市场情况。（　　）
3. 市场调查报告的写作也要突出重点。（　　）
4. 对自己的观点不利的材料，在市场调查报告中也应附带提及。（　　）
5. 市场调查报告的标题形式只有一种，即单标题形式。（　　）
6. 市场调查报告在形式和特点上与一般报告没有区别。（　　）

（二）指出下面两份市场调查报告存在的问题，并作修改。

1.

大学生课外阅读情况的调查

阳光下、草坪上、教室里、图书馆……到处可以看见书不离手的大学生，他们脸上洋溢着满足自信的笑容。"你课外阅读的主要目的是什么？""你最喜欢阅读哪种类型的书籍？""你平时看一本书用多长时间？"……前不久我们对大学生的阅读取向进行了一次访问式调查，目的是了解当代大学生读什么书、读多少书和怎样读书的问题。

通过调查，有部分学生的课外阅读主要是为了休闲。他们认为"平时专业课程的阅读量已经很大了，课外阅读当然选择内容较轻松的课外书籍，以缓解读书的压力"。这样的学生大约占44.9%。还有部分同学的课外阅读是为了拓展知识面。这样的学生所占比例较少，只占8%。

大学生不青睐具有专业知识的书籍是否合理呢？不少招聘企业都感慨现在的大学生专业能力很薄弱，学以致用的能力较差。在学校期间不注重专业知识的积累和自身专业技能的训练，不阅读相关专业课外书籍是造成这种现象的原因之一。

在回答"你最喜欢阅读哪种类型的书籍"时，大多数学生选择报刊。报刊始终占据大学生阅读排行榜的首位。多数学生选择此类书籍的原因大多是因为"阅读起来方便"和"信息量大，来源广泛，易获得"。调查中发现，学校为学生免费提供的《文汇报》成为阅读人次最多的报刊，《青年报》、《环球时报》、《参考消息》、《电脑报》、《

读者》有一定的市场。在阅读内容上,阅读新闻占61%,领先其他三项,阅读"生活信息及收集资料"占24%,阅读"文学作品"占16%,阅读"评论文章"占18%。

目前大学生的阅读结构对大学生正确世界观、人生观的形成非常不利,急需加以正确引导。

2.

南方车展消费者调查

调查表明,来看车展的人群当中,4成是有车一族,而6成是没有车的。他们以中青年人居多,平均年龄约30岁。所从事的职业以经理主管、专业技术人士、业务销售、个体经营为多,占了约62%,而高校学生也有不少,占了约13%。当然,学历整体水平也较高,大专以上学历占了72%。来看车展的人家庭经济能力较强,家庭月度平均收入达到7400元。

有效的市场营销必须基于对消费者群体的深入分析,市场细分工作越来越重要。今后的汽车产品销售及服务策略将会呈现出更具个性化、针对性的发展趋势。

车展是一个强有力的推广渠道。作为参展厂商,应该充分把握这些时机,向消费者传递公司的最新产品信息及品牌文化,相信必定会取得丰厚的回报。

(三)写作题。

选定你所熟悉的某种商品,对其市场现状作调查,写一篇市场调查报告。

任务二 经济活动分析报告

学习目标

【知识目标】

了解经济活动分析报告的理论知识,能够明确经济活动分析报告的适用范围。

【能力目标】

能够根据企事业单位业务资料和数据,使用经济活动分析工具,写作经济活动分析报告。

一、写作任务

根据以下材料,写一份经济活动分析报告。

××鞋厂几年来效益下滑。相关人员找来近几年该厂的统计资料,发现2010~2012年的销售量分别是16万双、18万双、19.5万双;税后利润分别是74.5万元、69.8万元、57.3万元。为何产量逐年增加,而利润反而减少?结合其他统计数据分

析后,找到了三个原因:(1)销售税率上升的影响;(2)原材料涨价,生产成本上升;(3)因滞销而降价促销。

二、写作任务分析

这个写作任务主要是为了让学生正确掌握经济活动分析报告的结构和写作要求,锻炼学生根据实际统计资料进行经济活动分析的能力。

三、必备知识和工具箱

为了完成这个写作任务,我们必须掌握经济活动分析报告的一些基本知识:经济活动分析报告的概念、作用、种类、结构和写作要求。

工具一:经济活动分析报告的含义和作用

(一)经济活动分析报告的含义

经济活动分析报告是以经济理论和经济政策为指导,根据计划、会计、统计工作的报表资料以及调查研究所掌握的情况,对某一对象的经济活动状况进行综合或专题分析而写出的书面报告。经济活动分析报告的适用范围很广泛,它可以对整个国民经济问题进行分析,如《中国当前经济形势分析与对策》;可以对某一行业问题进行分析,如《中国手机市场分析》;亦可以对某一地区、某一企业或企业内的某一部门的某项经济指标的分析,如《潍坊三联家电 2013 年第一季度利润指标完成情况分析》。

(二)经济活动分析报告的作用

1. 有利于经济管理部门掌握情况,制定相应政策或法规

经济管理部门需要通过深入细致的经济活动分析来掌握各种经济活动的运行情况,认识经济规律,从而采取各种有力的调控措施或政策,发挥各有关经济部门的职能作用,减少盲目性和随意性。

2. 有利于企业及时掌握经营情况,确保企业健康发展

经常进行经济活动分析,有助于企业及时根据市场变化,自主改善企业的经营方向和管理机制,增强企业的市场适应能力,确保企业的生产经营得以顺利健康地发展。

3. 有利于企业提高管理水平和经济效益

企业通过经济活动分析,发现企业在经营管理活动中的经验和不足,从而制定出提高管理水平和经济效益的制度和措施,改善企业经营管理,促进经济增长。

工具二:经济活动分析报告的种类

经济活动分析报告按不同的标准可以分为不同的类别。如有按报告内容分的成本分析报告、商品库存结构分析报告、财务分析报告、统计分析报告;有按时间分的定期经济活动分析报告和不定期经济活动分析报告。下面介绍几种常用的经济活动分析报告。

（一）全面分析报告

全面分析报告又称综合分析报告或系统分析报告。

此类报告是对某一对象在某一时间的各项经济指标进行全面系统分析写成的报告。它针对影响经济活动的主要矛盾和主要因素，抓住关键的问题进行分析，以考核其经济活动的成果。时间范围一般为一年或一个季度。通过整体的综合性分析，提出问题，解决问题，促进经济效益的提高。

（二）专题分析报告

专题分析报告是针对经济活动中某一比较突出的专门问题进行深入具体的分析后所写出的书面报告。如企业商品的库存结构分析、流动资金周转情况分析、产品质量分析等。

（三）进度分析报告

进度分析报告可以分析某项计划的完成情况，可以分析资金运用、产品销售、原材料供应情况，也可以分析短期经营、生产进度情况等。它多在年、季、月、旬末结合综合报表写作。报表为进度分析报告提供数字依据，进度分析报告为报表提供情况和文字说明。此类报告分析内容具体、单一，反映问题快；写作过程多用实际材料反映具体情况，分析评议相对较少。所以，实际部门的经济活动分析报告多采用简报形式。

工具三：经济活动分析报告的结构

（一）经济活动分析报告的结构

经济活动分析报告的结构要根据分析的内容和目的来安排，没有千篇一律的统一模式。一般来说包括标题、前言、主体和结尾四个部分。

1. 标题

经济活动分析报告的标题有两种形式。一种是公文式。公文式标题一般由分析的对象（即被分析的单位）、分析的时限、分析的内容（即所分析的问题）和文种组成，如《××啤酒厂2010年财务分析报告》。有的可以省略单位和时间，定期分析常采用这种标题。另一种是论文式，即标题直接揭示分析的内容或观点。可以是单标题，也可以是双标题，如《推动技术进步，改造现有企业》《加速结构调整，实行战略转移——析2009年湖南经济形势和发展方针》等。

2. 前言

又称引言、导语，是分析报告的开头部分。它主要概述分析目的，分析对象的基本情况，提出要分析的问题以及分析所调查到的主要材料、数据等，这是进行深入分析的依据和基础。有的分析报告没有前言，而把前言部分的内容安排在主体的"基本情况介绍"中去反映。

3. 主体

主体是经济活动分析报告的核心，是对前言中提出的问题或经济指标完成情况运用资料和数据所作的具体分析。主体部分一般由情况介绍、内容分析和措施建议组成。

（1）情况介绍。

介绍被分析单位或者对象的基本情况，总述各项经济指标完成的实际情况。

（2）内容分析。

这是经济活动分析报告的关键。要对经济活动分析的具体内容进行细致的分析和评价，得出科学的结论。在分析过程中，要围绕中心，运用科学的分析方法，客观地剖析经济活动取得成绩或存在问题的根本原因，从而总结经验，吸取教训，探索改善经营管理的更好途径。

（3）措施建议。

在客观分析的基础上，得出正确结论，提出可行措施和进一步改进的建议，回答"怎么办"的问题。这些措施和建议不是空头口号，要具有针对性和切实可行性。

（4）结尾。

经济活动分析报告的结尾要根据实际行文需要而定，如果在主体部分已经将有关问题完全讲清楚，则可不必写结尾。此外，结尾部分的最后，要在右下方写落款，写明撰写经济活动分析报告的单位名称或作者姓名，加盖印章并标明年、月、日等，有的还需要单位负责人签署。

工具四：经济活动分析报告的写作要求

（一）要认真把握国家的方针政策

进行经济活动分析必须以党和国家的方针政策为准则。

（二）材料要具体，数据要精确

掌握具体的材料和精确的数据是写好经济活动分析报告的前提。进行经济活动分析时，既要充分利用平时积累的各种资料，又要针对问题进行专门的调查，定向搜集资料。

（三）抓住重点，透彻分析

进行经济活动分析时，要根据分析的目的，选择重点、抓住关键问题做文章。

（四）运用适当方法，展开科学分析

1. 比较分析法

比较分析法又叫对比分析法或指标对比法。这种方法就是将同一基础上的可比数据资料进行比较分析，从而研究经济活动的情况，找出两个事物间的联系和差别。在实际运用过程中，通常从以下三方面进行比较：一是比计划，即以一定经济期内的本期实际执行指标与本期计划指标作比较，得出计划执行情况；二是比历史，即把本期实际执行指标与上期、上年度同期或历史上最高水平相比较，观察其增减幅度，从而反映经济活动的发展变化及趋势；三是比先进，即以本期实际执行指标与大致相同的同类先进单位实际指标相比较，从而认清本身所处的地位。

2. 比重分析法

其是计算每部分占总体比重的方法。分析时,可运用构成的百分比找出主要矛盾、次要矛盾,以便掌握所存在的问题的关键,分清主次,求得问题的解决方法。

3. 因素分析法

其是一种以比较分析法所确定的差异数值作为分析对象,对影响因素从数量上确定其影响程度的分析方法。它重在探求影响某一指标变动的若干因素,也能抓住最本质、最关键、起决定性作用的因素,以便于寻求解决的途径,从而提高经营管理水平、增加经济效益。

4. 平衡分析法

其是一种通过测定对应关系指标是否一致,从而来评价工作质量的方法。如根据资金占用总额等于资金来源总额的会计原理,可以分析企业在资金使用及管理上存在的问题等。平衡法的应用范围比较广。

5. 动态分析法

其是一种用发展的观点,把不同时期经济活动的同类指标与实际数值进行比较,得出比率,然后分析此项指标的增减和发展变化趋势,并就今后的经济活动提出各种设想和措施的分析方法。动态分析法就是预测分析法。

6. 调查分析法

其是一种通过与群众接触、了解影响经济指标完成因素的来龙去脉,找出原因的方法。

 例文评析

【例文1】

××企业年度财务分析报告

××××年度,××企业在改革开放力度加大、经济持续稳步发展的形势下,坚持以提高效益为中心,以搞活经济、强化管理为重点,深化企业内部改革,调整经营结构,扩大经营规模,进一步完善了企业内部经营机制,努力开拓,奋力竞争,共实现利润×××万元,比去年增加××%以上,并在取得较好经济效益的同时,取得了较好的社会效益。

(一)主要经济指标完成情况

本年度商品销售收入为×××万元,比上年增加×××万元。其中,××产品销售实现×××万元,比上年增加××%,××产品销售×××万元,比上年减少××%。企业营业收入实现×××万元,比上年增加××%。全年毛利率达到××%,比上年提高××%。费用水平本年实际为××%,比上年升高××%。全年实现利润×××万元,比上年增长××%。其中,××销售利润率为×××%,比

上年增长××%。全部流动资金周转天数为××天，比上年的××天多了××天。

(二)主要财务情况分析

1. 销售收入情况

通过强化竞争意识，调整经营结构，增设经营网点，扩大销售范围，促进了销售收入的提高。××销售收入比去年增加××万元；××比上年增加××万元。

2. 费用水平情况

全公司的费用总额比上年增加××万元，费用水平上升××%。其中，××增加××万元。

从变化因素看，主要是由于政策因素影响：①调整了"三资"、"一金"比例，使费用绝对值增加了××万元；②调整了××价格，使费用增加了××万元；③企业普调工资，使费用相对增加××万元。

……扣除这些因素影响，本期费用绝对额为××万元，比上年相对减少××万元。费用水平为××%，比上年下降××%。

3. 资金运用情况

年末，全部资金占用额为×××万元，比上年增加××%。其中，商业资金占用额×××万元，占全部流动资金的××%，比上年下降%。结算资金占用额为×××万元，占××%，比上年上升了×××%。其中，应收货款和其他应收款比上年增加××万元。从资金占用情况分析，各项资金占用比例严重不合理，应继续加强"三角债"的清理工作。

4. 利润情况

企业利润比上年增加×××万元，主要因素是：

(1)增加因素：①由于销售收入比上年增加××万元，利润增加了××万元；②由于毛利率比上年增××%，使利润增加××万元；③由于支出额比上年少支出××万元，使利润增加××万元。

(2)减少因素：①由于费用水平比上年提高%，使利润减少××万元；②由于税率比上年上浮××%，使利润少实现××万元；③由于财产损失比上年多××万元，使利润减少××万元；④……

以上两种因素相抵，本年度利润额多实现×××万元。

(三)存在的问题和建议

(1)资金占用增长过快，结算资金占用比重较大，比例失调。特别是其他应收款和销货应收款大幅度上升，如不及时清理，对企业经济效益将产生很大影响。因此，建议企业领导要引起重视，应收款较多的单位，要领导带头，抽出专人成立清收小组，积极回收。也可将奖金、工资同回收贷款挂钩，调动回收人员积极性。同时，要求企业经理严格控制赊销商品管理，严防新的三角债产生。

(2)经营性亏损单位有增无减，亏损额不断增加。全局企业未弥补亏损额高达×××万元，比同期大幅度上升。建议企业领导要加强对亏损单位的整顿、管理，做好扭亏转盈工作。

（3）企业存在潜亏行为。全局待摊费用高达×××万元，待处理流动资金损失为×××万元。建议企业领导要真实反映企业经营成果，该处理的处理，该核销的核销，以便真实地反映企业经营成果。

××公司
××年×月×日

例文简评： 这是一篇关于企业年度财务状况的综合经济活动分析报告。首先说明基本情况，共实现利润×××万元，比去年增加××%以上，并在取得较好经济效益的同时，取得了较好的社会效益；接着分析各项主要指标完成情况和财务情况；最后归纳总结存在的问题，并就问题提出了针对性的建议。条理清晰，分析全面，建议可行。

【例文2】

××发电分公司综合管理部2010年第一季度经济活动分析报告

现将综合管理部2010年第一季度经济活动情况汇报如下：

一、办公用品消耗情况

第一季度发生办公用品费用10.17万元，同比增长102.59%；办公电话及网络使用费、职工通讯费1.62万元，同比减少35.97%，减少的原因为今年1、2月份根据黄河公司的要求停止了职工通讯费的发放；办公用品支出7.93万元，同比增加较大，主要原因为平衡全年各季度办公用品用量，一次性购买季度用办公用品，支出较多；总体上办公电话费、网络使用费及职工通讯费都控制在合理范围内，办公用品计划、采购趋向合理，管理有序。

二、业务招待费、会议费使用情况

1. 业务招待费使用情况

业务招待费：本期实际发生4.49万元，同比增长3.46%。

2. 会议费使用情况

会议费：本期实际发生4.41万元，同比增长35.28%。主要为"两会"期间发生的会议费用以及安全生产座谈会费用。

三、车辆使用情况

2010年第一季度，分公司使用车辆为7台，车辆费用基本情况如下：

车号	行驶公里数	燃油(升)	保险费	100公里耗油	过停费	维修保养费
青A75916	4612	604.39		13.1	241	5105
青A75931	5831	1020.45		17.5		1180
青A75593	3996	727.43		18.2	1098	3206
青A26087	4754	929.17		19.5		590

续表

车号	行驶公里数	燃油（升）	保险费	100公里耗油	过停费	维修保养费
青A17890	4036	848		21	201	1140
青AF2711	8617	1327.18		15.4	1190	10171
青A29568	3753	600.76		16.01	292	
合计	35599	6057.38			3022	21392
去年同期	29118	4314.93			1400	3639.4
同比(%)	122.25	140.4			215.86	587.85

与去年同期相比增加值较大，特别是过停费及维修保养费增加较多，主要原因为海西州部分前期项目办理相关手续，查看厂址，长途行车次数较多；一季度车辆维护较多。

存在的问题：

（1）司助人员更换频繁，车辆日常保养及维护缺少连续性。

（2）分公司工作职责变化后长途行车增加较多，安全行车压力较大，车辆使用有点紧张。

采取的措施：

（1）细化车辆维修、管理等台账，做好连续性工作。

（2）选派状态较好司助人员进行长途行车。

四、总体分析

存在主要问题：

（1）综合部部分人员工作积极性不高，工作延误较多。

（2）分公司工作职责变化对综合部的工作影响较大。

下一步的措施：

（1）加强部门管理及工作监督，及时进行沟通，做到不影响分公司整体工作。

（2）根据分公司工作职责的变化，针对性地做好车辆安全、人员稳定等工作。

综合管理部
二〇一〇年四月二十四日

例文简评：这是一篇企业内部的定期经济活动分析报告。报告主体部分主要运用了比较分析法和因素分析法对各项费用的使用情况进行分析，找出费用与去年同期相比变化的原因，最后进行总体分析，提出存在的主要问题和下一步的措施。文章前言简短，基本情况介绍体现在主体之中。全文行文简洁，但事实清楚。

四、写作实训

完成前述写作任务。要求：

（1）利用必备知识和工具箱拟定合适的标题。
（2）符合经济活动分析报告的写作要求。
（3）事实和数据材料运用恰当，条理清楚，措施或建议可行。

五、检查与完善

（1）学生结合经济活动分析报告的结构和写作要求，自我检查或相互检查。
（2）教师选择学生例文进行点评。
（3）学生修改、完善前述写作任务。
（4）学生总结写作实训的得失。

写作实训拓展

（一）判断题。
1．经济活动分析报告的标题有时可以省略单位和时间，仅写分析内容和文种。（　　）
2．经济活动分析报告必须包含标题、前言、主体、结尾四个部分。（　　）
3．经济活动分析报告是对某一对象在一定时期内的经济活动状况进行全面系统的分析而写成的一种书面文体。（　　）
4．经济活动分析报告最后也需要有署名和日期。（　　）
5．经济活动分析报告的分析必须以事实或数据材料为依据，运用科学的分析方法进行分析。（　　）

（二）指出下面经济活动分析报告存在的问题并修改。

××印刷厂3月份财务分析报告

××年我厂提出实现年利润25万元的奋斗目标，截至3月底，我厂已完成利润10.3万元，完成了年计划的41.24%。计划完成得虽好，但生产成本却逐月上升，2月份每千印成本为45.23元，百元产值成本为59元；3月份每千印成本65元，百元产值成本70元，3月份千印成本比2月份增加19.77元，百元产值成本增加11元。3月成本增高的主要原因是纸张价格上涨，2月份787凸版纸每张单价为0.147元，3月份则涨到0.148元，月纸张费用增加221.66元，每千印成本增加0.128元，百元产值成本增加0.14元。再有，千印油墨费增高。3月份共完成1725.25千印，消耗油墨352.5千克，共计3066.20元，平均一千印多耗量0.2043克，每千印成本增加16.50元，百元产值成本增加10.50元。另外，辅助生产费用和企业管理费偏高。3月份辅助生产费比2月份增高983.09元，企业管理费3月份比2月份增高494.13元。辅助生产费用增加的主要原因是领用大型工具多，设备备件多。企业管理费偏高的原因是购买办公用品和招待费多。鉴于以上情况，我们建议：①制定千印油墨消耗定额，把千印油墨消耗控制在0.1千克／千印左右。②建立健全设备的维修、保养制度和工具出库保管制度。③企业管理费

的支出要严格控制、合理使用。

（三）写作题。

了解你所在地区近两年来商品房价格的变动情况，搜集整理资料，写一份该地区房地产市场的经济活动分析报告。

任务三　合同

 学习目标

【知识目标】

熟悉合同写作的常识，明确其在经济活动中的重要作用。

【能力目标】

能够将理论知识用于实践，根据实际情况，学会写作实际应用的合同，并能够在生活和工作中加以运用。

一、写作任务

根据以下材料，写作一份合同。

××百货公司（需方）向××服装厂（供方）订购90厘米梅花牌羽绒上衣5000件，每件185元；订购90厘米梅花牌羽绒背心4000件，每件95元。双方在2005年2月1日签订合同，合同规定：交货日期为2005年10月20日至30日；交货地点是供方×××仓库，需方自提，运费需方自理；产品的包装按统一规定的服装包装标准，进行纸箱包装，包装材料及费用由供方负责；产品的质量和技术标准，以部颁标准执行。检验方法以供方自建为主，需方在流通过程中，如发现规格、质量不符，做退货处理。退货费用全部由供方负责。需方应从收货到验收日起三天内付款。如遇假日顺延；供方不能准时交货或需方中途退货均需向对方偿付违约金，违约金占货款总值的20%。

此合同要求一式四份，当事人双方各执一份，各自上级部门各执一份。其余附注如电话、开户银行、账号、地址等均可用××代替。

二、写作任务分析

根据以上材料，作出分析：随着企业业务的快速发展，合同数量及涉及的金额都迅速增加，同时外部的法规对内控提出了更具体的要求。这个写作任务主要是为了让学生熟悉并掌握合同的用途、格式与写作要求。要想起草一份合格的合同，了解合同文体的写作规范至关重要。

三、必备知识和工具箱

为了完成这个写作任务,我们必须掌握合同的一些基本知识:合同的概念、合同的种类、合同的结构和写法。

工具一:合同的含义和特点

(一)合同的含义和用途

《中华人民共和国合同法》:"合同是平等主体的自然人、法人、其他组织之间设立、变更、终止民事权利义务关系的协议。"

合同具有法律约束力,保护合同当事人的合法权益;利于加强社会的经济管理,利于维护社会经济秩序,利于建构和谐社会。

(二)合同的特点

(1)立约人具有限定性、即立约人必须是具有法律行为能力者。未成年人、精种病患者、醉酒者和被剥夺政治权力。人以及丧失语言思维能力的人不能作为立约人。代表经济组织团体签订合同的签约双方,必须具有法人资格。

(2)协商互利性。订立合同当事人任何一方不得把自己的意志强加给他方,各方当事人必须平等相待,协商一致,本着自愿、公平、诚信的原则,订立互利互惠的合同。

(3)约束性。当事人双方所订立的合同,对双方均其有法律约束力。

工具二:合同的种类

按照《中华人民共和国合同法》,可将合同分为15种,即买卖合同、供用电水气热力合同、赠与合同、借款合同、租赁合同、融资租赁合同、承揽合同、建设工程合同、运输合同、技术合同、保管合同、仓储合同、委托合同、经纪合同、居间合同。上述均可统称为经济合同。

按照格式和写法分类,经济合同又分为下列三种类别。

1. 条款式合同

即用文字记叙的方式,将当事人各方协商一致的内容逐条记载下来的合同。

2. 固定式合同

即是把合同中必不可少的相关内容分项设计、印制成一种固定格式的合同。各方当事人在签订合同时,只需把达成的协议逐项填写到表格或文字空当处即可。

3. 条款和表格结合式合同

这种合同,表格形式固定共性内容,而对需要经各方当事人协商才能形成的意见,则用条款的形式加以记载。

工具三:合同的基本结构与写法

经济合同的写作内容一般分为下列五个部分。

(一)标题

标题由合同性质或内容加文种两部分组成,如《购销合同》、《抚养遗赠协议》、《建筑

合同》。

（二）立合同人

即合同当事人名称或者姓名。要准确写出签约单位或个人的全称、全名,并在其后注明双方约定的固定指代,如一般写"甲方""乙方"。如有第三方,可将其称为"丙方"。在对外贸易合同中,有时可指代为"卖方""买方"。不论在什么情况下,合同中都不能用不定指代"你方""我方"来指定当事人。

（三）引言（开头）

即合同的开头,需要写明订立合同的目的、根据,是否经过平等、友好协商等。

（四）主体

合同的主体内容由合同当事人各方约定,写明各方所承担的法律责任和应享有的权利。一般应具备以下条款。

1. 标的

标的是指合同当事人的权利和义务所共同指向的对象,即合同的基本条款,如购销合同卖方交付的出卖物,签订合同时标的一定要明确具体,对产品来说,除产品名称外,还应表明规格、型号。

2. 数量、质量要求

数量是标的的具体指标,是确定权利与义务大小的度量,所以必须规定得明确具体,不但数字要准确,计量单位也必须精确。质量是合同的基本条件之一,必须从使用材料、质地、性能、用途,甚至保质期等各方面详细约定。标的质量标准一般应写明国家、部颁、省级标准字样,特殊标准由当事人议定。某些合同中标的的质量还应规定验收时间、验收办法、验收标准和允许的误差。

3. 价款或报酬

这是指合同标的的价格,是合同各方当事人根据国家法律、法规、政策和有关规定,对标的议定的价格,是合同一方以货币形式取得对方商品或接受对方劳务所应支付的货币数量,要明确标的的总价、单价、货币种类及计算标准。

4. 合同履行的期限、地点和方式

履行期限就是合同的有效期限,是合同具有法律效力的时限和责任界限,过时则属违约,日期用公元纪年,年、月、日书写齐全。地点是指当事人履行合同义务、完成标的任务的确切地点。履行方式是当事人履约的具体办法,常见的合同履行方式有三种,即货物交付方式、价款结算方式和任务完成方式。

5. 违约责任

这是对当事人不履行合同义务时的制裁措施,这些措施包括支付违约金和赔偿金,承担因违约而造成合同履行增加的费用等。违约金和赔偿金的数额有法定标准的应按法律规定签订,没有标准的由当事人协商。

6. 解决争议的办法

这是指合同当事人事先约定的,在履行合同中双方发生争议时解决的办法。常用的解决争议的办法有协商、仲裁、法院调解、审理等。

(五)尾部

1. 写有关必要的说明

说明合同的份数、保管及有效期;说明合同所附的表格、图纸、实物等附件。

2. 落款

要写明双方单位全称和代表姓名,并签名盖章。还应写清合同当事人的有效地址、邮政编码、电子邮箱、电话、电报挂号以及开户银行、账号等。

工具四:合同的写作要求

(1)合法、合理:合同内容必须符合法律规定,如果合同内容违反国家的法律和政策,不仅不受法律保护,还要依法追究法律责任。同时,签订合同必须贯彻平等互利、协商一致、等价有偿的原则。

(2)条款规定全面完整:合同所必备的各个构成部分不能缺少,关键条款不能遗漏。

(3)合同表达简明准确:合同的写作采用说明方式,应做到周密严谨、言简意赅。要写得明确具体、条款清晰、概念准确,切忌词不达意或含糊不清。比如,必须使用规范汉字,不使用"最近"、"基本上"、"可能"、"大概"、"上一年"一类模糊词语。价款与酬金数字必须大写。

(4)充分了解合作方的资格、资信和履行合同的能力。

 例文评析

【例文1】

买卖合同

卖方:成都××机床厂(以下简称甲方)

买方:株洲市××商场(以下简称乙方)

经双方充分协商,签订本合同,以资共同遵守。

一、标的:"海洋"牌洗衣机,型号规格为 XPB2O-3。

二、数量和金额:总共壹仟台,每台单价为壹仟零玖拾伍元整,总计金额壹佰零玖万伍仟整。

三、交货日期:2012年7月15日交300台,四季度交200台。2013年第一季度交200台,二季度交300台。

四、产品质量标准:按部颁质量标准。

五、产品原材料来源:由甲方解决。

六、产品验收方法：货到后，由乙方按质量标准验收。

七、产品包装要求：用硬纸箱内加软塑包装。

八、交（提）货方法、地点及运费：由甲方铁路运输到株洲市火车站，运费由乙方负责。

九、货款结算方法：通过银行托收，验货后五日内货款一次付清。

十、经济责任：按《中华人民共和国合同法》第17条第2款规定："供方必须对产品的质量和包装负责，提供据以验收的必要的技术资料或实样"。因产品数量短少，不符合规定，甲方必须偿付乙方不能交货部分总值的5%的罚金；因包装不符合要求造成的货物损失，由甲方负责赔偿；因交货日期违约，比照银行延期付款的规定，每延期1天，按延期交货部分总值的0.03%偿付乙方。如乙方半途退货，由乙方偿付退货部分货款总值5%的罚金；乙方延期付款，比照银行延期付款规定偿付甲方罚金。

十一、非人力抗拒的原因造成不能履行合同时，经双方协商和合同签证机关查明证实，可免于承担经济责任。

十二、本合同自签订之日起生效，任何一方不得擅自修改或终止。

十三、本合同正本两份，甲乙双方各执一份；副本三份，甲乙双方业务主管部门、签证机关各执一份。

十四、本合同有效期到2013年6月30日。

成都××机床厂（章）	株洲市××商场（章）	签证机关
代表人：×××（签字）	代表人：×××（签字）	（章）
电话：（略）	电话：（略）	
开户银行：（略）	开户银行：（略）	
账号：（略）	账号：（略）	
地址：（略）	地址：（略）	

2012年×月×日

例文简评：这是一份条款式合同。本文标题写明了合同种类，当事人名称写得具体明确，开头简明交代签订合同的依据，主体中写明了各方所承担的法律责任和应享有的权利，尾部明确具体，语言表述周密严谨、言简意赅。

【例文2】

××省××股份公司买卖合同

供方：××省××家具厂　　　　合同编号：2005C字（8）号

签订地点：本公司

需方：××省××股份公司　　　　签订时间：2013年2月8日

根据《中华人民共和国合同法》，供需双方经友好协商确认如下成交货物和条款：

一、产品名称、规格、型号、数量、金额、供货时间及数量。

产品货号	产品名称	规格	型号	单位	购货数量	单价（元）	金额（元）	交提货日期	备注
1	办公桌			张	30	300.00	9000.00	2005.7.1	
2	椅子			把	30	140.00	4200.00	2005.7.1	
3	中班椅			把	10	230.00	2300.00	2005.7.1	
4	曲木椅			把	16	250.00	4000.00	2005.7.1	

合计金额：19 500.00（人民币大写）壹万玖仟伍佰元整

二、质量要求、技术标准：国家标准／行业标准／其他标准。

三、供方对质量负责的条件和期限：供方保证质量，实行"三包"。

四、交货方法、交货地点：供方免费直接送至需方指定仓库。

五、运输方式及到达站港和费用负担：供方负担。

六、包装标准、包装物的供应与回收的费用负担：供方负担。

七、产品验收标准、方法及提出异议期限：由需方按双方约定标准验收，若有质量异议，在收货后十日内提出；对经使用才能发现存在质量问题，需方有权在收货后六个月内提出异议。

八、配件、工具数量及供应办法：无。

九、结算方式及期限：需方收货并验收合格后30日内付20310.00元。

十、违约责任：按《合同法》执行。

十一、解决合同纠纷的方式：对执行本合同所发生的或与本合同有关的一切争议，双方应通过友好协商解决。如因协商不能解决而需仲裁或诉讼，应在需方所在地进行，对需方所在地仲裁机构或法院作出的裁定、判决，供需双方都须执行。

十二、如需提供担保，另立合同担保书，作为本合同附件。

十三、其他约定事项：无。

十四、本合同经当事人双方法定代表人或其委托代理人签字并加盖各自单位的合同专用章或行政公章后生效。

十五、供需双方已对本合同的所有条款进行了充分、友好协商，供方承诺对需方提供的本合同无任何异议。

十六、该合同一式四份，双方各执两份，每份具有同等法律效力。

十七、未尽事宜，按照我国合同法及其有关法规办理。

供方	需方
单位名称(章)：××省××家具厂	单位名称(章)：××省××股份公司
单位地址：××市××路1125号	单位地址：××市××路238号

续表

供方	需方
法定代表人：×××	法定代表人：×××
委托代理人：×××	委托代理人：×××
电话：×××××	电话：××××××
邮编：××××××	邮编：××××××
开户银行：工商银行中山路分理处	开户银行：建设银行解放路分理处
账号：58110104076	账号：32210104256

有效期限：2013年2月8日至2013年7月1日

例文简评： 这是一份条款和表格结合式合同。标题写明了签约单位名称和合同种类，当事人名称、合同编号、签约地点和时间写得具体明确，开头简明扼要地交代了签订合同的依据，正文的第一款用表格将标的物名称、单位、数量、单价、金额一一标明，直观具体，一目了然。其他条款则用文字说明，详尽而又明确地规定了供需双方的权利、义务和违约责任等，分条列项，思路清晰，表述严密。附则和落款交代得简洁明确，表格的运用清楚明白。全文采用表格式和条文式相结合的形式，格式规范，结构完整，语言平实、准确、简洁。

【例文3】

建筑工程承包合同

立合同人：

××食品公司（甲方）

××第二建筑公司（乙方）

甲方委托乙方建造厂房一座，为使工程顺利完成，经双方充分协商，签订本合同，以资共同信守。

一、工程名称：第四车间厂房。

二、工程结构：本工程是水泥框架结构。

三、本工程总面积平×××方米，按预算总造价855000元。

四、承包方式：本工程由乙方全面建造。建筑材料全部按质量要求由乙方筹备、购买。

五、施工期限：本工程施工期为十个月。从2012年2月正式开工，2012年11月30日完工。

六、付款方式：合同签署之日，甲方应付给乙方50%工程款，计××××××元；浇灌××屋面时再付给45%，计×××××元；其余5%待工程完成验收后再按实际结算一次付清。

七、工程质量：全部工程质量必须符合市建委规定的质量验收标准。乙方按图纸施工，保证质量。工程完工前三天，乙方应通知甲方进行验收。甲方接通知后，应及时予以验收、签证和办理手续。

八、违约责任：如质量不符，乙方应负责无偿修理或返工。由此造成逾期交付，偿付逾期违约金，金额为工程总值的5%。甲方如未按约定时间付给乙方工程款，按应付款总额的5%偿付违约金。

九、本合同未尽事宜，可经双方研究，另行商定。

十、本合同签字后生效，工程完工验收符合要求，结清工程款后失效。

十一、本合同一式四份，双方各执一份，另两份送甲、乙双方业务主管部门各一份。

附件：建筑设计图1件（略）。
　　　工程预算表1份（略）。

建筑单位：××市食品公司（公章）　　施工单位：××市第二建筑公司（公章）
法人代表：×××（签名）　　　　　　法人代表：×××（签名）
地址：××市××东路××号　　　　　地址：××市××东路××号
开户银行：××××××　　　　　　　开户银行：××××××
账号：××××××　　　　　　　　　账号：××××××
电话：××××××　　　　　　　　　电话：××××××

2012年1月10日

例文简评：合同条款写得具体、明确，表意清晰，书写规范，格式完备。

【例文4】

房屋租赁合同

订立合同双方：

出租方：_____（以下简称甲方）

承租方：_____（以下简称乙方）

根据《中华人民共和国合同法》及有关规定，为明确甲、乙双方的权利义务关系，经双方友好协商一致，签订本合同。

第一条　甲方将自有的坐落在____市____街____巷____号第____栋房屋____间，建筑面积____平方米、使用面积____平方米，类型____，结构等级____，完损等级____，主要装修设备____，出租给乙方作____使用。

第二条　租赁期限及终止合同情形。

205

租赁期共____年。甲方从____年____月____日起将出租房屋交付乙方使用,至____年____月____日收回。

乙方有下列情形之一的,甲方可以终止合同,收回房屋:

1. 擅自将房屋转租、分租、转让、转借、联营、入股或与他人调剂交换的。

2. 利用承租房进行非法活动,损害公共利益的。

3. 拖欠租金____个月。

合同期满后,如甲方仍继续出租房屋的,乙方拥有优先承租权。

租赁合同因期满而终止时,如乙方确实无法找到房屋,可与甲方协商酌情延长租赁期限。

第三条　租金和租金交纳期限、税费和税费交纳方式。

甲乙双方议定月租金____元,按年交,由乙方在每年的____月____日交纳给甲方。先付后用。甲方收取租金时必须出具收租金凭证。无收租金凭证乙方可以拒付。

甲乙双方按规定的税率和标准交纳房产租赁税费,交纳方式按下列第____款执行:

1. 有关税法按×部发〔××〕号文件规定比例由甲、乙方各自负担。

2. 甲、乙双方议定。

第四条　租赁期间的房屋修缮和装饰。

修缮房屋是甲方的义务。甲方对出租房屋及其设备应定期检查,及时修缮,做到不漏、不淹、三通(户内上水、下水、照明电)和门窗好,以保障乙方安全正常使用。

修缮范围和标准按城建部〔××〕号通知执行。

甲方修缮房屋时,乙方应积极协助,不得阻挠施工。

出租房屋的修缮,经甲乙双方商定,采取下述第____款办法处理:

1. 按规定的维修范围,由甲方出资并组织施工。

2. 由乙方在甲方允诺的维修范围和工程项目内,先行垫支维修费并组织施工,竣工后,其维修费用凭正式发票在乙方应交纳的房租中分____次扣除。

3. 由乙方负责维修。

4. 甲乙双方议定。

乙方因使用需要,在不影响房屋结构的前提下,可以对承租房屋进行装饰,但其规模、范围、工艺、用料等均应事先得到甲方同意后方可施工。对装饰物的工料费和租赁期满后的权属处理双方议定:

工料费由____方承担;

所有权属____方。

第五条　租赁双方的变更。

1. 如甲方按法定手续程序将房产所有权转移给第三方时,在无约定的情况下,本合同对新的房产所有者继续有效。

2. 甲方出售房屋,须在三个月前书面通知乙方,在同等条件下,乙方有优先购买权。

3.乙方需要与第三人互换用房时,应事先征得甲方同意,甲方应当支持乙方的合理要求。

第六条 违约责任。

1.甲方未按本合同第一、二条的约定向乙方交付符合要求的房屋,负责赔偿____元。

2.租赁双方如有一方未履行第四条约定的有关条款的,违约方负责赔偿对方____元。

3.乙方逾期交付租金,除仍应补交欠租外,并按租金的____%,以天数计算并向甲方交付违约金。

4.甲方向乙方收取约定租金以外的费用,乙方有权拒付。

5.乙方擅自将承租房屋转给他人使用,甲方有权责令停止转让行为,终止租赁合同。同时应交纳违约金,违约金标准以约定租金的____%计,以天数为单位由乙方向甲方支付。

6.本合同期满时,乙方未经甲方同意,继续使用承租房屋,按约定租金的____%,以天数计向甲方支付违约金后,甲方仍有终止合同的权利。

上述违约行为的经济索赔事宜,甲乙双方议定在本合同签证机关的监督下进行。

第七条 免责条件。

1.房屋如因不可抗拒的原因导致损毁或造成乙方损失的,甲乙双方互不承担责任。

2.因市政建设需要拆除或改造已租赁的房屋,使甲乙双方造成损失,互不承担责任。

若因上述原因而终止合同,租金按实际使用时间计算,多退少补。

第八条 解决争议的方式。

本合同在履行中如发生争议,双方应协商解决;协商不成时,任何一方均可向房屋租赁管理机关申请调解,调解无效时,向市工商行政管理局经济仲裁委员会申请仲裁,也可以向人民法院起诉。

第九条 其他约定事宜。

……

第十条 本合同有效期限:____年____月____日至____年____月____日。

第十一条 本合同未尽事宜,甲乙双方可共同协商,签订补充协议。补充协议报送市房屋租赁管理机关认可并报有关部门备案后,与本合同具有同等效力。

第十二条 本合同一式4份,其中正本2份,甲乙方各执1份;副本2份,分别送市房管局、市工商局备案。

出租方:(盖章)　　　　　　承租方:(盖章)

法定代表人:(签名)　　　　　　法定代表人:(签名)
单位联系地址:(略)　　　　　　单位联系地址:(略)
电话:(略)　　　　　　　　　　电话:(略)
委托代理人:(签名)　　　　　　委托代理人:(签名)

例文简评: 这是一份租赁合同。标题由合同类别和"合同"组成,导言写立合同人、立合同的目的,并说明订立本合同双方经过了友好协商。第一条至第十条为主体,分别写经双方协商约定的各自承担的法律责任、享有的权利、解决争议的方式和有效期。第十一、十二条作为尾部内容,分别写未尽事宜的解决方式、执合同者及合同的备案单位。

本合同条款具体,格式规范,语言明晰,行文周密,可以说详尽地包揽了房屋租赁合同的写作内容,本合同可为将来就业而可能租赁房屋的莘莘学子提供借鉴。

四、写作实训

完成前述写作任务。要求:

(1)合同的种类选择适当,标题写作符合规范。

(2)符合合同的相关写作要求。

(3)材料取舍恰当,主题突出,逻辑清晰,文通字顺。

五、检查与完善

(1)学生结合前述写作规范,自我检查或相互检查。

(2)教师选择学生例文进行点评。

(3)修改、完善前述写作任务。

(4)总结自己完成写作任务的得失。

写作实训拓展

下面这份合同格式不规范,条款内容也有表述不明确或漏写的地方,请你找出来并加以修改或补充。

合　同

立合同人:

甲方:××职业技术学院

乙方:××建筑公司××施工队

为建造××职业学院实训大楼,经双方协商,订立本合同。

1.甲方委托乙方建造实训大楼,由乙方全面负责建造。

2.全部建造费(包括人工、材料)400万元。

3.甲方在签订合同后先交一部分建造费,其余在实训大楼建成后抓紧归还所欠部分。

4. 工期在乙方筹备就绪后立即开始,争取十一月左右完工。
5. 建筑材料由乙方全面负责筹备。
6. 合同一式两份,双方各执一份。

××职业技术学院(公章)
代表人:×××(签章)
××建筑公司××施工队(公章)
代表人:×××(签章)

任务四 可行性研究报告

 学习目标

【知识目标】

熟悉可行性研究报告的理论知识。

【能力目标】

能够根据工作实际需要,写出科学规范的可行性研究报告。

一、写作任务

小张打算在某大学附近开一间咖啡吧,预算第一个月的资金需求如下:店租:5000元/月(30平方米);简单装修:10000元;水电煤:200元/月;材料(食物、咖啡豆、书、饰品等):3000元;电器、家具:20000元;人工:2人,2000元/月/人;消费对象:15~30岁的年轻人。

请为他代拟一份可行性研究报告(可自行补充所需数据)。

二、写作任务分析

"知其不可为而为之"的精神固然可贵,但在市场经济时代却是不可取的。在进行重大活动前,不但要"眼观六路,耳听八方",还要深入调查,仔细研究,科学分析其实施成功的可行性,以便最大程度地减少风险。可行性研究是企业重大活动实施成功的保障,它能有效避免盲目投资带来的损失。

三、必备知识和工具箱

为了完成这个写作任务,我们必须掌握可行性研究报告的一些基本知识:可行性研究报告的含义、特点,可行性研究报告的类型、结构和写法以及写作注意事项。

工具一：可行性研究报告的含义

（一）可行性研究报告的含义

可行性研究报告，又称可行性报告，是对拟建或拟改造项目，进行周密的调查、分析而论证该项目的可行性和效益性的书面报告。

可行性研究报告是项目投资决策前的一项重要工作内容，是项目能否立项的论证文件，同时，也是申办建设执照及与合作单位签订合同的依据。

（二）可行性研究报告的特点

1. 材料的真实性

即可行性研究报告所需要运用的大量的数据、资料，必须是真实的，它们是以科学的方法阐明拟建项目在技术上和经济上是否合理和是否可行的前提。

2. 论证的全面性

可行性研究报告必须围绕影响拟建项目的各种因素进行全面系统的分析，以求作出正确的结论。因而，在分析方法上，既要注重动态和静态分析相结合，还要注重定量分析与实物量分析、阶段性经济效益分析与全过程经济效益分析、宏观效益分析与微观效益分析等多种分析方法的综合运用。

工具二：可行性研究报告的类型

分类标准不同，可行性研究报告的类型也不同。

按内容分，可分为政策或改革方案可行性研究报告、建设项目可行性研究报告、改（扩）建项目可行性研究报告、开发项目可行性研究报告、引进国外技术可行性报告、中外合资项目可行性报告、科学研究项目可行性研究报告等。

按范围划分，可分为一般可行性报告（如小型项目、常规技术改造项目等）和大中型项目可行性报告；

按性质划分，可分为肯定性可行性报告、否定性可行性报告、选择性可行性报告。

工具三：可行性研究报告的结构和写法

可行性研究报告由标题、正文和附件组成。

（一）标题

标题由项目主办单位、项目名称和文种组成。如《步步高公司能源综合开发项目可行性研究报告》。

（二）正文

正文由前言、主体和结论三部分组成。

1. 前言

前言也称概述、概论或总论。前言一般介绍立项的原因、目的、依据、范围、实施单位、承担者及报告人的简况,研究工作的依据和范围等。

2. 主体

这是可行性研究(分析)报告的核心,是结论和建议赖以产生的基础。要求使用系统分析的方法,以经济效益为核心,围绕影响项目的各种因素,运用大量的数据资料,全面论证拟建项目是否可行。

不同类型的可行性研究报告,其主体部分写作的重点也不同,一般从九个方面展开:需要预测和拟建的规模;资源、原材料、燃料及公用设施情况;建厂条件和厂址方案;设计方案;环境保护、劳动保护与安全防护;企业组织、劳动定员和人员培训;工程实施进度;投资估算和资金筹措;经济效益与社会效益。

3. 结论

对拟立项的项目完成了所有方面的分析研究之后,便可以对其提出综合性的评价或结论,指出其优缺点,提出可行或不可行的建议。

(三)附件

即必须附上的有关资料或证明文件。包括有些篇幅过长、类别较多的统计资料及说明文字、技术论证材料、财务测算、设备清单、批文、有关协议、意向书、地址选择报告、环境影响报告等。

工具四:写作注意事项

(一)细致调查,实事求是

可行性研究是企业重大活动实施成功的保证,它能有效避免盲目投资带来的损失。所以,在项目实施之前,必须对研究对象进行深入细致的调查研究,掌握真实的材料和准确的数据,以实事求是的态度分析问题,把可能对项目有影响的因素全部考虑进去,多方衡量,最终形成最佳的方案。

(二)科学论证,结论明确

进行可行性研究,必须用科学的研究方法,对各种因素和数据进行分析和测算,用发展的眼光去考察问题,分析问题,并经过充分的论证,得出科学的结论。

(三)语言准确,行文格式规范

可行性研究报告是针对具体项目的研究和论证,其写作质量的好坏直接影响到项目的成败。所以,撰写可行性研究报告时,必须注重写作方法与技巧的运用,注意写作格式的规范化和语言表达的准确性,以确保研究报告的质量。

 例文评析

【例文1】

××建立钛白粉厂可行性研究报告

钛白粉是精细化工产品,占世界无机颜料总消费量的50%以上,占世界白色颜料总消费量的80%以上,主要用于涂料,其次是塑料、造纸、橡胶、化纤等。

钛白粉有全红石型和锐钛型两大类,有硫酸法和氯化法两种生产工艺。

钛白粉历来是世界性的热销商品。我国钛白粉历来短缺,特别是占涂料用量50%以上的金红石型钛白粉,几乎全靠进口,花费了大量外汇。为满足国民经济发展需要,要大力发展钛白颜料,重点是发展高档钛白颜料。

一、××建立钛白粉厂的基本条件

中国是世界钛资源最丰富的国家之一,总蕴藏为7.8亿吨。××占全国海滨钛资源的65%以上,总储量约2600万吨。……××的钛资源与国内外其他各地的钛资源相比,质优易采。目前××每年可采10多万吨钛矿。每年钛精矿近5万吨。

二、钛白粉市场概况

我国钛工业落后,仅占世界总产量的1.3%,发展缓慢……

钛白粉工业的落后严重地拖了我国涂料工业的后腿……

2010年钛白粉需求量达×××万吨,供应能力利用率达102%……利用率的上升,促使价格的上涨……今后若干年内世界消费量水平增长率为1.5%~2.3%,其中发展中国家增幅较大,约4%~10%……预测,2015年世界消费量将增至×××万吨。

三、生产工艺的选择和技术设备的来源

1. 生产工艺的选择。(略)

2. 技术设备的来源。

(1)引进国外先进技术设备。(略)

(2)利用国内技术设备。(略)

3. 主要设备名称。(略)

四、建设规模、物料及动力供应规划

1. 建设规模的选定。(略)

2. 物料及动力供应规划。(略)

五、厂址选择(略)

六、环境污染的防治(略)

七、生产组织形式和劳动力定员(略)

八、投资概算和来源

1. 投资概算。(略)

2. 资金来源设想。(略)

九、经济分析

1. 工厂产品成本的估算。(略)

2. 利润估算。(略)

3. 净现值分析。(略)

4. 基准投资收益率。(略)

5. 盈亏平衡分析。(略)

6. 敏感性分析。(略)

十、结论

以上分析研究表明,为开发利用××丰富、易采、质优的钛砂矿,引进国外先进设备,以××化工厂为基地建设年产×吨(第一期)氯化法金红石型钛白粉厂是可行的,若不能引进国外先进技术设备,利用国内现有的技术设备在××化工二厂的基地上建设年产×吨(第一期)氯化法金红石型钛白粉厂也是可行的。

例文简评: 本文是一篇为建立化工厂而写的可行性研究报告,因为篇幅比较长,这里主要是列举了提纲。报告的前三个自然段是总论部分,对钛白粉的概念、作用以及在国内的产销状况进行了概况。分论部分从九个方面论证了建钛白粉厂的必要性和可行性。这是全文的主体部分,围绕影响项目的各种因素,运用大量的数据资料,客观、全面、深入地进行分析,在此基础上得出符合科学的结论,为决策者提供了可靠的依据。全篇结构严谨,条理清晰,论证充分,写作格式规范。

【例文2】

××木材加工厂新建工程可行性研究报告

一、项目说明

由于近年来我国木材供需之间缺口很大,为了缓和供需矛盾,发展人造板工业具有重要意义。广东粤北地区人造板工业刚开始发展,据有关单位调查表明,刨花板在粤北地区的销售前景还是乐观的。我厂利用当地林区内的枝丫(采伐木材的剩余物)为原材料建设一处刨花板分厂,在产品销路和原料供应上是具备条件的。这个项目由省、市联营,全部工程为新建,投资也全部由农业银行贷款。该项目选定国产工艺设备方案(大部分用引进设备仿制),年产普通刨花板3万立方米,建设地点在粤北××市林区附近。

二、基本数据

1. 产品方案及生产规模

产品规格:1220mm × 2440mm,厚度10～40 mm渐变结构的刨花板。年产量30000m^3(按厚度16 mm)。

2. 主要生产车间的工作制度

一年工作280天,3班生产,每天纯生产工时不少于22.5小时。

3. 主要工艺设备条件

刨花干燥用3台滚筒式干燥机(热介质为10～12 kg/cm^2 饱和蒸汽),气流成型。单层平压热压机,其加热介质为热油,压板温度220℃;胶黏剂为尿醛树脂,用胶量(以固体计)为干刨花重的10%～12%,另加适量的防水剂(石蜡乳剂)及固化剂(氯化铵)。胶料由本厂制胶车间自制(甲醛、尿素等向外厂订购)。

4. 公用设施

自备锅炉房供汽,平时生产用汽量平均为10吨/小时左右(不包括压机用汽,以下同),采暖季节平均13吨/小时左右,自备地下水水源设施,平均用水量67吨/小时(不包括消防用水)。由国家电网供电,本厂设立供电所,总装机容量约为2500千瓦。另外还自备压缩空气站及小型设备维修站。

5. 职工人数及工资

各类固定工人共327人(包括后备14人),管理人员69人,另外雇用合同工30人。工人人均月工资×元,管理人员人均月工资×元,合同工人均月工资×元。

6. 原料供应

由当地林区供应木材采伐剩余物(枝丫),每年约4.2万 m^3(实际),平均运距97千米,公路运输每立方米原料到厂价格为60.7元。

7. 项目总投资及资金使用与筹措

基建投资2758.96万元,定额流动资金初步计算为350万元。基建投资由省、市合筹,年利率3.6%;流动资金向工商银行贷款,年利率7.2%,基建投资的分年度使用安排及建设期利息计算如下表(略)。

流动资金,按生产计划分年投入,如下表(略)。

8. 固定资产折旧问题

项目投资为2758.96万元。固定资产为2222.61万元,投资前支出为536.35万元(其中包括土地征用费389.22万元),因为投资为全拨款,所以基本折旧按全部投资扣除余值后计算,项目经营年限为20年。余值为两部分:一是土地征用费,二是土建投资的25%,两者共为597.02万元。

根据计资[1994]2580号文件规定:建设期货款利息应计入固定资产价值,因此本项目年基本折旧及摊销为115.01万元。大修理费按每年固定资产折旧费用的30%计,即为33.3万元。由于项目利润少,又全为借款,故每年折旧资金全部用于归还货款,还清之后,按国发[1994]2580号文件规定,上交30%,企业自留70%。

9. 产品销售问题

刨花板产品由国家统一定价,年总产量中可以有2%的等外品,抽样检验占产品的0.1%。参照现有生产厂的出厂价,暂按合格品每立方米出厂价为600元,等外品为每立方米340元。由于运输距离和运输工具的不同,产品包装费用伸缩性较大,故按惯例,产品出厂价中不包括包装费用,如有此项费用发生时,由买方负担。

10. 企业留利问题

按照财政部 199× 年 9 月财改字〔199×〕第 49 号文件规定,结合本项目利润少的特点,在偿还借款期内,暂按工资总额的 15% 计留,还清借款后,即实行第二步利改税,按规定缴纳所得税后是否缴 6% 调节税,在本案中未予体现。

11. 税金

产品税为销售收入的 3%。按规定,所得税税率为 33%。

12. 产品销售成本

本项目为单一产品,故全部成本费用均由该产品承担。正常年每立方米刨花板的成本为 327.12 元,较现有生产厂的成本水平稍高。

三、企业经济评价

1. 有关指标及结果

经过常年的销售利润计算,本项目的成本利润率为 17.66%,产值利润为 14.56%,资金利润率为 5.34%,资金利税率为 6.44%。

从现金流量表(略)中可以看到,项目内部收益率为 7.11%,全部基建投资回收期为 13.56 年(包括建设期 3 年),折线率为 6%,净现值为 295.15 万元。

从财务平衡表(略)中可以看到,基建投资借款偿还期为 17.82 年(包括建设期 3 年),到经营期(20 年)终止后,盈余资金共计 1036.56 万元(包括余值 597 万元),加企业留用的基本折算金计 402.55 万元,两者合计为 1493.11 万元,尚不足进行全部更新之用。

2. 不确定性分析

(1)盈亏平衡分析。(略)

(2)敏感性分析:

①基建投资增加 10% 时。

(具体计算略)

②销售收入减少 5% 时。

(具体计算略)

③经营成本减少 5% 时。

(具体计算略)

综合比较。(略)

3. 评价和建议

从以上指标分析中可以看出,本项目经济效益欠佳,投资回收期长,资金利润率低。主要原因是投资大,单在林区新建企业,大幅度降低投资是困难的。产品成本能耗较高,以致产品成本偏高,而产品销售价格在整个价格体系未调整前又不宜提高。

为了提高项目的经济效益,首先要采用现金干燥设备,降低能耗,争取经营成本降低 5%,这样,项目内部收益率达到 8.32%,产值利润率达到 18.09%,成本利润率达到 22.93%,资金利润率达到 6.63%,从林业情况看,该项目还是可以接受的。其次,要利用林区资源的有利条件,争取将刨花板进一步加工,进行薄木饰面处理,这样不仅使产品价值更高,销路会更好,且基建投资在原有基础上增加不多(约5%),生产工人也只增加30%左右。如降低刨花板成本的设想能够实现,则项目经济效益将大为改善。

附件(略)

××木材加工开发有限公司
×年×月×日

例文简评:这则可行性研究报告标题由单位、项目内容和文种组成,简明醒目,一目了然。全文由三大部分构成:第一部分进行项目说明,概述发展人造板工业的重要意义、刨花板在粤北地区的销售前景、原材料供应所具备的条件、项目的资金来源、生产设备、年产量预测和厂址的选择等;第二部分从产品方案及生产规模、主要生产车间的工作制度和主要工艺设备条件等十个方面来进行基本数据介绍;第三部分运用有关数据和资料进行企业经济评价,并得出结论和建议。全文采用条文式,思路清晰,层次清楚,数字准确,分析透彻,结论中肯,建议可行,表述严谨,行文简洁。

四、写作实训

完成前述写作任务。要求:
(1)全面分析,根据情境适当补充材料,科学、全面论证。
(2)语言准确,行文格式规范。

五、检查与完善

(1)学生结合前述写作规范,自我检查或相互检查。
(2)教师选择学生例文进行点评。
(3)修改、完善前述写作任务。
(4)总结自己完成写作任务的得失。

写作实训拓展

(一)判断题。

1. 可行性研究报告按内容,可分为肯定性可行性报告、否定性可行性报告、选择性可行性报告。( )
2. 可行性研究报告的主体部分,要求以系统分析的方法,围绕产生效益和影响项目投资的各种因素,运用各种数据资料加以论证。( )
3. 一般来说,可行性研究报告中涉及的图表或图纸放在主体部分。( )
4. 可行性研究报告不能只强调有利因素而回避不利因素。( )
5. 可行性研究报告由标题、正文、附件三部分组成。( )
6. 可行性研究报告的特点是材料的真实性和论证的全面性。( )
7. 关于市场调查情况的内容,应放在总论中。( )

8. 实事求是是可行性研究报告的写作要求之一。   (   )

9. 在结论和建议部分,应表明项目的可行性或不可行性。   (   )

10. 可行性研究报告与经济预测报告一样,都是为决策提供参考的材料。   (   )

(二)问题诊断。

可行性研究报告的编写规范,以工业项目为例,一般包括11个部分。下面的材料中11个部分下的小标题有误,请更正。

第一部分　基本情况

一、项目背景

二、可行性研究结论

三、主要技术经济指标表

四、存在问题及建议

第二部分　总论

一、项目提出的背景

二、项目发展概况

三、投资的必要性

第三部分　市场概况

一、市场调查

二、市场预测

三、市场推销战略

四、产品方案和建设规模

五、产品销售收入预测

第四部分　建设条件与厂址选择

一、资源和原材料

二、建设地区的选择

三、厂址选择

第五部分　工厂技术方案

一、项目组成

二、生产技术方案

三、总平面布置和运输

四、土建工程

五、其他工程

第六部分　环境保护

一、建设地区的环境现状

二、项目主要污染源和污染物

三、项目拟采用的环境保护标准

四、治理环境的方案

五、环境监测制度的建议

六、环境保护投资估算

七、环境影响评价结论

八、劳动保护与环境卫生

第七部分　企业概况

一、企业组织

二、劳动定员和人员培训

第八部分　项目实施进度安排

一、项目实施的各阶段

二、项目实施进度表

三、项目实施费用

第九部分　资金

一、项目总投资估算

二、资金筹措

三、投资使用计划

第十部分　总评

一、生产成本和销售收入估算

二、财务评价

三、国民经济评价

四、不确定性分析

五、社会效益和社会影响分析

第十一部分　结果

一、结论与建议

二、附件

三、附图

（三）阅读评析题。

请集体讨论下文的优点和不足之处。

缝纫设备补偿贸易可行性研究报告

一、总论

我厂是初具规模的专业化服装生产厂。在改革开放方针的指引下，1986年开始了外贸生产，1987年领取了外贸生产许可证，1988年落实外贸生产任务200多万元。随着外向型经济的发展，现在生产规模和设备已不适应外贸生产高质量、高速度的需要，进行技术与设备改造已势在必行。为此，厂长×××在我国香港考察期间与香港的×××先生就补偿引进关键设备事宜进行了友好的洽谈。双方初步达成了一致的协议，并因此进行可行性研究。

二、项目名称：缝纫设备补偿贸易

主办单位：××青春服装厂

法人代表：×××

企业地址：××市××路××号

项目负责人：×××

三、合作双方简况

甲方：××青春服装厂是初具规模的专业化服装厂，现有职工670人，专业技术人员25人，服装设计师2人；年产衬衫160万件，毛呢服装8万件，产值2400多万元。

乙方：中国香港××行是一个既有企业又有商店的综合性经济组织，有一定的资金和实力，信誉良好。

四、补偿金额：19.2万美元。

五、补偿方式：利用本厂生产的衬衫直接补偿。

六、补偿期限：20××年9月开始分期进行至2007年底之前全部补偿完成。

七、项目申请理由

1. 本项目引进的关键缝纫设备均为日本制造，具有性能好、生产效率高、操作简便等优点，是适合外贸生产的先进设备。

2. 引进项目后，每年可多为国家创汇100万美元。

3. 因该项目主要是利用本厂的衬衫作直接补偿，因此，可以扩大我厂产品在国际市场的销路，有利于我厂发展外贸生产。

八、市场需求分析

随着企业改革的不断深化，我厂产品质量越来越高。"北仑港"牌男女衬衫和拷花呢长大衣相继被评为省优、部优产品，畅销上海、南京、西安等20多个大中城市，现有销售网点300多个。今年已落实销售计划200多万件。产品供不应求。今年1～6月份，生产衬衫90多万件，销售130多万件。预计明年可销售衬衫250万件。外贸产品销售趋势良好。今年预计可完成外贸收购额200万元。

九、原辅材料及水、电供应安排

我厂在上海、常州、无锡、宁波等地已有固定的原辅料供应网点，因此，原辅料供应能保证满足生产。水、电可利用本厂现有供电设备及水塔，能满足生产需要。

十、项目内容

本项目共引进缝纫设备160台，新增衬衫流水线一条，改造老衬衫流水线四条。（详见附表二）（附表略）

十一、项目实施进度安排

8月份进行立项审批与签订购置合同；10月份设备厂进行验收；11月份进行设备安装与调试；12月份进入正常生产。

十二、经济效益分析

该项目建成后，预计每年可增产衬衫50万件，产值425万元；创汇100万美元，

创利税102万元，一年内可收回全部设备投资总额。经济效益显著。（详见附表一、二）（附表略）

××青春服装厂
×年×月×日

任务五　广告文案

学习目标

【知识目标】

熟悉广告文案的基础知识。

【能力目标】

能够将理论知识用于实践，写出突显产品特色的广告文案。

一、写作任务

××地处沿海开放地区，历史悠久，物产丰富，气候温暖湿润，雨量充沛。这里盛产柑橘，是我国著名的柑橘之乡。其柑橘品质优良，风味独特，有着极高的营养价值，销售量逐年增长。许多外国柑橘专家说："到中国，不到××，不算到过中国。"改革开放以来，每年都有100多人次的外国专家、教授来这里技术交流、考察访问。同时这里也先后派出60多人次去日本、美国、韩国、西班牙等国考察访问和交流。在这个地区，100%的乡镇、98%的村、97%的农户都有柑橘种植，柑橘已成为这里农业的支柱产业。

为了进一步占领柑橘市场，扩大柑橘影响，根据以上内容，为该地的柑橘写一则广告。

二、写作任务分析

伴随着科学技术的日益提高、商品经济的飞速发展，人们消费水平的逐日提升，各行各业的竞争愈来愈激烈，企业逐渐开始明白即使酒香也怕巷子深，因此为了在竞争中处于不败之地，广告宣传成为了企业策划中的重要篇章。一则成功的广告往往会对商品销售和企业发展带来不可估量的影响。

三、必备知识和工具箱

为了完成这个写作任务，我们必须掌握广告文案的一些基本知识：广告文案的含义和特点、广告文案的类型、格式和写法以及基本要求。

工具一：广告文案的含义和特点

（一）广告文案的含义

广告是指商品经营者或者服务提供者承担费用,通过一定媒介和形式直接或间接地介绍自己所推销的商品或者所提供的服务的商业广告。按其表现形式和内容的不同,可分为广义广告和狭义广告。广义广告包括公益性宣传广告和商业性广告。狭义广告通常是指商业广告。本节所提的广告为狭义广告。

广告文案也称广告文,是指广告的语言文字部分。它包括通过报纸、杂志、宣传册、传单、海报、条幅等形式来制作的广告作品的文案,也包括在电视、广播、网络所播广告的文案。

（二）广告文案的特点

1. 鼓动性

这是广告的根本目的。广告文案的内容具备较强的感染力和吸引力,通过宣传所特有的特点来赢得消费者的好感和信任,从而购买该商品。

2. 艺术性

广告实质上是一种面向公众的宣传行为,为了让公众接受,制作广告文案时必须充分调动起各种各样的艺术手段,形象、生动、活泼地向消费者介绍相关的商品信息。

3. 真实性

广告文案宣传的主体是具体的商品,在介绍商品本身的实际情况时,应当真实、合法、不得含有虚假的内容,不得欺骗和误导消费者。

4. 思想性

广告文案的内容要健康、积极向上,不能宣传那些低级趣味、有违社会主义精神文明建设要求的东西,要保持正确的思想立场。

5. 浓缩性

广告文案篇幅不宜过长,内容要精练,要在尽可能短小精悍的篇幅中把所要宣传的商品的有关情况明白无误地介绍出来。

6. 创造性

广告文案的创作最忌跟风、落入俗套,要有创意、有新意,所用的手法及角度都应别具一格,写出自己的特点。

工具二：广告文案的分类

商业广告的媒介多种多样,表现的手段也多种多样,常见的种类有：报刊广告、影视广告、广播广告、橱窗广告、路牌广告、张贴广告、包装广告等。

按广告的宣传目的,将其分为商品促销广告和企业形象宣传广告。

（一）商品促销广告

这是以传播商品信息为主的广告,主要是对商品的性能、特点、用途、质量、价格等内

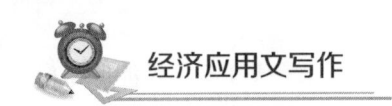

容进行有针对性的强调、宣传,从而诱发消费者潜在的消费欲望,进而产生购买的行为,达到销售商品的目的,这是市场上最为常见的广告种类。

(二)企业形象宣传广告

这类广告主要是强调企业的经营原则、经营理念、经营方向、经营目标、经营范围等内容,目的是让消费者了解本企业的经营情况,并对本企业产生好感和信任感,从而在消费者的心目中树立起本企业的正面形象,成为消费者消费时的首选目标。

工具三:广告文案的格式和写法

广告文案没有固定的格式。我们可以根据不同的广告形式,采取不同的写作或制作方法。但从广告写作上看,一般的广告文案格式中都有一些共同的成分,即都包括标题、正文、落款三大基本部分,有些广告文还会加上一条广告标语。

(一)标题

广告文案的标题是广告内容的高度概括,标题要醒目,要吸引读者。广告文案的标题从其表现形式来看有以下三种。

1. 直接标题

即标题直接点明广告的主旨,其特征是言简意明,开门见山。

2. 间接标题

即用含蓄委婉且饶有兴趣的词句反映所要推销商品的信息,以刺激人们的购买欲。这种标题通常有暗示性、诱导性、趣味性和哲理性,容易造成悬念,引发读者的好奇心理,所以往往能给人留下深刻的印象。

3. 复合标题

通常由多行标题组成,其写法类似新闻中消息标题的写法,分别由引题、正题和副题组成。引题主要交代背景,正题说明内容或特点,副题作补充。这种标题的好处是内容极为全面,写得好,往往具有极强的冲击力。如推销"天府花生"的广告,其标题就是采用这种格式:

四川特产,口味一流(引题)

天府花生(正题)

越剥越开心(副题)

(二)正文

正文是广告标题的具体化,是广告文案的主体部分,要比标题详尽周密,但切记不可冗长杂乱,不可面面俱到。

通常正文部分中要说明的内容主要包括以下方面:

(1)商品的品种、规格、性能、特点、质量、价格、用途、保养方法和企业的经营范围、经营项目、权威机构的评定等。

(2)对消费者的责任保证,售后服务的措施等。

（3）出售或收购的方式、时间、地点、接洽办法等。

正文的写法和形式是多种多样的,常用的表达方式有以下几种：

①证明体。借助专家或权威机构的鉴定评语、商品的获奖级别和知名人士的赞扬等来提高商品的可信度与美誉度。

②描写体。用形象的文艺形式,如诗歌、散文等来突出商品的特点,加深消费者的印象。

③对话体。即通过一问一答的对话或设问的方式,巧妙地说明商品的有关信息,以激发消费者的好奇心,增强消费者的购买欲。

④陈述体。即用简洁的语言,直接介绍商品或提供服务的特点,给人以真实感、幽默感。即用幽默风趣的语言或具有情趣的形式,使消费者在欣赏的同时认识所推销的商品。

在具体运用上,可以有机结合,灵活运用,以增强表达效果。

（三）落款

广告的落款一般包括企业与经销点的名称、地址、网址、邮政编码、电话号码、传真号码、开户银行、户头、账号、联系人或负责人姓名等。写作时可根据具体情况酌情将这些内容在落款处写明,以便联系购买。

（四）广告标语

广告标语是广告文案中一个特别的现象,可根据具体情况来决定有无,必要时可加上,可以独立出现在广告中任何一个部位。它不同于标题,更多的是起到反复强调从而加深人们印象的作用。通常企业在为产品做广告宣传时,都会制作不同系列的广告文案,这些广告文案每篇都有不同的标题,但一般都会有一个共同的广告标语,如格力电器的"好空调,格力造"等,都在一定程度上强化了企业的形象,给读者留下了深刻的印象。

工具四：广告文案的写作要求

（一）内容要真实

制作广告文案必须做到内容真实,实事求是,不能弄虚作假,不得以任何形式欺骗消费者。在语言文字的运用上要讲究分寸,做到介绍客观、评价中肯,不得夸大其词。

（二）创意要新颖

广告创意是广告主题的创造性思维,是在广告主题定位后,如何表现广告主题的创造性的艺术构思,广告创意要新奇巧妙、别具一格。

（三）形式要灵活

广告词的写作没有固定的格式,写作时要采用灵活多样的形式来突出主题内容,要运用新鲜有趣、巧妙得体的语言来吸引读者,激发读者美妙的联想。

 例文评析

【例文1】

热烈庆祝 JAC 喜获全国质量奖
和悦驾驭前程　2011 款心动上市
悦己悦人　卓然之选

2011 款江淮和悦搭载全新 1.5L-VVT 双效高效引擎,集 28 项技术升级于一身,驾驭与感官的尊享之作!

悦然自得:新增多项舒适装备与科技配置,人体工程学设计开发理念为乘客提供全新的尊崇感受。

悦服信赖:全球最新技术平台的全铝小排量节能动力系统,实现动力性与经济性的完美均衡。13 项简短环保技术,全程绿色生产工艺。

悦驾随心:莲花调教的五星底盘,博世最新 8.1 版 ABS + EBD 实现驾控稳定、舒适感,驾驭更加随心。

悦目赏心:大气外形传承艺术灵韵,2710MM 的超长轴距成就自由空间,8 项外观升级更显尊贵气质,体现高雅格调。

安徽江淮汽车乘用车营销公司　www.jac.com.cn　24 小时服务热线:4008-889933

例文简评:这则广告主要是宣传该公司所推出的一款新车。在标题中,首先强调了企业所获得的奖项,以给消费者一个明确的信心,同时在文中较为全面地介绍该车在技术等方面的情况,从而使该车的操控性、动力性、经济性、稳定性、舒适性等特点得以充分反映。

【例文2】

聚美优品网站广告

你只闻到我的香水,却没看到我的汗水;

你有你的规则,我有我的选择;

你否定我的现在,我决定我的未来;

你嘲笑我一无所有,不配去爱,我可怜你总是等待;

你可以轻视我们的年轻,我们会证明这是谁的时代;

梦想是注定孤独的旅行,路上少不了质疑和嘲笑;

但那又怎样,哪怕遍体鳞伤,也要活得漂亮!

我是陈欧,我为自己代言!

例文简评:这是一家化妆品网站的广告词。运用诗歌体的形式,展示出了拼搏、独立、不屈、奋斗的企业文化。

【例文3】

优乐美奶茶广告

女：我是你的什么？

男：你是我的优乐美啊。

女：原来我是奶茶啊？

男：因为这样，我就可以把你捧在手心啊！

例文简评：这是一则对话式广告，由两个或两个以上人员通过对话来介绍商品或服务。它要比直陈式广告活泼。对话式广告最好不要一上来就说商品，宜有个由头或铺垫。这个由头或铺垫要活化一些，又必须十分精练，超过两句话就算累赘了。

【例文4】

美国旅行者保险公司广告

当我28岁时，我认为今生今世我很可能不会结婚了。我的个子太高，双手及两条腿的不对称常常妨碍了我。衣服穿在我身上，也从来没有像穿在别的女郎身上那样好看，似乎绝不可能有一位护花使者会骑着他的白马来把我带去。可是终于有一个男人陪伴我了。爱维莱特并不是你在16岁时所梦想的那种练达世故的情人，而是一位羞怯并拙笨的人。他看上了我不自知的优点。我开始感觉到不虚此生，事实上我俩当时都是如此。很快的，我们互相融洽无间，我们如不在一起就有悄然若失的感觉。所以我们认为这可能就是小说上所写的那类爱情故事，以后我们就结婚了。那是在四月中的一天，苹果树的花盛开着，大地一片芬芳。那是近三十年前的事了，自从那一天之后，几乎每天都如此不变。我不能相信已经过了许多岁月，岁月载着爱维和我安静地度过，就像驾着独木舟行驶在平静的河中，你并不能感觉到舟之移动。我们从来未曾去过欧洲，我们甚至还没去过加州。我认为我们并不需要去，因为家对我们已经是够大了。

我希望我们能生几个孩子，但是我们未能达成愿望。我很像圣经中的撒拉，只是上帝并未赏赐我以奇迹。也许上帝想我有了爱维莱特已经够了。唉！爱维在两年前的四月中故去。安静的，含着微笑，就和他生前一样。苹果树的花仍在盛开，大地仍然充满了甜蜜的气息。而我则悄然若失，欲哭无泪。当我弟弟来帮助我料理爱维的后事时，我发觉他是那么体贴关心我，就和他往常的所作所为一样。在银行中并没有给我存有很多钱，但有一张照顾我余生全部生活费用的保险单，就一个女人所诚心相爱的男人过世之后而论，我实在是和别的女人一样的心满意足了。

例文简评：这是一则故事体广告。广告虽然没有标题，由于第一句话"当我28岁时，我认为今生今世我很可能不会结婚了"，突起悬念，一下子就吸引住读者，把读者引入了一个平凡而动人的故事中。人们在接受这个故事的同时，也接受了广告的宣传，对旅行者保险公司留下了谁忘的记忆，这一广告的成功就在于此。

【例文 5】

北京旅行社广告

只要半个平方米的价格,日韩新马泰都玩了一圈;一两个平方米的价格,欧美列国也回来了;下一步只好策划去埃及南非这些更为神奇的所在。几年下来,全世界你都玩遍,可能还没花完一个厨房的价。但是那时候,说不定你的世界观都已经变了,生活在于经历,而不在于平方米;富裕在于感悟,而不在于别墅。

例文简评:这是一则比较体广告,语言平实,却能给人深刻的感悟。

【例文 6】

广告语摘选

一切皆有可能——李宁服饰

怕上火喝王老吉——王老吉凉茶

大家好才是真的好——好迪

要想皮肤好,早晚用大宝——化妆品广告语

我的地盘我做主——动感地带

滴滴香浓,意犹未尽——麦氏咖啡

透心凉,齐分享——雪碧

翻开齐鲁晚报,开始精彩每一天——《齐鲁晚报》

例文简评:上述是广告标语,简洁、整齐、有韵、上口、易记。

四、写作实训

完成前述写作任务。要求:

(1)立意新颖,形式灵活。

(2)符合广告文案的相关写作要求。

五、检查与完善

(1)学生结合前述写作规范,自我检查或相互检查。

(2)教师选择学生例文进行点评。

(3)修改、完善前述写作任务。

(4)总结自己完成写作任务的得失。

写作实训拓展

(一)选择题。

广告标题有三种:①直接标题;②间接标题;③复合标题。

下面的标题,各属哪种标题?

1. 欢迎订阅《中国商报》。

2. 向您提供保温建材。

3. 1+1=1,两者黏合为一。

4. 您想健康地从事教育工作吗?请使用洗尘黑板擦。

5. 寻找美发的奥秘,霞飞多功能香波,健康的头发一定亮丽。

(二)判断题。

1. 广告是指商品经营者或者服务提供者承担费用,通过一定媒介和形式直接或间接地介绍自己所推销的商品或所提供的商业服务。（　　）

2. 有时候广告的标题所起的作用比正文还要大,故应精心制作广告的标题。（　　）

3. 广告为使内容更加生动形象,在写作时可使用多种多样的艺术手法。（　　）

4. 广告的传播是没有范围限制的,但内容不能违反国家有关法规。（　　）

5. 某锁头广告语"一夫当关,万夫莫开"所用的手法是夸张。（　　）

(三)下面的广告都有语病,请分析原因,并加以修改。

1. 本餐厅经营俄、德、英、意、法等国著名菜品和各色茶点面包,并且备有西餐。各国传统厨师,操作娴熟,色美味香,保持各国所具有的独特风味,并且承担各界人士,大小型喜寿宴会,定菜定桌,服务热情,金融同一般中餐大致相同。

2. 老胡开文墨场发源于徽州,后来武汉,迄今有一百年的悠久历史,是我国首创的第一家传统名牌产品。香墨素有《文房四宝》之称,在国内外久享盛名。

3. 吸尘器是现代化的清洁工具。适用于家庭、宾馆、研究所、电子计算机房、医院等处使用。

4. 本厂占有历代槽坊旧址,利用千年古泉,百年老窖和优质高粱,上等陈油,加之精湛的传统技艺,科学配方配制而成,酒质清醇。

(四)分析题。

1. 阅读下面材料,回答文后所列的问题。

客中行

李白

兰陵美酒郁金香,玉碗盛来琥珀光。

但使主人能醉客,不知何处是他乡。

(1)这则广告的主题是什么?作者是从何入手、抓住消费者什么样的心理来强调主题的?

(2)这则广告的主要创作手法是什么?

2. 运用所学知识,谈谈你对名人代言广告这一现象的看法。

任务六 导游词

学习目标

【知识目标】

熟悉导游词的理论知识。

【能力目标】

能够根据导游词的写作要求和注意事项,写出个性化的导游词。

一、写作任务

"谁不说俺家乡好",选取家乡熟悉的一处自然景点或名胜古迹介绍给大家,用你精彩的语言,带领我们一起去领略那无限美好的风光吧。

二、写作任务分析

导游服务是旅游服务的一个重要组成部分。导游的口才在导游服务中非常重要,而写作导游词是导游的基础。导游员通过导游词引导旅游活动,直接为游客服务,间接地达到推销旅游市场和旅游产品的作用。这就要求导游具有渊博的知识、丰富的导游资料、扎实的写作功底,将丰富的知识用正确、优美的口语表达出来,并与旅游者交流思想、沟通信息,以取得良好的服务效果。

三、必备知识和工具箱

为了完成这个写作任务,我们必须掌握导游词的一些基本知识:导游词的含义和特点、导游词的格式和内容、导游词的写作要求。

工具一:导游词的含义和特点

(一)导游词的含义

导游词是导游员在引导游客游览活动时对旅游景区、景点或相关事务进行解说的文字,是导游员的工作用语,是一种具有旅游职业特点的专门应用文体。

导游词可以是对名胜古迹的介绍,也可以是对文物陈列的解说,还可以是对展览标本的说明,或者是产品展销的推荐等。优秀的导游词是打造旅游精品、拓展旅游市场的关键环节。

(二)导游词的特点

1. 口语形式,表达自然

导游词最终要通过导游员的述说具体地表现出来,所以口语表达形式是导游词的显著表达特点。这就要求撰写导游词时在选择语言上要注意运用鲜活生动、流畅自然的词汇,尽量用短句子,朗朗上口,避免使用那些晦涩艰深、生硬冷僻的书面语言。

2. 知识准确,真实具体

撰写导游词必须准确把握历史背景,忠于事实,深刻揭示文化内涵,选择鲜明准确、积极向上的语言,引导旅游者进入一个崇高的审美境界。这就要求在撰写导游词时要对所介绍的内容做深入细致的研究,同时要有独特的视角,挖掘其内在的审美韵味。切忌想当然,不懂装懂,主观臆造。

3. 通俗易懂,明白晓畅

导游词的最终目的是让人听,在人们欣赏景物时起关键作用。导游词是对具体的游览场景进行解说,所以要生动形象、通俗易懂,要融增长知识、开阔视野和寓教于乐于一炉,发挥引领旅游者提高审美情趣的作用。

4. 情感饱满、热情友好

导游词描述景区、景点、风物人情,无不渗透着解说者的思想感情。撰写导游词必须富含激情,要把炽热之情、好客之意通过描景述情的优美文字传递给旅游者,感染阅读者,营造出情景交融、天人合一的良好效果。

5. 灵活运用、随机应变

旅游者的广泛性和欣赏需求的多样性决定了导游词写作的灵活性。旅游者的文化背景、受教育程度、性别年龄的差异等,要求导游词提高个性化、多样化的服务,要避免千篇一律,特别是在语言的文雅通俗、深浅详略上要有所把握,努力适应接受对象的口味。

工具二:导游词的结构和内容

导游词的撰写大致包括欢迎词、总说、分述和欢送词四部分内容。

(一)欢迎词

欢迎词的内容是对旅游者表示热烈欢迎、交代安排游览活动计划、提醒有关事项并且可以联络感情、营造良好氛围的语言。欢迎词是对下一步开展游览活动的良好开端和铺垫。

(二)总说

总说部分是对游览的场景进行概括介绍。包括游览地的总体概貌、游览地的旅游价值和地位、将要游览的主要内容和特色等。主要作用是给游客一个总的印象,使旅游者对游览地有一个全面的认识,激发其游览的浓厚兴趣,还可以达到提醒旅游者做好游览过程的物质、精神准备的目的。

(三)分述

分述是导游词中对各部分景观进行逐一具体讲解说明的部分,也是一篇导游词的主体部分。

写作这一部分,一般按照游览线路的先后次序或者方位,对景观作出具体解说。由于各个景观具有相对的独立性,解说完一个才能解说下一个,所以写作时需要注意景观之间要有清晰的段落层次划分,必要时要有过渡性语句进行衔接,免得有突兀感。另外,对景观的介绍文字切忌平分笔墨,要重点突出。同时还应注意挖掘景观背后的深层文化内涵,使游览者既能有所收益又得到审美启迪。

（四）欢送词

欢送词是导游员对游览者所做的真诚告别,也是对游览过程进行总结的话语。一般欢送词比较灵活,文字比较简练,可以总结游览景观活动,可以请游客留下宝贵意见,可以进行告别祝福等。这是导游员最后一次集中表达情感的机会,致好欢送词能够进一步加深与旅游者的感情,同时,也可以为导游服务中的失误和欠缺的地方进行弥补。

工具三：导游词的写作要求

导游词是融科学性、知识性、艺术性和灵活性于一体的应用文体。

（一）强调知识性

旅游者都希望开阔眼界,增加见闻,扩充知识,因此在撰写旅游词时,要融进游览地的历史沿革、地貌成因、民俗风情、典故传说以及有关诗词的点缀、名家的评论等,同时这些内容必须准确无误、令人信服。

（二）讲究通俗性

导游词语言是口头语言,突出的特点是大众化,要注意多用口语词汇和浅显易懂的书面语词汇,多用短句,讲起来顺口,听起来轻松。

（三）突出趣味性

要注意几个方面,比如编织故事情节、运用形象化语言、合理使用修辞手法、多一些幽默风趣、情感真切,这样才可以激发游客的兴趣,创造轻松的气氛,打动听众,引起共鸣。

（四）强化关键性

在介绍景观时,要突出重点,强调特色,轻重分开,避免面面俱到。要在照顾全面的基础上突出重点,强化关键点。

（五）讲究灵活性

导游词是针对性、对象性很强的文字,不能千篇一律。要贴近时代,符合实际,因事、因时、因人而异,做到有的放矢,即根据不同的景观和不同的听众进行创作。

（六）重视艺术性

一是要以鲜活的形式和语言,树立积极向上的风气。二是要运用健康文明的形式和语言,引导听众的审美情趣。三是要使用规范化语言。

 例文评析

【例文1】

游览泰山导游词

各位朋友：

你们好！热诚欢迎你们到泰山来，今天我将和大家一起从泰山中路登上山顶。

这座高大、古老的泰山蕴含了丰富的自然与文化积淀，已被联合国教科文组织列入世界自然与文化遗产名录。现在，我们仍要像古人那样问一句"岱宗夫如何"，然后，同我一起步入大山，去领略泰山的神韵。

这里是岱庙。从岱庙开始，经岱宗坊、一天门、红门、中天门、升仙坊至南天门，是古代皇帝封禅泰山所走过的路，现在被称为"登天景区"，也称中路，是如今泰山登山6条路中最古老的一条。我们将从这条路登上极顶。

大家注意到了巍峨的岱庙前，还有一座较小的庙宇，这就是"遥参亭"，是当年皇帝封禅泰山的起始点。当年帝王来泰山举行封禅祭典时，都先要在这里举行简单的参拜仪式，因此明朝之前，称此为"草参亭"。明代加以扩建时，改名为"遥参亭"。虽是一字之易，但虔诚却尽含其中了。

朋友们，中国的古代建筑在世界建筑史上是有着独特地位的，这座遥参亭的建筑构思既出于封禅大典将由此为前奏而步步进入高潮的需要，也是中国古代先抑后扬的美学思想的体现。

正阳门内就是岱庙了，这是一个神奇的地方。岱庙之所以有如此的魅力，取决于它自身的特征。首先，它的围墙便与一般庙宇不同，围墙周长1300米，5层基石，上砌大青砖，呈梯形，下宽17.6米，上宽11米，高约10米。共有8座门：正中为正阳门，是岱庙的正门。由正阳门进得岱庙来，迎面是配天门，取孔子说的"德配天地"之意。配天门两侧，东为三灵侯殿，西为太尉，三殿之间以墙相连，构成岱庙中间第一进院落。

过了仁安门，便是雄伟高大的宋天贶，它又叫峻极殿，是这座庙宇的主体。天贶殿面阔9间，643.67米，进深5间，17.18米，通高23.3米。大家看，天贶殿坐落在宽敞的白色台基之上，周围石雕栏楯环绕，云形望柱齐列，使天贶殿与四周的环境产生了奇妙的效果。

天贶殿周围施以回廊，形成了一个大院落，在中国的建筑中，廊是起着使空间连贯、敛气、紧密、严谨而又富于变化的作用，这是世界建筑史上都加以称道的。岱庙的回廊把一座重檐庑殿的大建筑物紧紧地环抱着，平直与崇高的对比更激起了人们对天贶殿的崇仰。我国古代建筑家深知世上没有绝对的大、绝对的小，大小是从对比中产生的，除了四周低平的回廊外，天贶殿前平台上还修了两个精巧的御碑亭，既突出了天贶殿，又于雄伟中寓含着恬静闲适，因此天贶殿并不是雄伟两个字可以概括得了的。

231

从天贶殿后门出,有砖石甬道与后寝宫相连。宋真宗封泰山时,因将泰山封为"帝",帝则应当有"后",于是便为之配了个夫人"淑明后"。从这一点看来,岱庙与其说是道教神府,还不如说更像皇家宫廷,这种布局进一步透露了封建统治者利用岱庙进行政治活动的功利目的。

刚才,我们是沿着岱庙的主轴线游览,而主轴线两侧,原另有4个别院,东面前后两院,前为"汉柏院",相传汉武帝所植的6株古柏就在此院内;后为"东御座",是皇帝祭泰山下榻的地方。

这里就是泰山有名的十八盘了。大约25亿年前,在一次被地质学家称作"泰山运动"的造山运动中,古泰山第一次从一片汪洋中崛起,以后几度沧桑,泰山升起又沉没,沉没又升起,终于在3000万年前的"喜马拉雅山造山运动"中,泰山最后形成了今天的模样。古老的造山运动造就了泰山南麓阶梯式上升的三个断裂带,最上一层从云步桥断裂带到极顶,海拔陡然上升400多米,使得这一层地带与四周群峰产生强烈对比,犹如宝塔之刹,形成了"东天一柱"的气势。

这里是紧十八盘,也是整个登山盘路中最为艰难的地段了。大家看,石壁上古人的题刻:"努力登高"、"首出万山"、"共攀青云梯"……那是在勉励我们。大家再看,那负荷百斤的挑山工,再想想当年无名无姓的凿石修路人……大山无言,但它们能激励人们向上。朋友,登山犹如干任何事业,只有义无反顾地向上,才能战胜险阻,才能到达最高的境界!

南天门到了,我们现在已置身"天界"了,虽然我们并没有成仙,但我们在这里领略到了"登天山而小天下"的豪迈。

进了南天门,与之相对的是大殿"未了轩",未了轩两侧各一门可以北去。出门往西有一山峰叫"月观峰",山上有亭,名月观亭。据说,天高气爽的深秋时节,在这里还可以一览"黄河金带"的奇异景观:在夕阳映照的天幕下,大地变暗了,唯有一曲黄河水,反射出了太阳的光辉,像一条闪光的金带,将天在地连在一起。入夜,在皎洁的月色下,由此北望可见济南的万家灯火,因此月观峰又称"望府山"。

出南天门院落东折即为天街。天街,天上的街市,多富诗意的地方。沿天街东行,中北有一坊,匾额上题有"望吴圣迹",这就是相传孔子与颜渊看到吴国阊门外一匹白马的地方。坊北有孔子庙。

天街最东端就是碧霞祠了,我给大家讲讲碧霞元君的故事。碧霞元君的前身是泰山女神,在民间被称作"天仙玉女碧霞元君",是百姓心目中的泰山主神,并被称作"泰山奶奶"、"泰山老母"。民众对"泰山老母"的信仰与喜爱,是一种历史积淀下来的埋藏在人们心灵深层的对母亲的爱。多少年来,碧霞元君赢得了百姓的爱戴,至今仍高踞泰山之巅接受着善男信女的香火,召唤着去乡离国的游子。

好,让我们进到碧霞寺来。2500平方米的地方,建起了山门、正殿、配殿、3座神门、钟楼、鼓楼、香亭、万岁楼、千斤鼎、火池,还有照壁、歌舞楼、御碑亭……而且为御高山疾风,殿为铜瓦、碑为铜铸,金光闪闪,俨然天上宫阙。泰山碧霞祠的高度建筑技巧被认为是我国古代高山建设的典范，人们到这里来进香并不感其小而觉其高大，神圣感油然而生。如今，泰山碧霞祠建筑群中独具一格的神品。

出碧霞祠东神门北折沿盘道再上，可见一堵石壁巍然屹立，石壁上石刻遍布，洋洋大观，人称"大观峰"。大观峰西侧，几乎所有的石上也都有古人的手笔，这一带可谓是露天的书法艺术博物馆。

沿大观峰西侧盘道而上，至最高处，那些一路上看似走不完的石阶终于到了尽头，这里就是泰山的极顶——玉皇顶了。

玉皇庙建在极顶上，红墙碧瓦像是给泰山戴上了一顶桂冠。由山门进庙，最先看到的是院中央的"极顶石"。极顶石卧在一圈石栏中，高不盈米，表面粗糙，如果在别处，将是一块最普通不过的石头了。但是在这里，它的旁边有碑上恭敬地写着："泰山极顶1545米。"根据地质学分析，就是它，在3000万年前从海槽中率先拱起，它根植于1万米的地壳深处；就是它，有着数百平方公里的基座，整座大山在托举着它，使它高耸云天，以致玉皇庙中的玉皇大帝仿佛成了它的守护神。

朋友们，一天的行程已经结束。希望你们能再度到泰山来。谢谢大家！

例文简评：这是关于著名景点泰山的导游词，首先陈述了景观的概况和旅游价值，接着对旅游者游览的景观分别进行了陈述，按照游览路线的先后顺序，对景观一一进行了解说，解说的过程帮助突出了各个景点的特色，语言简洁清楚、生动形象，为游客更好地游览提供了很大的帮助。

【例文2】

济南大明湖导游词

各位朋友：

你们好！泉城明珠大明湖位于济南市中心偏东北处，公园面积86公顷（1290亩），其中湖面46公顷，约占总面积的53%。湖水来源于城内的珍珠泉、濯缨泉、王府池等诸泉，水源充足，有"众泉汇流"之说，平均水深2米，最深处约4米，是繁华都市中一处难得的天然湖泊。

大明湖历史悠久，见诸文字已有1400多年。早在北魏年间，著名地理学家郦道元《水经注·济水注》记载："泺水北流为大明湖，西即大明寺。寺东北两面则湖。"其位置在今五龙潭一带。另有史料记载，那时的大明湖称历下波或历水波，南至濯缨湖，北至鹊山和华不注山，也就是说现在的大明湖、五龙潭和北园是相连的一个大湖，湖阔数十里，平吞济泺。六朝时，因湖内多生莲荷，曾名"莲子湖"，唐时又名"历水波"，宋代称"西湖"。宋时著名文学家曾巩曾有诗道："问吾何处避炎蒸，十顷西湖照眼明。"可知当时此处已是消暑游憩之地。北宋熙宁五年（公元1072年），曾巩任齐州（今济南）知州时，为防御水患，修建了北水门，引湖水入小清河，使得湖水经年水位恒定，并在沿湖修建了亭、台、堤、桥，使之渐成游览景观。至金代，诗人元好问在《济南行记》中始称"大明湖"。明代重修城墙，大明湖遂初成今日形貌。

蛇不见，蛙不鸣；淫雨不涨，久旱不涸是大明湖两大独特之处。

大明湖自然景色秀美，名胜古迹争辉。沿湖垂柳环绕，曲径虹桥，花木拂疏，成片的草坪碧绿如茵，莲花怒放，时有鱼儿跳波，偶见鸢鸟掠水。画舫穿行，小舟荡波，快艇疾驰，游客云集，欢声笑语，俨若北国江南。绿荫之间，曲廊秀亭、桥台楼阁时隐时现，似仙境一般。

海右古亭——历下亭位于大明湖水面诸岛中最大的岛子上，年代久远，几多变迁。它挺拔端庄，古朴典雅，红柱青瓦，八角垂檐，亭内嵌有杜甫绝句：海右此亭古，济南名士多。

园中之园——铁翁祠建于清乾隆五十七年(公元1792年)，园内杨柳垂荫，藤萝攀援，院外南临一湖碧水，北枕幽密松林，环境清幽旷远，建筑古朴典雅，其中小沧浪亭更是独具秀色。著名对联"四面荷花三面柳，一城山色半城湖"就镶嵌在这里。

道教庙宇——北极阁高耸于七米台基之上，建于元至元十七年(公元1280年)，庙中供奉道教中的真武大帝等23尊神像，并绘有真武大帝传奇故事和乐伎献寿图等壁画。

济南第一标准庭院——遐园建于清宣统元年(公元1909年)，其布局设计均仿照浙江宁波著名藏书楼"天一阁"的格式，四周曲廊相连。园内假山突兀，山石奇异。西北角长廊壁上嵌有岳飞手书的诸葛亮前后《出师表》石刻。

还有稼轩词、南丰祠、汇波楼、秋柳园等20多处名胜景点周匝公园各处，令人应接不暇，可谓步移景换、游乐无穷。济南八景中的鹊华烟雨、汇波晚照、佛山倒影、明湖秋月，均可在湖上观赏。明湖胜景，古往今来，赢得了无数文人墨客的咏赞篇章。"冬冷冰天，夏把荷浪，秋容芦雪，春色扬烟；鼓枻其中，如游香国"，"鸥鹭点乎清波，箫鼓助其远韵，固江北之独胜也。"晚清大文学家刘鹗对"佛山倒影"的描写，更是引人入胜："到了铁公祠前，朝南一望，只见对面千佛山上，梵宇僧楼，与那苍松翠柏，高下相间，红的火红，白的雪白，青的靛青，绿的碧绿，更有那一株半株的丹枫夹在里面，仿佛宋人赵千里的一幅大画，做了一架数里长的屏风。正在叹赏不绝，忽听一声渔唱。低头看去，谁知那明湖业已澄净的同镜子一般。那千佛山的倒影映在湖里，显得明明白白。那楼台树木格外光彩，觉得比上头的一个行佛山还要好看，还要清楚。"大明湖便随着这佳句文章广为流传，闻名遐迩。加之新中国成立后的多次修缮扩建，疏浚清淤，姿容更加秀丽，成为济南著名风景游览区之一，吸引了大量海内外游客，每年客流量约在200万人次，位居济南众公园之首。据有关资料统计，新中国成立以来，党和国家领导人毛泽东、周恩来、朱德、万里、江泽民、李鹏等先后泛舟湖上，对大明湖的建设和发展提出了很好的建议。

为了满足不同层次的游人的要求，自20世纪80年代开始，公园在湖西岸建成了总面积约9200平方米的游乐场。场内设有海盗船、健身车、电子游戏、五爪章鱼、摩天轮、碰碰车、直升机、电瓶车、天使转椅、蹦蹦床等各种游乐设施，惊险刺激，新颖有趣，既能满足成年人的需求,又可以令孩子们开心。

大明湖不仅是游览观光的极好场所,湖北岸还有数处茶社和明湖楼、荷香村两处饭店,供游客休息就餐。明湖楼建于1983年,是一座"外古内今"的中国传统式仿古建筑,楼高两层,总面积约2735平方米。明湖楼的饭菜讲究色、香、味、形和营养,以鲁菜系中济南菜的"历下风味"为主,尤擅长鱼的烹制,制作的全鱼宴令人叫绝。荷香村饭店位于铁公祠院内,为一古典式两层楼建筑。该店除烹制鲁菜系中的"历下风味"菜肴外,还擅长锅贴制作。其配料和加工技术均引进济南锅贴老店便宜坊,所制锅贴令游客一饱口福。

近年来,随着改革的深入发展和旅游业竞争的日趋激烈,大明湖公园的领导者们团结务实,开拓进取,利用自身优势,举办多种活动,提高知名度,增强竞争力和吸引力,并逐步形成传统。

荷花展是公园一年一度的大型活动。自1986年开始,已举办九届了,其中有两届是全国规模的。荷花是我国传统的十大名花之一,也是我市的市花,举办荷花展览,旨在宣传市花,突出荷花的君子品质。荷展一般在七八月份举办,此时荷花长势最旺,花繁叶茂,最宜观赏,是赏荷纳凉的好去处。

龙舟赛也是公园大型的活动。大明湖水域辽阔,条件得天独厚,自1993年开始,已成功举办了三届。参赛单位均来自我市各大企业,规模逐步增大,是一项群众性的文化娱乐活动,对于促进全民健身和增强企业向心力、凝聚力具有积极的作用。

民族风情艺术节是最火爆、最热烈的活动。大明湖是历史的湖、人民的湖,在此举办民族风情艺术节,可谓珠联璧合。2005年四五月份,我们与北京海淀区文化局联合邀请了全国9个省市自治区40个少数民族200余名演员来公园表演了各具特色的民族风情,轰动了整个泉城,这样的活动要形成传统,一年一度地搞下去。

迎春花展、兰花展及盆景展,在我园也是传统的活动。公园有全省最大规模的兰花基地天香园,有一支技术比较过硬的花卉队,他们日日辛苦劳作,将美和温馨奉献给游客。

为了增加文化气氛,提高档次,公园内还辟建了书画展览馆、碑刻展等文化层次较高的观赏点。自2005年6月份开始,公园又邀请了湖北随州曾都古编钟展演团来公园作为期半年的表演,向游人展现中国古典音乐之精华。古编钟是中华民族智慧的结晶,举办古编钟展演,既丰富了观赏内容,又使游人进一步了解中华民族上下五千年灿烂的文化。

社会在发展,人民的物质文化生活水平在提高,大明湖公园将适应潮流,大胆创新,逐步形成集游览观赏、购物娱乐、文化欣赏、饮食服务于一体的多功能、现代与古典相结合的旅游区。

例文简评: 大明湖是济南的著名景点,游客钦慕大明湖之名,但对于其中各个景点及其社会历史文化积淀不甚了解,因此,该篇导游词在简单介绍了大明湖的地理状况、风景特点和历史记载之后,着重对其中几个极具特色的景点做了细致介绍,从景点的建成时间到历史演变和人文典故等都做了生动描述,满足了人们在欣赏美景的同时对汲取文化养分的需求,后面对于几项传统活动和民俗风情的介绍更会引发游客的更大兴趣。

四、写作实训

完成前述写作任务。要求:
(1)符合导游词的相关写作要求。
(2)写作注意抓住亮点,写出新意。

五、检查与完善

(1)学生结合前述写作规范,自我检查或相互检查。
(2)教师选择学生例文进行点评。
(3)修改、完善前述写作任务。
(4)总结自己完成写作任务的得失。

写作实训拓展

(一)下面的导游词存在问题,请指出并修改。
1. 在豫园小商品集市中,映入眼帘的是各式各样的摊主所摆放的商品和小玩意。
2. 作为导游的我都愿意游客获得满意。
3. 在抗日战争爆发之际,只有中国共产党才能担负拯救民族危亡的命运。
4. 当游客抱怨时,我想起了老导游员×××,他招待游客很热心。
5. 无产阶级革命家陈毅同志,在他革命的一生中,对上海对上海人民贡献,他的精神永垂不朽。

(二)请指出下面这段介绍杭州的导游词在知识、结构和语言表达等方面出现的问题并改正。

游客朋友,杭州就要到了。杭州是一个美丽的城市,是我国七大古都之一,也是浙江省省会,早就被民间誉为"人间天堂"。谁要是一生中不来一次"人间天堂"——杭州,那可就是白活了。

南宋时间,杭州已成为东南第一州,北宋就更不用说了,中央政权在此建都,杭州成为当时世界上最大的城市,全球第一大都会。到了明代,意大利人马可·波罗发出了由衷的感叹,称杭州是"世界上最美丽而华贵的城市",这无疑是对这座城市作出的最高赞叹。宋室南渡,全国的艺人云集杭州,大大促进了这里的繁荣。

杭州历史悠久,自秦时设钱塘县以来,已有2200多年历史。杭州是华夏文明的发祥地之一,早在4700多年前,就有人类在此繁衍生息,并产生了被称为光明曙光的良渚文化。

而文人墨客赞誉的杭州之美,美于西湖,唐代著名的大诗人白居易曾说:"天下西湖三十六,就中最美在杭州。"所以,西湖就是杭州的心脏。唐代著名诗人白居易和诗词大家苏轼，曾先后任职杭州，写下了大量吟咏西湖山水的名篇佳作，脍炙人口，流传至今。五代钱镠、明代杨孟瑛，到如今的新西湖，只有西湖美丽，才有杭州的美丽，才有这么多文人的赞美诗篇，才有这么多如织的游人。

说到杭州是人间天堂那可来不得半点虚假。古人有云："上有天堂，下有苏杭。"把杭州比喻为人间天堂，历代的文人墨客也对这座天堂般的城市留下了许多耳熟能详的诗篇。

任务七　招标书　投标书

 学习目标

【知识目标】

熟悉招标书、投标书写作的理论知识，了解招标书和投标书的异同，明确其在工作中、社会实践活动中的重要作用。

【能力目标】

能够将理论知识用于实践，根据实际情况，制作各类招标书和投标书。

一、写作任务

根据以下材料，选择合适的文种，制作一份不少于2000字的招标书。

××大桥工程施工招标广告

为加快我省公路工程建设速度，降低工程造价，缩短工期，确保工程质量，提高经济效益，促进公路工程建设管理体制的改革，决定对××大桥实行施工招标，要求如下：

一、工程地点：本工程位于××—××（由××公路段拟建的二级公路上，中心里程为5K + 465）。

二、工程规模与工程结构：大桥上部为普通钢筋混凝土T形支架，跨径20米、计7孔，桥面行车道宽9米，两侧各设1米宽人行道；下部结构为钢筋混凝土钻孔灌注桩基础，双柱式桥墩，框架式桥台；桥梁全长144米。此外尚有截水坝等防护工程（详见施工设计）。

三、工程开竣日期：2013年4月份开工、当年11月竣工。

四、工程建设实行五包：即包工程数量、包工程造价、包工程质量、包工期、包工程材料。

五、凡省内交通系统驻××地区内的各施工企业以及几年来参加交通系统公路

桥梁建设水利三、四工程处或市政一、二公司等单位，均可参加投标。

六、参加投标者，请携带本单位介绍信于2013年1月25日上午9时到省交通局食宿站报名登记，领取招标文件及施工图，收成本费30元。逾期不予办理。

××省交通局生产综合处（招标办）（公章）
×年×月×日

二、写作任务分析

这份招标广告，标题中省略了招标单位，显得过于简洁。前言中，主要讲了招标目的和招标工程名称，一至四条是招标项目，即地址、技术指标、开竣日期、"五包"要求，第五条是招标范围，第六条是招标步骤。此文的不足是落款部分，只写了招标单位和日期，遗漏了一些重要内容，诸如单位地址、电话号码、联系人等。

三、必备知识和工具箱

为了完成这个写作任务，我们必须掌握招标书和投标书的一些基本知识：二者的概念、种类、结构和写法。

工具一：招标书、投标书的含义

招标是某单位在兴建工程、经营某项业务或进行大宗商品交易时，将自己的要求和条件公示于众，招来合乎要求和条件的承包者参与竞争，选择其中最佳对象为中标者的行为。招标所使用的公示交易条件与要求的文书，就叫招标书。投标是承包者按招标公告的要求和条件，提出投标申请，竞做承包者的行为。投标所使用的文书，就叫投标书。

工具二：招标书、投标书的作用

招标书与投标书是当今社会兴建工程或者进行大宗商品交易时广泛采用的一种公开竞争方式，是一种现代贸易活动。通过招标与投标的方式实现贸易成交，有利于打破垄断行为，进行正当、合法的竞争，这对于促进企业的改革、发展与管理，保证企业管理人员的廉洁自律，增强企业的活力，降低企业经营成本，提高经营效益，无疑都具有非常重要的意义。

工具三：招标书、投标书的基本结构与写法

（一）招标书的格式和写法

招标书分招标公告和招标邀请通知书两种类型。

招标公告通过报刊、广播、电视等大众传播媒介公开发布，将招标单位、招标项目、招标时间以及招标步骤等内容告知社会各界或有关单位，吸引他们前来投标。

写作格式由标题、正文和落款三部分组成。

1. 标题

标题一般由招标单位、招标项目和招标文件名称三部分组成,如《××单位建筑工程招标公告》;也可以把单位名称省略;也可以同时省略前两项要素,只写"招标书"。

2. 正文

正文是招标书的核心部分,其主要内容包括招标内容、目的、依据、项目、范围、方法、时间等。通常,招标书的正文由前言、招标事项和招标程序三部分组成。

(1)前言。前言一般写明招标单位名称、招标项目名称、招标范围、招标数量、招标目的等。

(2)招标事项。这一部分要求将招标事项的具体内容和各种要求,对中标者的责、权、利等内容用准确的语言明白无误地写清楚。通常采用分条叙写的方式,层次要清楚,表达要明确。

(3)招标程序。这一部分要求写明招标的起止时间,发送招标文件的方式、地点和日期,开标的方式、地点和日期等。如果需要对投标者进行资格审查,则必须写明资格审查的时间和地点。

3. 落款

落款处签署招标单位的名称、地点、邮政编码、电话号码、电子信箱、联系人姓名等。有的招标项目内容复杂,为了正文的简洁,也可将项目的有关详细数据及说明作为附件附于文后。

招标邀请通知书是招标单位有针对性地直接邀请有关单位前来投标。其结构包括标题、受文单位、导言、主体、落款几部分。标题,一般直接写"招标邀请通知书"。受文单位即被邀请单位的名称。导言、主体、落款的写法与招标公告基本相同。

(二)投标书的格式和写法

投标书的结构由标题、主送单位、正文、落款几部分组成。

1. 标题

标题可以由投标单位、投标事项和文种组成,如《××公司××项目投标书》,也可以把单位名称省略;也可以同时省略前两项要素,简单写"投标书"。

2. 主送单位

主送单位就是招标单位名称,要求第一行顶格写。

3. 正文

正文包括前言和主体两部分。前言简述投标人的基本情况,对投标项目的态度和投标的依据及目的等。主体部分写明投标项目的具体指标、措施、步骤以及其他要说明的应标条件和事宜。对不同类型标的投标项目,所需要写明的指标是不同的。多采用条目式逐项说明投标的内容,内容繁杂的可列表填写。

4. 落款

落款写明负责人姓名、地址、联系方式以及投标单位名称、发文时间等。如有附件,则附在文后。

工具四：招标书、投标书的写作要求

（1）招标书和投标书的内容具有严肃性、科学性和法律效力，所以写作时力求周密严谨，合理合法，做到内容完备、数据清楚、标价合理、程序合法、承诺谨慎。

（2）写作前，应对招投标的具体内容进行深入细致的分析研究，对质量、数量、标价和时限等重要事项尤其要慎重。

【例文1】

××大学留学生楼建筑安装工程施工招标书

一、工程概况

本工程经××部"×发〔2001〕××号"文件批准，列入2001年度基建计划，国家财政拨款×××万元。由××设计院设计，为9层框架结构，建筑面积××××平方米。施工用电、用水充足、方便，道路畅通，有一块800m^{2}的空地，可供施工单位搭建临时设施，另有堆放施工材料的场所。需建3m高×××m长的临时围墙分隔人行道。

二、工程招标范围

本工程的土建、安装及附设的化粪池，全部工程一次招标发包。

三、承包方式

本工程实行包工、包料、包工期、包造价总承包。投标方须根据本招标书和施工图及合同主要条款，按现行定额、取费标准及××市有关规定编制投标书；要求造价合理，按中标总造价承包。中标总造价含包干费用（施工期内施工方自购材料的调价、临时停水停电，中标总造价1%及以内的设计变更等发生的费用）和施工方应缴纳的税金。

四、材料供应

1. 建设方按中标单位投标书所计算的钢材、水泥用量交拨实物，按××文件规定的取费价划价。

2. 木材由施工方采购，价格自定。

3. 钢门窗、防火门、玻璃钢离心风机、电气设备、水暖器材由建设方提供实物，按现行预算价格划价。

4. 其他材料、设备由施工方采购，按现行预算价计费。

5. 施工方采购的材料或设备，必须向建设方提供正品合格证明。

五、工期和质量要求

1. 本工程自合同签订之日后的第20天起，要求13个月以内全面竣工。经验收合格后，×年×月×日正式交付使用。

2.工程质量必须符合设计要求和现行施工验收规范要求；施工验收执行国家××质量规定。

六、结算付款办法

1.本工程按中标造价作为工程价款结算依据。

2.实行工程分阶段预付款。具体预付款方式由双方订立合同议定。

七、投标须知

1.投标单位必须按本招标书和设计图纸编制投标书，于×年×月×日之前面送或邮寄、传真到我校基建处。

2.投标书应具备下述内容：

（1）综合说明：包括承担工程的名称、范围、报价总金额、保证达到的工程质量标准和开竣工日期。

（2）主要材料用量汇总表。

（3）标价计算书。

（4）施工组织设计。

（5）工程施工组织机构和主要管理、技术人员名单。

（6）对招标书条款和合同主要条款的确认和不接受内容的声明。

3.有下列情况之一者，投标书无效（下略）。

4.中标单位中标后不得将工程转包，如要将部分工程分包，必须按有关规定办理，并事先征得建设方同意。

5.招标有关日程安排：

（1）×月×日×时在××召开工程交底会，向投标单位进行工程交底和分发工程设计图纸，查勘现场。

（2）×月×日×时在××召开招标答疑会。

（3）开标时间另行通知。

八、其他

1.施工用水电由施工方装表，按市规定标准收费。

2.施工方要加强现场管理，搞好文明施工，车辆按规定路线行驶，不在指定场地范围外搭建临时设施或堆放一切施工物资。

3.工程竣工后，施工人员和一切施工用材料、设施设备须在×日内全部撤离学校。

招标单位：××大学基建处（章）

负责人：×××（章）

邮编：××××××

联系电话：××××××

传真：××××××

×年×月×日

附件：1. 留学生楼工程施工图（待交底会分发）；
　　　2. 工程承包合同主要条款。

例文简评：这份招标书，标题由招标项目和文种组成。招标内容具体、清晰、重点突出，简明扼要。落款清楚明了。后有附件随文附上，真实可靠。

【例文2】

培训楼工程施工投标书

根据××铜矿兴建培训楼工程施工招标书和设计图的要求，作为建筑行业的×级企业，我公司完全具备承包施工的能力与条件，决定对此项工程投标。具体说明如下：

一、综合说明

工程简况（工程名称、面积、结构类型、跨度、高度、层数、设备）：培训楼一幢，建筑面积10 700 m²，主体6层，局部2层。框架结构：楼全长80m，宽40m，主楼高28m，二层部分高9m。基础系打桩水泥浇注，现浇梁柱板。外粉全部，玻璃马赛克贴面，内粉混合沙装采面涂料，个别房间贴壁纸。全部水磨石地面，教室呈阶梯形，个别房间设空调。

二、标价（略）

三、主要材料耗用指标（略）

四、总标价

总标价3408395.20元，每平方米造价370.23元。

五、工期

开工日期：×年2月5日。

竣工日期：×年8月20日。

施工日历天数：547天。

六、工程计划进度（略）

七、质量保证

全面加强质量管理，严格操作规程；加强各分项工程的检查验收，上道工序不验收，下道工序绝不上马；加强现场领导，认真保管各种设计、施工、试验资料，确保工程质量达到全优。

八、主要施工方法和安全措施

安装塔吊一台、机吊一台，解决垂直和水平运输；采取平面流水和立体交叉施工；关键工序采取连班作业，坚持文明施工，保障施工安全。

九、对招标单位的要求

招标单位提供临时设施占地及临时设施40间，我们将合理使用。

十、坚持勤俭节约原则，尽可能杜绝浪费现象

投标单位：××建筑工程总公司（公章）
负责人：李××（盖章）
电话：×××××××
传真：××××××
电报：××××××

附件：本公司基本情况介绍（略）

例文简评：这是一篇工程建设项目投标书。正文先介绍了工程简况，然后说明了标价、耗材指标、工期、计划进度等，对招标书作出了明确的回答。这可以说是投标单位的正式报价单，是评标决标的依据。本投标书还包括了保证工程质量的措施和达到的等级、施工方法、安全措施和对招标单位的要求等。文末附上公司基本情况，让他人对己方建立信心，是一份写得较完整、较规范的投标书。

【例文3】

投标书

××交通大学：

我单位全面研究了××交通大学计算机等设备采购招标文件及附件，我们将按招标文件中的所有规定对合同的完成承担全部责任和义务。

现递交我单位投标文件正本1份，副本3份。

我们完全同意评标委员会和招标人按综合得分的高低，根据相关法规确定中标单位的要求，并同意自行承担为投标所发生的一切费用。

我们所递交的投标文件已充分考虑了各种外部因素对报价的影响，同意投标文件规定的投标截止日期。

如果我单位中标，我们完全同意招标单位拟定的设备价款结算和拨付方式，同意将我单位的承诺报价及所有内容作为结算的依据。我单位的投标设备清单总报价为_____元。

投标单位：（盖章）
投标单位法定代表人：（签字和盖章）
委托代表人：
投标单位地址：
投标单位电话：
投标日期：

投标书附件1

法定代表人资格证明书

单位名称：

法定地址：

姓名：_____ 性别：_____ 职务：_____

身份证号：

_____设备招标的投标、合同谈判、签署等一切相关事宜，以及上述设备的交货、安装验收、保修等相关事宜由上述法定代表人全权处理。

特此证明。

投标单位：(盖章)

日期：

投标书附件2

委托授权书

本授权委托声明：_____（姓名）系_____（投标单位名称）的法定代表人，现授权委托_____（受托单位名称）的_____（姓名）为本公司的合法代理人，以本公司的名义参加设备的招标活动。

代理人在开标、评标、合同谈判过程中所签署的一切文件和处理与之相关的事宜，本法定代理人予以承认。

代理人没有转委托权。

特此委托。

代理人：

身份证号：

投标单位：

法定代表人（签字和盖章）

被委托人：

日期：

例文简评：这是一份生产经营性投标书。标题采用省略式，简洁醒目，称呼具体明确。正文行文简洁，用语得体，针对性强。落款清楚具体。法定代表人资格证明书和授权委托书等附件随文附上，加强了投标方的真实可靠性。

四、写作实训

完成前述写作任务。要求：

（1）招标书和投标书的种类选择适当，标题写作符合规范。

（2）符合招标书和投标书的相关写作要求。

（3）材料取舍恰当，主题突出，逻辑清晰，文通字顺。

五、检查与完善

（1）学生结合前述写作规范，自我检查或相互检查。

（2）教师选择学生例文进行点评。

（3）修改、完善前述写作任务。

（4）总结自己完成写作任务的得失。

 **写作实训拓展**

（一）病文析评。

请按照招标书的写作要求，指出下文缺写什么内容。

××集团公司修建计算中心大楼招标书

本集团公司将修建一栋计算中心大楼，由××市城市建设委员会批准，建筑工程实行公开招标，现将招标有关事项公告如下：

一、工程名称：××集团公司计算中心大楼

二、建筑面积：××××m^2

三、设计及要求：见附件

四、承包方式：实行全部包工包料

五、索标书时间：投标人请于2013年6月5日前来人索取招标文书，逾期不予办理。投标人请将投标文书及上级主管部门的有关签证等，密封投寄或派员直接送本集团基建处。收件至2013年7月5日截止。开标日期定于2013年×月×日，在××市公证处公证下启封开标，地点在本集团公司绿湖楼第一会议室。

报告挂号：××××××

电话：××××××

联系人：×××

××集团公司招标办公室

2013年5月5日

（二）病文析评。

请按照投标书的写作要求，指出下文存在的问题。

××司投标书

××总公司

诸位先生：

研究了招标文件IMLRC-LCB9001号，对集通铁路项目所需货物我们愿意投标，

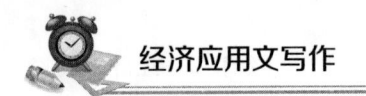

并授权下述签名人×××，×××，代表我们提交下列文件正本一份，副本四份。

（1）投标报价表。

（2）货物清单。

（3）技术差异修订表。

（4）资格审查文件。

签名人兹宣布同意下列各点：

（1）所附投标报价表所列拟供货物的投标总价为×××美元。

（2）投标人将根据招标文件的规定展行合同的责任和义务。

（3）投标人已详细审查了全部招标文件的内容，包括修改条款和所有供参阅的资料及附件，投标人放弃要求留招标文件作进一步解释的权利。

（4）本投标书自开标之日起90天内有效。

（5）如果在开标之后的投标有效期撤标，则投标保证金由贵公司没收。

（6）我们理解你们并不限于接受最低价和你可以接受任何标书。

投标单位名称：中国广州××公司
地址：中国广州××区××街××号
电话：××××××
授权代表：姓名：×××
（公章）
×年×月×日

项目四 策 划

任务一 项目策划书

 学习目标

【知识目标】

熟悉项目策划书的基本理论知识,掌握项目策划书的基本结构和写作要求。

【能力目标】

能够将理论知识用于实践,根据实际情况,写作项目策划书。

一、写作任务

你所在的系部拟成立一个爱心修理部,这是一个营利性的组织,经营项目包括修理电脑、收音机、台灯、电吹风等小电器。这个爱心修理部不但可以为同学们维修小电器提供方便,还可以为符合条件的学生提供勤工俭学的岗位。请为这一项目拟写一份项目策划书。

二、写作任务分析

一个好的项目策划书是完成上述写作任务的关键。要想达到预期的目标,收到理想的效果,就要将项目策划书的基本理论知识与实际相结合。

三、必备知识和工具箱

为了完成这个写作任务,我们必须首先掌握项目策划书的一些基本知识:项目策划书的含义、特点、结构及写法。

工具一：项目策划书的含义和特点

（一）项目策划书的含义

项目策划书是指在对项目运作过程中的每一部分作出分析和评估，并制定出相应的实施策略和计划后形成的一个总结文件。

（二）项目策划书的特点

1. 可行性

编制的策划书要用于指导项目运作，其指导性涉及项目运作活动中的各项工作及各环节关系的处理，因此其可操作性非常重要。不能操作的方案创意再好也无任何价值。不易于操作也将要耗费大量人力、财力、物力，管理复杂，显效低。

2. 创新性

创新是事物得以发展的动力。项目策划书创新即要求策划的创意新、内容新、表现手法也要新。新颖的创意是项目策划书的核心。

工具二：项目策划书的基本结构与写法

项目策划书没有一成不变的格式，它根据项目的不同要求，在策划内容与编制格式上也有变化。但从项目策划活动的一般规律及文本制作要求看，具有一些共同的要素。

（一）封面

项目策划书的封面是读者首先关注的对象。项目策划书封面格式和色彩的选择应根据项目标志、主题定位而定。一般而言，封面的图案要以项目发起人品牌为主，充分显示品牌的特征，使读者能立即识别项目策划的对象。

项目策划书的封面应该提供以下信息：一是策划书的名称；二是被策划的客户；三是策划机构或策划人的名称；四是策划完成日期。

（二）目录

目录是对正文内容的简要概述。通过阅读目录使阅读者能够迅速领会项目策划书的逻辑顺序和内容架构。项目策划书的目录一般只涉及正文的二级标题即可。

（三）正文

1. 策划目的

策划目的，属于整个策划的纲领性文字。要对该项目策划所要达到的目标、宗旨树立明确的观点，作为执行该策划的动力或强调其执行的意义所在，以要求统一思想，协调行动，共同努力保证策划高质量地完成。项目策划书包括了以下三个部分：一是项目策划背景的介绍。如该项目对企业的作用、项目所在地的政治经济发展趋势、该项目的社会价值与现实意义等。二是项目策划范围的介绍。如项目自身的范围、项目策划的具体范围以及适用的时间等。三是项目策划的目的。即项目策划所要达到的目标、主要理念、执行该项目策划的基本要求等。

2. 内外环境状况分析

不同的项目面临的环境并不相同。外部环境分析一般涉及宏观环境和产业环境的介绍,如政治、经济、文化、自然、技术等。内部环境则是对企业和项目的分析,如竞争对手、消费者、产品、渠道、促销方式等。通过内外环境分析,找出在各种环境组合下项目策略制定的依据。

3. 策略方案分析

进一步交代项目策划的实施框架。主要内容包括项目使命、目标、具体策略以及实施控制的介绍。其中具体策略是主要的内容,涉及项目人力资源、组织架构、财务管理、主题定位等。

4. 组织结构分析

对涉及项目实施环节的项目策划书来说,组织结构设计是必要的。组织结构设计一般与人力资源管理结合在一起,具体内容包括团队建设、项目工作分解、岗位职责分工以及人力资源管理中的人力资源规划、组织招聘、薪酬设计等管理模式设计。

5. 财务分析

其中既有项目预算、成本控制的内容,也有项目财务预测和风险管理的内容。由于项目策划面对的读者不同,因此对上述内容的关注也不同。但是对于任何项目来说,对项目的赢利能力和投资回报进行估算都是必需的。

6. 进度控制

项目计划和进度控制一般都采用特定的时间分期,分阶段设定各种目标,来保证项目按时、按质地完成。进度控制分析主要内容包括进度控制、质量控制、费用控制等。

工具三:项目策划书的写作要求

(一)把握项目特征

任何项目都具有自身的质的规定性,一个项目的特征是区别于其他项目的标志。如文艺类项目策划和工程类项目的最大差别,就在于此类项目更偏重于对消费者内心感受的影响和触动,因此,其重点是关注消费者娱乐需求的特征。实际上,项目策划书只有抓住项目特征,才能把被说明的项目准确清晰地介绍给项目发起人,使他们对项目的发展战略、营销策略和项目管理有确切的了解。

(二)条理清晰

项目策划书撰写的目的是使项目发起人获得与项目实施相关的知识和技能,只有叙述清楚才能达到这个目的。要做到叙述清楚,则要讲究说明的方法,注意项目策划书的结构安排。在项目策划书叙述过程中,应按照叙述项目计划、阐释事理的逻辑顺序来安排内容的次序,从而使整个文本达到层次清楚、主次分明的要求。

(三)用语准确

用准确的语言精确地叙述项目策划的内容,是项目策划书的基本要求。由于项目策

划书可能会涵盖项目实施的各个层次，因此要注意突出重点，抓住项目所要解决的核心问题，避免冗长和使用过于生僻的术语，力求做到简明扼要。

例文评析

【例文】

"书虫"网上书店组建项目策划书

一、项目说明

在××并没有一家真正专门在网上销售图书及音像制品的网上书店。虽然说在××省传统书店中最具代表性的创新书店和新华书店也有属于自己的网上书店，但是他们的销售目光是放在现实市场中，而没有任何一家书店是把它主要的销售方式放在网络上。这充分说明在××省网上书店市场是空白的。……

二、项目组建

项目组建——搭建一个专门从事网络销售的电子商务网站。

项目核心业务——图书与音像制品。

销售渠道——网络销售。

三、市场现状分析

1. 需求分析

根据最新公布的中国互联网发展报告显示，网上购物观念在中国正日渐深入人心。有16.7%的网民经常访问购物网站；32.5%的网民有时访问购物网站；38.6%的网民很少访问购物网站；12.2%的网民从来不访问购物网站。报告还显示，37.8%的网民在最近一年中有过网上购物的经历。……另外，网上书店借助网络强大的搜索功能，在找书方面有着实体书店无法比拟的便利。……但是，消费者都有着同样的特点，就是喜欢到知名度和信誉度都比较高的网站，比如像当当、亚马逊这样的网站。

2. 网站的市场定位

本网站将成立于2009年6月，主要集结网上书店购书的销售服务，以满足顾客的需求。本网站主要从事网上购书服务，确保信息真实可靠性。"书虫"网上书店主要出售的书有计算机类、小说类、经济类等书籍，这样的书比较适合年轻一代的人。而目前的上网人群也主要是以年轻化的消费者为主。

通过对多家网上书店进行调查，有70%的书店觉得有发展企业网站的必要，但认为没有那么多资金去建设自己的网站，据此，我们决定，筹建一个中小书店电子商务代理网站。本网站为一些书店提供服务，将其产品信息提供给客户，这样既可以实现多企业组网，解决了单企业组网的资金困难问题，又解决了企业组网人才奇缺与维护难的问题。

3. 竞争对手分析

随着社会的发展,网络信息对经济的发展作用举足轻重。电子商务正以人们无法想象的速度在全球范围内飞速发展,许多企业将电子商务列为最重要的交易手段以获取竞争机会。

竞争不能单靠给个好价钱,还要给顾客提供便利和博得顾客的关注。由于缺乏统一的价格标准,网上书店各行其是,同一本书在网上存在多种定价的情况比比皆是,网上书店间市场份额的争夺比传统书店更残酷。

从目前我国已有的图书电子商务网站来看,他们大多数都没有很好地规划,而且设计中欠缺必要的功能模块……在××省开设一个网上书店具有很大的竞争优势。首先我们图书配送比较及时,可以最大限度地吸引本地的一些消费者。其次,在网上购书可以节省大量的时间和金钱,是很多年轻消费者的首选方式。但是由于刚起步,缺乏经营和管理经验可能会遇到一些难以解决的问题,另外很多消费者在网上浏览的书很多但买的却很少,原因是在网上不能大致浏览其内容,没有在书店了解得多。因此我们还需要进一步完善和发展书吧的建设。

4. 技术的可行性分析

A. 服务器……

B. 网站安全性……

C. 企业的上网方案……

5. 网站的设计需求分析

A. 建立完善的产品信息展示系统……

B. 树立诚信经营企业形象……

C. 保持市场的领先地位……

D. 吸引更多的客户……

E. 为现有的客户提供更有效的服务……

F. 开发新的商业机会……

G. 建立完善的网上服务系统……

四、业务发展规划

第一阶段——主打产品主要是各种教材及二手书籍。

范围:全省各地区(主要)乃至全国(次要)。

第二阶段——主打音像制品。

范围:全省各地区(主要)乃至全国(次要)。

第三阶段——全面性向网络发展。

五、销售渠道

为了保证顾客的需求,我们将与新华书店合作,建立一个临时图书供应站,具体事项如下:……

如果和新华书店合作关系成立的话,那么我们将以最快的速度占领市场份额,拥有自己的配送中心，拥有稳定的货源。等到市场份额逐步实现时，我们将直接与出版社建立自己的货源关系。

六、网站推广

1. 搜索引擎推广

……

2. 商务信息平台发布

……

3. 行业链接

……

4. 邮件列表

……

5. 商务软件推广

……

七、人员的分工

……

八、实现功能

1. 采取会员制、身份验证、信誉指数等一系列措施，保证交易的成功率。

2. 强大的查询功能，快捷地找到感兴趣的商品。

3. 会员购物流程：浏览、将商品放入购物车、去收银台。每个会员有自己用的购物车，可随时订购自己中意的商品，并结账完成购物。

4. 完善的会员服务功能：可随时查看账务明细、订单明细。

九、网络安全管理

针对 Internet 上的安全风险，为了有效地防止网站被非法侵入，ISP 应当加强网站的安全管理。网络安全管理主要分为四个方面：……

十、成本预算（略）

例文简评：本文是关于组建网络书店的项目策划书。由于原文篇幅较长，因此省略了一些较为繁琐、专业性的内容。全篇从项目说明、市场现状分析、销售渠道、网站推广、成本预算等方面对组建网络书店这一项目运作过程中的每个部分作出分析和评估，并制订出相应的具体操作计划。全篇内容充实、条理清晰、结构严谨。

 **知识链接**

项目策划书制作技巧

1. 大型的项目策划文书有时也可不受拘泥地自行设计，力求内容详尽、页面美观。

2. 可以专门给策划书制作封页，力求简单，凝重；策划书可以进行包装，可用设计的徽标做页眉,图文并茂等。

3. 如有附件,可以附在策划书后面,也可以单独装订。

4. 策划书需从纸张的长边装订。

5. 一个大型策划书,可以有若干子策划书。

四、写作实训

完成前述写作任务。要求:

(1)项目策划书的结构完整,思路清晰。

(2)符合项目策划书的相关写作要求。

(3)材料取舍恰当,主题突出,逻辑清晰,文通字顺。

五、检查与完善

(1)学生结合前述写作规范,自我检查或相互检查。

(2)教师选择学生例文进行点评。

(3)修改、完善前述写作任务。

(4)总结自己完成写作任务的得失。

 **写作实训拓展**

(一)判断题。

1. 从项目策划书的文本制作要求来看,封面部分可有可无。　　　(　　)

2. 项目策划书的内容当中应尽可能使用专业术语,以突出其专业性。(　　)

3. 项目策划书的特点有可行性、创新性。　　　　　　　　　(　　)

4. 用准确的语言精确地叙述项目策划的内容,是项目策划书的写作要求之一。(　　)

5. 项目策划书依据项目的不同要求在策划内容与编制格式上有所变化,没有一成不变的格式。(　　)

(二)写作题。

因你所在的大学宿舍管理工作,如床位安排、调动、注册、注销、查询等工作都停留在落后的纸介质上,无法满足现今的需要,因此,学校的宿舍管理部门需要拟定一份引进"DM学生宿舍管理系统"的项目策划书。该系统可以解决上述问题,使学校宿舍管理秩序化、信息化,并实现更多的资源功能整合,使学校向全方位信息化、现代化的方向发展。请代××大学学生宿舍管理处拟定一份理由充分、内容详细的项目策划书。

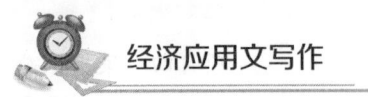

任务二　活动策划书

 **学习目标**

【知识目标】

熟悉活动策划书的基本理论知识,掌握活动策划书的基本结构和写作要求。

【能力目标】

能够将理论知识用于实践,根据实际情况,写作活动策划书。

一、写作任务

为了在你所在的大学普及和推广普通话,营造健康、优雅、向上的校园环境,××大学大学生活动管理中心决定举办一次以"美丽青春——魅力语言"为主题的普通话大赛活动,目的是为同学们提供一个展示自我语言魅力的舞台,同时展现当代大学生的青春风采。请代××大学大学生活动管理中心拟写一个内容翔实,具有可操作性和吸引力的大赛活动策划书。

二、写作任务分析

根据上述写作任务,可以分析得出,举办此大赛活动的目的、主题,结合活动策划书的结构和基本写法,即可写出一份合乎要求的大赛活动策划书。

三、必备知识和工具箱

为了完成这个写作任务,我们必须首先掌握活动策划书的一些基本知识:活动策划书的含义、特点、结构及写法。

工具一: 活动策划书的含义和特点

(一)活动策划书的含义

活动是指为了达到一定的目的,在一个特定的时期、特定的场合下,所开展的一系列相关活动,如参观、开业、庆典、捐助等。而活动策划书就是根据掌握的各种信息,对即将举办的活动有关事宜进行初步规划,设计出活动的基本框架,提出计划举办的活动的初步规划内容。

(二)活动策划书的特点

1.实用性

实用性是活动策划书最根本的特点,其根本目的是为了处理和解决实际问题,具有一定的实用价值。

2. 程式性

活动策划这一类的文书,格式是比较固定的。这种固定的格式是在长期实践中约定俗成的。

3. 时限性

活动策划书是为某个项目而写的,因此在写作上有明确的时间要求,必须在一定的时间内完成。一旦时间过去,写作就会失去意义,所以策划书不仅要求写得及时、发得及时,还要求所选取的材料应该是最新的现实材料。

工具二:活动策划书的基本结构与写法

(一)活动策划书名称

应简单明了,如"××活动策划书","××"为活动内容或活动主题,避免使用诸如"社团活动策划书"等模糊标题。

(二)活动背景、目的与意义

活动背景、活动目的与活动意义要贯穿一致,突出该活动的核心构成或策划的独到之处。活动背景要求紧扣时代背景、社会背景与教育背景,鲜明体现在活动主题上;活动目的即活动举办要达到什么样的目标,陈述活动目的要简洁明了、具体化;活动意义包括文化意义、教育意义和社会效益及预期在活动中产生的效果或影响等。

(三)活动时间与地点

该项必须详细写出,非一次性举办的常规活动、项目活动必须列出时间安排表。活动时间与地点要考虑周密,充分考虑到各种客观情况的影响,如场地申请、场地因素、天气状况等。

(四)活动开展形式

所开展活动的形式,比如文艺演出、文体竞赛、影视欣赏、知识宣传、展览、讲座等。

(五)活动内容

活动内容是活动举办的关键部分。活动内容要符合时代主旋律和社会文化建设内涵,健康向上,富有教育意义与启示意义。杜绝涉及非健康文化的消极内容。要仔细介绍所开展活动的具体内容。作为策划的主体部分,表述方面要力求详尽,不仅仅局限于用文字表述,也可适当加入统计图表、数据等,便于统筹。活动开展应包括活动流程安排、奖项设置、时间设定等。设计奖项评定标准、活动规则的内容可选择以附录的形式出现。活动流程安排大致可以分为三个阶段:活动准备阶段(包括海报宣传、前期报名、赞助经费等);活动举办阶段(包括人员的组织配置、场地安排情况等);活动后续阶段(包括结果公示、活动展开情况总计等)。

（六）经费预算

经费预算要尽量符合实际花费；写出每一笔经济预算开支，以便报销处理。如果大型活动需资金赞助，联系外联部门展开相关工作。

（七）活动安全

对于大型活动和户外活动，要成立安全小组，制定第一安全负责人，充分考虑安全隐患，把人身安全放在活动开展的首要位置。

工具三：活动策划书的写作要求

（一）主题要单一

在策划活动的时候，首先要根据企业本身的实际问题（包括企业活动的时间、地点、预期投入的费用等）和市场分析情况（包括竞争对手当前的广告行为分析、目标消费群体分析、消费者心理分析产品特点分析等）作出准确的判断，扬长避短地提取当前最重要的，也是当前最值得推广的一个主题。在一次活动中，不能面面俱到，只有把一个最重要的信息传达给目标消费群体，才能充分引起受众群的关注，并使他们印象深刻。

（二）活动要围绕主题进行并详尽精简

有人认为在策划活动方案的时候要执行很多项目，理由是只有丰富多彩的活动才能够引起消费者的注意，其实不然。原因有二：其一，容易造成主次不分。有些市场活动搞得很活跃，也有不少人参加，似乎反映很强烈，但是在围观或者参加的人当中，往往没有多少人是企业的目标消费群体，即使是，他们在活动结束后也并不一定消费。问题就在于活动内容复杂，与主题不相符。因此，要使活动既热闹，同时又达到良好的效果，就得让活动紧紧围绕主题进行。其二，提高活动成本，执行不力。在一次策划中，如果加入了太多活动，不仅要投入更多的人力、物力和财力，直接导致活动成本的增加，而且还容易使操作人员执行不力，最终招致方案的失败。

（三）具有良好的可执行性

一个合适的产品项目，一则良好的创意策划，再加上一支精干的执行队伍，才能举办成功的市场活动。而执行是否成功，主要取决于策划方案的可操作性。策划要做到切实可行，除了需要进行周密的思考外，详细的活动安排也是必不可少的。活动的时间和方式必须考虑执行地点和执行人员的情况，在具体安排上应尽量周全。另外，还应该考虑外部环境如天气、民俗等的影响。

（四）切忌主观言论

在进行活动策划的前期，市场分析和调查是十分必要的，只有通过对整个市场局势的分析，才能够更清晰地认识到企业或者产品面对的问题，找到了问题才能够有针对性地寻找解决的办法，主观臆断的策划者是不可能做出成功的策划的。同样，在策划方案的写作过程中,也应该避免主观想法,也切忌出现主观类字眼。因为策划案没有付诸实施,任何结果都可能出现,策划者的主观臆断将直接导致执行者对事件和形式产生模糊的分析;而且,客户如果看到策划方案上的主观字眼,会觉得整个策划案都没有经过实在的市场分析,只是主观臆断的结果。

 例文评析

【例文】

安康人寿保险公司客户服务节活动策划书

一、活动背景

今年以来,由于保险行业结构的变化,保险业务结构的调整,中国加入 WTO 之后国外保险企业的进驻和 SARS 的严重影响,致使保险行业一度处于"寒冰"状态。虽然 SARS 结束后保险行业的气候"多云转晴",行业升温却依然不甚明显。在此前提下,各保险公司只能巩固原有客户,在更进一步提升企业形象的基础上,加强、深化服务,以服务维系老客户、发展新客户,才能有所发展。

二、活动目的

提升公司形象,推进服务质量。

三、活动主题

用专业和真诚为生命服务。

四、机构设置

为确保活动专业、系统、规范、有序地进行,设立以下组织机构:活动统筹组、活动监控组、新闻宣传组、后勤保障组。各组成员机构职责均由公司统一安排(待定)。

五、活动时间

2013 年 8 月 30 日~31 日。

六、活动内容

以万人游乐园活动为主,配合主题互动活动及露天电影播放活动。

具体安排为:8 月 30 日上午为开幕式。8 月 30 日下午至 8 月 31 日为大型游园活动。8 月 30 日晚及 8 月 31 日傍晚(从 17:00 起)为露天电影播放活动。

活动分主会场和分会场,开幕式在主会场进行。主会场举行开幕式的同时,分会场配合主题互动活动。大型游园活动及露天电影播放活动在主、分会场同步进行。

主、分会场的分工安排:主会场主要用作安康人寿的形象、"双成"文化展示、"1+N"服务体系及 95519 客户服务的推介。分会场分片区进行相关业务推介。第一分会场设三个分区,分别为投保手续及客户权益、理赔业务、业务处理流程的推介;第二分会场设三个分区,分别为产品、医疗险、团险业务的推介。

推介项目：提升两个形象，即品牌形象、服务形象。解决一个问题，即销量问题。

活动表现：

1. 游戏：爱拼才会赢

由一位保险人员和一位客户组成一组，进行拼版游戏，参阅者可获标示企业LOGO的纪念品。拼版明显标示企业LOGO及"用专业和真诚为生命服务"字样。计时游戏，时间最短获胜。

2. 游戏：心心相印

由一位保险人员和一位客户组成相对的一组。保险人员和客户各站一边，被蒙上眼睛（或戴上头罩），先由主持者打乱他们的次序。然后，保险人员开始寻找自己的客户。所有参与者与客户可获得明显标示安康人寿LOGO的纪念品。在限定时间内（5分钟）正确找到的组可获得奖励。

3. 模拟演绎小品

由保险人员与客户模拟。模拟事件素材以保险人员与客户之间发生的真实事件为宜，可配以旁白。

——双城文化：成己为人，成人达己。如在大雨瓢泼时，保险人员为客户撑起一把伞，客户写感谢信予以感谢。在坎坷的道路上，保险人员搀扶体弱老人，老人报以真诚的一笑。保险人员与保险人员的相互帮助等。

——1+N服务体系：如意客户到安康人寿业务厅办理某项业务，受到亲切接待。在其他业务办理后，他享受了许多超值的服务：制作个性化保单，设备先进、人员素质一流的体验中心为体验的他提供了免费营养早餐、周末电影专场等。

——相关业务：演示相关业务的办理程序。如一客户进入安康人寿业务厅，由导示人员带他到办理处，办理处人员向她热情介绍相关业务并热情办理。

4. 随时随地亲情服务

由安康人寿专人陪同客户进行相关活动，在游园过程中有意识地带客户到安康人寿特设休息处休息，休息处特备饮料、宣传品、礼品及纪念品。在活动过程中，进行随时随地的服务，即陪游、服务咨询、互动活动组织和相关生活细节服务（为客户打伞、递饮料、递毛巾、搀扶等）。

销量问题：利用本次活动的契机，在活动现场进行常年（达5年或以上）客户奖励，以此促进客户更进一步续费，也促进其他保护续保的积极性。

5. 1~8月份优秀员工的颁奖

本活动旨在激励员工热情，同时也使员工在客户面前获得荣誉感和成就感。

七、活动宣传

分前期和后期。前期（2013年8月20日~29日）以报纸媒体为主，在《都市消费晨报》《××晚报》《××都是报》发布活动举行信息。后期（2013年9月1日~6日）传达活动相关内容，宣传安康人寿企业形象（进入世界500强等），安康人寿双成文化理念、服务理念，1+N服务体系推介，宣传安康人寿对客户的服务（具体表现、客户回馈、相关实例等)。

八、活动费用估算(略)

安康人寿保险公司
2013 年 7 月 15 日

例文简评：这是一篇宣传企业形象的专业活动策划书。本策划书从策划背景、活动目的、活动主题、机构设置、活动时间、活动内容、活动宣传、费用预算等方面进行了阐述,尤其对活动内容作了重点策划,详略得当。分条列的行文方式,使得文案条理清楚,层次井然。语言精练、概括性强。总之,此策划书既是一份符合该公司实际情况的策划方案,对其他公司的相关活动也可起到一定的借鉴作用。

 **知识链接**

成功的活动策划必须把握六个基本要素

1. 主体：活动策划所服务的对象以及通过活动要达到的目的。
2. 市场：在确定主题之前,必须清楚了解市场活动的相关情况及竞争品牌的活动方式。
3. 主题：主题是活动策划的核心,主题的确定要体现两个方面：一是和产品的关联要紧密,而是在风格上保持统一。
4. 名称：一定要具体、有绝对的吸引力,避免落入俗套。
5. 文本：必须做到详细周密,以更好地指导活动的有力执行。
6. 延伸性：一是单一活动策划的延续宣传性,二是保持整体活动风格上的统一。活动的宣传不同于其他宣传方式,活动的持续时间特别短,而人们的记忆又具有一定的遗忘周期,如何让活动的宣传达到最理想的效果,延伸性是必须考虑的一个重要元素。

四、写作实训

完成前述写作任务。要求：
(1)活动策划书的结构完整,思路清晰。
(2)符合活动策划书的相关写作要求。
(3)材料取舍恰当,主题突出,逻辑清晰,文通字顺。

五、检查与完善

(1)学生结合前述写作规范,自我检查或相互检查。
(2)教师选择学生例文进行点评。
(3)修改、完善前述写作任务。
(4)总结自己完成写作任务的得失。

经济应用文写作

写作实训拓展

(一)判断题。

1. 参观、开业、庆典、捐助等都属于专题活动的范畴。 （   ）
2. 可直接以"专题活动策划书"作为标题出现。 （   ）
3. 对于活动策划书的主体部分,除了用文字表述外,也可适当加入统计图表、数据等。
 （   ）
4. 活动内容的部分要符合时代主旋律和社会文化建设内涵,杜绝涉及非健康文化的消极内容。 （   ）
5. 活动策划书的写作要求是可操作性和周密性。 （   ）

(二)指出下列活动方案存在哪些不足之处。

校庆活动策划书

1. 大门口

横幅:热烈庆祝××职业学院建校30周年。

标语:热烈欢迎参加××职业学院30周年校庆活动的各位领导和嘉宾。

2. 综合楼前广场

氢气球4组。

3. 校园主干道

热烈欢迎各级领导莅临我校检查指导。

热烈欢迎广大校友荣归母校工商学校发展大计。

4. 教学楼与实验楼之间

插彩旗,悬挂印有"××职业技术学院30周年校庆"字样的横幅。

5. 升旗广场(东西两侧)插彩旗

横幅:热烈庆祝xx职业技术学院建校30周年。

6. 主会场

教学楼外侧横幅:向关心、支持学校建设与发展的社会各界朋友致敬。

竖幅(2条):(1)热烈欢迎广大校友荣归母校工商学校发展大计。
　　　　　　(2)向关心、支持学校建设与发展的社会各界朋友致敬。

具体交由总务处落实。

(三)写作题。

以一个值得纪念的日子为主题,如同学聚会、重大事件、节日,撰写一份活动策划书。

任务三　营销策划书

 **学习目标**

【知识目标】

熟悉营销策划书的基本理论知识,掌握营销策划书的基本结构和写作要求。

【能力目标】

能够将理论知识用于实践,根据实际情况,写作营销策划书。

一、写作任务

某饭店想在你所在的大学附近开一家速食连锁店。预计初期投资:10万元;用工人数:8人;店面面积:50~60平方米;消费对象:学生及周边社区居民。请结合实际情况代拟一份营销策划书。

二、写作任务分析

写作上述任务,需要进行前期的市场调查,再结合营销策划书的写作格式和要求,撰写出一份内容翔实、操作性强的营销策划书。

三、必备知识和工具箱

为了完成这个写作任务,我们必须掌握营销策划书的一些基本知识:营销策划书的含义、特点、类型、结构及写法。

工具一:营销策划书的含义和特点

(一)营销策划书的含义

营销策划是企业的策划人员依据市场营销的基本规律与技巧,在对企业现有的资源状况予以准确分析并有效利用的基础上,激发创意,制定出有目标、可能实现的解决问题的一套策略规划。营销策划书是营销策略规划的书面反映,也称企划案,是策划者针对企业的营销活动实现作出运筹规划的书面文件。

(二)营销策划书的特点

1. 动态性

任何营销策划活动,都不是一成不变的,它是一个动态的过程,是一个发展的过程。现在市场经济瞬息万变,这就要求以市场为基础的营销策划须集灵活性和变通性为一身,能随时适应变化着的市场。

2. 复杂性

一项优秀的营销策划方案,需要大量经济学、管理学、市场学、商品学、心理学、社会学、文化学、营销学等多学科知识的综合运用和融会贯通,并且能够非常灵活地与策划知识结合起来。

3. 利益性

营销策划必须以经济效益为核心。成功的营销策划,应当是在策划和方案实施成本既定的情况下取得最大的经济收益,或花费最小的策划和方案实施成本来取得目标经济收益。

工具二：营销策划书的主要类型

根据具体营销对象的不同,营销策划书可以分为商品销售策划书、促销活动策划书、价格策划书、营销渠道策划书等。

(一)商品策划书

其是针对企业产品的生产、开发、定位进行策划。

(二)促销活动策划书

其是针对企业产品、服务的营销及促销策略进行策划。

(三)价格策划书

其是针对企业产品的价格、定位策略进行策划。

(四)营销渠道策划书

其是针对企业产品的销售渠道、销售网络进行策划

工具三：营销策划书的基本结构

(一)封面

营销策划书封面的视觉效果往往会给人留下深刻的第一印象,从而对策划内容的形象定位起到良好的辅助作用。封面的设计要醒目、整洁、大方、新颖。内容包括策划方案的名称、策划委托方、策划机构或策划人的名称、策划完成日期及本策划适用时间段。

(二)标题

写明营销策划的全称,如《××关于××××的营销策划文案》,要求清楚、明确、具体。

(三)正文

1. 营销策划的主题和项目介绍

根据不同的营销策划对象(即营销策划项目),拟定各自所应围绕的主题。营销策划

主题是整个营销策划的基石和内核,是营销策划的基本准绳。在阐述营销策划主题的基础上,要对策划的项目情况作一简要的介绍,包括项目的背景、项目的概况、项目的进展、项目的发展趋势等。

2. 营销策划分析

营销策划分析可以是逐项分类分析,也可以作综合分析,视策划的具体情况来定。

(1)项目市场分析。

宏观环境状况:主要包括宏观经济形势、宏观经济政策、金融货币政策、资本市场走势、资金市场情况等。

微观市场状况:主要包括现有产品或服务的市场销售情况和市场需求情况、客户对新产品或服务的潜在需求、市场占有份额、市场容量、市场拓展空间等。

同业市场状况:主要包括同业的机构、同业的目标市场、同业的竞争手段、同业的营销方式、同业进入市场的可能与程度等。

各种不同的营销策划所需的市场分析资料是不完全相同的,要根据营销策划的需要去搜集,并在营销策划书中简要说明。

(2)基本问题分析。

主要分析营销策划所面临的问题和所要解决的问题。如这些问题的生成原因是什么?其中主要原因有哪些?解决这些问题的基本思路如何确定?出发点是什么?通过何种途径,采取什么方式解决等。

(3)主要优劣势分析。

主要优势分析:围绕营销策划主题,分析将要开展的市场营销活动(如市场调查、新产品开发、市场促销、广告宣传等)拥有哪些方面的优势,主要是自身优势(即自身的强项)分析,也应该考虑外部的一些有利因素。营销策划就是要利用好有利因素,发挥出自身优势。分析优势应冷静客观,既不能"过",也不能"不及",要实事求是。

主要劣势分析:就是分析与将要开展的市场营销活动相关联的一些外部不利因素和自身的弱项、短处等。营销策划就是要避免和化解这些不利因素,弥补自身的不足,错开自身的弱项。

主要条件分析:就是分析将要开展的市场营销活动所需要的条件,包括已具备的条件和尚需创造的条件,逐一列出,逐一分析,以求得资源的最佳利用与组合。

3. 营销策划目标

不同项目的营销策划,有各自不同的营销策划目标,而营销策划目标大多由一些具体的指标所组成。拟订营销策划目标,要求实事求是,要经过努力能够达到。

4. 营销执行方案(即保障措施)

营销执行方案,是营销策划的重头戏,是对市场营销活动各道环节、各个方面工作的精心设计、周密安排和逐一布置与落实,是营销活动组织、开展的脚本。

制定营销执行方案应考虑以下问题:

(1)理顺本次营销活动所涉及的各种关系。

（2）把握本次营销活动的重点和难点。

（3）确定本次营销活动应采取的策略。

（4）弄清楚开展本次营销活动可利用的人、财、物等方面的资源与条件,确定好策划预算。

（5）本次营销团队人员的组成,各参与部门及人员在本次营销活动中所应完成的任务、所应承担的责任和所应充当的角色。

（6）开展本次营销活动的监控、反馈机制和传导系统。

（7）完成本次营销策划任务的时间安排（分阶段任务）。

（8）开展本次营销活动可能出现的突发问题与应急措施。

（9）对本次营销活动的考核奖惩方式。

5. 费用预算

这一部分记载的是整个营销方案推进过程中的费用投入,包括营销过程中的总费用、阶段费用、项目费用等,其原则是以较少投入获得最优效果。

（四）落款

写明营销策划单位的名称,并署上日期。

工具四：营销策划书的写作要求

为了提高策划书撰写的准确性与科学性,应把握其编制的几个重要原则。

（一）逻辑思维原则

策划的目的在于解决企业营销中的问题,按照逻辑性思维的构思来编制策划书。一是设定情况,交代策划背景,分析产品市场现状,再把策划中心目的全盘托出；二是进行具体策划内容详细阐述；三是明确提出解决问题的对策。

（二）简洁朴实原则

要注意突出重点,抓住企业营销中所要解决的核心问题,深入分析,提出可行的相应对策,针对性强,具有实际操作指导意义。

（三）可操作原则

策划书要用于指导营销活动,其指导性涉及营销活动中每个人的工作及各环节关系的处理,因此其可操作性非常重要。不能操作的策划内容创意再好也无任何价值。不易于操作也必然要耗费大量现有资源。

（四）创意新颖原则

要求营销策划的创意新颖、内容新颖、表现手法新颖,给人以全新的感受。

例文评析

【例文】

森马服饰××市场促销策划书

一、活动背景

每年7月,基本上会是夏装和旅游集中消费月,但是随着暑假的结束,无疑又是一个低迷的销售滑坡期,掌握不好将会给以后的销售造成不良影响,所以暑假活动的系列化应对策略是必须考虑的,而7月份也是下半年的主要销售总攻期,8、9月份市场营销前景绝对低迷。只有把7月份把握好,才有可能引领夏季的市场影响力,提前吸引消费者的眼球。

二、活动主题

炎炎酷夏、森马送清爽!

三、活动目的

提升销量、清理老旧库存和直销产品、主销明星产品高利润空间产品、提高团队的整体推广能力和市场竞争能力、提升品牌知名度和美誉度、加强品牌推广力度、打击竞争品牌抢占市场份额。

四、活动时间

××××年7月1日~××××年8月1日

五、活动产品

短袖衫、短裤、牛仔裤、休闲鞋等。

六、活动城市

××市及各区县。

七、活动规划

(一)活动内容

1. 时间

为了迎合消费者的需求,我们的促销活动将为期一个月,具体时间是从××××年7月1日8时到××××年8月1日18时。

2. 地点

××市美食街森马服饰专卖店及××市各县区专卖店。

3. 执行人

各个专卖店的营销人员外加临时工。

4. 促销政策

(1)促销形式:

A. 买赠。

B. 派样。

C. 特价。

D. 游戏。

E. 换购。

F. 抽奖。

G. 积分。

H. 其他。

（2）具体内容：

将设定买赠：100元以下的服装类商品定为买一赠一类商品；100～200元的服装类商品定为7折优惠类商品；200元以上的定位6折优惠类商品。同时设置各种抽奖和互动小游戏。

5. 广宣方式

主要是大量分发宣传单、店内的视频广告、POP广告、网络宣传。

6. 费用预估

基础费用：包括POP广告印制、宣传单印制、各种宣传费用、临时工工资及加班费等。预计本月促销活动期间成本费大概是3万元以及各种应急费用1万元。

（二）活动形式

主要活动形式是打折促销、优惠券促销、赠品促销、抽奖促销等，主打打折促销与赠品促销相结合的模式。

（三）补充说明

陈列是以商品为主题，利用不同商品的品种、款式、颜色、面料、特性等，通过综合运用艺术手法展示出来，突出货品的特色及卖点以吸引顾客的注意，提高和加强顾客对商品的进一步了解、记忆和信赖的程度，从而最大限度地引起购买欲望。这是陈列的文字定位，也是陈列向消费者展示的功能。作为营销系统中重要的一环，如何陈列好商品，应从以下几点入手。

货品陈列方式：作为服装来说，陈列一般分为叠装与挂装。

叠装：一般是通过有序的服装折叠，强调整体协调，轮廓突出，把商品在流水台或高架的平台上展示出来。这种方式，好处就是能有效节约有限空间，一个卖场的空间是有限的，如果全部以挂装的形式展示商品，则卖场的空间不够用。此时采用叠装，以增加有限空间陈列品的数量。但劣势是无法完全展示商品，因此，它配合挂装展示，能增加视觉趣味与扩大空间。

挂装：一般是用衣架把衣服挂上，这样才能全面展示商品的特性，易于形成色彩视觉冲击和渲染气氛，使消费者一眼就能认识了解该商品。但在有限的卖场，不可能过多地以挂装陈列，一般是挂装配合叠装。这样，一方面能合理运用空间，另一方面也使整个商品陈列有层次感。

八、促销价格策略

100元以下的服装类商品定为买一赠一类商品。

100～200元的服装类商品定为7折优惠类商品。

200元以上的定位为6折优惠类商品。

九、市场终端要求

1. 市场调研

××市场终端要做好服装的市场调研,以便于顺利开展促销活动。

2. 制定方案

一个完整的促销方案包括促销目的、促销对象、促销方式、促销工具、促销时限、促销范围、促销预算、促销预期、人员保障、执行监督、应急措施等内容。××市几个区县终端要做好各自的应急方案,以便于应对紧急情况的发生。

3. 沟通认同

方案制定后并不是要马上执行,而是要让有关执行人员对方案的意图、目标、步骤等进行详细了解,能够充分理解促销目的和目标、明确个人职责、掌握实施步骤,充分调动人员的积极性和主动性。

4. 人员保障

促销方案是需要人来实施的,而且需要多方面的人员,如促销员、奖励兑换员、终端售货员、市场监督员等。人员保障就是要让有关人员及时到位,并对人员进行必要的前期沟通和培训,保证人员素质过硬,能够胜任本职工作。

5. 信息传播

促销是针对第二方的,必须通过POP广告、传单、口头传达等方式把促销信息快速高效地传播给促销对象,如终端老板、服务员或消费者;使促销对象快速反应、积极参与到促销活动中来。

十、经销商配合内容

促销商务必做到收货、摆货及时,不耽误整个活动的进程,同时注意整个促销活动的细节问题。

十一、效果预估

通过此次促销活动,预计该月销售额将达到平时每月平均销售额的170%,同时森马品牌的影响力也将大大增加,从而有力地促进了销售。可进一步将森马服饰的产品概念做到深入人心,奠定市场销售的基础,通过网点的完善,实现传播效果的最大化和商品传递渠道的最短化,充分体现了整合营销的市场功效。

例文简评: 这是一份十分详细的产品促销活动策划书。全文分为11个部分,活动背景部分强调了该促销策划的重要性及必要性。从第二部分开始是对整个促销活动的具体安排,包括活动主题、活动时间、活动形式等,甚至对货物陈列方式也作了详细说明。最后对活动效果进行了预估。该文结构清晰、材料充实、考虑周密。

经济应用文写作

知识链接

高效营销的"250定律"

乔·吉拉德是美国历史上最伟大的汽车推销员。在刚当上汽车推销员后不久,有一天他去殡仪馆哀悼一位朋友的母亲。他拿着殡仪馆分发的弥撒卡,不禁想知道一个问题:他们怎么知道要印多少张卡片?做弥撒的主持人告诉他:他们根据每次签名簿上签字的数字得知平均这里祭奠一位死者的人数大约是250人。

又有一天,吉拉德去参加一位朋友的婚礼。当他碰到礼堂的主人时,就又向他打听每次婚礼有多少客人。那人告诉他:新娘方面大约有250人,新郎方面也是250人左右。

这一连串的250人,使吉拉德悟出这样一个道理:每一个人都有许许多多的熟人、朋友,甚至远远超过250人这一数字。事实上,250人只不过是一个平均数而已。

这就是有名的吉拉德"二五零定律"。它在揭示每一个顾客的影响力的同时,也告诉我们:每一个顾客都是"上帝",并且你即使只得罪了一位,也等于得罪了一连串的"上帝",你得罪不起!

四、写作实训

完成前述写作任务。要求:
(1)营销策划书的结构完整,思路清晰。
(2)符合营销策划书的相关写作要求。
(3)材料取舍恰当,主题突出,逻辑清晰,文通字顺。

五、检查与完善

(1)学生结合前述写作规范,自我检查或相互检查。
(2)教师选择学生例文进行点评。
(3)修改、完善前述写作任务。
(4)总结自己完成写作任务的得失。

写作实训拓展

(一)判断题。

1.营销策划书的撰写应把握三个原则,即简洁朴实原则、可操作原则、创意新颖原则。
( )
2.营销策划书的特点是可行性、创造性、规范性。( )
3.在营销策划书中引用的权威机构的数据资料、问卷调查表等,可以作为附录的形式

出现。 ( )
4. 营销策划书也称企划案,是营销策略规划的书面反映。 ( )
5. 营销策划书的费用预算的内容,可放在附录中。 ( )

(二)指出下列活动方案存在哪些不足之处。

快活林鱼馆十周年店庆营销策划书

一、时间:2009年1月12日至22日,共计10天。

二、地点:×市五个店。

三、参与人员:公司所有员工、前来就餐的顾客等。

四、具体策划方案

1."微笑服务"。在店庆期间,所有员工一律微笑服务,细致耐心,让顾客乘兴而来、满意而归,提高顾客的感觉消费价值。

2. 特价:(1)每日推出一款特价菜,每日不重样。(2)随顾客所点菜品加赠部分菜品,如当次消费满100元,加赠2碟凉菜;满200元加赠4碟凉菜等。(3)打折,这是一个迅速提高销售额的法宝,建议适当打折刺激消费。

3. 礼品、抽奖。有计划发放公司店庆纪念品、小礼物,增强与客人的亲近感,扩大宣传面。公司统一印制部分店庆纪念品,要求小而实用、漂亮大方,如带有店庆标志的签字笔、气球、打火机、帽子等,按桌发放。

五、费用预算(略)

策划者:××策划小组

2014年1月5日

项目五　职场必备

任务一　求职信与个人简历

 学习目标

【知识目标】

通过精讲理论和知识的练习,熟练掌握求职信与个人简历的理论知识,明确求职信与个人简历的用途和类型,明确其在社会实践活动中的重要作用。

【能力目标】

能够将理论知识用于实践,根据实际情况,写作求职信与个人简历。

一、写作任务

根据以下问题,起草一份求职信及个人简历。

假设你是即将毕业的学生,请根据自己的实际情况给有求职意向的政府部门、国企、外企等拟一份求职信及个人简历。

二、写作任务分析

根据以上任务,作出分析:在求职面试时,如何向用人单位详细介绍自己的专业学习情况,如何展示自己的综合素质以及真诚地表达求职愿望。想要突出自己的这些求职"亮点",更好地将自己"推销"给用人单位,这种情况就适合选择"求职信"与"个人简历"两种文体。这个写作任务主要是为了让学生熟悉并掌握求职信及个人简历的用途、格式与写作要求。要想起草一份合格的求职信及个人简历,了解求职信及个人简历的写作规范至关重要。

三、必备知识和工具箱

为了完成这个写作任务,我们必须掌握求职信的一些基本知识:求职信及个人简历的概念、种类、结构和写法。

工具一:求职信及个人简历的含义和特点

(一)求职信

1. 求职信的含义

求职信也叫自荐信,它是求职者以自我推荐的方式,向用人单位表达求职的愿望、陈述求职的理由、提出求职的要求的一种文书。通过求职信,求职者向用人单位展示自己适合于工作岗位的知识水平、工作能力、精神品格,从而为用人单位了解自己打开一个窗口,为择业成功打下良好的基础。

2. 求职信的特点

(1)自荐性。

求职信是写给招聘单位的,它的目的就是希望以自我推荐的方式成功得到自己想要的工作岗位。所以信中要充分阐明自己适合该工作岗位的知识水平、技能专长、品德修养等,用人单位往往通过求职信和其他求职材料决定是否录用或进一步考察求职者。

(2)针对性。

求职信首先要针对用人单位对不同岗位、不同职务的从业人员的不同要求而发。其次要注意展示自己的知识才能和以往的工作业绩,讲清楚"我是怎样的人"、"为何来此自荐"、"我能干什么"等问题,以便引起用人单位的兴趣。

(3)祈请性。

求职信也是求职者要求和愿望表达的重要窗口。求职者希望通过求职信博得用人单位的关注和信任,希望这封信件能起到一个重要的媒介作用,所以信件要写得规范合度,既要体现出大方自信,也要谦恭得体。

(4)真实性。

求职信是求职者向用人单位提供个人材料,作为用人单位选择、录用求职者的依据。因此,求职信必须实事求是,不能弄虚作假。要如实客观地向用人单位介绍自己的情况,不夸张,不缩小,不虚报,要用真实可靠的材料去赢得用人单位的好感与信任。

(二)个人简历

1. 个人简历的含义

个人简历,顾名思义,就是对个人学历、经历、特长、爱好及其他有关情况所作的简明扼要的书面介绍。简历是个人形象包括资历与能力的书面表达,对于求职者而言,是必不可少的一种应用文。简历是求职材料的重要组成部分。

2. 个人简历的特点

(1)真实性。

自己给自己写简历时一定要客观理性地总结自己的经历，做到真实、准确、不夸大、不缩小、不编造，这样才能取信于人。

（2）目的性。

求职简历的写作目的很明确，就是希望通过求职者学识、能力、业绩的展示，以博得用人单位的青睐，为最终被录用打下良好的基础。

（3）精简性。

简历，贵在简单而有力。简历写作要求简洁、重点突出、条理清楚，不留一个多余的字。简历最好不要超过两页，如果你能够用一页清晰地表达自己，就不要用两页纸。

工具二：求职信及个人简历的种类

（一）求职信的种类

1. 有目的的求职信

毕业生在搜集到需求信息后，有目的地向某个用人单位做自我介绍，也叫应聘信。这种求职信，是在求职者已经知道了某单位用人的前提（包括单位性质和名称、主要经营项目、人员需求概况、主管人姓名、阅读人心态等）条件下写的，因此具有高度的针对性。其称呼和内容都要针对特定单位的特定人，或针对该单位的某一具体职位，主要表述求职者的主观愿望和特长，以求吸引招聘者的注意力，取得面试机会。

由于这种求职信具有很强的针对性，所以写的时候需要花费一定的工夫。有的放矢，命中率自然比较高。

2. 无目的的求职信

这是无具体的目标，不分职业、单位和对象，普遍适用的求职信。因为它不针对具体的求职目标，因此可适用于不同的对象。但是，由于这种做法带有一定的盲目性，所以击中目标的几率相对来说也比较小。

在大学生人才市场招聘会上，毕业生普遍使用的是无目的求职信。这种类型的求职信的目的在于向用人单位介绍自己的概况，让对方对自己感兴趣。

3. 以上两种形式的综合

求职信的主体部分固定不变，只是开头和结尾依据不同的单位而采用不同的内容和措辞。

（二）个人简历的种类

1. 按格式分类

按照格式来分，个人简历有表格式、文字式、电子简历三种。

（1）文字式。即是把求职者的信息分类，用文字表达的方式罗列出来。优点是能最大程度地展示求职者的个性和优势。

（2）表格式。就是把求职者的相关信息通过表格反映出来。优点就是简便、容易填写。

2. 按载体分类

按照载体来分,个人简历有纸质简历、电子简历和网上简历。

(1)纸质简历,顾名思义,就是用纸张把求职者的有关信息抄写或打印出来。

(2)网上简历,就是用制作网页或电子邮件等网络手段把求职者的简历发布出去。

(3)电子简历,是利用声音、图片、影像、文字等多媒体技术,把求职者的简历制成光盘、录像材料。电子简历就是在 Internet 上输入个人简历,可以是一个网页,可以是 Flash 做成的动画。电子简历的英文是 E-resume。

①可扫描的书面简历。它可以通过扫描仪器准确无误地生成一个计算机文件。

②电子邮件简历。它虽是一个普通的计算机文件,但其内容可以通过网络传送到世界各地而无需打印在纸上。

③主页简历。它采用多媒体格式,可以放在因特网上,也可以存储在磁盘里供用人单位在方便的时候随时查看。

④多媒体简历。多媒体简历有着丰富的背景色彩、字体颜色,能够让你的简历脱颖而出。个性化的背景图片能够让招聘者深深地记住你。除此之外,多媒体简历还提供了展示图片和视频的功能。

工具三:求职信及个人简历的基本结构与格式

(一)求职信的基本结构与格式

1.求职信的基本结构

求职信与一般书信的格式很相似,一般包括标题、称呼、正文和落款。

(1)标题。

求职信的标题通常只由文种名称组成,即在第一行中间写"求职信"三个字。

(2)称呼。

另起一行顶格书写称呼。求职信的称呼与书信一般不同,书写时必须正规些,如果写给国家机关或事业单位的人事部门负责人,可用"尊敬的××厂长(经理)"称呼;如果写给院校人事处负责人或校长的求职信,可称"尊敬的××教授(校长、博士)";如果不知道用人单位的领导姓名及职务,可用"尊敬的领导"代替。总之要尽量用容易接受、易产生好感的称呼。

(3)正文。

求职信的正文一般由开头、主体、结尾三部分组成。

①开头。写求职信,开头要交代清楚自己的一些基本情况,诸如身份、年龄、学历等,给用人单位一个初步的完整印象。如果是有明确目标的求职信,还可以先谈谈自己看到了该单位的招聘信息以及意欲应聘的想法。

②主体。这是求职信的核心部分,要求说明求职信的来源、应聘职位、个人基本情况、工作成绩等事项。

如果是应聘信,首先应写明应聘信息的来源渠道,如:"得悉贵公司正在拓展省外业务,招聘新人,且昨日又在《××报》上读到贵公司招聘广告,故有意角逐××营销员一职。"记住不要在信中出现"冒昧"、"打搅"之类的客气话,他们的任务就是招聘人才,"打搅"又从何说起？如果事先没有明确求职单位,你又很想到某一个单位去工作,但又不知道对方是否招聘人才,你可以写一封自荐信去投石问路,如"久闻贵公司实力不凡,声誉卓著,产品畅销全国。据悉贵公司欲开拓海外市场、故冒昧写信自荐,希望加盟贵公司。我的基本情况如下……"这种情况下用"冒昧"二字就显得很有礼貌。

其次,在正文中要简单扼要地介绍自己与应聘职位有关的学历水平、经历、成绩等,令对方阅读你的求职信之后就对你产生兴趣。但这些内容不能代替简历,较详细的个人简历应作为求职信的附录。

最后,应说明能胜任职位的各种能力,这是求职信的核心部分。目的无非是表明自己具有专业知识和社会实践经验,具有与工作要求相关的特长、兴趣、性格和能力。总之,要让对方感到你能胜任这个工作。在介绍自己的特长和个性时,一定要突出与所申请职位相联系的内容,千万不能写上那些与职位毫不沾边的东西。

③结尾。结尾部分一般表达两个意思,一是希望对方给予答复,并盼望能够得到参加面试的机会；二是表示敬意、祝福之类的词句。如"顺祝愉快安康"、"深表谢意"、"祝贵公司财源广进"等,也可以用"此致,敬礼"之类的通用词。

（4）落款。

按一般书信格式写出求职人的姓名、写作日期。

（二）个人简历的基本结构与格式

1.文字式简历的制作

这种简历的基本内容包括本人基本情况、学习和工作经历、求职意向、联系方式、证明材料等基本要素。

以毕业生为例,一般说来一份文字式简历应包括以下内容。

（1）本人基本情况：姓名、性别、出生年月、民族、籍贯、学历、学校、专业、身体状况等,这一部分内容一般写在简历的最前边,俗称抬头。

（2）本人的学习经历：主要列出大学阶段的主修、专业、选修科目及成绩,尤其是要体现与你所谋求的职位有关的教育科目、专业知识。

（3）本人工作经历：包括做过哪些社会实践工作,有什么建树或经验教训。

（4）求职意向（也称求职目标）：主要表明自己对哪些岗位、行业感兴趣及相关要求。

（5）联系方式：同封面所要突出的内容一样,一定要清楚地表明怎样才能找到你,地址、电话号码、手机号、E-mail 地址等。

（6）证明材料：简历的最后一部分一般是列举有关的证明人及有关的附加性参考材料,附加性参考材料包括学历证明、获奖证书、专业技术职务证书、专家教授推荐信、所发表的学术论文著作等。一般要提供 3～5 个证明人。证明人是对你求职资格、工作能力和个人情况的保证人,因此,一般选择在校期间或以前工作单位或所参加社团中比较熟悉且又知名的人。一般不要选择自己的父母或亲戚。值得注意的是,让别人作证明人,事先应征得选取对象的同意。在证明人栏目中要详细说明证明人的姓名、职务、工作单位及联系方式。

2. 表格式简历的制作

表格式的简历一般由毕业生所在学校或用人单位根据社会需要而制作,没有统一的模式。表格中一般包括以下内容:求职者的基本情况、爱好特长、求职意向、奖励情况、社会实践(或工作业绩)、自我评价、技能情况、联系方式等。

3. 电子简历的制作

求职者在申请职位时,最重要的是撰写一份配合职位所需的简历表。随着电脑科技的快速发展,众多大公司都采用一些电脑软件来扫描数以千计的简历表,储入其电脑资料库之中。因为电脑可以代为执行挑选工作,节省很多时间。电脑选中的简历表,也需留意许多窍门。电子简历表必须包含一些其电脑所找寻的"魔术字眼"。

不同职位有不同的需要,应聘者可以从招聘广告或该职位的职责范围中找到。试用红笔圈出一些描述资历、经验、技能和其他要求的主要字眼,然后确定所有字眼都显示在简历表当中。最佳方法莫如将这些主要字眼包含在应聘者的成就列当中。

为确保这些主要字眼没有遗漏,可在做文字处理时加上 Key words 在末段,完成后再清除。如果因使用不同的描述方式而有所重复也没有什么害处,但遗漏了则可能失去获选的就业机会。如果你能将职位所需的技能都放在简历表上,获选的机会必然增加。为确保你的电子简历表由电脑扫描不会产生问题,可做以下改动:

(1)清除斜体、粗体、底线和括号。

(2)清除阴影、图案和线条。

(3)避免使用项目符号(Bullets)及跳格键(TAB)。

(4)在首行清除你的名字以外的任何东西。

(5)只使用普通常用字型,大小由 10 点至 14 点为限。

(6)用句号或逗号类分割主要字眼。

(7)以文本格式(TXT)存档,以便不同软件皆可阅读。尤其在网上申请工作时,一般都要用 ASII 档案,并需要用剪贴(Cut & Paste)方法放在简历表栏内。所以,电子简历表是网上求职必需的。

(8)如附在电子邮件送出,应先送自己以作测试,以确定不会出现问题。

工具四:求职信及个人简历的写作要求

(一)求职信的写作要求

1. 实事求是,言之有物

写求职信必须实事求是,不能夸大其词,更不可虚构材料,编造历史。

2. 态度诚恳,措辞得当

求职者充满自信地推销自己是必要的,但用语要注意委婉而不隐晦,恭敬而不拍马,自信而不自大。求职信既不能像行政报告缺乏热情,也不能过于热情,有讨好之嫌。实践证明,只有那些既有真才实学,又言辞得体的求职者才受人欢迎,易被录用。

3. 富有个性,不落俗套

如果能谈谈行业前景展望、市场分析或建设性意见,都会收到好的效果。这方面没有什么成规,需要自己开动脑筋。

4. 言简意赅,字迹工整

求职信的篇幅不宜过长,一般 500～600 字即可,最好用钢笔抄写,如果用打印稿,落款必须亲笔签名。

(二)个人简历的写作要求

(1)文字要精练,惜墨如金,要避免过长的段落出现,多用动词,省略第一人称"我",从而避免主观性的语气,以 A4 纸一页为宜,最多不要超过 2 页。

(2)用词力求精确。阐述自己的技巧、能力、经验要尽可能准确,不夸大也不误导。确信你所写的与你的实际能力及工作水平相同。不要写错别字,雇主们总认为写错别字说明人的素质不高。

(3)要组织好个人简历的结构,不能在个人简历中出现重复的内容。让人感到你的个人简历条理清楚、结构严谨是很重要的。在结构严谨的前提下,要使你的个人简历富有创造性,使阅读者能产生很强的阅读兴趣。

(4)详细写出特长。求职者在填写自己的特长时,比较模糊和笼统,没有说明到底"特"在哪里,这让用人单位很难作出准确判断,也容易产生怀疑。因此,填写时一定要详细。

 例文评析

【例文 1】

求职信

尊敬的××公司总经理先生:

首先,为我的冒昧打扰向您表示真诚的歉意。在即将毕业之际,我怀着对贵公司的无比信任与仰慕,斗胆投石问路,希望能成为贵公司的一员,为贵公司服务。

我是××职业技术学院计算机软件专业 2011 级学生,将于今年 7 月毕业。在大学学习期间,我努力学习各门基础课及专业课,并取得了良好的成绩(见附件),英语已通过四级考试(见附件)。本人不仅能熟练掌握学校所教课程的有关知识(程序设计、AUTOCAD R14、FRONTPAGE98、C 语言等),而且还自学了 PHOTOSHOP5.0、DMAX2.5、VISUAL FOXPRO 等,专业能力强,曾获学校计算机软件设计比赛一等奖。

作为新世纪的大学生,我非常注意各方面能力的培养,积极参加社会实践,曾在平安保险做过业务员,在肯德基做过星级训练员,还在鑫源有限公司做过网络技师。爱好广泛,有责任感,能吃苦耐劳。

本人期盼能成为贵公司的一员，从事计算机服务等工作。诚然我尚缺乏丰富的工作经验，如果贵公司能给我机会，我会用我的热情、勤奋来弥补，用我的知识、能力来回报贵公司的赏识。

盼望您能给我一次面试的机会。随信附上简历、英语等级证书、获奖证书等。

此致

敬礼

附件：个人简历

×× (签名) 敬上

2013 年 4 月 8 日

附件：个人简历

个人简历

个人基本资料

姓名：××　　性别：男　　出生年月：1990 年 1 月

民族：汉　　政治面貌：团员　　户籍所在地：×× 市

学习经历：(略)

最高教育程度：专科

专业：计算机软件　　毕业院校：×× 职业技术学院

本人所在的计算机软件专业为 ×× 省名牌专业之一。学科涉及 IT 企业、政府机关、企事业单位等从事软件(管理信息系统、企业资源计划系统、文化娱乐产品和控制系统等)开发的需求调查、编码、测试、维护、营销售后服务及软件生产管理工作。

本人已通过国家计算机水平二级(VB)认证，精通 WINDOWS 附载的各种办公、设计软件，具有单片机开发实践能力，能运用汇编语言、C 语言、MATLAB、PROTEL、LABVIEW、CAD 等进行相关设计。

工作经历：

大一在校办工厂进行机械加工实习。大二在校参加实习和 DSP 课程设计。利用业余时间跟随各界人士从事过软件开发、测试、维护等工作，同时能解决设计中的很多细节问题，如软件应用、图纸处理技巧、图纸内容的标准等。

特长：

英语：已通过国家四级

普通话程度：国家二级甲等

计算机能力：优秀

求职类型：全职

应聘岗位：软件工程师，能胜任仪器仪表、机械电子类专业技术工作，同时对采购、生产管理、策划、销售工作也感兴趣，能"干一行，爱一行，精一行"。

联系方式：

联系人：×× 　　联系电话：×××××××

手机：××××××××××

E-mail：××××××××

个人主页：×××××××××

联系地址：××市××区××大道××号

证明材料：（略）

例文简评： 本篇求职信的第一部分主要介绍自己的学业情况，重点介绍了自己的学习成绩和自学能力；第二部分突出写自己注重参加社会实践，特别自评了自己的爱好、责任感和吃苦耐劳精神；第三部分用恳切的言辞表达了自己的求职愿望和决心。附件为信函提供了旁证。全文情辞恳切，谦恭得体，不卑不亢。

本篇简历属于文字式简历。求职者在简历制作时用精简的语言、最简洁的方式直截了当地把个人情况介绍出来。

【例文2】

求职信

×××公司经理：

您好！

我是一名即将毕业的大学生，想在贵公司里找一份有关汽车销售方面的工作。

我学的专业是汽车营销。到目前为止，全部学业已出色完成，每门功课成绩均在85分以上。附上一份个人简历和大学期间的各科成绩一览表，供您参阅。从我的简历中您可以看到，我曾经多次受到学校的表彰。我的一篇专业论文《××××××》曾发表在《××××××》杂志上，并获得2012年度××省优秀大学生科研成果一等奖。

今年上半年，我在贵公司实习了一段时间，我深深地感到，贵公司领导十分重视人才，办事效率高、员工之间团结协作精神强。可以想象，在这样的环境中工作，作为贵公司的一员，该多么自豪。

当然，条件如此优越的公司，想进去绝非易事。但我坚信自己有能力敲开贵公司的大门。我已熟练掌握了本专业的基础知识和操作技能，有独立工作的能力。我的英语过了四级，拿到了四级证书。我的汽车修理技术拿到了中级证书，我的汽车营销专业也通过了营销师考试。我在贵公司实习期间发挥了我的汽车贸易专长，获得贵公司的好评。我相信，在一个崇尚平等竞争的公司里，我会如愿的。

最后，我希望贵公司能给我一个为贵公司作出贡献的机会，我热诚地期待您的答复。

此致

敬礼

附件：1. 个人简历
   2. 成绩表

××大学　王××（签名）
2013 年 6 月 10 日

附件：

个人简历

姓名	王××	性别	男	出生年月	1991.09	照片
学历	本科	民族	汉	政治面貌	团员	
学位	学士	身高	178cm	健康状况	良好	
籍贯	××省××市××区					
爱好特长	英语、计算机、篮球、音乐、象棋					
院校及专业	××大学汽车营销专业					
求职意向	汽车销售					
奖励情况	2010—2011 学年,获二等奖学金,三好学生 2011—2012 学年,获二等奖学金,优秀班干部 2012—2013 学年,获一等奖学金 2014 年校级获优秀毕业生					
个人简历	2005—2008 年,××××乡第一初级中学 2008—2010 年,××××第一高级中学 2010—2014 年,××大学					
社会实践	2010 年暑假,××××学院招生员 2011 年暑假,××汽车装具厂实习 2012 年暑假,一汽大众汽车实习销售员					
自我评价	思想素质过硬,积极向党组织靠拢 吃苦耐劳,谦虚好学,有敬业精神和竞争意识 专业基础扎实,具有收集资料信息研究开发能力 待人真诚,心胸开阔,性格开朗 对待工作认真负责,合作意识强					
英语水平	国家四级			计算机水平		二级	
联系方式	地址：××大学汽车营销专业 2010 级 1 班 邮箱：×××@163.com 电话：×××××××××××					

例文简评：这封求职信的特点是开门见山地提出求职岗位。比较客观地介绍自己的德、才、勤、绩、能,突出自己的专业特长和技能优势,并且设置了两个左右的兴趣点,写出

自己关键的经历、最好的成绩、重要特长以及自己的愿望。最大程度地展现出求职者的"卖点",又没有自我吹嘘、炫耀的感觉。全文简明扼要,又有说服力。

这则简历属于表格式,表格条目内容比较完善,基本反映出学生的情况和用人单位想要了解的信息。用语比较简洁,表达清楚,制作也比较美观。可以说是一种比较规范的求职简历表格。

四、写作实训

完成前述写作任务。要求:
（1）求职信及个人简历的种类选择适当,标题写作符合规范。
（2）符合求职信、个人简历的相关写作要求。
（3）材料取舍恰当,主题突出,逻辑清晰,文通字顺。

五、检查与完善

（1）学生结合前述写作规范,自我检查或相互检查。
（2）教师选择学生例文进行点评。
（3）修改、完善前述写作任务。
（4）总结自己完成写作任务的得失。

写作实训拓展

（一）判断题。
1. 求职信中的个人工作经历最好是有翔实的事实和数据来佐证。　　　　（　　）
2. 求职信要有个性,突出自己的优势。　　　　　　　　　　　　　　　（　　）
3. 求职信要围绕求职做文章。　　　　　　　　　　　　　　　　　　　（　　）
4. 求职信中要善于推销和介绍自己。　　　　　　　　　　　　　　　　（　　）
5. 求职信中的附件是附在信末用以证明或介绍自己情况的书面材料。　　（　　）
6. 简历的最大特点就是简明扼要。　　　　　　　　　　　　　　　　　（　　）
7. 不要仅仅寄送个人简历给所应聘的公司,应附上简短的应聘信,这样会增加公司对你的好感,求职的成功率打打提高。　　　　　　　　　　　　　　　　　（　　）

（二）指出下面求职信及个人简历存在的问题,并作修改。
1.

求职信

××××公司:

×月×日《羊城晚报》第十四版"金页广告"刊登了贵公司因业务发展需要,急需招聘电气工程师3名。现将我的情况推介如下:

陈××,男,25岁,广东省广州市人。中共党员。身高1.75米;身体状况:健康;电气工程:对英、日语会说、会听、会写。家庭地址:广州市先烈南路××号。户口所在地:广州市××区公安分局。邮政编码:5100700。1992年毕业于××工学院,已有三年的实践工作经验。

本人简历如下:

1984～1989年,在广州市东山区×××小学读书。

1989～1995年,在广州市××中学读初、高中。

1995～1999年,在×××工学院读大学。

2000～现在,广州××工程公司工作。

所学的主要课程及成绩(附复印件):

电气技术	82分	工程经济	84分
电子技术	80分	质量管理与可靠性	合格
工程企业管理	79分	生产计划与控制	80分
工业工程经济	79分	企业管理	83分
计算机信息管理	85分	工程数学	87分
计算机应用	81分	专业英语	95分
自动控制系统及其应用	85分	国际贸易	合格
工程力学	75分	国际金融	合格
政治经济学	81分	市场调查	84分

特长:对英、日语会说、会听、书写熟练。

附:①××工学院毕业证书(复印件)。

②身份证复印件。

③免冠近照相片3张。

我愿应聘到贵公司担任电气工程师,请求贵公司能接纳,给我一个施展才华的机会。

此致

崇高的敬礼

广州市××工程公司××处

陈××

2013年6月6日

2.

求职信

××服装厂:

前天接到我的旧同学××的来信,说贵厂公开招聘生产管理员。我是××学校企业管理专业的毕业生,在校读书时,学习成绩优秀,爱好体育运动,是学校篮球队的成员。贵厂就设在我的家乡,我想,调回家乡工作正合我的心意,而且生产管理员的职务,也和我所学的专业对口。不知贵厂是否同意,请立即给我回信。

此致

敬礼!

×× 谨上

2013 年 8 月 15 日

3.

求职意向:会计

姓　　名:李芳　　　　　　　　性　　别:女

出生年月:1989 年 4 月 2 日　　　健康状况:良好

毕业院校:×× 职业技术学院　　 专　　业:文秘

电子邮箱:×××@126.com　　　联系电话:×××××××××××

通信地址:×× 职业技术学院 ×× 系

电子邮编:×××××××

主修课程:

秘书实务、秘书写作、秘书礼仪、办公室自动化、档案管理、速录等(注:如需要详细成绩单,请联系我)

英语水平:

基本技能:听、说、读、写能力

标准测试:国家四级

计算机水平:

编程、操作应用系统、网络、数据库……

(三)写作题。

张明同学大学快毕业了,请你以他的名义写一封求职信,并在求职信后附上个人简历。他的情况如下:

1. 办公自动化专业,20 岁,男,团员(团支部宣传委员),性格温和,工作认真,相貌端正,与同学关系融洽。

2. 学习成绩良好(成绩单见附件),外语四级,电脑中级。

3. 能使用各类打印机和各种配套的打印机,操作熟练,能做一般性维修,速记每分钟 80 字,电脑打字每分钟 50 字,外文每分钟 150 字符。

4. 特长:书法市级比赛或获二等奖,普通话市级比赛获二等奖,在市级刊物上发表作品两篇。

5. 任期目标:秘书、文员或相关工作。

6. 户口:本市 ×× 区。

写作要求:

1. 格式规范。

2. 语言简练而有个性。

任务二 讲话稿

 学习目标

【知识目标】

熟悉讲话稿的理论知识,明确其在社会实践活动中的重要作用。

【能力目标】

能够将理论知识用于实践,根据实际情况,写作讲话稿。

一、写作任务

根据以下材料,起草一份讲话稿。

新学期将至,××学院将举行盛大的开学典礼,你系的领导要求你以老生代表的身份对新同学的到来表示欢迎,请你根据上述内容写一篇讲话稿。

二、写作任务分析

根据以上任务,作出分析:在不同场合当众发言时,你发言的目的是什么,你要让听者从你的发言中知道什么,受到怎样的情感感染呢？所有这些问题的关键就是写好讲话稿。根据不同场合的不同要求,进行讲话稿的写作。这项写作任务主要是为了让学生熟悉并掌握讲话稿的用途、格式与写作要求。要想起草一份合格的讲话稿,了解讲话稿文体的写作规范至关重要。

三、必备知识和工具箱

为了完成这个写作任务,我们必须掌握讲话稿的一些基本知识:讲话稿的概念、结构和写法。

工具一:讲话稿的含义和特点

(一)讲话稿的含义

讲话稿有广义和狭义之分。广义的讲话稿是人们在特定场合发表讲话的文稿;狭义的讲话稿即一般所说的领导讲话稿,是各级领导在各种会议上发表带有宣传、指示、总结性质讲话的文稿。讲话稿是应用写作研究的重要文体之一。

(二)讲话稿的特点

1. 内容的针对性

讲话稿的内容是由会议主题和讲话者身份来决定的。因此在写讲话稿之前,必须要了解会议的主题、性质、议题,讲话的场合、背景,领导者的指示、要求,听众的身份、背景情况、心理需求和接受习惯等。

2. 篇幅的规定性

讲话是有时间限制的,因此对讲话稿篇幅要有特定要求,不能不顾具体情况长篇大论。一般来讲,表彰、通报、庆典等会议上的讲话稿篇幅不宜过长,以免喧宾夺主。

3. 语言的得体性

为了便于讲话者表达,易于听众理解和接受,讲话稿的语言既要准确、简洁,又要通俗、生动。另外,由于讲话具有现场性,因此撰写领导讲话时必须提前考虑和把握现场气氛和场合。

4. 起草的集智性

为了提高行政效率,领导讲话稿经常由秘书代笔,然后经领导审核是否采用。有的部门还专设起草小组,领导一般要将写作的目的、背景、写作要求等对起草小组交代清楚,然后由起草小组分工协作,集体撰稿,并在起草的过程中反复讨论、修改、几易其稿,才提交领导使用。

工具二:讲话稿的种类

讲话稿的种类很多,按不同的标准划分,可以有不同的类型。

(一)从形式上分

1. 即兴式的讲话稿

这种讲话稿是指讲话人事先没有准备,但受到别人讲话或会场情绪的影响,引发了自己对某个问题的感受,觉得有必要阐述一下自己的看法,抒发一下自己的感情,于是就临场进行准备,大体列出要讲的几个问题。

2. 要点式的讲话稿

这种讲话稿是指讲话人事先有所准备,明确列出主要观点、层次、关键性问题,但更为具体的内容则靠临场发挥,现场组织好语言。

3. 宣读式的讲话稿

这种讲话稿是指讲话人事先已经做了充分的准备,甚至讲话稿是经过写作小组反复修改,多次讨论,已成定文。讲话人在会上将原文读一读就行了。

(二)从用途上分

1. 开幕词

开幕词是指在大型的会议上,领导同志代表组织向大会作带有提示性、指导性发言的讲话。其内容包括:宣布会议名称、出席会议的单位和人员;说明会议的中心议题、会议的背景和意义;提出会议的开法和要求;表示讲话人对会议的期望和祝愿。

2. 闭幕词

闭幕词是指在较为大型的会议结束时，领导同志所作的最后讲话。所以，会议闭幕词也常写为"会议总结讲话"或"会议结束时的讲话"。闭幕词的内容包括：回顾会议的主要内容；表明对会议的估价；概略分析会议决定的主要问题；对贯彻会议精神提出意见。

3. 祝词、欢迎词

祝词、欢迎词是在比较隆重的会议上或欢迎来宾的集会上所做的讲话。它的内容通常包括：代表个人或组织对会议表示祝贺，对来宾表示欢迎；对会议或来访的意义进行充分估价；自己的感想和预祝会议、来访成功。如果是在庆功会上的祝词，还应当写上向英雄模范学习的内容。

4. 会议发言稿

会议发言稿是指领导同志或出席会议人员为在会议的正式场合所作的发言而拟写的讲稿。一种是会议的主旨发言，即对会议中心议题的重点阐述。一种是会议的辅助发言，包括：对会议报告和其他领导同志发言的看法和对会议的评价；根据会议精神，侧重就几个问题或某一个问题发表自己的看法；表明自己对会议所起作用的信心；对贯彻会议精神的打算等。

工具三：讲话稿的基本结构与写法

（一）讲话稿的基本结构

讲话稿的结构一般包括标题、讲话日期、讲话者署名、称呼、正文结构五个部分。

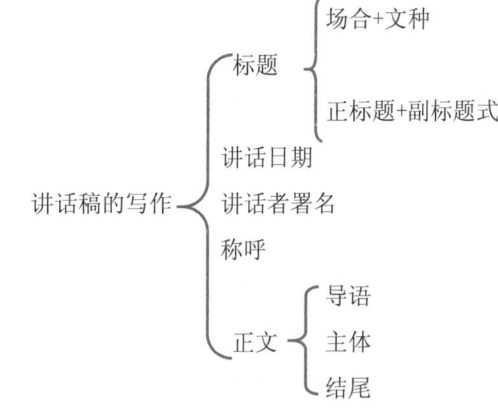

（二）讲话稿的写作

1. 标题

标题用较大的字体写在第一行居中的位置，一般有以下几种形式：

（1）场合＋文种，如《在乐家购物广场开业庆典上的讲话》《在开学典礼上的讲话》。

（2）由正标题＋副标题组成，正标题标明讲话的主要观点内容，副标题与第一种标题形式相同。如《打造特色企业——在瑞福茶行日照分店开业典礼上的讲话》。

2. 讲话日期

在标题之下的括号内注明讲话当天的日期，写全年、月、日。

3. 讲话者署名

在讲话日期下标明讲话者姓名。

4. 称呼

称呼写在讲话者署名下方左侧顶格，指对方听众的称呼，如"尊敬的领导，各位来宾"、"尊敬的老师，亲爱的同学们"。

5. 正文

正文一般由导语、主体和结尾构成。导语简要概括全文的主要内容观点；主体对全文

的主题进行阐述,要紧扣主题,注意观点和材料的一致性,安排好段落和层次的关系;结尾可以总结观点、强化全文的中心内容或提出希望号召。

工具四:讲话稿的写作要求

(1)观点明确,写出新意。
(2)针对性强,有的放矢。
(3)语言贴切,生动形象。
(4)以情感人,以理服人。

 例文评析

【例文】

在会计学院迎新大会上的讲话

2011级学生代表　××
(2013年9月9日)

尊敬的各位领导、老师,亲爱的同学们:

大家上午好!

我是2011级会计电算化3班的××,很荣幸今天能够站在这里代表老生发言。

金秋送爽,喜迎八方学子,丹桂飘香,共创美好明天。9月初的岛城已经褪去了盛夏燥热而显得格外动人,××职业技术学院的校园也因为你们的到来而充满活力。所以,首先请允许我代表2011、2012级会计学院全体同学向你们的到来表示真诚的欢迎,欢迎你们加入会计学院这个温馨的大家庭。在这里有一个博学包容的教师团队,一群有着理想与追求的学界精英,让我们的青春自由飞扬。

在各位的眼中,我能感受到这样几种心情——兴奋、憧憬与迷茫。大学生活已经开始,可是大学到底是怎样的呢?或者你们仅仅认为大学就是高中辛苦拼搏三年后休息玩乐的地方,那我告诉大家这是非常错误的。大学录取通知书肯定了你们曾经12年的努力,但是这还不能成为你未来成功的凭证。如今大家都处在同一起跑线,未来的你们何去何从,将取决于你在大学里的努力程度。

首先,要学会自主学习。作为一名学生,学习始终是我们的生活主旋律。而大学的学习与中学的不同就在于,它没有了老师、家长的督促,没有填鸭式的教育方式,更多的是靠着我们良好的自我管理能力。如果你沉溺于网络游戏、逛街闲聊,那么三年下来,挂在你嘴边的最多的将是"无聊"二字。

要学会独立生活。从现在起,你已经不能躲藏在父母丰满的羽翼的庇护中,衣食住行,样样都要自己打理,节奏分明、作息有序的生活会让你更好地感受到大学生活的美好。

要学会合理规划。我希望大家都能问下自己两个问题:"我来这做什么","我将成为一个怎样的人?"在未来的日子里,无论是致力于校园文化活动、挥洒自己的热情,还是专心学习、增加专业技能,你们都要学会规划自己的大学生活,努力追逐自己的梦想。

要学会沟通与宽容。在这个校园里,虽然我们来自天南地北,虽然我们的理想可能迥然不同,但我们的朋友却是一样的。胃痛时一粒及时的药,熬夜时一杯温热的咖啡,上课途中一句温馨的问候,都将使我们意识到这就是彼此。也许我们会被对方的棱角不经意地划伤,生活中的摩擦也在所难免,但是我们应该给彼此以宽容,理智地处理好人际关系是你成熟的标志。

作为你们的新朋友,我想提醒大家:大学的校园生活并不像想象中的那般轻松自在。你将开始一段独立于父母、依赖于同学的新生活。在这里没有丰满的羽翼的庇护,更多的只是同窗间的相互关心、互相体谅;在这里,没有师长拿分数"逼迫"你努力努力再努力,更多的是同学间友好的激烈竞争;这一切,都是我和我的同学们曾经走过的。慵懒的生活方式注定会溶化许多激情、理想和追求,甚至会使生活变成仅仅是"混日子"。大学不是自满倦怠的休憩,也不是花前月下的浪漫,更不是灯红酒绿的喧嚣;在这里,最精彩的掌声,只送给那些坚持不懈的前行者。

秋天是收获的季节,秋天也意味着新一轮播种的开始。作为你们的学长、你们的朋友,我真心的祝福你们,祝福大家拥有一个精彩的大学生活!拥有一段不悔的青春!谢谢大家!

例文简评:这是一篇老生代表在迎新典礼上的讲话稿。首先表达了祝贺的心情,然后对新生步入大学之后的学习、生活等方面提出了建议,最后提出了希望。本篇讲话稿主旨突出,层次分明,能够以情感人,以理服人,语言生动形象具有鼓动性。

四、写作实训

4月28号要开运动会,李明作为学生代表发言,需要写一篇六七百字的讲话稿,讲话稿的要求:

(1)观点明确,写出新意。
(2)主题突出,层次分明。
(3)能振奋人心,鼓舞运动员士气。

完成前述写作任务。要求:

(1)讲话稿的种类选择适当,标题写作符合规范。
(2)符合讲话稿的相关写作要求。
(3)材料取舍恰当,主题突出,逻辑清晰,文通字顺。

五、检查与完善

(1)学生结合前述写作规范,自我检查或相互检查。

（2）教师选择学生例文进行点评。
（3）修改、完善前述写作任务。
（4）总结自己完成写作任务的得失。

 **写作实训拓展**

（一）判断题。
1. 讲话稿就是演讲稿。（   ）
2. 在写讲话稿之前，不需要了解听众，可以随便写。（   ）
3. 讲话稿的用语多以书面语为主。（   ）
4. 讲话稿等同于发言稿。（   ）

（二）指出下面讲话稿存在的问题，并作修改。

五四青年节讲话稿

院长×××

（2013年5月4日）

在2013年"五四"青年节到来之际，我们学院全体师生怀着无比喜悦的心情，在这里隆重召开"五四"青年节庆祝大会。首先，我代表全体教师，向同学们表示热烈的祝贺。向今天到会的各位领导表示热烈的欢迎和诚挚的感谢，感谢你们多年来对学校工作的支持，对青年学子的关心。

刚刚过去的一年，是全市上下解放思想，与时俱进，锐意进取，真抓实干，各行各业取得优异成绩、全面建设小康社会实现良好开局的一年。一年来，在上级党委、政府的领导和社会各界友好人士的关心、支持和帮助下，市政府团结和带领全市干部群众，始终坚持把发展作为第一要务，以只争朝夕的精神，认真贯彻落实加快发展的各项措施，战胜了前进中的重重困难，经济快速发展，社会事业全面进步，全市政治稳定，人民安居乐业。

同学们，希望你们记住学校，记住老师、家长的殷切希望，更加努力。大学时代是人生最纯真美好的时代。同学们，愿你们珍惜这美好的大学时光，脚踏实地、拼搏进取，用真才实学振兴我们伟大的祖国！

最后，祝同学们学习进步！节日快乐！

1. 根据讲话稿的写作知识，对照例文，诊断上文存在的问题。
2. 修改写得不符合要求的地方。

（三）写作题。

根据所给材料，拟写一份格式规范、语句通顺的讲话稿。

毕业前夕，王芳和她的同学决定召开一次以"应用写作与职场"为主题的主题班会。假如你是王芳，你能否结合你的专业或实习经历写一篇讲话稿？

任务三 述职报告

 学习目标

【知识目标】

熟悉述职报告的理论知识,了解述职报告和工作总结的区别,明确其在社会实践活动中的重要作用。

【能力目标】

能够将理论知识用于实践,根据实际情况,写作述职报告。

一、写作任务

根据以下材料,起草一份述职报告。

学生的职责主要是学习,请你给班主任及全班同学陈述自己在大学一年级期间的学习、实训、生活等情况,写一篇1500字左右的述职报告。

二、写作任务分析

根据以上材料,作出分析:在写作时,往往将述职报告写成总结。述职报告与工作总结都属于事务性文书,难免会将二者混为一谈。那么如何写述职报告?如何避免把述职报告写成工作总结?这个写作任务主要是为了让学生熟悉并掌握述职报告的用途、格式与写作要求。要想起草一份合格的述职报告,了解述职报告的写作规范至关重要。

三、必备知识和工具箱

为了完成这个写作任务,我们必须掌握述职报告的一些基本知识:述职报告的概念、述职报告的种类、述职报告与总结的区别、述职报告的结构和写法。

工具一:述职报告的含义和特点

(一)述职报告的含义

述职报告是指领导干部根据制度规定或者工作需要,定期或不定期地向组织人事部门、主管领导以及本单位的干部职工,陈述本人或单位在一定时间内履行岗位职责情况的一种文书材料。

述职报告有助于正确考核和评价干部,有利于增进了解,也便于群众民主监督。

(二)述职报告的特点

1. 汇报性

述职报告是领导干部就任职期间的德、能、勤、绩等方面向有关部门及领导、群众作出汇报,接受考核和监督,因此,内容要求实事求是,如实叙说,不夸大成绩,不回避问题。

2. 自述性

自述性是指报告以第一人称回顾自己在任职期间履行岗位职责的情况,对自己作出自我评价、自我鉴定。

(三)述职报告与总结的区别

1. 概念不同

述职报告是指各级各类机关工作人员对履行岗位职责,完成工作任务的成绩、缺点问题、设想,进行自我回顾、评估、鉴定的书面报告。

总结就是把一个时间段的工作进行一次全面系统的总检查、总评价、总分析、总研究,分析成绩、不足、经验等。

2. 目的、作用不同

述职报告和个人工作总结行文的目的和作用是不一样的。

述职报告是群众评议组织、人事部门考核述职干部的重要文字依据,不仅有利于述职者进一步明确职责、总结经验、吸取教训、提高素质、改进工作,还有利于增强民主监督的良好风气。

总结则是为了总结出带有规律性的理性认识,借以指导今后的工作,同时,也有助于针对性地克服工作中存在的问题,不断提高自身的工作能力。

3. 回答的问题不同

述职报告要回答的是有什么职责、履行职责如何、是如何履行职责的、称职与否等问题。既要表述履行职责的结果、展示履行职责的过程,又要介绍履行职责的出发点和思路,还要申述处理问题的依据和理由。

总结是对一项工作或一段时间里的工作给予的归纳,它要回答的是做了哪些工作、有哪些成绩、取得了哪些经验、存在哪些不足、要吸取什么教训、今后有何打算等问题。

4. 结束语不同

述职报告结束时一般在指出存在的问题后,阐述自己的态度,欢迎大家对自己的述职报告进行评议,常用"以上报告请批评指正"、"述职至此,谢谢大家"、"专此报告,请审阅"等字样。

总结结束时,在指出存在问题后,还要写上下一步的工作打算、努力方向及解决问题的措施。

5. 表达方式不同

述职报告采用夹叙夹议的方式,运用叙述和议论,还辅以适当的说明。回顾工作情况,主要用叙述方式;分析问题,评价成绩时,用议论方式;需要交代某些情况时,用说明方式。

总结一般采用叙述的方式,运用叙述语言,语句概括,不要求展示工作过程,只需归纳工作结果。

工具二：述职报告的种类

（一）从时间上分

述职报告有任期述职报告、年度述职报告、阶段述职报告。

（二）从报告主体分

述职报告有个人述职报告、领导班子述职报告。

（三）从内容上分

述职报告有综合性述职报告、专题性述职报告。

工具三：述职报告的基本结构与写法

（一）述职报告的基本结构

述职报告由标题、称谓、正文、结尾语、署名和日期五个部分组成。

1. 标题

述职报告常见的标题写法有"时限＋文种"，如"2013年度述职报告"；或者是"职位＋文种"，如"××院长述职报告"；有时也直接可写"述职报告"四个字做标题。

2. 称谓

称谓是报告者对听众的称呼。称谓要根据会议性质及听众对象而定。如一篇在教职工代表大会上作的述职报告的称谓是："尊敬的各位领导、来宾,全体教职工同志们"。称谓放在标题下一行,居左顶格书写。

3. 正文

正文是核心和主体,主要陈述成绩和自我评价。一般可分四个部分：导语、政绩、问题、方向。

（1）导语。

这部分概述述职者的身份、任职时间、职责、主要政绩和整体评价,让听众对述职者有一个初步的了解。

（2）政绩。

这部分主要陈述任职期间履行岗位职责的情况,取得什么政绩、有何改革、有何创新以及自我评价。由于职位不同,任职时间有长有短,分管的范围有大有小,因此,这部分要精心布局。一般采用纵式或横式结构。可以用小标题或用标号分段,分几个部分有重点地陈述,采用夹叙夹议的方式,将成绩和评价有机融合在一起。这样既能突出重点,又能条分缕析,层次分明。

（3）问题。

在述职报告中,一般都要简述存在的问题。因为做工作不可能尽善尽美,总有这样或那样的问题。因此,述职者必须一分为二、实事求是地加以陈述,并简要分析原因,从中找

出教训,力求简明扼要、客观公正。

(4)方向。

述职者陈述今后的努力方向,即有何设想、有何打算、有何意见、有何措施、有何展望等。要求简洁明了。

4. 结尾语

一般用"以上述职,请批阅"、"以上述职,请审阅"作为结尾语。

5. 署名和日期

其写在正文的右下方。有些述职报告署名放在标题下面。

工具四:述职报告的写作要求

(一)内容客观,态度端正

述职者要客观陈述履行职责的情况,既要讲成绩,又要讲失误;既要讲优点,又要讲不足。要认真回顾,全面总结,客观分析。

(二)重点突出,写出个性

述职者对全局性的重要工作,对有创造性、开拓性的特色工作重点着笔,力求详尽具体;对日常性、一般性、事务性的工作表述要尽量简洁。述职报告要突出个性特点,展示述职者的个人的风格和魄力,切忌千人一面,千篇一律。

 例文评析

【例文1】

述职报告

尊敬的学校领导、老师们:

我于2011年9月1日到教务处工作,并被聘任为教务处长,至今已经整整两年。任职期间,我努力用一个共产党员的标准和处长的职责严格要求自己。重视邓小平理论和"三个代表"重要思想,深入践行科学发展观。注重高等教育教学管理知识方面的学习,使自己的政策理论水平有了明显提高,对深化教育教学改革、面向新世纪的高等教育思想和教育观念有了新的认识。在注重提高自身素质的同时,积极创造条件,采取多种方式,在本部门逐步形成讲学习、讲团结、讲正气的氛围。

工作方面。两年来,我除了做好日常的教学管理工作以外,带领全处人员比较顺利地完成了以下几项有影响的工作。

一、高职院校教学水平评估工作。在全院支持配合下,迎评工作小组加班加点,持续奋战三个月,完成了3万字的自评报告、10万字的自评报告分项附件、23卷背景材料和25块评估展板。该工作得到了教育部评估专家的一致好评,受到学院的表彰。

二、学院自评过程中,在原工作的基础上组织完成了30门课程大纲和35门课程题库的建设,筹备召开了院专业建设工作会议。评估结束后于2012年12月20日拿出院高职课程教学整改意见。

三、试行全学分制。2013年4月以来做了大量的调研论证等筹备工作,制定出《学分制学籍管理试行办法》《学分制课程修读办法》等,建立了计算机选课系统,比较顺利地在会计系2012级试行了全学分制,在调动教与学两个方面的积极性上产生了积极效应。

四、在坚持"听、评、帮、奖"教学检查评比的基础上,本学期组织了中青年教师课堂教学基本功大赛,在全院教师中产生了较大的影响,对提高我院教学质量起到一定的促进作用。

五、争取到100万元专项资金,2012年3月筹建机房,配置了微机管理设备。现在排课、选课、成绩、学籍、招生以及各种等级考试管理等工作全部实现了微机化。

六、加强教务处的岗位管理,制定了处内岗位职责范围,严格考勤、考绩,推行奖优罚劣制度,逐渐形成了一支凝聚力较强的教学管理队伍。

……

在担任教务处长以后,我还继续讲授高职生的经济法课程达250学时。科研方面,由于行政工作占用时间较多,出成果受到一定影响。如由自己牵头编撰的《经济法概论》教材,仅撰稿10万余字,发表论文3篇。

工作中存在的问题是:教务处日常管理工作还不够规范,与其他相关部门的工作协调关系还需进一步做好。今后要进一步开拓创新,不断深化教育教学改革,争取带出一支高素质、高水平的教学管理队伍。

以上述职,请批阅。

教务处:×××
2013年9月5日

例文简评:这是一篇任期述职报告。正文开头简要评价自己任职两年来的工作业绩,并作出总评价。主体从迎接高职院校教学水平评估、试行全学分制、组织中青年教师课堂教学基本功大赛等六个方面陈述自己任职期间所开展的工作及取得的成绩,有特色,有重点,条理清晰,内容具体、实在,注重用材料说话。结尾分析存在不足,指出今后努力的方向。

【例文2】

2012年度班长述职报告

2012级市场营销1班班长 ×××

尊敬的各位领导,老师,同学们:

大家早上好!

时光荏苒,岁月如梭。转眼间我们已经从懵懂的大一新生步入大二这个行列。回顾这一年,让我刻骨铭心。我很荣幸能够有机会站在这里向大家汇报我一年以来的工作。

回忆起一年前刚到这个班级,我们很幸运地遇到了一个懂我们的好班主任——李老师。在班级第一次班会中,李老师就为我们量身订制了一个目标——创建特色学习型班级。在此班会以后,我的一系列工作都是以这个目标为中心而展开的。下面就具体汇报一下一年以来我班创建的学习特色和取得的成绩。

一、英语演讲比赛成功举办

英语演讲比赛成功举办,是我们向特色学习型班级迈出的第一步。2012年冬天,我班和营销2班在一起成功举办了第一次英语演讲比赛。在此次活动过程中,同学们踊跃参加,精心挑选适合自己的文章,利用课余时间勤加练习,不断向老师请教。辅导员王××老师为了鼓励大家,还准备了丰厚的奖品。在此,我代表所有参赛的同学向王老师致以深深的感谢。此次活动的开展,充分展示了大家的才能,同时还增加了同学们对学习英语的兴趣和信心,为进一步备考英语四级营造了浓厚的学习氛围。

二、重视英语学习,四级成绩初见成效

高度重视英语学习,逐步掌握方法,四级成绩初见成效。在大学刚来的时候,班主任李老师就为我们讲解了英语四级证书的重要性,并鼓励我们积极学习英语。于是我班在开学伊始就制定了自己的四级复习计划,并有条不紊地一步步实施。在大一下学期,我班有15人报名参加了英语四级考试,其中9人顺利通过,通过率达到了60%,这一喜人的成绩,让我们一班的每一个人都倍感骄傲!

三、提高学习效率,创造积极的学习氛围

提高晚自习效率,贯彻过程管理,创造积极的学习氛围。每学期最紧张的时期莫过于期末复习备考。为了带动全班同学共同学习,共同进步,在期末备考期间,我制订了详细的复习计划,将全班32人平均分成4组,并选出组长帮助和督促组员学习,形成了组内互助、组与组间竞争的学习风气。与此同时,为了提高晚自习效率,我班还延长晚自习时间至两个半小时,营造了一个良好的学习氛围。在期末考试中,班级有着良好的考风,经过全班的一起努力,最终在期末考试中取得了优异的成绩,特色型学习班级初步形成。

四、全班齐努力,共创和谐班级

我班是一个团结的集体,在学习好的同学的带动下,全班同学你追我赶,互相促进,共同进步,在班里尖子生成绩突出,高分同学形成良性竞争。强带弱,互相促进,共创和谐班级。经过同学们一年不懈的努力,班级在本学年取得了惊人的成绩。参与奖学金评定人数共9人,占学部总人数的18%。其中获一等奖学金1人,二等奖学金2人,三等奖学金2人,进步奖4人。这样的成绩,让我坚定了一个信念,我会更加努力,积极倡导这种优良的学习风气,带动全班同学共同奋进,去创造下一个属于我们营销一班的辉煌。

随着大二新学期的开始,又一轮四级备考正在进行,我班再次制订了特色复习计划,晨读计划已经展开,其他计划也在紧张有序地一步步落实。我班本学期的目标就是全班四级通过率超过 50%,期末达到零挂科。我相信,在我们班委的共同带领下,班级的学习情况会更上一个新的台阶。请学部领导耐心等待我班下一个在学业上的佳音!

以上述职,请审阅。

×××
2013 年 6 月 5 日

例文简评:这则述职报告的标题采用了"时限+职务+文种"的写法,醒目简洁。称谓和问候语也很得体。正文紧密围绕班长本职工作阐述,材料具体翔实,有较强的说服力。

四、写作实训

请根据自己所任学生干部或其他职位写一份格式规范的述职报告。

完成前述写作任务。要求:

(1)述职报告的标题写作符合规范。

(2)符合述职报告的相关写作要求。

(3)材料取舍恰当,主题突出,逻辑清晰,文通字顺。

五、检查与完善

(1)学生结合前述写作规范,自我检查或相互检查。

(2)教师选择学生例文进行点评。

(3)修改、完善前述写作任务。

(4)总结自己完成写作任务的得失。

写作实训拓展

(一)判断题。

1. 述职报告就是陈述自己任职期间履行岗位职责的情况。　　　　(　　)

2. 述职报告不必突出个人特点。　　　　　　　　　　　　　　　(　　)

3. 述职报告的特点之一是具有汇报性。　　　　　　　　　　　　(　　)

4. 述职报告可以突出成绩,不讲存在问题。　　　　　　　　　　(　　)

5. 述职报告有时可以使用第三人称进行述职。　　　　　　　　　(　　)

(二)指出下面这则述职报告存在的问题,并作修改。

述职报告

现在,我把自己一年多来的思想工作情况作一汇报,请予审议。本人自 2008 年 1 月以来担任本公司总经理……

一、履行职责情况

1. 抓员工思想教育,增强企业凝聚力,塑造企业形象。……

2. 抓管理建章立制,争创一流。……

3. 参与新产品 KS-2 型机的研制。……

二、思想作风情况

1. 理论学习。(略)

2. 业务学习。(略)

述职人:赵××
××××年××月××日

(三)写作题。

根据所给材料,拟写一份格式规范、语句通顺的述职报告。

针对自己在班级和学校的学习和表现,模拟述职报告的形式和写法,写一篇述职报告。

任务四　竞聘辞

 学习目标

【知识目标】

熟悉竞聘辞的理论知识,了解竞聘辞的写作技巧,明确其在社会实践活动中的重要作用。

【能力目标】

能够将理论知识用于实践,根据实际情况,写作各类竞聘辞。

一、写作任务

根据以下材料,起草一份竞聘辞。

王芳是 2012 级会计电算化专业的一名学生,在班里担任班长一职。近期校学生会要在全校范围内公开选聘学生会主席,王芳有意竞争这个职位。请你代替王芳同学写一份竞选学生会主席的竞聘辞。

二、写作任务分析

根据以上材料,作出分析:机会是留给有准备的人,当它来临时要紧紧抓住,通过这个机会充分展示自己的才华,彻底释放自己的能量,只有做好竞聘的充分准备,才能抓住机会。竞聘辞是竞聘成功的前提,只有写好竞聘辞,才能在竞聘中合理表达个人意愿,展示个人才华,谋求实现个人的理想与抱负,能够向公众"推销"自我、展示自我,得到公众的

赞赏和认同，从而取得竞聘的成功。这个写作任务主要是为了让学生熟悉并掌握竞聘辞的用途、格式与写作要求。要想起草一份合格的竞聘辞，了解竞聘辞文体的写作规范至关重要。

三、必备知识和工具箱

为了完成这个写作任务，我们必须掌握竞聘辞的一些基本知识：竞聘辞的概念、种类、结构和写法。

工具一：竞聘辞的含义和特点

（一）竞聘辞的含义

竞聘辞，又叫竞聘演讲稿，或叫竞聘讲话稿。它是竞聘者为了实现竞争上岗、展露自我具有足够的应聘条件的讲演稿。它是为通过自由竞争形式达到被聘用之目的而写作的应用文体，是竞聘演讲的书面文字材料。

（二）竞聘辞的特点

1. 目标的明确性

一般说来，在竞聘演讲时，竞聘者向评审人员及听众一要讲清自己的应聘条件，突出自己的优势，并且这种优势足以完成应承担的职务和工作；二要回答"若在其位，如何谋其政"。要在有限的答辩时间内完成上述工作，演讲的总体内容应始终围绕一个目标——岗位职务工作进行，做到目标明确，语不离宗，不可开口千言，离题万里。

2. 内容的竞争性

竞聘演讲的全过程其实是候选人之间就未来推行的施政目标、施政构想、施政方案进行比较与选择的过程。竞聘除了基本素质条件之外，实际上更重要的是施政目标与施政措施的竞争。写作时应在此处压倒对方，只有具备了明确、先进的施政目标，且有切实可行的施政措施来保证，才会取得竞争的成功。

3. 演讲的技巧性

竞聘演讲是演讲的一种，也存在演讲技巧问题。它除了要求演讲者具备良好的心理素质和较强的语言表达能力外，还应当充分考虑竞争对手、听众的心态、临场状况等多种因素，用据理力争的方式，巧妙地说明"他不行，我行"，或"他行，我更行"。当然自我推销要有艺术性，切忌为了竞争而贬低对手，所遵循的原则是"唯真唯实，具体可信"。

工具二：竞聘辞的基本结构与写法

竞聘演讲由于要考虑多种临场因素与竞争对象，它的结构必须灵活多样，但就其基本内容而言，一般由三个部分组成，即标题、称谓、正文，关键在于正文部分。就正文部分而言，主要包括开头、主体、结尾三个部分。

（一）标题

竞聘演讲辞的标题有三种写法。一种是文种标题法，即只标"竞聘演讲辞"；一种是公文标题法,由竞聘人和文种构成或竞聘职务和文种构成,如《关于竞选学生会主席的演讲》;还有一种是文章标题法,可用单行标题拟制,也可采用正副标题形式,如:《扬起自信的风帆——在远帆文学社竞选大会上的演讲》。

(二)称谓

即对评委或听众的称呼。如"尊敬的评委、同志们、朋友们"或"尊敬的评委、女士们、先生们、朋友们"等,视具体情况而定,一般用"各位评委""各位听众"即可。

(三)正文

这是全文的重点和核心,应围绕以下几个方面展开。

1. 开头

开门见山地叙述自己竞聘的职务和竞聘的缘由,应自然真切、干净利落。

2. 主体

先介绍个人简历。简要地介绍自己的情况:年龄、政治面貌、学历、现任职务等一些自然情况。再摆出自己优于他人的竞聘条件,如政治素质、业务水平、工作能力等。最后提出自己任职后的施政目标、施政构想、施政措施。

3. 结尾

用最简洁的话语表明自己竞聘的决心、信心和请求。

工具三:竞聘辞的写作要求

(一)实事求是,明确具体

竞聘演讲其实就是"毛遂自荐"。自荐,当然应该将自己优良的方面展示出来,让他人了解自己。但要注意的是,在"展示"时,态度要真诚老实,有一分能耐说一分能耐,不能为了自荐成功而说大话、说谎话。

(二)调查研究,有的放矢

竞聘演讲是针对某一岗位而展开的,因此,写作前必须了解竞聘岗位的情况,尤其对于当前存在的焦点、难点问题及其存在的根本原因要问清查透,力争找到解决问题的最佳途径,以便在演讲时击中要害,战胜对手。

(三)谦虚诚恳,平和礼貌

竞聘者是通过答辩实现被聘用目的的,只有给人以谦虚诚恳、平和礼貌的感觉,才能被认可和接受。评审人员及与会者是不会接受狂妄傲慢、目中无人的竞聘者并委以重任的。所以,竞聘演讲辞十分讲究语言的分寸,表述既要生动、有风采、打动人心,同时又要谦诚可信、情感真挚。

 例文评析

【例文1】

关于竞选学生会主席的演讲

尊敬的评委、老师,亲爱的同学们:

大家早上好!

我是会计系2012级会计电算化班的王芳。很高兴能站在这个讲台上参加院学生会主席竞选。在这里,我首先要感谢学院为我们提供了这么一个展示自我的舞台,让我们有机会站在这里,接受组织的考验和大家的选择;其次感谢在座的各位领导、老师和同学们,你们的到来就是对我最大的支持和信任!

我性格开朗活泼,兴趣爱好广泛,有着多年的班干部经验。

曾经听过这样一句话:"既然是花,就要开放;既然是树,就要长成栋梁;既然是石头,就要铺成大路。"那么,作为一名学生干部,就应该成为一名出色的领航员!我有足够的自信与能力来胜任这个职务。

首先,我有足够的工作热情。在任2012级会计电算化1班的班长期间,我主持并协办了20多项班级特色活动,获得老师和同学们的好评。一名好的学生干部最首要的就是要有工作热情。热情是工作的原动力,拥有了热情才能主动服务于同学,才能成为同学的朋友,进而成为老师的助手。

其次,我深知团队合作及民主决议的重要性。一座大厦不可能只有一根柱子来支撑。正如马克思、恩格斯所说:只有在集体中,人才能获得全面发展才能的机会。我担任班干部以来,一直注重发挥团队合作精神,重大事情大家出谋划策,共同商量决定。坚信团结就是力量。

再次,我具备了一定的组织管理、协调和宣传等方面的能力。大学两年间,我主要负责班级各项工作,此外我还主动协助其他班干部做好班级其他事务。如今,我兼任学院第三学生党支部的副书记。两年间,我曾多次成功地组织过学院大型活动,如"2013年迎新活动"、"学院主持人大赛"等活动。所有这些,培养了我较强的办事能力和组织协调管理能力,培养了我驾驭复杂局面和把握大局的应变能力。

最后,我能吃苦耐劳,有强烈的责任心。凡事以大局为重,一切以集体利益为主,这是我一贯所主张的。勤学苦干、适应性强,做事有责任心,与同学友好相处,正是我的优势所在。

以上这些,正是造就一个出色的学生会主席所需要的。我深信,一切真知的产生都是来源于成功的实践。学生会的核心是学生,学生会主席就应该是一名领航员。只有组织好学生会,管理和协调好学生会各个部门的工作,做好学院、老师、同学之间的沟通桥梁,才能真正做到服务于广大同学。

假如我担任学生会主席，未来工作的开展将从以下几方面入手。

第一，把握全局，加强学生会团队建设，树立一个良好的组织形象。一个组织的强大同其内部组员良好的个人素质、完善的协调合作是分不开的。首先，将提高各个部门成员的综合素质与能力。学生会的成员必须有过硬的组织策划能力，能够具有独当一面的气魄。其次，加强团队成员要有礼节训练。团队中讲究合理的礼节是一个部门综合素质与精神状态的良好体现。各部门成员要有顾全大局的意识，注重加强团队的建设，接受广大同学的监督，处事做到团结一致，同舟共济。

第二，加强学生会干部与同学间的联系。由于我院人数众多，居住分散，作为学生干部应深入学生，收集信息，并及时反馈信息，把握学生的最新思想和动态，了解学生的想法，确保更好地服务于学生。

第三，加强与兄弟院系乃至社会组织的联系与交流，以便探索社会活动新思想、新理念，营造一个最佳学习氛围，促进我院学生会工作的顺利开展。校园活动要向创新性、多样性发展。组建各类社团，以社团为载体，组织各项活动。

假如我有幸竞选成功，我将首先抓好文化专业知识的学习，不辱一名当代大学生的使命；其次在老师和同学地指导帮助下，认真履行自己的职责，踏踏实实地做好每一项工作。拿破仑的那句话"不想成为将军的士兵不是好士兵"在激励着我斗胆一试。我也想说，请你们给我一个平台，我将不辜负你们的信任和期望，当好你们的领航员。

谢谢大家！

王芳

2014年3月2日

例文简评：这是一篇极富感染力的竞聘辞。行文层次清晰，条理分明。文章一开头就饱含激情，加深听众对自己的印象。主体部分有层次地介绍了自己竞聘的四大优势、对学生会工作的深刻认识，最后阐明了自己施政的打算和设想。全文重点突出，有具体的事例，内容真实可信；文中多处运用名人名言，使语言既简洁，又包含哲理，很好地表达了自己的意愿。

【例文2】

竞聘办公室副主任演讲稿

××××农信银行　××

各位领导、各位同事：

大家好！

记得美国著名政治家富兰克林有句名言："推动你的事业，而不要让你的事业推动你。"今天，我正是为继续推动我无比热爱的农行事业而来的。

经过慎重考虑，我竞聘的岗位是：市分行办公室副主任岗位。理由如下。

第一，年龄优势给我带来了充分的自信。我今年38岁，有健康的体魄、充沛的精力；有年轻人特有的朝气与投入工作的激情；有只做不说的性格、雷厉风行的作风；有无私无畏的风骨、敢抓敢管的魄力。

第二，比较丰富的工作经历使我不断成熟。我在基层工作过8年，先后从事过出纳、农业信贷、工商信贷、代理发行业务、信用合作辅导以及内勤主任等业务工作。在支行纪检监察室、保卫股、办公室从事过5年的文字综合与综合管理工作，并担任过3年支行办公室主任和5年团总支书记。2006年9月调至市分行办公室从事通讯报道、文字综合工作至今。15年的工作时间，相对于在座的资深的各位领导、各位同事来说是微不足道的，但对于一个从山村走向城市、从基层走向市分行机关的我来说，是组织的培养、领导的关爱以及同事们的关心与帮助的结果。

第三，工作中取得的成绩使我进一步坚定了做好工作的决心。我已拥有金融专业的大专文凭，自学了文秘专、本科全部17门课程。同时，参加了中国作家协会鲁迅文学院一年的函授学习。先后在各级报刊发表各类文章1500余篇，获奖作品达数十篇。撰写的各类调研文章和文字材料、领导报告不下600篇，其中有的得到中央、省市有关部门和总行、省分行有关领导的关注、批示，有的为推动全行各个时期的工作发挥了较大的作用。所从事的通讯报道与文字综合工作连续3年获得了全省第二名的好成绩。多次被省市分行、总行报社评为先进个人和优秀通讯员。多次被市行机关党委评委优秀共产党员、先进工作者。

第四，多年的综合管理工作锻炼了我的组织协调能力。（略）

扪心自问，我也存在一些不足之处。一是工作的预见性还不够。二是创新能力不是很强。这些都有待于自己在以后的工作中加以克服、解决。

有人说办公室工作十分清苦，但我要说办公室工作是一首歌，只要你细心耕耘、精心谱曲，照样能苦中取乐，弹奏出精彩的乐章！如果我这次竞聘成功，我的工作目标是：以为争位，以位促为，真正使办公室工作在全行有为有位，在农行改革与发展中有所作为。为此，我决心做到：

（一）找准定位，以为争位。（略）

（二）转换角色，以为促为。（略）

（三）勤奋工作，有为有位。（略）

古人言："不可以一时之得意，而自夸其能；亦不可以一时之失意，而自堕其志。"坦诚地说，我关注竞聘结果，渴望成功。但我更重视参与的过程，参与的过程有时可能比结果更为重要。我想我既然是为了推动我的事业而来，那么，无论竞聘成功与否，都不会改变我对党的忠诚，不会改变我对农行事业的执著，更不会改变我对在座各位的尊重与热爱。

给我一次机会，我将还您十分精彩！这就是我永恒不变的信念和这次竞聘的诺言。

例文简评：这篇竞聘辞开头直接点明竞聘的目的，而且谦虚得体。这篇竞聘辞由于是在银行内部竞聘，因此对优势与成绩的阐述，简单而有又不乏说服力，给听众留下不炫耀、

301

不浮夸的好印象;其次,对今后工作角色的设想体现出务实的态度和求实的精神,颇具感染力和说服力。

四、写作实训

完成前述写作任务。要求:
(1)以上竞聘辞,你认为写得怎么样?怎样使它的效果更好?
(2)符合竞聘辞的相关写作要求。
(3)材料取舍恰当,主题突出,逻辑清晰,文通字顺。

五、检查与完善

(1)学生结合前述写作规范,自我检查或相互检查。
(2)教师选择学生例文进行点评。
(3)修改、完善前述写作任务。
(4)总结自己完成写作任务的得失。

写作实训拓展

(一)判断题。
1.竞聘辞写作时,应尽可能表现自己的谦虚谨慎。   （ ）
2.竞聘辞的内容,主要是夸大自己的优势和能力,以引起别人的兴趣和注意。（ ）
3.竞聘辞在介绍自己的能力和优势时要有的放矢,切不可偏离所竞聘的职位和所要求的条件。   （ ）
4.竞聘辞一定要扣住所求的职位来写,不能夸夸其谈。   （ ）
5.竞聘辞写作时,有一个突出的特点就是具有强烈的竞争性。   （ ）

(二)指出下面列竞聘辞存在的问题,并作修改。

竞聘辞

各位评委、各位同事:

大家好!

善抓机遇,敢于迎接挑战是现代人应有的素质和精神,参与改革,与行同步,与时俱进是建行每位员工的责任。时代要求和责任使命使我今天站在了这里。

我××年毕业于××银行学校,××年取得本科学历,系统的学习奠定了我坚实的理论基础。

8年人民银行会计,3年信托公司财务会计,5年银行储蓄,使我积累了丰富的工作经验,练就了过硬全面的业务技能。

几十次业务比赛奖励,一次一次被评为"先进工作者",尤其是省人民银行业务全能挑战比赛能手及证书和××市"金融女标兵"荣誉证书的获得证明了我的工作能力和职业道德。

所有这些带给我自信,增添我勇气。

分理处副主任岗位,权力不大责任重,任务具体又繁杂。做好这一岗位需要有高度的事业心和责任心,具体要做好五个字:细、勤、灵、严、和。细——细致周到;勤——勤勤恳恳;灵——灵活机敏;严——验收制度;和——团队协作。

如果我竞聘成功,我的工作思路是:

一、进一步提高效率,优化服务,留住顾客。

二、协助主任,强化公关宣传,增加顾客。

三、融洽上下,搞好协作,构筑团队。

四、善于学习,积极探索,创新提高。

谢谢大家!

×××

××年×月×日

(三)写作题。

写一份竞聘班干部或学生会干部的竞聘辞。

项目六 科 研

任务一 实习报告

 学习目标

【知识目标】

熟悉写作实习报告的基本理论知识,掌握实习报告的基本结构和写作要求。

【能力目标】

能够将理论知识用于实践,根据实际情况,写作不同岗位的实习报告。

一、写作任务

杨磊是××大学会计专业2012级学生。他在毕业实习期间,到了一个新成立不久的小企业担任财务助理。他的工作内容包括审核财务单据、整理档案、管理发票,协助做一些预算分析,起草处理财务相关资料和文件等工作。虽然每天工作很繁忙,但因为与自己的专业对口,能够得到很好的锻炼,所以杨磊工作非常认真,得到了企业的好评。实习结束后,杨磊需要撰写一份实习报告,交到学校。请你代杨磊起草一份准确、规范的毕业实习报告。

二、写作任务分析

上述写作任务需要将写作实习报告的基本理论知识与其在实习期间的工作实际相结合。

三、必备知识和工具箱

为了完成这个写作任务,我们必须首先掌握写作实习报告的一些基本知识:实习报告的含义、作用、结构及写法。

工具一：实习报告的含义和作用

（一）含义

实习报告是学生在某项实习活动中，把实习目的、实习时间、实习地点、实习单位和部门、实习过程、实习体会和收获等，用简洁的语言写成的书面报告，是完全根据自己的实习经历所撰写的。

（二）作用

实习是教学过程中理论联系实际的重要环节，是培养应用型人才必要的基础训练和从业、创业的适应阶段，而实习报告的撰写又是知识系统化的吸收和升华过程，要体现学生掌握专业必备的基础理论和专业知识以及从事本专业实际工作的基本技能和初步能力的综合运用，受到初步的实际工作技能的训练。因此，实习报告应该体现完整性、规范性、正确性、有效性。

工具二：实习报告的基本结构与写法

实习报告大致由以下几个部分组成。

1. 前置部分：包括封面和目录

（1）封面的内容：学校、系、专业和学生姓名、实习报告题目等，题目要求反映出实习的内容或实习单位。

（2）目录：用以反映实习报告的结构和主要内容，也可以省略。

2. 主体部分：实习报告正文

引言或绪言应主要介绍实习期的情况，包括本次实习的目的、意义、要求等，应当简明扼要。

正文是实习报告的核心部分，占主要篇幅，可按实习大纲要求，把掌握的材料分章分节地写出来。包含以下4个方面。

（1）实习目的：言简意赅，点明主题。

（2）实习单位及岗位介绍：扼要介绍接受实习单位的情况，如当前的规模和特点、过去的建设情况、今后的规划等；要求详略得当、重点突出，重点应放在实习岗位的介绍。

（3）实习内容及过程：这是重点，要求内容翔实、层次清楚；侧重实际动手能力和技能的培养、锻炼和提高，但切忌日记式或记账式的简单罗列。

（4）实习总结及体会：对接受实习单位工作的新建议与设想；在本次实习中的思想收获与心得体会；对为本次实习提供条件、给予帮助的单位与个人致谢辞。

这部分是精华，要求条理清楚、逻辑性强；着重写出对实习内容的总结、体会和感受，特别是自己所学的专业理论与实践的差距和今后应努力的方向。

整体实习报告的内容必须与所学专业内容相关。

3. 附件部分

实习鉴定由实习单位签章，作为附件放到正文后面。

工具三：实习报告的写作要求

（1）要具备四要素：实习时间、实习地点（单位名称）、实习目的和实习内容，其中后两者是实习报告的主要内容。

（2）要全面系统：对实习单位（企业）的生产方法、规模、组织、管理要说明，对它的过去情况、未来计划等也要介绍，材料可能较多，要精心组织，全面系统地给予反映。

（3）重点突出：对实习大纲要求的主要内容，一定要详细地记述，该列表的列表，该画图的画图，一定要把丰富的、复杂的事物，清楚详尽地表示出来，特别是一些重要数据，要尽量列举出来。

（4）内容必须实事求是，客观真实，准确完备，合乎逻辑，层次分明，语言流畅，结构严谨，书写工整，符合学科及专业的有关要求。

（5）实习报告不仅看其内容及其质量，报告的外在形式也是很重要的，封面的设计、排版形式、数据运用、图表设计等都有相应的规范要求。

例文评析

【例文】

会计电算化实习报告

（××学院会计电算化专业学生实习报告）

大三学期末，我们开始了期待已久的会计实务模拟实习。由于今年实习的时间比较紧张，我担心因为业务不熟练而完不成任务，不过紧张的实习还是来临了！

一、手工实习

（一）手工实习的工具

凭证，总账，活页账页，凭证粘贴单，科目汇总表及附表科目印章，账夹，印泥，红笔，尺子等。

我们的实习采取一人多岗制，即一个人负责总账的录入、成本费用的核算、存货固定资产的录入、填制凭证的工作。面对这么多与会计工作真实相关的用具，很是兴奋，终于要将所学与实务结合起来了！

（二）实习任务

对新华机电配件股份有限公司2008年1月的业务进行会计处理。

（三）操作流程

1. 整理账页。将现金日记账、银行存款日记账（这里需要注意的是，实际工作中，库存现金日记账和银行存款日记账是订本式的，因为实习的业务量少，我们用的是活页的），应交税费——应缴增值税明细和三栏明细账装订在一个账夹内；将成本费用的多栏明细账订在一个账夹中；将存货和固定资产的数量金额式明细账订在一个账夹内。

2. 录入期初余额。按照实习的资料，录完余额，要将总账和明细账进行账账核对，确保期初借贷平衡。

3. 进行日常业务的会计凭证填制，登记明细账。在制凭证的时候要认真，由于开始录入凭证，对数字和凭证格式不是很熟悉，经常会出现数字录错，所以细心是会计人员的基本素质。当然，这样的工作多了，会对数字更敏感，出错也自然会少了。并且，在材料入库时，本次实习采用的是计划成本法记账的方法：首先要根据业务的发生，取得原始凭证，将其登记记账凭证，并且将原始凭证粘贴于凭证粘贴单，一起附于记账凭证后。在出售商品的业务时，不必粘贴产品出库单，产品出库单要在期末结转成本的时候进行粘贴和作为结转的依据。增值税抵扣联也不必粘贴，待期末到税务机关进行缴税和税务抵扣时使用。然后，根据记账凭证，登记其明细账，这里要注意的是，与实务不同，由于我们实习的主要任务是熟悉流程和方法，所以是以 15 日为界，每制完 15 天的业务后登明细账和总账。

4. 进行科目汇总附表的试算平衡。当录入完凭证，就应该进行试算，附表的试算是为了填制科目汇总表更准确，检查借贷平衡。将业务发生额分笔登记附表，进行各科目的借贷方发生额总计。确保无误后，方可进行科目汇总表的填写。实习中，我们以 1 月 15 日作为分界，对 15 日之前和 30 日之前的业务进行了两次汇总，又在月末的时候对 31 日前的总业务进行了汇总。

5. 登记总账。科目汇总结束后，将 1～15 日的汇总登记总账。

6. 继续进行 16 日后的业务。

7. 期末结转成本费用。相对于 1～30 日的工作，31 日的凭证是复杂了点，要自己算成本费用的分配，这就用到了我们学过的成本会计的知识。由于成本会计学习的不扎实和工作量较大的原因，这里的工作进行了 2 天。实习中，涉及成本分摊运用的是成本会计中直接分配的方法，应付职工薪酬各项目的计算、费用的结转都是按照工时进行分配和计算。

（四）小结

此次实习，我了解了真实工作中的流程，解开了我长久以来对会计工作到底要做什么的疑惑，并且懂得了会计工作的要义，那就是细心和耐心。在实习中，起初面对麻烦的数字和不停出错很是烦闷，恐惧于未来的工作，但是熟练并且耐心之后，做账开始得心应手，庆幸自己没有放弃。梁启超说过：凡职业都具有趣味的，只要你肯干下去，趣味自然会发生。在老师和同学的帮助下，我的手工实习最终顺利完成了，虽然账页上有一些我不满意的瑕疵，但是，我成长了，我的会计生涯也将会在我自信满满的实习中开始并成功地继续！

在实习期间，我参加了注册会计师财务管理学习班。在学习班，我结识了一些已经工作的前辈，有一位竟是校友。她告诉我，经过这样的模拟实习会让新手在真实的工作中更容易进入角色和团队。说起模拟实习，她至今还感谢学校有这样的课程设置。

她还告诉我,现在的工作都是电算化,会计工作量要比从前少,也轻松。她的话提高了我对电算化实习的重视。

二、会计电算化实习

我们对于会计电算化的实习并不陌生,在大三开始认识实习的时候,我们就已经用电算进行过简单的实习了。但是当时的会计知识掌握得还不全面,没有深刻理解一些业务的真实含义和处理方法。这次的会计电算化使用的是"用友财务软件。"由于实习的业务已经在文本操作中完成了,又将这些业务在电算中再次进行操作,不但加深了对业务的认识,也更有利于电算化的进行。

(一)实习任务

对新华机电配件股份有限公司2013年1月的业务进行电算化会计处理。

(二)操作流程

1. 建账套。登陆系统管理,在"账套"选项中选择"建立"选项,点击"建立新账套",将企业基本信息进行录入,在"设置权限"选项中选择"权限"选项,将资料给定的人员权限进行设置。这样,账套的建立工作就完成了。

2. 基础信息设置。登录企业门户,注意登陆日期的设置和账套的选择及登陆人员的权限。在基础设置中,将往来单位选项中的客户及供应商分类和档案,收付结算以及财务选项中的会计科目(由于实习使用的电算是旧会计准则版本,所以要录入新的会计准则的科目代码和会计科目),凭证类别进行基本信息的设置,并且在编辑中选择指定科目,指定现金流量科目:银行存款,库存现金,其他应收款。

3. 总账初始化。进行期初余额录入。

4. 固定资产初始化。注意,在总账和固定资产初始化时,企业门户的登陆日期应为2013-01-01。总账期初余额录入完成后,一定要试算平衡,保证以后的业务在正确的基础上进行。

5. 凭证录入。凭证录入的过程要细心,作为电算的计算基础,如果凭证错了,在以后进行其他工作时就十分麻烦了!这里要注意的是固定资产的计提折旧和处置,要以业务发生的当日登录企业门户,进入固定资产处置。

6. 汇总。1~15日的业务完成后,要先进行第一次汇总,其功能和作用如手工账一样,但要简便得多,只要在总账——凭证中点击科目汇总,选定范围即可产生科目汇总表,核对是否平衡。保险起见,可以对账,通过电脑自动核对,提示是否平衡。这里要特别注意的是,此次实习是一人多岗,在电算中也同样,在进行不同职能的时候要注意权限的限制、身份的切换。

7. 16~30日的业务。输入凭证、汇总、注意事项同1~15日。

8. 期末结转。1~30日的业务完成后,可以进行31日的业务了,即期末的结转:出售产品的成本结转,期间费用和制造费用的分配和结转。在此要注意的是,在期间损益结转时,在结转定义中将对方科目设置为本年利润,系统自动将结转科目生成。继而进行损益的结转,在结转损益选项中,双击将所得税费用除去,生成凭证,检查无误即可。

9. 期末对账，记账。对账平衡后，进行记账。

10. 会计报表的制作。正常的情况下，UFO 报表是自动生成的，但是由于实习系统使用的是旧的会计科目和科目代码，所以要在建立模板后进行项目和公式的修改，这样更有利于我们对各科目间的关系进行深刻的理解，对手工账的编制也会有思路上的帮助。这里要注意的是，资产负债表借贷要平衡；如果在制作现金银行存款凭证时没有指定科目的，在制作现金流量表之前要先在总账现金流量凭证中进行科目的指定，将各项资金的用处指定后，在制作现金流量表时，输入公式即会出现数值。

11. 对账，结账。三个报表制作正确后，即可进行对账和结账了。对账会提示是否平衡。平衡后，就可以进行结账了。结账时要先将固定资产结账，总账才能进行结账。在结账时，选择结账期间后，点击结账就开始了对账。核对正确后，系统会给你个笑脸，结账也完成了，这次的电算化实习也才是一个完满的结束，你也会给自己一个笑脸。

三、实习体会

实习结束了，但是作为一个财务专业的学生，财务的生涯也从实习开始了。实习使我头痛过，但给我带来的更多是快乐和满足。通过实习，我知道了我的工作是怎样的概念，我应该寻找的人生方向。通过这次实习，一切开始明朗起来，我知道了学的知识如何运用，并且通过操作，我更深刻地理解了学习时一些懵懂的知识点。尽管实习期间，出错和时间的压力时而让我想放弃这样的工作，但最终我成功地完成了它，取代之前烦闷的是现在的喜悦。俄国的一位作家说过："人生不是一种享乐，而是一种十分沉重的工作。"以后的人生道路上会有比实习更艰巨的任务和意想不到的挫折，实习给了我开启职业人生的钥匙，也带给我更深刻的人生启示，我必须要以执着的坚持和耐心的挑战面对未来的工作和人生。

最后，我要感谢学院给予的实习机会，指引了我未来要面对的工作；感谢老师悉心的指导，在我刚走入会计工作中，是老师不厌其烦的帮助，使我知道了更多，也更有信心；感谢在我出错时耐心帮助我的同学。尽管这不是感激的致词，但我还是要由衷地表达出来，谢谢你们！

例文简评：这份实习报告内容充实，实习的目的、要求明确。实习内容注重在描述工作流程的基础上，将所学过的理论知识与实践运用相互结合。条理清晰、内容翔实、通俗易懂、结构完整，适合借鉴。

四、写作实训

完成前述写作任务。要求：

（1）注意实习报告的结构完整，思路清晰。

（2）符合实习报告的相关写作要求。

（3）材料取舍恰当，主题突出，逻辑清晰，文通字顺。

五、检查与完善

（1）学生结合前述写作规范，自我检查或相互检查。
（2）教师选择学生例文进行点评。
（3）修改、完善前述写作任务。
（4）总结自己完成写作任务的得失。

 **写作实训拓展**

（一）填空题。

1. 实习报告是学生在某项实习活动中，把实习目的、实习时间、实习地点、实习单位和部门、_____、_____等，用简洁的语言写成的书面报告，是完全根据自己的实习经历所撰写的。

2. 实习报告的主体部分可分为四个方面的内容：实习目的、_____、_____、_____。

（二）写作题。

根据所学的知识，联系本专业近期的实习安排，写一份规范的实习报告。

任务二　实验报告

 **学习目标**

【知识目标】

熟悉写作实验报告的基本理论知识，掌握实验报告的基本结构和写作要求。

【能力目标】

能够将理论知识用于实践，根据实际情况，写作不同专业的实验报告。

一、写作任务

王涛是××大学计算机专业的学生。这一次实训课，老师与学生共同进行了计算机组装与维护的实验。实验形式是分组练习微机硬件组装；实习内容是学习常用工具的使用、常用消除静电的方法，掌握组装电脑的技巧和组装注意事项，牢记拆装过程中的禁忌法则。实验结束后，王涛需要撰写一份格式规范、要素齐全、语言通畅、表述严谨的实验报告。请代他完成此写作任务。

二、写作任务分析

这个写作任务主要是为了训练学生进行实验报告写作的能力，从而顺利完成本专业实验报告的写作。

三、必备知识和工具箱

为了完成这个写作任务，我们必须掌握实验报告的一些基本知识。在这个任务中，我们应该掌握的基本知识有：实验报告的含义、作用、结构和写法。

工具一：实验报告的含义、作用和特点

（一）含义

实验报告，就是在某项科研活动或专业学习中，实验者把实验的目的、方法、步骤、结果等，用简洁的语言写成的书面报告。

（二）作用

实验报告必须在科学实验的基础上进行。成功的或失败的实验结果的记载，有利于不断积累研究资料，总结研究成果，增强实验者的观察能力，提高实验者分析和解决问题的能力，培养理论联系实际的学风和实事求是的科学态度。

（三）特点

1. 科学性

科学性是科学研究成果的生命所在。实验要以事实为依据，无论是阐述因果关系，还是结论的准确与否，都必须从事实出发。推理要合乎逻辑，不可无根据地臆断。

2. 规范性

在写作实验报告时，要按照一定的格式，不能忽视最基本的规范要求。要根据事物的结构特点和逻辑顺序，来考虑表达的形式和表述的方式。

3. 可读性

为了便于交流，实验报告的表述应具有可读性。语言阐述必须精确、通俗，在不损害规范性的前提下，尽可能使用简洁的语言。专门的名词术语可以用，但不要故弄玄虚。文字切忌带个人色彩，一般不采用比喻、拟人、夸张等修辞手法。不可把日常概念当作科学概念，不宜采用工作经验总结式的文字。

工具二：实验报告的基本结构与写法

实验报告的种类繁多，其格式大同小异，比较固定。实验报告，一般根据实验的先后顺序来写，主要内容有以下几方面。

1. 实验名称

要用最简练的语言反映实验的内容。如验证某定律，可写成"验证×××"；如测量的实验报告，可写成"×××的测定"。

2. 实验目的

要明确，抓住重点，可以从理论和实践两个方面考虑。在理论上，验证定理定律，并使实验者获得深刻和系统的理解；在实践上，掌握使用仪器或器材的技能技巧。

3. 实验用的仪器和材料

应如实交代实验所需的仪器和材料：玻璃器皿、金属用具、溶液、颜料、粉剂、燃料等。

4. 实验的步骤和方法

这是实验报告极其重要的内容。这部分要写明依据何种原理、定律或操作方法进行实验，要写明经过哪几个步骤，还应该画出实验装置的结构示意图，再配以相应的文字说明。这样既可以节省许多文字说明，又能使实验报告简明扼要、清楚明白。

5. 数据记录和计算

这是指从实验中测到的数据以及计算结果。

6. 结果

即根据实验过程中所见到的现象和测得的数据，得出结论。

7. 备注或说明

可写上实验成功或失败的原因，实验后的心得体会、建议等。

有的实验报告采用事先设计好的表格，使用时只要逐项填写即可。

工具三：实验报告的写作注意事项

撰写实验报告是一件非常严肃的工作，要遵循科学性、准确性、求实性的原则。在撰写过程中，常见错误有以下几种情况。

1. 观察不细致，没有及时、准确、如实记录

在实验时，由于观察不细致、不认真，没有及时记录，结果不能准确地写出所发生的各种现象，不能恰如其分、实事求是地分析各种现象发生的原因，故在记录中，一定要看到什么，就记录什么，不能弄虚作假。为了印证一些实验现象而修改数据、假造实验现象等做法，都是不允许的。

2. 说明不准确或层次不清晰

例如，在化学实验中，出现了沉淀物，但没有准确地说明是"晶体沉淀"，还是"无定形沉淀"。说明步骤，有的说明没有按照操作顺序分条列出，结果出现层次不清晰、凌乱等问题。

3. 没有尽量采用专用术语来说明事物

例如，"用棍子在混合物里转动"一语，应用专用术语"搅拌"较好，既可使文字简洁明白，又合乎实验的情况。

4. 外文、符号、公式不准确，没有使用统一规定的名词和符号

 例文评析

【例文1】

BIOS 设置及应用实验报告

一、实验目标

通过学习本实训内容,熟练掌握 BIOS 的设置,学会通过设置 BIOS 优化机器性能,分析由于 BIOS 设置不当引起的微机故障,并能通过调整 BIOS 设置解决这些问题。

二、实验内容

以 Award BIOS 为例,介绍开机进入 BIOS 设置界面的方法;介绍各个选项的内容和作用,并对微机的 BIOS 进行一些必要的设置和优化;总结和掌握典型 BIOS 的基本设置,举一反三地对其他类型的 BIOS 进行设置和优化;解决几种常见的由 BIOS 设置不当引起的微机故障。

三、实验要点

BIOS 是开机后最先加载的程序,所以对它的设置和优化就显得极为重要。准确配置硬盘,合理设置驱动器引导系统的顺序,快速有效地进行系统优化设置,都是系统维护人员的重要技能。

四、知识准备

1. BIOS 芯片与 CMOS

BIOS 是基本输入/输出系统的简写,它是被固定化到计算机中的一组程序,为计算机提供最低级、最直接的硬件控制。

CMOS 是微机主板上南桥中的一块可读写的 RAM 芯片,用来保存当前系统硬件配置和用户对某些参数的设置,其他各项参数的设置要通过 BIOS SETUP 程序完成。

2. BIOS 的基本功能(略)

3. BIOS 设置的意义(略)

4. BIOS 的设置方法(略)

五、操作步骤

1. 标准 CMOS 设置(Standard CMOS Features)(略)

2. 高级 BIOS 特性设置(Advanced BIOS Features)(略)

3. 高级芯片组特性设置(Advanced Chipset Features)(略)

4. 外部集成设备设置(Integrated Peripherals)(略)

5. 电源管理设置(Power Management Setup)(略)

6. Pnp/PCI 模块设置(略)

7. 计算机健康状态设置(PC Health Status)(略)

8. 频率和电压控制(Frequency/Voltage Control)(略)

9. 装在安全模式参数（Load Fail-Safe Defaults）（略）

10. 装载优化模式参数（Load Optinmized Ddfaults）（略）

11. 密码设置（Set Supervisor Password）（略）

12. 保存并退出

六、实验结论

通过学习我掌握了BIOS的设置，学会了通过设置BIOS优化机器性能，分析由于BIOS设置不当引起的微机故障，并能通过调整BIOS设置解决这些问题。

例文简评：这是一篇较简洁的实验报告，结构完整，层次清晰，条理清楚。语言简洁、直白、自然、流畅。

【例文2】

电话机的组装

（××学院机械制造专业实验报告）

一、实验目的

1. 了解和掌握电话机的基本构造和工作原理。

2. 拆分旧的电话机。

3. 组装新的电话机。

4. 测试相关数据。

二、实验器材及介绍

二极管11个，三极管9个，发光二极管3个。

电容：10n电容2个，100n电容4个，22n电容3个，100μF电容1个，10μF电容1个，4.7μF电容3个，1μF电容1个。

电阻：18Ω，75Ω，150Ω，120Ω，560Ω，470Ω，7K，200K，9K，4K，15K，6K，20K，27K电阻各一个，470K，1K，5K，2K，10K电阻各3个，33K，100K，820K，100Ω电阻各2个。

集成块：HM91710A（IC2）1个，GL6840A（IC1）1个。

开关：压簧开关1个，拨线开关1个，拨扭开关1个。

保护电阻1个，排线1根，按键板1个，电话机壳1个，电烙铁，焊锡丝，镊子，斜口嵌，螺丝刀等。

三、实验原理简述

振铃电话将交换机送来的25Hz铃流变成直流，然后产生两种频率不同的交替信号，驱动扬声器或压电陶瓷蜂鸣，发出悦耳的声音。它由振铃电路、极性保护电路、拨号电路和通话电路组成。其中，极性保护电路把a/b，b/a线上极性不确定的电压鞭策极性固定电压，以确定保护拨号电路和通话电路所要求的电源极性；拨号电话是由拨号专用集成电路、键盘和外围电路组成，它可把键盘输入的号码变成相应的脉从或双音信号，并送到线上，同时发出静噪信号来消除拨号时受话器产生的"格格"声；通话电路起 2/4 线转换,消侧音和放大接收与发送信号的作用。

四、实验的步骤

1. 学习按键电话的基本构造和工作原理,掌握按键电话的原理框图和原理图。

2. 对旧电话进行拆卸同时了解、认识组成电话的器件,并且对组成电话的元件的好坏进行判断。

3. 根据原理图用新的电路板进行重新组装。

4. 焊接好电路,确保能够拨打与接听,且铃声正常。

5. 待一切正常后,用万用表对各三极管和两个集成块各管脚的电压进行测量。

6. 测完电压之后,把焊接好的电路板与电话机的外壳组装在一起。

7. 交由老师验收。

8. 数据处理:分别测量出 IC2(HM9170A)各管脚的电压(以 IC2 第 8 管脚为接地点)、晶体管各管脚电压(以 IC2 第 8 管脚为接地点)、IC1(GL6840A)各管脚的电压(以 IC1 第 2 管脚为接地点)的电压值。

五、实验小结

本次实验的主要内容是拆旧电话机上的元器件,再组装到新的电路板上。这就要求我们懂得怎么拆元器件。由于这些元器件用了不止一次,所以有些已经不能再用,所以我们在装新电路板时,要先检查一下哪些元器件可以用,哪些不可以用,然后再把能用的装在新的电路板上。在装的时候,要注意二极管、三极管的极性,还要注意一些电容的正负极等。由于我的电路板上的一个三极管装反了,所以导致电话机只能接听,不能拨打。通过询问老师,终于排除了故障,组装好了电话机。通过这次实验,让我明白了科学需要严谨的态度和十足的耐性。

例文简评:这是一份较为典型的实验报告。结构完整,条理清楚。语言生动、直白、简洁、明快。

四、写作实训

完成前述写作任务。要求:

(1)注意实验报告的结构完整,思路清晰。

(2)符合实验报告的相关写作要求。

(3)材料取舍恰当,主题突出,逻辑清晰,文通字顺。

五、检查与完善

(1)学生结合前述写作规范,自我检查或相互检查。

(2)教师选择学生例文进行点评。

(3)修改、完善前述写作任务。

(4)总结自己完成写作任务的得失。

 **写作实训拓展**

（一）填空题。

1. 实验报告,就是在某项科研活动或专业学习中,实验者把实验的_____、_____、_____、_____等,用简洁的语言写成的书面报告。

2. 实验报告的写作要求是_____、_____、_____。

（二）写作题。

把你最近做过的本专业的实验写成一份规范的实验报告。

任务三　毕业论文

 **学习目标**

【知识目标】

熟悉写作毕业论文的基本理论知识,掌握毕业论文的基本结构和写作要求。

【能力目标】

能够将理论知识用于实践,根据实际情况,写作不同专业的毕业论文。

一、写作任务

李青是××学院即将毕业的学生。根据学校要求,她需要针对当前的热点、焦点及前沿问题,或者根据自己的知识积累,或者根据自己的兴趣,撰写一篇与本专业相关的毕业论文。要求认真选题,充分搜集材料,精心进行论证,格式规范,要素齐全,语言通畅,表述严谨。

二、写作任务分析

这个写作任务主要是为了训练学生进行毕业论文写作的能力,从而顺利完成本专业毕业论文的写作。要想写好毕业论文,就要掌握如何选题、充分搜集材料、进行科学思考、组织论文结构。

三、必备知识和工具箱

为了完成这个写作任务,我们必须掌握毕业论文的一些基本知识。在这个案例中,我们应该掌握的基本知识有:毕业论文的含义、类型、结构和写法。

工具一：毕业论文的含义和种类

（一）毕业论文的含义

毕业论文是大学生毕业前提交的具有一定学术价值的应用文,是大学生综合运用已学理论知识进行初步科学研究的一种尝试。

毕业论文与学术论文相比,不同之处在于以下几点：

（1）综合考查学生对已学知识的应用能力,同时巩固其所学的基础理论、基本技能和专业知识,并进一步深化和扩大其知识面。

（2）培养学生独立思考、独立工作和独立获取新知识的能力。

（3）培养学生创新意识和严谨求实、团结协作的工作态度和工作作风。

（二）实习报告的类型

1. 经济论文按性质和功能划分,可分为阐发论证型,综合述评型、论辩争鸣型三种

（1）阐发论证型：这类论文往往通过大量的资料,正面阐述对某一问题的主张和认识,这是最常见的一种类型。

（2）综合述评型：这类论文或针对某一理论或某一问题的研究动向,进行概括和总结,分析和叙述其研究状况及发展趋势；或是对某一学术观点的产生、发展、主要成就和问题以及地位、作用等进行综合述评。

（3）论辩争鸣型：这类论文就某些理论或实际问题相互论难,共同探讨,或以论兼驳,或于驳中立论,争辩对象有时是确指,有时是泛指。

2. 按教学要求划分,可分为课程论文和毕业论文

（1）课程论文：是某种课程学习结束后要求学生做的独立作业。

（2）毕业论文：是高等学校应届毕业生对专业主干课程总结性的独立作业。

撰写论文是高等院校学生通过考核的重要环节。撰写目的在于总结本人在校学习期间的学习成果,显示本人已具有综合运用所学知识解决实际问题的能力。

工具二：毕业论文的基本结构与写法

毕业论文的撰写可分成选择课题、搜集资料、主体撰写、修改定稿四个步骤。

1. 选择课题

选题是关系毕业论文质量的关键。选题时可以从以下几个方面去考虑：

（1）选题必须符合本专业的培养目标,满足教学基本要求,也就是与所学专业对口。

（2）从自己的兴趣出发进行选题。选择自己最感兴趣的专业问题作为课题的方向,可以提高自己的主动性和积极性,有利于提高论文的撰写质量。

（3）要结合自己的业务专长进行选题,扬长避短,这样对顺利完成论文的撰写很有益处。

（4）应从主、客观条件出发,恰当选题。选题不宜过大,但也不能过小,难度要适中。

（5）选择的课题要有价值,可以是纠正和补充前说,也可以是新的发现、新的观点等。

（6）必须考虑毕业论文的时间要求和容量要求。

2. 搜集资料

选题和资料的搜集是紧密相关的。资料的搜集可以通过直接实地调查研究而完成，也可以通过从图书馆或档案馆查阅现成的资料而获得。这两种方法各有自己的优点：前者能让搜集者获得第一手资料，反映的是现实实际情况——这是最为真实可靠的，是获得资料的重要途径；后者可以更为快速、更为方便地获取资料，从而节省时间去熟悉和分析它们，以确定哪些才是自己最为需要的东西。调查研究的形式是多样的，对于学生来说，个别访谈、抽样问卷、查阅有关档案无疑更具有操作性。而要更快、更好地查阅现成的资料，也需要学生要善于利用书目、索引和其他的工具书如文摘、年鉴等。

在搜集资料时要注意对反面资料的收集，这对加强正面论点的论证很有好处。

3. 主体的撰写

对搜集到的资料要采用通读、选读、精读等不同的阅读方法来全面浏览，争取在最短的时间内完成对搜集资料的大致掌握，并进行分析、归类、筛选和整理。要以选定的题目为中心，认真思考、研究有关资料，审核主次，科学组织，逐渐形成论文的观点，确定论文的主体，要注意突出自己的新创见。然后再对有关资料进行整理，选出那些真实、典型、切合论文主题的论据资料来。在此基础上，作者便可构思、设计论文框架，着手编写论文提纲。提纲一般应包括：论文标题、基本观点、分论点、证明分论点所用的材料、所拟用的论证方法等。提纲编写完成后，就可正式进入初稿的撰写。应力求写出新意。

4. 修改定稿

修改定稿是论文质量的把关工作。要从观点、材料、结构、语言等各个方面去寻找错误和缺陷，反复进行修改，直到满意为止。修改看似小事，实则重中之重，它直接影响论文的质量，所以要养成修改的良好习惯。

例文评析

【例文】

现代化连锁企业的发展方向研究

（××职业学院连锁经营管理专业毕业生论文）

【摘　要】　连锁店是一个国家经济实力达到一定程度的产物，它被称作是继百货商店、超级市场后的零售业第三次革命，连锁店是零售业发展的大势所趋。在我国市场经济日渐发达的今天，连锁店发展形成了良好的势头，但同国外的发达国家相比，差距还比较大。因此我们必须学习和借鉴国外的先进经验和做法，积极加快我国连锁业的发展步伐。

【主题词】　连锁店　机遇　挑战　发展趋势

1. 前言

目前,我国经济正处于发展的关键时期,落实科学发展观、转变发展方式,是确保我国经济社会可持续发展的基础。处于转型阶段的"特许经营"模式,一方面迎来了城市化进程,消费升级和高速增长的机遇,同时也面临着连锁店经营成本加大和经济发展不确定性增加的挑战。在新时期里,整体经济环境(包括工资水平的提高、社会保障机制的改善等)将进一步带动消费市场的繁荣,同时,拉动内需、促进消费的政策导向将促使更多流通业扶持政策的出台。

1.1 研究背景

连锁经营从消费者的立场出发,以提高民众日常生活质量为目标,通过标准化技术,将使用统一商号的若干门店在同一总部的管理下,采取统一采购或授予特许经营权等方式,实现规模效应的一种多店铺扩张经营方式。我国目前正处于向市场经济体制过渡的发育期,在发育期内,我国零售商业连锁经营的特点有:①连锁店在零售市场中的份额增加;②多业态发展、规模不断壮大;③地区集中化趋势明显;④内资企业占有较大优势;⑤港澳台商和外资商企业占有率较大;⑥加盟店的扩张速度加快,但总体效益低于直营店。

1.2 研究的目的和意义

连锁经营是21世纪的主流商业经营模式,作为一种经营方法,它可以向任何行业领域扩张。根据商务部的定义,特许经营连锁是指特许者将自己所拥有的商标、商号、产品、专利和专有技术、经营模式等以特许经营合同的形式授予被特许者使用。被特许者按合同规定在特许者统一的业务模式下从事经营活动,并向特许者支付相应的费用。由于特许企业的存在形式具有连锁经营统一形象、统一管理等基本特征,因此也称之为特许连锁经营或连锁店。

2. 我国连锁店在经营过程中存在的问题

2.1 采购及库存成本高,无法形成价格优势

我国连锁店的统一采购和进货的比例较低,大多数总店与分店之间只有一种加盟关系,缺乏内在的经济联系,许多分店实行单点采购和进货,从而无法取得大规模的采购带来的优惠价格,采购成本居高不下;同时许多连锁店仍然采取各自设立仓库的方式,管理手段落后,订货方法原始,这样就造成了层层设库、库存量高、断货时常发生等严重现象,而且还占用了大量的流动资金,增加了库存成本;连锁企业资金不足,限制其发展规模,难以取得规模效益,成本降不下来,连锁店在价格上的优势也就难以体现。

2.2 连锁店配送渠道选择不当,致使统一采购、配送率不高

连锁零售企业物流配送渠道主要有四种:供应商直接配送、连锁零售企业自建配送中心、共同配送和第三方物流配送。从国外配送发展看,发达国家连锁零售企业主要采用共同配送、第三方物流配送模式。我国主要的大型连锁零售企业大都建有自己

的物流配送中心,连锁零售业建立配送中心,如果仅仅是为了自己内部的配送需要,除非有强大的规模效应,否则巨大的投资必定要承担巨大的风险。华联、联华、华润万家等中国连锁零售企业巨人的成功范例使得其他企业前赴后继,不断投巨资建立自己的配送中心,但是对于大量的中小型连锁零售企业而言,花巨资建立自己的配送中心,其投入产出比是一个值得深思的问题,由于配送渠道选择的不当会影响到采购和配送效率。而连锁零售业最本质的特征是"五个统一",即统一采购、统一配送、统一核算、统一标识、统一管理。目前,我国连锁企业配送规模均较小,尚未形成规模优势。统一配送率偏低,绝大多数配送中心没有达到经济配送的规模,造成整车装载率低且返程车辆空驶率高,配送成本偏高。

2.3 连锁经营规范化程度不高,管理水平滞后

目前,除部分中外合资的连锁店和少数几个国内连锁公司比较规范外,绝大部分连锁店仍未实现标准化经营,未能达到管理上的集中化和一致化,有些连锁店只停留在形式上,甚至没有统一的配送中心。在管理方面,未能遵循同类连锁店在进货、广告、物流、形象设计等方面的独特要求和内在规律的统一,而是照搬单体店管理的办法,内部经营管理科学化程度较低,管理职能的分工与协调缺乏科学性,以致连锁经营规模优势、价格优势得不到充分发挥。

2.4 连锁经营理念落后,人才缺乏

不少连锁零售企业的经营管理手段和经营理念还停留在原有经验的基础上,依靠个人才学和经验进行决策,凭借员工的工作热情和个人的服务技巧销售商品,而在市场分析、商品陈列、经营品种组合、服务水准、低成本运营以及店址选择、投资目标等方面做得还很不够。一些大型连锁商场专门开辟有超市楼层,但仅仅是模仿了超市开架售货顾客自选的形式及皮毛,其他各方面与原来的商场经营模式并无大的不同,结果生意依旧清淡。

大量的独立经营的跟风模仿型超市营业面积小,没有正规的进货源及购销秩序,成本高、售价高,千店一面,没有经营特色,服务质量不高,经营管理水平及经营理念总体上落后。经营管理水平上不去的关键在于人才缺乏。加上个体户、中小民营企业家创建的连锁零售企业由于受投资者个人才学、知识层次、思想观念的制约,在经营管理方面还存在许多误区。在用人方面任人唯亲,致使连锁零售方面的专业人才相对缺乏,对人才的培养和引进也有一定的局限性。这种不合理的人力资源配置造成企业观念陈旧、人心涣散,竞争力不高。

3. 连锁店经营过程中存在的问题及对策

3.1 采取多种形式,实现企业规模扩张,提高规模经营水平

世界各国的连锁店无论是哪种形式的连锁,普遍具有一定的规模,大部分是集生产、加工、采购、仓储、零售于一身,因此,发展连锁经营,必须拓宽发展思路,打破行业、部门、地区界限,在对现有连锁企业进行调整、兼并、重组的基础上,进一步增加连锁企

业中店铺的数量,扩大经营规模,通过政策引导,把众多的中小型商业企业联合起来,发挥规模优势,实现规模效益。同时,还必须解决连锁企业扩大规模的动力问题,要有积累、扩大和发展的源泉,这就需要将连锁经营同建立现代企业制度结合起来,努力实现集团化,以增强企业实力、实现规模经济、迅速提高市场占有率。

3.2 促进规范化发展,提高经营管理水平

3.2.1 针对目前连锁商业规范化程度较低的状况,结合我国实际并注意向国际标准靠拢,力争做到:设立连锁总部,实行统一管理、统一进货、统一价格、统一核算、统一店名标识、统一装修装饰、统一广告宣传、统一服务规范。通过上述"统一"实行标准化经营。同时要完善总部功能,重点是发展总部在采购配送、经营指导、市场开发、促销策划、教育培训等方面的职能,完善连锁企业内部各个环节的管理,建立健全各个岗位、各道工序、各项作业的规章制度,并形成文字规范,实现作业系统化、管理手册化。此外,在建立高效率、强有力的总部机构的同时,处理好各分店间及分店与总部之间的关系,使整个企业成为协调的有机整体,以保证连锁经营的正常运行。

3.2.2 连锁商业管理是利用现代科学与人工操作相结合的管理,是与现代科学技术发展紧密相连的,要求广泛应用计算机信息技术,进一步提高连锁企业财务管理、物资管理和信息管理的技术含量,以此促进连锁商业现代化,提高流通效益,这就对从业人员的素质提出了更高要求。

3.3 建立有效的总店与分店的沟通机制

许多大型的连锁店管理层次过多,机构冗余,比如消费者在某店铺购物后如果对商品不满意想退货或者换货就一时找不到负责的人员,有时即使找到了负责人也会遇到让消费者跑到这个部门盖章、那个部门签字的情况,大大增加了沟通的难度,也会影响消费者的购物情绪。这时扁平化的组织是最有效的,组织结构扁平化即简化管理层次,增加管理幅度,由集中控制型向分权管理型转变,破除组织自上而下的金字塔型的垂直结构,尽可能以工作小组的形式来执行工作流程,实行小组的自我管理。

同时,也要重视非正式沟通与反馈正式沟通,正式沟通是指通过垂直的指挥链所进行的沟通,如店长向店员下达命令,总部向各个分店传递指示等;非正式沟通的主要形式是小道消息,小道消息存在难以控制、容易将负面消息扩大化等的缺点,但只要善加利用,管理层能够将小道消息的范围和影响限定在一定的区域内,并使其消极结果降低到最低限度。

3.5 提高品牌质量,树立企业形象

随着市场上产品的多元化,同时市场上也出现了各种不同的品牌产品,地摊货的横行以及假冒伪劣产品的增多,导致很多消费者的利益不能得到保障,质量管理水平的高低直接关系到企业信誉、企业形象、吸引顾客的力度,影响销售数量和经济效益,进而决定企业的竞争力,面对目前的发展形势,公司只有把质量和服务态度摆在第一位,才能得到客户的青睐,公司的长远发展。

4. 中国连锁企业发展的趋势

中国加入 WTO 后，国内市场呈现国际化的竞争态势。企业生存发展压力进一步增大，内外资企业跨地区、跨行业的强强联合，为大力发展连锁经营提供了经济实力。据此，我国连锁经营将表现出如下发展趋势。

4.1 连锁经营"电子化"

近几十年来，发达国家连锁经营的迅速发展，一个重要的方面是得益于计算机技术和通讯技术的发展，得益于条形码的开发和应用，得益于销售时点系统、电子转账作业系统、电子订货系统和物流配送系统等的发展。比如，美国西尔斯·罗巴克百货公司投入巨资建立起有数百台小型计算机和 5 万多台销售时点系统全日制工作的计算机控制系统，充分利用电脑使总部与各地的连锁分店以及供应商传递各种信息，做到其所属的连锁分店都处于实时控制管理之下。日本西友公司的连锁店在总部（本部）与各连锁分店、物流配送中心之间都实现了计算机网络化，使庞大的连锁店网络得以高效运作。公司在国内各地建立了 11 个物流配送中心，承担本公司及邻近地区其他连锁分店的进货、配货和送货任务。

4.2 规模化

现代化购物中心将在大城市悄然兴起，外资将注入购物中心建设与管理，连锁经营的专卖店、专业店、大型综合超市等将成为现代购物中心的最佳招商对象。

4.3 更新换代迅速

连锁经营发展空间"爆炸化"，连锁经营企业强强联合，跨区域、跨省间的合并、兼并等将不断出现，我国将出现真正意义上的全国性内资连锁大企业，并与外资合资企业形成更加明显的对抗局面。

4.4 多元化

电子商务的发展将以更加务实的"供应链管理"或"提供第三方平台服务"的方式看好连锁经营企业，并得到进一步的发展，形成一定的竞争氛围。

4.5 规范化

外资连锁零售业的进一步发展，将使传统经营方式的分销商处于更加被动的地位，因此，流通领域深化改革、扩大开放、结构重组、完善政策、建章立制等的必要性，显得更加迫切。

随着我国对外发展政策的不断改变，外来思想的传入，越来越多的人开始追求个性化的发展，非主流等一些较为个性的做法慢慢得到了消费者的认可，进而就形成了市场中产品的多元化，我国零售市场的竞争会更加激烈。发展连锁经营多元化，进行规模扩张，是增强流通企业核心能力，持续发展的必由之路。

5. 结束语

在未来的经济发展中，连锁经营必将成为我国最具潜力的商品和服务销售方式，值得注意的是，我国连锁经营业的发展既有优势又有劣势，既有机遇也面临挑战，其发展将任重道远,并不会一帆风顺。面对连锁经营业的重新洗牌格局,各类企业只有发挥优势,消除劣势,抓住机遇,迎接挑战,才能变得更加强大,促进本行业的健康成长。

参考文献:

[1] 白玉.对我国零售商业企业发展连锁经营的思考[J].企业家(半月刊),2010(8).
[2] 萧肃,苗钟颖.连锁经营管理[M].哈尔滨工业大学出版社,2011.
[3] 董洪福.论民营企业人力资源管理策略[J].长春理工大学学报,2009.
[4] 何芳英.发展民营经济需拓宽民营企业的融资渠道[J].企业技术开发,2010.

例文简评:该论文是连锁经营管理专业学生的毕业论文。该毕业论文首先介绍了连锁店经营是国内零售业的必然趋势,接着分析了我国连锁店在经营过程中存在的问题,之后在连锁店经营过程中存在的问题及对策的基础上分析了中国连锁企业发展的趋势。全文层次分明,逻辑清晰,分析透彻,说服力强。

 **知识链接**

毕业论文的写作格式

一、论文首页格式

其中学位论文题目用黑体二号字,其余用宋体四号字。论文题目应能概括整个论文最重要的内容,简明、恰当,一般不超过25个字。

二、目录

论文各章节的详细目录。

三、中文摘要及其关键词

宋体5号字B5排版。论文第二页为500字左右的中文内容摘要,应说明本论文的目的、研究方法、成果和结论。学位论文摘要是学位论文的缩影,尽可能保留原论文的基本信息,突出论文的创作性成果和新见解。论文摘要应尽量深入浅出,通俗易懂,少用公式字母,语言力求精练、准确。

在本页的最下方另起一行,注明本文的关键词3~5个。

四、英文摘要及其关键词

论文第三页为英文摘要,内容与中文摘要和关键词相同。

五、正文部分格式

引言(或序言)(宋体5号字B5排版):内容为本研究领域的国内外现状,本论文所要解决的问题,该研究工作在经济建设、科技进步和社会发展等方面的实用价值与理论意义。

正文是学位论文的主体:要求采用宋体5号字B5排版,语言要简练,不能有错字、别字。也不能有错误的观点。每页36行,每行32个字。页码打印在页面下方中间位置,论文装订后尺寸为标准B5复印纸的尺寸。页眉部分奇数页使用"×× 大学 ××

系学士学位论文",偶数页使用论文题目的名称。

论文中图表、附注、参考文献、公式一般采用阿拉伯数字连续(或分章)编号。图序及图名置于图的下方;表序及表名置于表的上方;论文中的公式编号,用括弧括起写在右边行末,期间不加虚线。

学位论文一律在左侧装订,要求装订、剪切整齐,便于使用。

论文字数控制在1万字至3万字之间。

六、附录

附录包括放在正文内过分冗长的公式、以备他人阅读方便所需的辅助性数学工具、重复性的数据图表、论文使用的符号意义、单位缩写、程序全文及有关说明等。

七、参考文献

按学位论文中所引用文献的顺序,列于文末。

[编号]作者.文章题目[J].期刊名(外文可缩写),年份,卷号(期数):页码。

文献是图书时,书写格式为:

[编号]作者.书名[M].出版地:出版单位,年份(版次):页码。

四、写作实训

完成前述写作任务。要求:

(1)注意毕业论文的结构完整,思路清晰。

(2)符合毕业论文的相关写作要求。

(3)材料取舍恰当,主题突出,逻辑清晰,文通字顺。

五、检查与完善

(1)学生结合前述写作规范,自我检查或相互检查。

(2)教师选择学生例文进行点评。

(3)修改、完善前述写作任务。

(4)总结自己完成写作任务的得失。

写作实训拓展

(一)判断题。

1.选题就是选择毕业论文的论题,也就是确定将要探索、研究的问题。(   )

2.毕业论文具有独创性,是指具有新颖独到的创见。(   )

3.毕业论文的写作过程,可以参考有关文献,照办别人的观点和写法。(   )

4.经得起实践检验是论文价值的具体体现。(   )

5.选择现实中急需解决的论题就是毕业论文选题的原则之一。(   )

6.搜集资料要多多益善,可以漫无边际。(   )

7. 毕业论文是评定作者知识水平的唯一依据。　　　　　　　　　（　　）
8. 结论是毕业论文主体部分总的归结和收束,是围绕本论所作的结语。　（　　）

(二)写作题。

结合毕业论文写作格式,写一篇自己专业的毕业论文。

附录　党政机关公文格式样式图

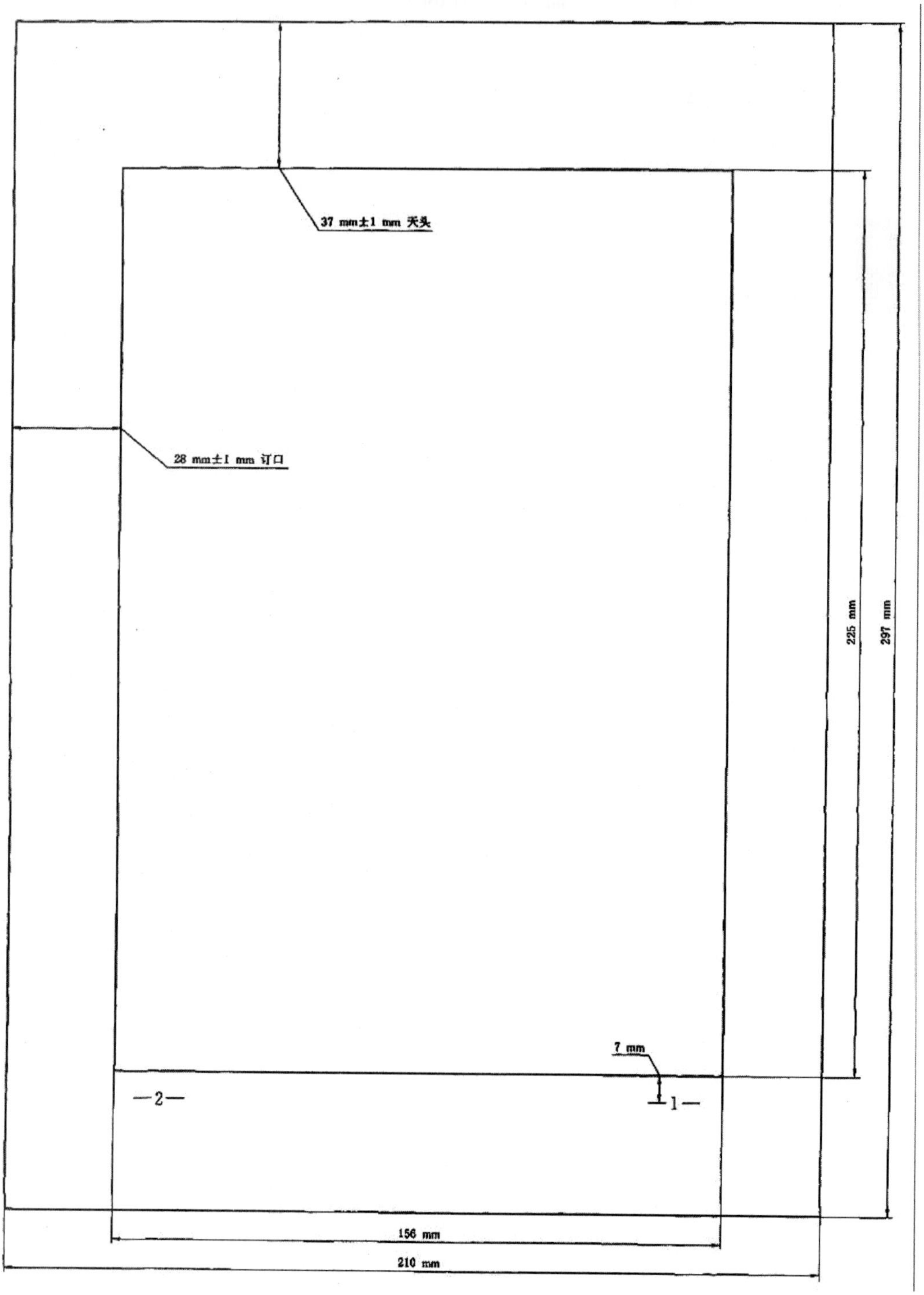

图1　A4型公文用纸页边及版心尺寸

附录 党政机关公文格式样式图◎

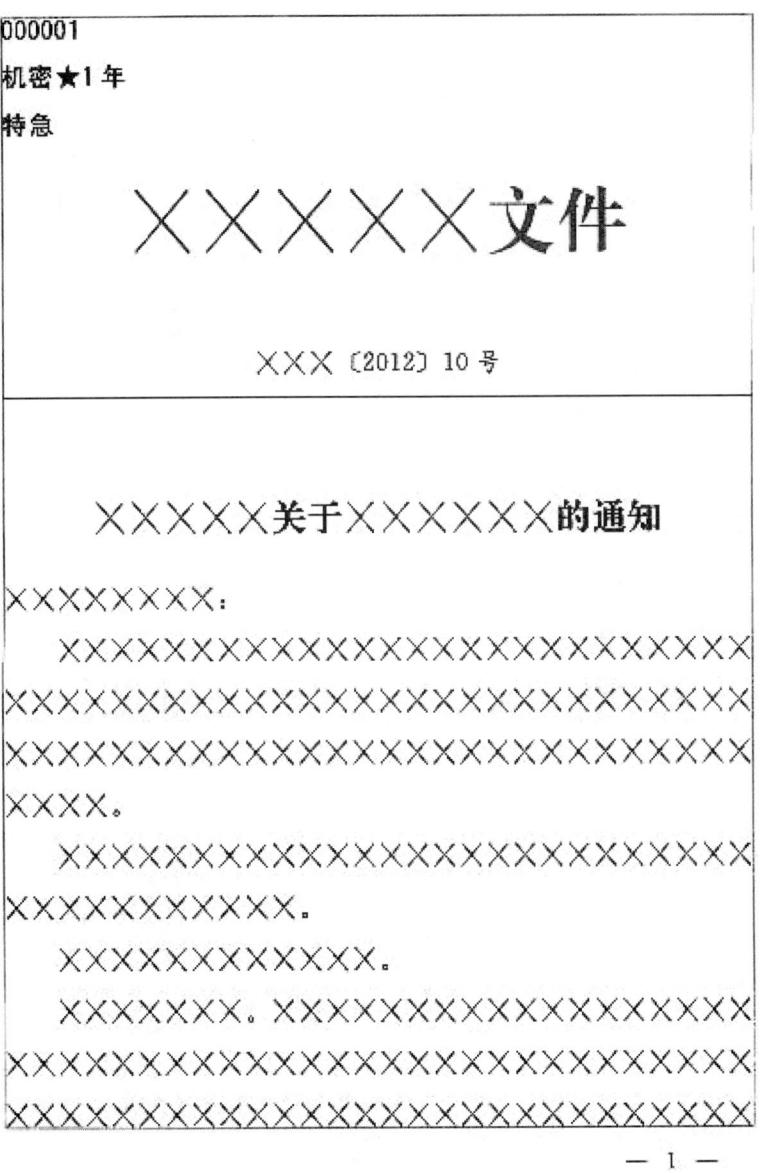

图2 公文首页版式

注：版心实线框仅为示意，在印制公文时并不印出。

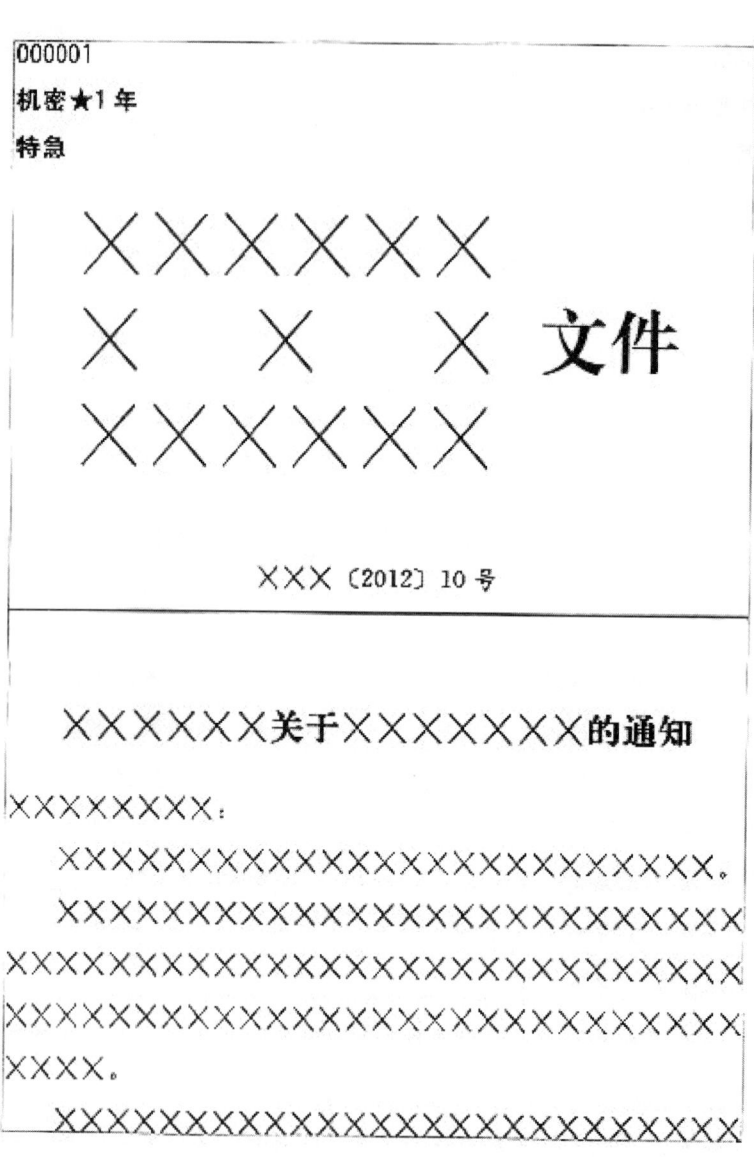

图 3　联合行文公文首页版式 1

注：版心实线框仅为示意，在印制公文时并不印出。

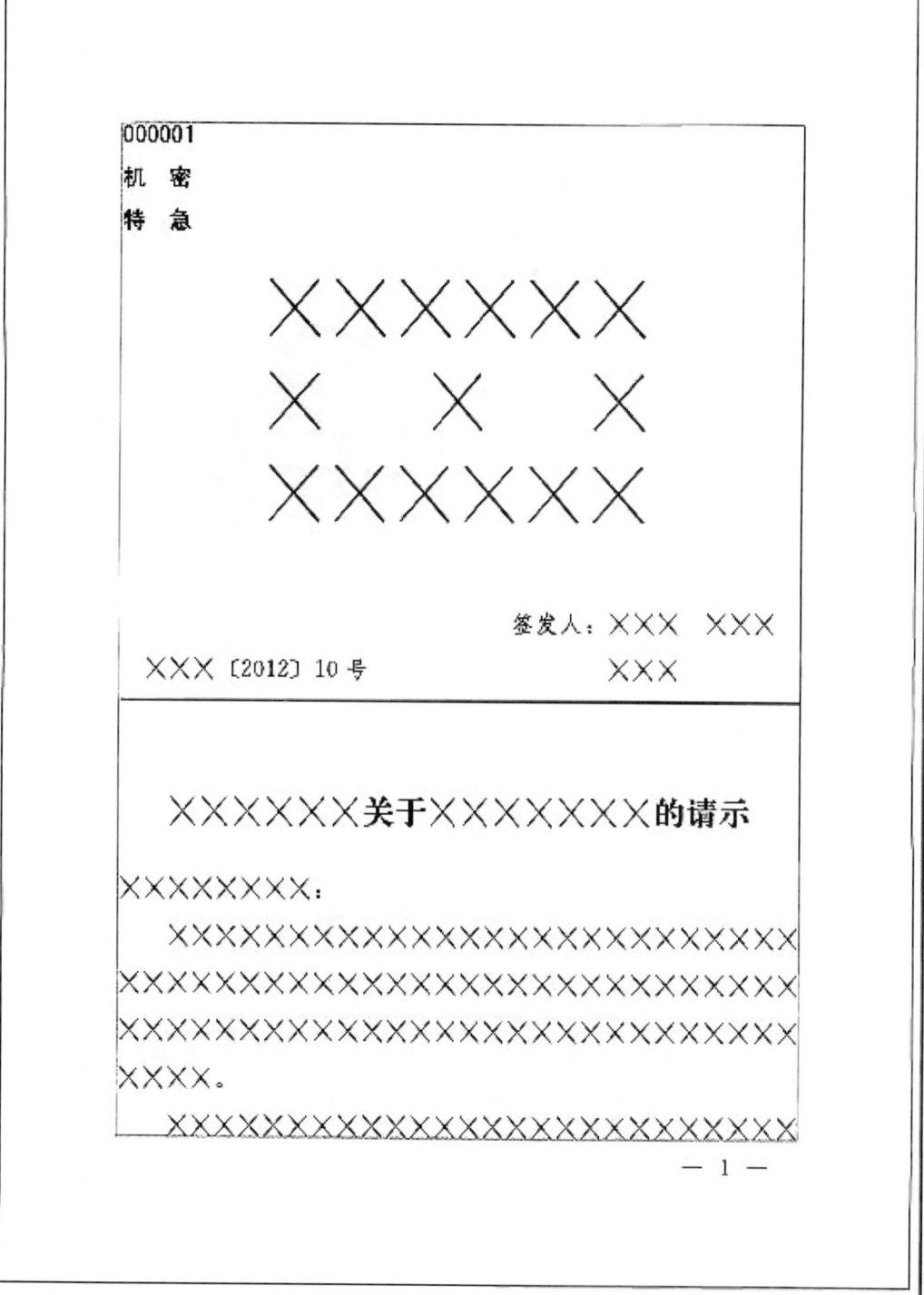

图 4　联合行文公文首页版式 2

注：版心实线框仅为示意，在印制公文时并不印出。

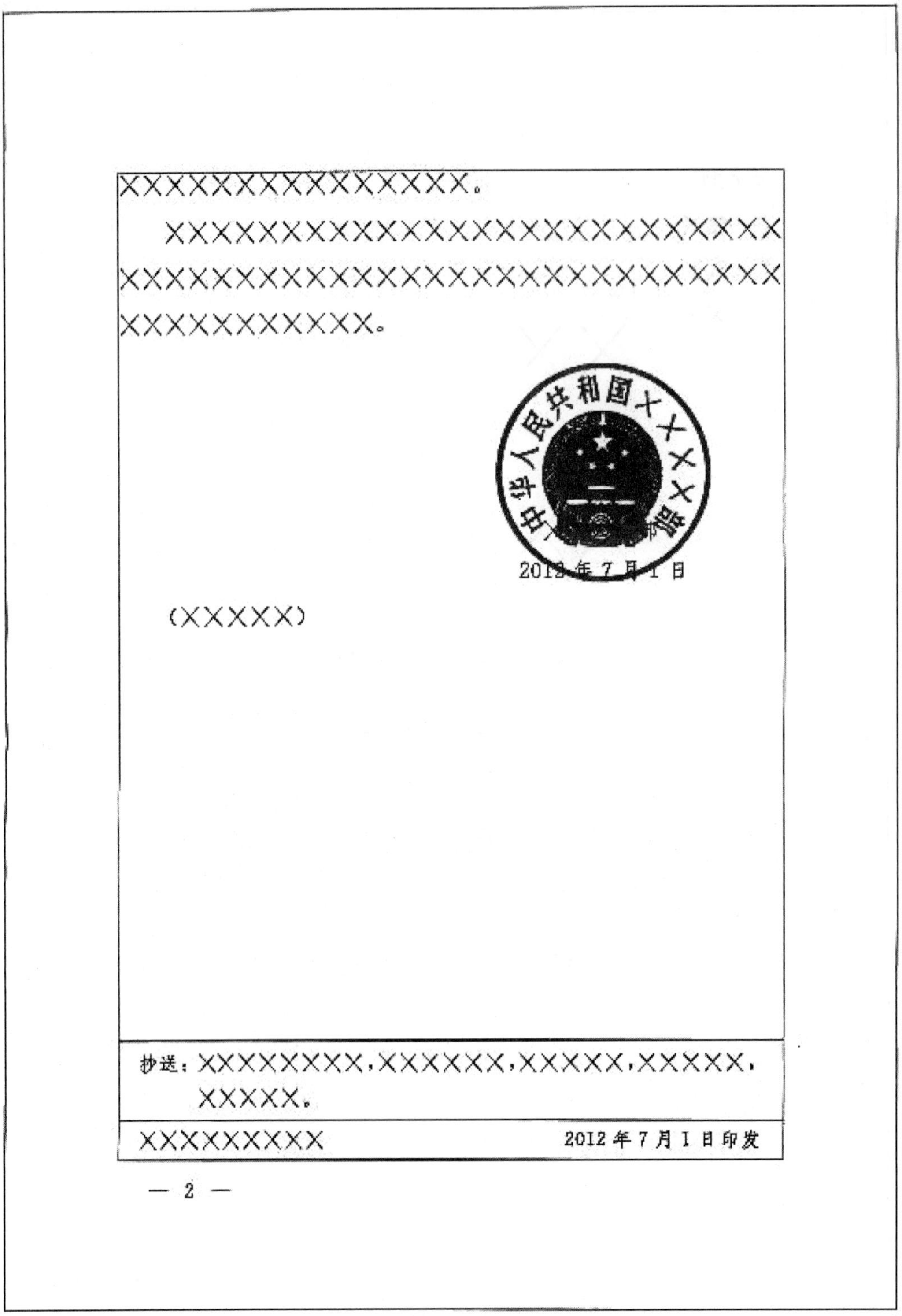

XXXXXXXXXXXXXXX。

XXXXXXXXXXXXXXXXXXXXXXXXXXXXXXXXXXXXXXXXXXXXXXXXXXXXXXXXX。

2012年7月1日

（XXXXX）

抄送：XXXXXXXX，XXXXXX，XXXXX，XXXXX，XXXXX。

XXXXXXXXX　　2012年7月1日印发

— 2 —

图5　公文末页版式1

注：版心实线框仅为示意，在印制公文时并不印出。

图6　公文末页版式2

注：版心实线框仅为示意，在印制公文时并不印出。

图7　联合行文公文末页版式1

注：版心实线框仅为示意，在印制公文时并不印出。

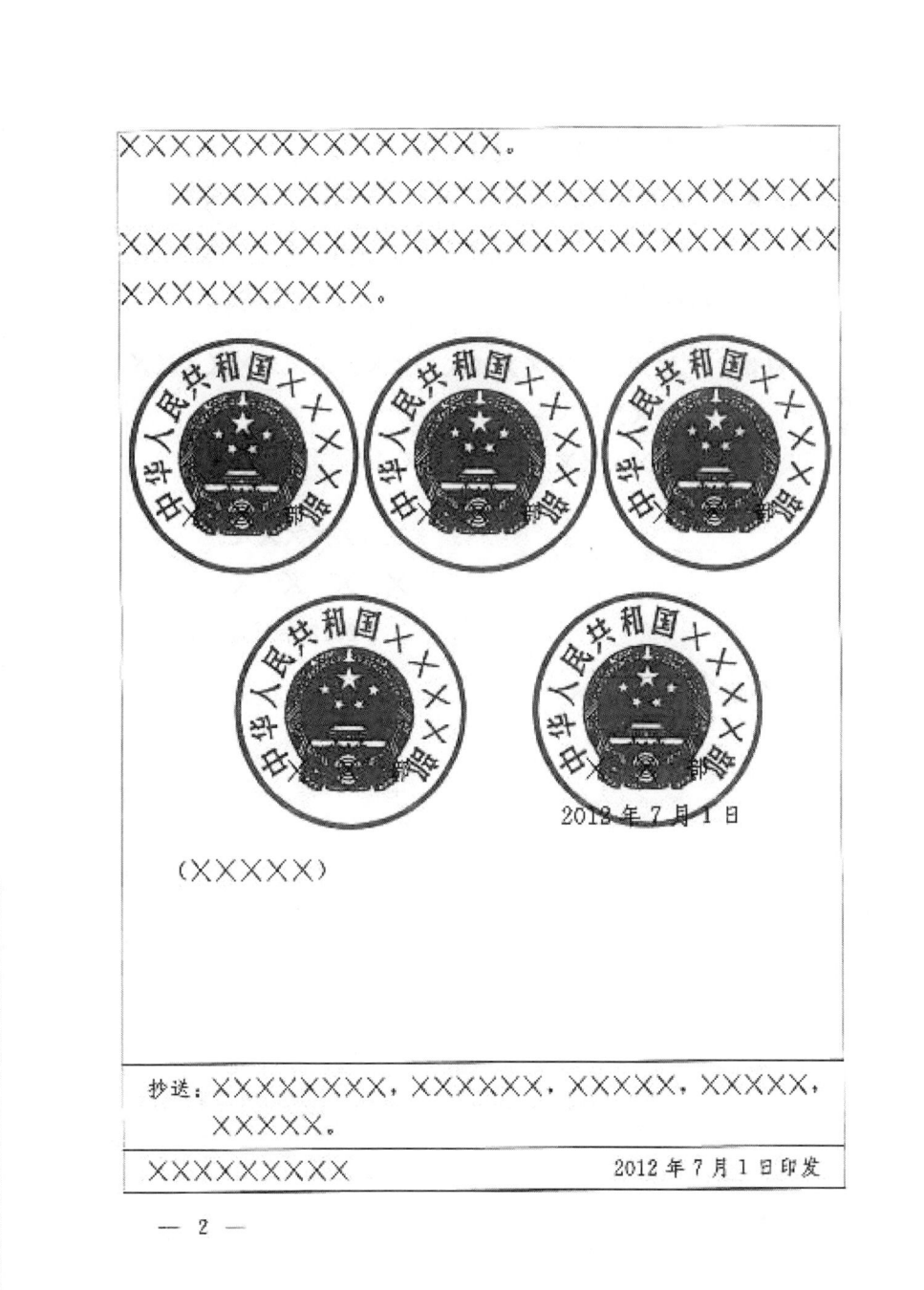

图8　联合行文公文末页版式2

注：版心实线框仅为示意，在印制公文时并不印出。

```
××××××××××××。
    ××××××××××××××××××××××
××××××××××××××××××××××××
××××××××××。

    附件：1. ××××××××××××××××
           ×××××
         2. ××××××××××××

                    ×××××××
                    ×  ×  ×  ×
                    2012 年 7 月 1 日

(×××××)

— 2 —
```

图 9　附件说明页版式

注：版心实线框仅为示意，在印制公文时并不印出。

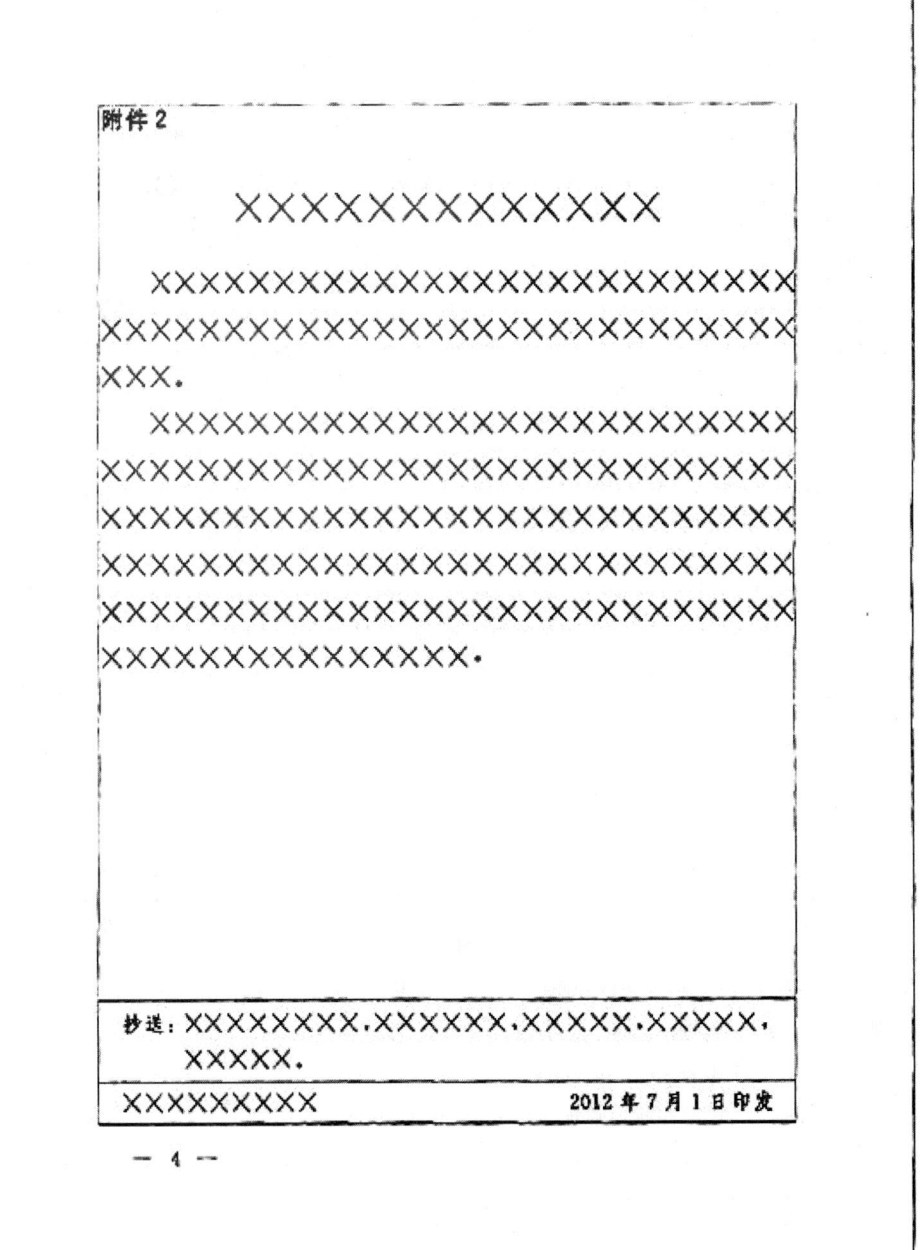

图10 带附件公文末页版式

注：版心实线框仅为示意，在印制公文时并不印出。

图书在版编目（CIP）数据

经济应用文写作/裴培主编.—北京：中国书籍出版社，2015.4

ISBN 978-7-5068-4840-4

Ⅰ.①经… Ⅱ.①裴… Ⅲ.①经济－应用文－写作－高等职业教育－教材 Ⅳ.①H152.3

中国版本图书馆CIP数据核字（2015）第061768号

经济应用文写作

裴培 主编

责任编辑	滕俊萍
责任印制	孙马飞　马　芝
封面设计	管佩霖
出版发行	中国书籍出版社
地　　址	北京市丰台区三路居路97号（邮编：100073）
电　　话	（010）52257143（总编室）　　（010）52257153（发行部）
电子邮箱	chinabp@vip.sina.com
经　　销	全国新华书店
印　　刷	青岛华星爱商彩印包装有限公司
开　　本	787 mm×1092 mm　1/16
字　　数	485千字
印　　张	21.5
版　　次	2015年4月第1版　2015年4月第1次印刷
书　　号	ISBN 978-7-5068-4840-4
定　　价	39.80元

版权所有　翻印必究